La Rose de Stalingrad

Valérie Benaïm
Jean-Claude Hallé

La Rose de Stalingrad

Roman

Flammarion

ISBN : 2-08-068866-9

« L'idée que quelque chose pouvait leur arriver et les séparer à jamais était insupportable. »

Ina Pasportkina,
mécanicienne de Lily Litvak pendant la bataille de Stalingrad [1].

Prologue

« À voir l'expression du visage de leur capitaine, les gars ont dû se dire que c'était Staline lui-même qui entrait... »

Front de Stalingrad, 12 septembre 1942.

Cette fin d'après-midi, en principe, devrait être superbe mais, depuis deux semaines, le soleil couchant, quand il fait beau, prend une couleur bizarre. C'est la fumée des incendies de la bataille de Stalingrad qui le voile. Parfois, ça me fout les jetons, cette couleur de fin du monde.

Un chasseur Yak 9 est en approche. Je le suis du coin de l'œil. C'est étonnant, il fait deux fois le tour du terrain avant de se poser. L'atterrissage est impeccable. La main d'un bon pilote.

Sur l'aire de stationnement, à une centaine de mètres, je le vois sauter de l'aile de son avion. Son parachute à la main, il commence à discuter assez longuement avec le mécano venu à sa rencontre. Je me dis que je n'ai jamais vu ce pilote, je ne le reconnais pas...

Mon mégot me brûle les lèvres. Une dernière bouffée, et je rentre.

Je m'appelle Jan Brückner, et comme mon nom ne l'indique pas, je suis polonais.

Je suis aussi prisonnier de guerre. À Stalingrad... enfin, pas vraiment à Stalingrad... à côté de Stalingrad. Sur l'Aérodrome militaire de campagne n° 34, l'AMC 34, comme c'est marqué sur les documents officiels... Franchement, c'est mieux pour moi.

Un jour, une vieille paysanne un peu sorcière m'a dit, là-bas dans mon village natal près de Gdansk – elle continuait à prononcer Dantzig, comme les vieux Allemands du coin –, que j'étais né sous une bonne étoile et une mauvaise planète. Je devais avoir huit ans, je n'ai rien compris. J'ai interrogé mon père. J'ai pris une baffe. Il n'aimait pas montrer son ignorance. Les voisins ? Ils haussaient les épaules. À mon avis, mon charabia n'arrivait même pas à leur cerveau.

Aujourd'hui, vivant, à Stalingrad, trente ans et des poussières plus tard, j'ai compris le sens de la phrase. Très bien, même.

Je suis rentré dans ce que les pilotes russes du régiment appellent la « salle d'opérations ». Je veille sur son entretien et sa propreté. Salle est un bien grand mot. C'est un bunker aux trois quarts enterré, au plafond renforcé par des grosses poutres auxquelles sont suspendues quatre tristes ampoules que je nettoie chaque jour pour maintenir un semblant de lumière dans ce trou du cul de la terre.

J'essaye maintenant de faire ronfler le poêle que j'ai allumé voilà dix minutes. Il est 5 heures du soir, il commence à faire froid. Pourtant, on n'est qu'en septembre, le 12. Je le sais : parce que c'est moi qui tiens à jour le calendrier à feuilles volantes cloué sur l'un des deux murs cimentés de la salle... C'est un des multiples boulots du prisonnier de guerre que je suis. Mais je suis aussi beaucoup d'autres choses : cuistot, ordonnance, homme à tout faire, interprète.

À l'intérieur du bunker, le capitaine Solomaten a réuni une dizaine de pilotes et j'entends des morceaux de phrases sur les missions s'étant déroulées dans la journée. Ç'a dû chauffer, car les gars semblent fatigués et Solomaten lui-même a les yeux derrière la tête, ce qui lui donne l'air malcommode – ce qu'il n'est pas.

J'aime bien le capitaine Solomaten. Avec lui, jamais de surprise : quand il est content, il m'appelle Jan. Quand j'ai fait une connerie ou qu'il est de mauvais poil, c'est Brückner. Et quand il a un coup dans l'aile, c'est « prisonnier de mes fesses » ! Pratique : un baromètre parfait de son humeur. C'est un très bon pilote. Il a descendu plein d'Allemands. Il n'est au régiment que depuis deux mois.

Il a participé à la bataille de Moscou, l'hiver dernier, et d'après ce que tout le monde dit ici, ce n'était pas de la rigolade !

Ce qui n'empêche pas Solomaten de rigoler quand il faut. Mais lorsqu'un pilote ne rentre pas, il ne se marre plus du tout. Et depuis quelque temps, beaucoup ne rentrent pas. Les Allemands cognent dur à Stalingrad, mais, ça, vous le savez probablement.

C'est à cet instant précis que l'histoire commence.

Quand l'autre pilote rentre dans le bunker, l'inconnu, celui que j'ai vu se poser tout à l'heure.

C'est un nouveau, ça se voit.

D'abord, il s'est battu avec la porte : celle-ci coince un peu. Les anciens, quand ils entrent, balancent un solide coup d'épaule et le battant ne fait plus de manière.

Ensuite, il s'est arrêté et a parcouru tranquillement la salle du regard. Je devine son grade : lieutenant. Le poêle attire son attention. On l'a installé à proximité du mur de droite. L'estrade de commandement, le mur des cartes, le groupe des pilotes, sont situés à gauche, en face du poêle.

Le nouveau a choisi d'aller vers celui-ci. Solomaten a eu l'air vaguement étonné, mais il s'est vite replongé dans la conversation avec ses hommes. Tournant presque tous le dos à la porte, ils n'ont pas bougé. Le pilote a ôté ses gants, puis a tendu ses mains vers la plaque de fonte brûlante... Ensuite, il a tiré une chaise vers lui, a posé dessus ses lunettes de vol et s'est débarrassé de son baudrier de cuir, puis de sa parka.

Je le regarde faire. Il paraît gelé et prend tout son temps pour se réchauffer.

Et puis, seulement, il commence à détacher son casque.

Alors là : stupéfaction !

Je vois des cheveux blonds qui s'échappent du casque qu'il enlève. Et qui lui tombent presque jusqu'aux épaules !

Le lieutenant secoue la tête pour leur redonner un semblant d'ordre puis se retourne lentement vers l'estrade.

D'un seul coup, Solomaten a perdu la parole. À voir l'expression qui s'est peinte sur le visage de leur capitaine les gars ont dû se dire que Staline lui-même venait de pénétrer dans le bunker.

Alors ils ont tourné la tête à leur tour. Et le silence s'est fait instantanément. Un vrai silence : pas une parole, pas un toussotement, pas un froissement de carte. Rien. Moi, j'ai même carrément arrêté de respirer...

Et la fille... pardon le lieutenant... parfaitement à l'aise, les a regardés. Puis, elle leur a lancé un sourire dont la lumière a dû arriver jusqu'en Pologne. Et elle a simplement dit[2] :

— Bonjour... Je suis le lieutenant Litvak, votre nouveau pilote...

Première partie

La fille fleur

Chapitre 1

« Du blé pour l'Allemagne, à cette date ? »

Samedi 2 juin 1941, pont du Bug, 1 h 50 du matin.

Le sous-lieutenant Alexeï Solomaten était d'une humeur de chien. Il avait vingt et un ans et venait de passer une semaine de permission dans le sud de la Lituanie, pays de ses ancêtres comme son nom l'indiquait... bien qu'il soit né à Kalouga. Il s'était arraché quelques heures plus tôt du lit d'une lointaine cousine blonde, assez laide, mais ardente, pour sauter dans un train filant vers le sud, susceptible d'accrocher l'express Berlin-Varsovie-Moscou à son passage-arrêt au pont du Bug à la gare frontière polono-russe.

Pour une poignée de minutes, il avait manqué sa correspondance. Comme on était samedi et que les masses prolétariennes s'étaient engouffrées dans la tradition chrétienne pour ne rien faire le samedi et le dimanche, il se voyait mal être au poste de garde de son régiment logé sur un terrain satellite de Domodedovo, la grande base aérienne militaire de Moscou, avant lundi, 7 heures du matin.

S'il ne voulait pas se retrouver « au trou », il avait tout intérêt à rallier Moscou, à plus de 1 000 km, d'une manière ou d'une autre et en se bougeant les fesses.

Sur le quai de la gare, il observait, visage revêche, les manœuvres de la locomotive dont il allait être l'éphémère passager jusqu'à Minsk. Il avait négocié son transport avec le chef de gare contre un baptême de l'air pour son fils de quinze ans dans quelques semaines à Moscou.

— Un aviateur dans une locomotive, c'est pas banal, remarquait le chef de gare à ses côtés sans y mettre de mauvaise intention.

« Continue comme ça, pensait Solomaten qui en voulait au monde entier, et ton gars va avoir un baptême de l'air secoué, qu'il n'oubliera pas de sitôt. »

Un long train de marchandises entrait en gare.

— C'est quoi, ça ? aboya le pilote qui voyait dans l'arrivée du convoi un obstacle aux manœuvres de sa locomotive et un nouvel ajournement dans son départ.

— Trente-deux wagons de blé qui arrivent de Kiev, destination Berlin. Il ne va même pas s'arrêter.

— Du blé pour l'Allemagne, à cette date, s'étouffa Solomaten. Qu'est-ce que c'est, cette connerie ! Depuis trois jours, tout au long de la frontière, on n'a cessé de dire que la guerre était une question d'heures.

— Propagande et provocation. Ce sont les États capitalistes qui l'affirment. Ils cherchent à nous pousser dans la guerre. *La Pravda* l'a écrit la semaine dernière. Ils ont besoin de nous pour survivre au combat contre Hitler. Mais qu'ils s'arrangent du Führer, ce n'est pas notre problème.

Après tout ce qu'il avait entendu depuis 48 heures des gardes-frontières et des militaires qu'il avait rencontrés, la courte vue et la béatitude imbéciles du chef de gare renforcèrent sa conviction profonde : quelque part, quelque chose clochait ! Les militaires voyaient la guerre pour demain et le Parti faisait passer des messages lénifiants. Quelqu'un se mettait donc forcément le doigt dans l'œil ! Subséquemment, deux idées s'imposèrent à son esprit, non sans le heurter. Un doute : ce pays savait-il vraiment où il allait ? Une certitude : il était encore plus urgent de se carapater rapidement d'ici, en locomotive ou en charrette à bœufs s'il le fallait, afin d'être au lever des couleurs, lundi matin, à Domodedovo. Ce qui excluait la charrette à bœufs.

Chapitre 2

La frontière violée

21 juin 1941, région militaire spéciale de l'Ouest, 2 h 40 du matin.

Major-général V.E. Klimovskikh, chef d'état-major de la Région militaire spéciale de l'ouest à État-major général, Moscou.

« À transmettre d'urgence.

1 – Dans la journée d'hier – 20 juin – des avions allemands ont violé la frontière en direction d'Avgustov : six avions à 17 h 41, neuf avions à 17 h 43, dix avions à 17 h 45. Selon les informations du détachement de gardes-frontières, les appareils portaient des bombes.

2 – Selon le rapport du commandant de la IIIe Armée, les fils de fer barbelés posés le long de la frontière à proximité de la route, qui étaient encore présents dans la journée, ont disparu dans la soirée. Dans cette région, on aurait entendu dans la forêt des bruits de moteurs d'engins terrestres. Les gardes-frontières ont renforcé la garde.

V. Klimovskikh. »

Chapitre 3

« Qu'allons-nous faire ? »

21 juin 1941, région militaire spéciale de Kiev, 10 heures du matin.

Colonel général M. P. Kirponos, commandant de la Région militaire spéciale de Kiev, à État-major général :

« Selon les rapports d'interrogatoires de déserteurs allemands, l'attaque de l'URSS par les troupes nazies commencera la nuit prochaine... »

Dans la même journée, toujours en Ukraine, d'autres déserteurs confirmèrent la teneur de ces informations. Kirponos en informa de nouveau Moscou par l'envoi de rapports complémentaires. Le plus alarmant d'entre eux parvint dans la capitale à 21 heures.

Dès réception, le Commissaire du peuple à la Défense [3], le maréchal Timochenko, avertit Staline par téléphone. Après un moment de silence, le maître du Kremlin demanda à Timochenko de venir le voir accompagné du Chef d'État-major général, le général Joukov et du lieutenant général Vatoutine, son premier adjoint.

Quand les trois hommes furent introduits dans le bureau de Staline, ils constatèrent que tous les membres du Politburo, la plus haute instance dirigeante de l'URSS, étaient déjà là, regroupés autour de la troïka Molotov, Malenkov, Beria [4].

— Qu'allons nous faire ?, demanda d'emblée Staline lorsque les trois hommes eurent pris leur place autour de la très grande table en chêne sur laquelle étaient posées plusieurs cartes des régions ouest de l'Union soviétique.

Les trois militaires restèrent muets.

Le silence, pesant, contraignit Timochenko à prendre la parole :

— Il faut mettre toutes les troupes des régions frontalières en état d'alerte. Un document a déjà été préparé dans ce sens par l'État-major général.

— Lisez-le, dit Staline.

Le général Joukov sortit de sa serviette un feuillet dactylographié et en entreprit la lecture. Le document prévoyait la nécessité d'actions offensives immédiates, conformes au plan opérationnel affiné dans les mois précédents.

Staline coupa la parole à son chef d'état-major :

— Il est prématuré d'envoyer des instructions aussi contraignantes. L'affaire peut encore s'arranger pacifiquement. Contentons-nous d'une brève directive indiquant qu'une attaque pourrait commencer par des provocations d'unités allemandes. Nos troupes au contact ne doivent céder à aucune de ces provocations. Évitons les complications ! [5]

Après le départ des militaires, sortis pour procéder à l'exécution des ordres, les témoins rapportèrent que Staline, donnant l'impression de s'adresser à lui-même plus qu'à l'auditoire déclara : « Je pense qu'Hitler nous provoque... Serait-il possible qu'il se soit décidé à la guerre ? ».

Il était 2 heures du matin, ce 22 juin 1941, quand les membres du Politburo se séparèrent. Staline décida d'aller dormir dans sa datcha de Kuncevo, située à l'ouest de Moscou, à quelques kilomètres seulement du Kremlin. Il fit appeler son chauffeur. Quelques minutes plus tard, sa limousine blindée traversait des rues vides.

Chapitre 4

Moscou accusé d'ignorer le b.a.ba d'une mise en alerte

22 juin 1941, le Kremlin, état-major général de l'Armée soviétique. Régions militaires, 0 h 20.

La *Directive n° 1* fut envoyée par radio, *Baudot*[6] ou liaisons téléphoniques aux unités destinataires à partir de 0 h 20. Les dernières régions informées le furent à 1 h 20. Il fallut environ une demi-heure aux commandants et à leurs états-majors pour prendre connaissance du document, en discuter et mettre au point les moyens d'exécuter les instructions.

La réception de la directive s'avéra presque partout houleuse. On accusa Moscou, souvent dans la colère la plus crue, d'ignorer tout du *b. a. ba* d'une mise en alerte. Pour rassembler les troupes, les mettre en marche, les faire occuper leurs positions de défense prévues, il fallait entre 4 et 24 heures pour une division. Pour les états-majors au contact, qui avaient eu vent de l'attaque imminente des Allemands, la directive initiale avait donc au moins 24 heures de retard.

Exemple, parmi tant d'autres, un entretien téléphonique entre le général Piotr Petrovitch Sobennikov, commandant la 8e Armée de la Région militaire de la Baltique, et un camarade de promotion à l'état-major général.

— Qu'on cesse de se raconter des histoires, merde ! Tu sais comme moi qu'il n'existe aucun plan précis pour défendre la frontière. Les troupes, on les a surtout utilisées pour construire des fortifications, des aérodromes. Au détriment de l'instruction et du temps de manœuvre. Chez moi, des unités sont encore incomplètes. Les constructions permanentes ne sont pas prêtes. La nuit dernière[7], j'ai reçu personnellement l'ordre absolument catégorique du chef d'état-major de région, Klionov, de retirer nos troupes de la frontière avant l'aube du 22 juin... Aujourd'hui ! Pourquoi ? Pour « ne pas céder à des provocations ». Merde, ça fait des mois qu'on voit des avions de reconnaissance allemands passer au-dessus de nos têtes avec interdiction de réagir « pour ne pas céder aux provocations »...

La colère du général Sobennikov n'était pas prête de tomber.

Des rives du Niémen à la citadelle de Byalistok, de Brest-Litovsk aux bouches du Danube, une formidable machine de guerre s'ébranla le dimanche 22 juin 1941, avant même les premières lueurs de l'aube.

Entre 2 et 3 heures du matin, les escadrilles de la Luftwaffe allemande et des nations alliées de l'Allemagne décollèrent de leurs aérodromes, prirent de l'altitude et se regroupèrent en tournoyant dans le ciel de la Pologne occupée, à courte distance de la ligne de démarcation polono-russe. Les moteurs de chars furent mis en route. Les culasses des canons claquèrent.

À 3 heures, des milliers d'avions mirent le cap vers l'est.

À 3 h 05, l'ensemble des troupes nazies et alliées mobilisées dans le plan *Barbarossa* franchit les frontières de l'URSS.

Le front mesurait 1 500 kilomètres.

La véritable alerte pour un nombre important de divisions de l'Armée rouge ne vint pas de Moscou mais des bombardements massifs de la Luftwaffe et des tirs d'artillerie allemands.

Les unités et les formations qui avaient commencé à faire mouvement vers les régions prévues, en règle générale n'y parvinrent pas. Au cours de ces déplacements, elles rencontrèrent très vite les colonnes de blindés ennemis et furent obligées d'engager le combat alors qu'elles étaient en mouvement. Les nazis, en outre, avaient axé leurs priorités sur l'interruption des liaisons et des transmissions, ainsi que sur la paralysie du commandement ennemi.

Quelques heures plus tard, le général Sobennikov eut un nouveau contact avec son camarade à Moscou.

— Tu trouvais tout à l'heure que j'exagérais ? J'ai eu par radio le chef des opérations de la division aérienne mixte qui devait soutenir ma 8e Armée : il était quasiment prostré. Il m'a dit qu'il ne lui restait que cinq ou six avions : depuis 5 heures du matin, ils ne font que prendre des bombes boches sur la gueule. Toute la matinée, par téléphone, par télégraphe, par estafettes, mon PC a reçu des ordres comminatoires : installer des chevaux de frise, poser des mines, etc. À exécuter, bien sûr, immédiatement. Puis, d'autres sont tombés, qui ont annulé les premiers. Et quelque temps plus tard, nouveau contre-ordre : les premiers ordres sont confirmés... Comme les troupes – un fusil pour trois hommes – mon état-major était incomplet. Les moyens de liaison et de locomotion étaient en nombre insuffisant, on le sait depuis des mois... Tu n'as pas idée de la pagaille ! J'ai eu, il y a une heure, une courte liaison radio avec un camarade de la 10e Armée, sur le front Ouest. Les Boches ont quasiment paralysé le commandement et les liaisons, si bien que Pavlov[8] n'a plus les moyens de commander ses troupes. Il m'a rapporté qu'ils venaient de liquider quelques minutes plus tôt un commando parachuté de sabotage allemand en train de couper nos câbles de liaison... à 50 km à l'intérieur de notre territoire ! Tu m'entends bien : à 50 km derrière le front ! Et il se demandait, avec juste raison : « Pour un commando détruit, combien ont pu opérer en toute impunité ? » Il a ajouté : « Si le bordel est le même sur d'autres parties du front – et je partage son analyse – ce qui nous restera à faire, demain ou après-demain, ce sera de battre en retraite pour sauver ce qui pourra l'être de nos troupes. » Il va même plus loin : il estime que même si elles le veulent ou reçoivent l'ordre de décrocher, ni la 10e ni la 3e Armée n'auront plus de carburant et de moyens de transport pour battre en retraite. En revanche, la Luftwaffe, elle, sera là, fais-lui confiance. Il m'a dit – je le cite – qu'il espérait que Moscou avait des réserves prêtes à intervenir sur terre et dans les airs, car si ce n'était pas le cas, on pourrait voir les Allemands à Minsk[9] plus tôt qu'on ne l'imagine. Sa situation a l'air encore plus tragique que la nôtre...

Ici, pour ce qui nous concerne, depuis ce matin, mon vieux, c'est presque toute l'aviation de la Région militaire de la Baltique qui a été détruite au sol... Tu imagines : on n'a plus un avion en l'air ! Mais je suppose que vous devez être au courant de tout cela à Moscou. Sache simplement que chez nous, tout pue la nervosité, l'absence de coordination, la confusion. À cause de cette crainte générale de « provoquer la guerre », eh bien, on ne l'a pas provoquée, mais elle est là. Bravo pour la lucidité en haut lieu ! Il y a vraiment de quoi se tirer une balle dans la tête !

Le général Sobennikov se trompait : Moscou ignorait tout de la situation.

Ce fut pour tous – et à commencer par Staline – une surprise totale de découvrir qu'à l'issue du premier jour, les groupements mobiles allemands s'étaient enfoncés de 50 à 60 kilomètres en profondeur dans le territoire défendu par l'Armée rouge.

Staline et son entourage politique connaissaient mal les modalités concrètes d'une entrée en guerre et ignoraient tout des contraintes que celles-ci faisait peser sur des unités importantes, régiment, division, et a fortiori armée. Envoyer une Directive – fut-elle numéro 1 – trois heures seulement après la mise en branle de la machine de guerre nazie était à la fois dérisoire, ridicule et inopérant. Le maréchal Timochenko, ministre de la Défense et numéro 1 de la hiérarchie militaire soviétique, dont la peur physique du « Chef » était connue de ses pairs, n'avait jamais osé entrer devant lui dans ce type de « détails ». L'URSS allait payer très cher la pusillanimité de certaines de ses têtes militaires.

Le désordre qui en découla le premier jour fut souvent une découverte pour les Allemands eux-mêmes. Un capitaine d'artillerie prussien en observation à 1 200 mètres d'altitude sur un ballon captif faillit se retrouver devant une cour martiale pour avoir manifesté avec trop de véhémence son exaspération devant les demandes réitérées d'informations de son supérieur :

— Toujours pas de mouvements de troupes russes en provenance de l'est ?

— Toujours rien.

— Regardez bien et rendez compte !

Même dialogue, répété toutes les dix minutes :

— Rien... rien... rien. Ce n'est tout simplement pas possible ! s'exaspéra l'officier supérieur.

— Pas possible ? hurla l'observateur, excédé. Si c'est impossible, dites à vos zèbres galonnés qu'ils n'ont qu'à grimper jusqu'ici. Moi, je vous annonce ce que je vois !

Le « zèbre galonné » qui avait peine à croire ces informations tombées du ciel n'était autre que le maréchal von Kluge, commandant la IVe Armée allemande, apparu à l'improviste en première ligne pour une inspection rapide du front.

Chapitre 5
Un père fier de sa fille

22 juin 1941, Novoslobskaïa [10], 4 heures du matin.

Viktor Alexandrovitch Litvak, employé aux Chemins de fer soviétiques, technicien compétent, exerçait le métier de conducteur de locomotives. L'amour qu'il portait à son emploi était, comme il le disait lui-même, « sa joie, sa chance et sa fierté ». Le gène de la mécanique lui avait été transmis par son propre père, Alexandre, qui, autour de 1900, avait jeté sa charrue de paysan balte dans les poubelles du progrès pour s'intéresser aux bicyclettes. Plus tard, il avait trahi celles-ci en s'enthousiasmant pour les premières automobiles. Leurs moteurs n'eurent bientôt plus de secret pour lui. Alexandre en devint donc un spécialiste reconnu à une époque où la majorité des moujiks s'enfuyaient encore à la vue de ces monstres pétaradants, nés selon eux – et leur babouchka [11] – dans les forges de Satan.

Viktor Alexandrovitch vit plus grand et plus gros que son père. À huit ans, 48 heures seulement après l'installation de la famille à Korovino, un faubourg de Moscou, sa première promenade dominicale l'avait conduit à la gare de Biélorussie, dans le centre de Moscou. La première locomotive qu'il aperçut, – elle se préparait à tracter une rame de wagons antédiluviens vers Samara [12] puis Samarkand, à ce que lui dit son père – cette première locomotive entra dans sa vie à la vitesse ralentie de ses bielles et n'en sortit jamais.

Elle portait le beau nom d'*Aurora.*

Il était 4 heures du matin, ce 22 juin, et Viktor Alexandrovitch promenait déjà depuis plus d'une demi-heure dans le petit appartement ses épaules larges et noueuses de bûcheron. Contrairement à son visage profondément buriné par le vent des locomotives, le reste de son corps, sec, râblé, solide, sans une once de graisse, n'affichait pas ses cinquante ans. Il le faisait du reste volontiers remarquer devant la glace à son épouse, Anna Vasilneva.

La nuit d'été commençait à pâlir. Il avala avec délectation – mais aussi une grimace car il s'était brûlé – la tasse de thé bouillante, extraite du samovar posé à côté du téléphone installé récemment, le seul vrai luxe de l'appartement. Un coup de fil adressé du commissariat à la Défense par un ami de sa fille, le capitaine Karev, à la direction des Chemins de fer avait débloqué un dossier qui traînait depuis des mois. Il refusait néanmoins l'expression de « privilège » : le téléphone lui était utile dans son travail.

Viktor Litvak huma avec envie la gamelle qui contenait une consistante omelette au lard et aux pommes de terre qu'il n'avait laissé à personne d'autre le soin de confectionner. C'était son repas de midi et non son petit déjeuner : il attendrait jusque-là.

Il consulta une dernière fois sa feuille de route. Elle lui indiquait Viasma, Smolensk, Orsa, Minsk et Brest-Litovsk, aller-retour. C'était le programme de ses quatre prochaines journées. Départ ce matin à 6 h 18. Un grand convoi de marchandises, transportant en partie des matériels militaires.

— Allez, dit-il, il ne faut pas que je m'attarde !

Sa femme sourit : il était la ponctualité même.

— Prends quand même le temps d'embrasser les enfants. Sans les réveiller.

Visage avenant, il choisit de l'embrasser, elle :

— Pour réveiller les enfants à 4 heures du matin, il faudrait que Moscou soit bombardée. Et encore !

— Tais-toi, je n'aime pas que tu plaisantes avec ça.

Il se reprocha cette remarque maladroite. Décidément, la guerre les obsédait tous. Ils en avaient parlé, hier encore, en réunion de cellule. Heureusement, le camarade secrétaire les avait rassurés : « Hitler ne bougera pas, il ne veut pas refaire l'erreur du Kaizer en 1917 : pas de guerre sur deux fronts. Il est trop occupé à l'Ouest où il a toujours l'intention de débarquer en Angleterre... ». La petite assemblée n'avait pas perdu une de ses paroles et il semblait à Viktor que cette attention ne déplaisait pas à l'orateur. Il n'avait pas de sympathie particulière pour ce « camarade-cheminot-apparatchik » mais rien non plus de particulier à lui reprocher. Il y en avait de plus cons et de plus dangereux. « Que les États capitalistes continuent de s'entretuer, poursuivait l'autre, et plus vite le monde sera communiste... Quand ils se seront saignés à blanc, il n'y aura plus qu'un coup de pouce à donner et, hop, toute l'Europe basculera dans le socialisme... » Il avait marqué un temps d'arrêt et, sur un ton quasi confidentiel, ajouté : « C'est toute la stratégie du camarade Staline ». Applaudissements immédiats, dans lesquels Litvak eut, comme toujours, des difficultés à distinguer ce qui appartenait au fond du discours du simple réflexe conditionné lié à l'évocation du nom de Staline. Victor Alexandrovitch ayant cependant gardé pour lui l'impression narquoise liée au soupçon qui lui traversait l'esprit : il avait toujours le sentiment que le secrétaire de cellule travaillait seul devant son miroir, arborant une moue « Croyez-moi, j'en sais plus que je ne vous en dis », dont il n'était pas avare. Il est vrai qu'on lui prêtait des ambitions.

Celles des autres amusaient toujours Viktor. Sa propre passion pour les locomotives lui avait fait renoncer, pour la vie, à toute prétention professionnelle allant au-delà de la plate-forme de conduite de ses chères machines. Il avait refusé des postes de contremaître, de chef d'atelier, de responsable de dépôt, que sa compétence reconnue par ses supérieurs lui offrait avec insistance. Un *niet* sans compromis. Rien ne semblait rendre cet « ouvrier technicien » plus heureux que de se lever à 5 heures du matin, même au plus froid de l'hiver, d'enfiler sa salopette bleue, ses vestes, capotes et bonnets divers pour se rendre au dépôt de Ramenki et prendre les manettes de la *Viatka 232* qui le conduirait à travers toutes les Russies.

Ces deux prochains jours encore, il retrouverait des pays et des paysages. Il en parlait bien, d'ailleurs. S'il renonçait à tout ça, où prendrait-il la matière des récits, souvent inventés, qu'il racontait à ses enfants, des impressions qui, lorsqu'il les livrait, mettaient tant de joie dans le regard de Liliana, sa fille, de Youri, son garçon de dix ans, et teintait d'indulgence le sourire de sa femme ? C'était sa façon à lui de se faire pardonner le mari un peu rude qu'il était parfois.

Dévalant à grands pas Mendeleevskaïa, il se dit que si ses histoires avaient longtemps fait le bonheur des siens, Lily, son aînée, y était devenue moins attentive désormais – elle était plus grande, avait dix-neuf ans et prenait volontiers des airs parce qu'elle faisait de bonnes études et jouait du piano. Mais il était certain qu'elle y avait certainement puisé le goût des grands espaces et de la liberté qui était un trait de sa personnalité et qu'elle conserverait toute sa vie. N'avait-elle pas appris à piloter un avion en cachette ?

Tout en marchant, il riait en se remémorant la tête de son épouse et la sienne quand ils avaient découvert que leur fille ne passait pas son temps libre au théâtre Gorki, comme ils le croyaient, pour devenir la grande tragédienne qu'elle se promettait d'être mais à l'aéro-club du CSKA, derrière l'hippodrome, à trois kilomètres de l'appartement. Elle y apprenait à piloter.

Quelle menteuse.

Quelle comédienne.

En avançant, il plissait inconsciemment les yeux de contentement et d'orgueil : « Elle a beau faire la fière, c'est bien ma fille ! » Quant à Anna Vasilneva, la mère, elle grognait : « Charrue, bicyclette, automobile, locomotive, avion : un jour mon petit-fils viendra me voir pour me dire : “Mamouchka : je vais sur la Lune” ».

Chapitre 6

Joukov aima de moins en moins ce silence

22 juin 1941, Kuncevo, datcha de Staline, 4 heures du matin.

Il existait une règle fermement établie qu'à dire vrai, personne n'était vraiment tenté de transgresser : on ne réveillait jamais Staline.

Le maître de l'URSS avait le sentiment qu'il venait à peine de s'endormir sur le canapé de son bureau quand on frappa à sa porte assez fortement pour le tirer de ce premier sommeil.

En pyjama, il alla ouvrir. Le chef de sa sécurité, au garde-à-vous, lui annonça :

— Le général d'armée Joukov au téléphone, pour une affaire urgente.

Staline marcha jusqu'à son bureau et prit l'appareil.

— J'écoute.

On lui passa la communication.

— Ici Joukov, camarade Staline. L'Allemagne a attaqué à 3 heures du matin. Son aviation a bombardé Minsk, Kiev, Sébastopol, d'autres villes encore. Des troupes blindées et motorisées ont franchi nos frontières et pénétré dans notre pays...

La ligne resta muette.

— ...Ces attaques ont eu lieu tout au long de la frontière...

Toujours rien. Surpris, le chef de l'état-major général de l'Armée rouge s'interrompit, puis demanda :

— Camarade Staline, vous m'avez compris ?

Le silence persista. Seul un soupçon de respiration un peu rauque indiquait au chef des armées soviétiques que la ligne n'était pas morte.

Joukov aima de moins en moins ce silence. Les réactions du Premier secrétaire étaient souvent imprévisibles et les nouvelles qu'il annonçait pouvaient déclencher toutes les tempêtes quand elles se seraient frayé un chemin dans l'esprit du « Chef ». Seule certitude, des têtes allaient tomber : c'était toute la politique de Staline depuis des années qui était balayée par la décision d'Hitler. Quelqu'un allait devoir endosser la responsabilité de cette faillite. Et personne n'avait besoin de lui dire que, dans ces circonstances, un chef d'état-major de l'armée présente un profil tout à fait acceptable de bouc émissaire. Juste, peut-être, en deuxième position, derrière le ministre de la Défense. Bon, pensa-t-il, en bon militaire : « Quand on est dans la merde jusqu'au cou, on peut pisser dans ses bottes ! »

Il insista donc :

— Camarade Staline, vous m'avez compris ? Camarade Staline, vous m'entendez ? M'avez-vous compris ? Allô, camarade Staline...

Le silence perdura. Il sembla « une éternité », à Joukov [13].

Enfin, une voix sourde se manifesta à l'autre bout du fil :

— Venez avec Timochenko au Kremlin. Dites à Proskrébychev qu'il convoque tous les membres du Politburo...

Staline raccrocha et resta un moment près de son bureau. Silencieux, comme assommé. Son intelligence lui avait toujours dit que l'agression hitlérienne était tout, sauf exclue. Qu'elle était même probable, à terme. Mais pas maintenant ! Depuis 1938, toute sa politique, toute son action rejetaient l'option d'un conflit à court terme. Ce que lui disait Joukov, maintenant, au téléphone, c'était que son intuition, sa prescience, son désir, sa conviction affichée – pis : son infaillibilité proclamée – étaient en cet instant balayés par le souffle des bombes allemandes, écrasés par les chenilles des chars à croix gammée. Rien n'existait plus : contre toute raison, Hitler s'était jeté dans la guerre à l'Est, avait ouvert un second front.

Un imbécile et – Molotov [14] avait raison – un aventurier !

Son regard se porta sur le cadran de la vieille horloge dressée dans un coin de la pièce. La petite aiguille avait à peine dépassé le 4. Il repensa à la réunion du Politburo dont il avait l'impression de n'être sorti que quelques minutes plus tôt. Il repensa aussi au message envoyé aux conseils militaires des régions de Leningrad, de la Baltique, de l'Ouest, de Kiev, d'Odessa : « La mission de nos troupes est de ne céder à aucune action provocatrice [15] ».

Chapitre 7

Comité de crise au Kremlin

Le Kremlin, 5 h 30 du matin.

De retour à Moscou, Staline pénétra au Kremlin par l'entrée spéciale de la vieille forteresse des tsars qui lui était réservée.

Il monta à son bureau et traversant la salle de réception où l'attendait Proskrébychev, le chef de son secrétariat, il lui ordonna de faire entrer ses collaborateurs.

Les membres du Politburo et les suppléants pénétrèrent dans la salle où se tenaient traditionnellement les grandes réunions de travail. Il y avait là Molotov, Malenkov, Beria, le maréchal Vorochilov, Mikoyan, Kaganovitch, Kalinine, Andréev, Chvetnik et Chtcherbakov. Le maréchal Timochenko et les généraux Joukov et Voznessenski suivaient.

Tous, à l'exception peut-être des militaires, semblaient écrasés. Personne ne prononça une parole.

Staline ne les salua pas et articula, sans s'adresser plus particulièrement à l'un d'entre eux :

— Entrez en rapport avec l'ambassadeur d'Allemagne.

Molotov sortit immédiatement.

Chapitre 8
Le regard glaça Molotov

Le Kremlin, 6 heures du matin, bureau de Molotov.

À six heures du matin, l'ambassadeur allemand, le comte von Schulenburg, convoqué par Molotov, se présenta au Kremlin. Blême, d'une pâleur qui trahissait sans doute son émotion, il fut conduit auprès du ministre. Dans un silence glacial, il remit au ministre russe une note diplomatique en provenance de la chancellerie du Reich à Berlin. Molotov la prit et lut : l'Allemagne déclarait la guerre à l'URSS... « afin de prévenir l'attaque que préparait l'Union soviétique ».

Sans prononcer une parole, Molotov cracha sur la note et la déchira.

Toujours silencieux, il appuya sur une sonnerie. Proskrébyshev, son ancien secrétaire au comité central du Parti avant de devenir celui de Staline, entra. Il avait suivi son ancien patron après sa sortie de la salle de réunion.

— Faites sortir ce monsieur, déclara Molotov. Par l'escalier de service.

« Comme un domestique », pensa in petto Proskrébyshev, qui connaissait son ministre.

Von Schulenburg se raidit. Lui aussi avait compris.

De retour dans la salle où étaient réunis Staline et le Politburo, Molotov rendit compte.

Tous les participants le fixaient du regard.

— L'Allemagne nous a déclaré la guerre..., commença-t-il.

Les yeux de Staline pesaient lourdement sur lui.

Ce regard glaça Molotov. Six mois plus tôt, de retour d'une mission à Berlin, il avait assuré au maître du Kremlin : « Hitler cherche notre appui dans son combat contre l'Angleterre et ses alliés. Il faut attendre que leur lutte s'amplifie. Hitler se démène. Une chose est claire : il ne se résoudra pas à mener la guerre sur deux fronts. Je pense que nous avons le temps de renforcer nos frontières occidentales... »

Il avait ajouté : « Mais il faut ouvrir l'œil : nous avons affaire à un aventurier ».

Aujourd'hui il pensait que bien lui en avait pris : cette petite phrase lui sauverait peut-être la vie.

Staline l'avait d'ailleurs approuvé : « Nous avons le temps », avait-il déclaré avec son air matois des grands jours.

Hitler ne leur avait pas laissé ce temps.

Le compte rendu de Molotov fut bref. Un silence lourd s'établit. Staline ne disait rien, l'esprit apparemment ailleurs [16].

Le silence était devenu insupportable. Le maréchal Timochenko prit sur lui de le rompre :

— Camarade Staline, me permettez-vous de faire le point de la situation ?

— Faites.

Sur un signe de tête du ministre de la Défense, on fit entrer le colonel général Vatoutine, l'adjoint de Joukov à l'état-major général. Le nouveau venu prit place à la table, ouvrit sa serviette, en sortit deux feuillets et commença son rapport. Celui-ci fut bref et contenait peu d'informations nouvelles :

— Après des barrages d'artillerie et des raids aériens qui ont surtout frappé les régions frontalières des districts militaires de la Baltique et de l'Ouest et, à un degré moindre, celui de Kiev, le gros des forces nazies a fait irruption sur notre territoire. De nombreux postes frontières ont été détruits par la gigantesque machine de guerre allemande. Nos aérodromes sont systématiquement pilonnés. Les pertes en appareils, souvent détruits au sol, sont élevées. L'ennemi frappe systématiquement nos moyens de communication – voies ferrées, gares, centres de transmission...

L'état-major ne dispose pas, pour l'instant, d'autres données concrètes.

Pour compléter – et surtout étoffer – le rapport de son adjoint, Joukov intervint. Personne plus que Timochenko et lui n'étaient conscients que la faiblesse, le désordre et les contradictions des informations en provenance du front étaient la première manifestation de la gravité de la situation. De toute évidence, la pagaille était telle que rien ne remontait. En lui-même, Joukov craignait que celles qui arriveraient bientôt à Moscou soient pires que tout ce à quoi les hommes rassemblés autour de cette table étaient préparés à entendre.

— Je rappelle aux camarades du Politburo notre organisation militaire qui subit actuellement l'agression nazie. Le district militaire de l'Ouest est commandé par le général d'armée Pavlov, son chef d'état-major est le général de division Klimovskikh, son commissaire politique Forminyi. Leur PC [17] est à Minsk...

Le maréchal Timochenko prit le relais et communiqua des informations comparables pour les districts militaires de la Baltique au nord et de Kiev, plaque tournante du dispositif militaire soviétique dans le sud du pays.

— En face, qui avons-nous ? demanda Staline.

— D'après une synthèse de nos services de renseignements, datée de la fin mai, répondit Vatoutine en consultant un nouveau document, les troupes allemandes ayant attaqué la frontière du district de la Baltique sont commandées par le général Feld-maréchal von Leeb. Le groupe d'armées du Centre, qui semble avoir Byalistock comme objectif, est sous les ordres du général Feld-maréchal von Bock. Son aile droite est commandée par le général Guderian, dont le nom est associé aux percées de chars et aux victoires allemandes en France en juin 1940. En face de l'Ukraine se trouvait le groupe d'armées du Feld-maréchal von Rundtstedt, avec les panzers du général colonel von Kleist.

— *Von... von... von...* le caporal Hitler a confié ses troupes à des aristocrates prussiens, grinça Staline. Comme son maître l'empereur Guillaume, en 1914. Voilà un vrai choix socialiste, puisqu'il se prétend socialiste !

Il se tourna vers le maréchal Vorochilov :

— Kliment Iefremovitch, rappelle-nous ce que faisait ton père...

— Paysan pauvre.

— Et le tien, Semion Konstantinovitch ?

— Paysan encore plus pauvre, camarade Staline, répondit le ministre de la Défense Timochenko.

— Et vous, Chapochnikov [18] ?

— Cordonnier. Et pas un artisan aisé ! Pour nous aider à survivre, ma mère portait souvent du village à la ville, été comme hiver, pour quelques kopeks, des sacs pesant jusqu'à vingt kilos. Ça représentait six à sept kilomètres. C'était, il est vrai, une solide paysanne...

— ...mais qui est morte épuisée à quarante ans, ajouta Staline, qui connaissait sur le bout des doigts la biographie de chacun des hommes présents autour de la table.

Il laissa s'installer un moment de silence, afin de donner plus de poids à ce qu'il allait dire. Il posa sur chacun d'entre eux ce regard froid, filtrant à travers des paupières lourdes à moitié abaissées qui les mettait si mal à l'aise... Molotov, pour sa part, regardait ailleurs, évitant de croiser le regard du Premier secrétaire : il était issu d'une famille de la bourgeoisie aisée.

— Eh bien, camarades, laissa enfin tomber Staline. Voilà pourquoi nous allons les battre : tous ces « *von* quelque chose » ne représentent plus rien, si ce n'est le passé. Ils sont une classe morte, nous sommes l'avenir. Les fils d'ouvriers, de paysans pauvres vont botter le cul à ces aristos fascistes, les attraper par les couilles, les ramener en Allemagne par la peau du dos. Et là, à Berlin, devant le monde entier, nous les pendrons un à un, derrière leur seigneur de la guerre, *Herr* Hitler [19] !

Sur instruction de Staline, le maréchal Timochenko fit aussitôt préparer un document connu dans l'Histoire sous le nom de « Directive n° 2 du Grand Conseil militaire » :

« Aux conseillers militaires des régions de Leningrad, des pays baltes, de l'Ouest, de Kiev, d'Odessa. (...)

Le 22 juin 1941 à 4 heures (*sic*) du matin, l'aviation allemande a effectué sans aucune raison des raids sur nos aérodromes et nos villes le long de notre frontière occidentale et les a bombardés...

Face à cette attaque d'une imprudence inouïe de la part de l'Allemagne contre l'Union soviétique, nous ordonnons :

1 – Aux troupes de se précipiter de toutes leurs forces avec tous leurs moyens sur les forces ennemies et de les détruire dans les régions où elles ont violé la frontière soviétique. Les forces terrestres ne doivent pas franchir la frontière tant qu'elles n'en auront pas reçu l'ordre.

2 – À l'aviation de reconnaissance et de combat d'établir les points où est concentrée l'aviation ennemie et où sont groupées ses forces terrestres. Par de puissants coups des bombardiers et des avions d'assaut, de détruire l'aviation ennemie sur ses aérodromes et de bombarder les groupements principaux de ses forces terrestres. De porter les coups de l'aviation jusqu'à 100/150 kilomètres à l'intérieur du territoire allemand. De bombarder Königsberg et Memel. De ne pas effectuer de raids sur les territoires de la Finlande et de la Roumanie sans instructions particulières.

Timochenko, Joukov, Malenkov.

Directive n° 2, 22 juin 1941, 7 h 15 »

Chapitre 9

Silence radio

Moscou, Novoslobskaïa, dimanche 22 juin, 10 heures du matin.

La sonnerie de l'appartement retentit. Anna Vasilevna Litvak baissa le son de son poste de TSF. Elle écoutait distraitement Radio-Moscou depuis 8 heures du matin. Rien de passionnant : une leçon de gymnastique puis le « Salut aux pionniers ». Le Journal de 9 heures avait ouvert sur des informations agricoles, suivies de communiqués sur les résultats atteints par les travailleurs de choc. Elle avait failli éteindre mais de la musique populaire avait pris le relais, en alternance avec des marches, ce qui était plus inattendu.

Elle alla ouvrir. Devant elle se tenait une femme encore jeune, qui ne devait pas dépasser les trente-cinq ans, mais que sa forte corpulence vieillissait, même si elle lui gommait en partie les rides de son visage. Elle dansait d'un pied sur l'autre, visiblement mal à l'aise.

Cela surprit Anna Litvak car ce n'était pas le genre de la visiteuse : l'*opravdom* [20] qui se tenait devant elle était connue, à l'instar de nombre de ses confrères ou consœurs, comme l'œil du Parti dans un immeuble. Ce qui leur donnait en général de l'assurance, quand ce n'était pas de la morgue.

— Anna Vasilevna... commença la gérante.

Anna s'effaça devant la « camarade » pour lui permettre de pénétrer dans l'appartement.

Sans fortement sympathiser, les deux femmes ne s'évitaient pas et buvaient ensemble une tasse de thé à l'occasion. Anna avait ainsi accès aux ragots du voisinage. Cela ne lui déplaisait pas : son statut d'employée de direction dans un magasin l'isolait un peu dans un immeuble habité en majorité par des familles ouvrières. Du côté de la concierge, la présence d'un téléphone dans l'appartement des Litvak faisait office de garantie de bonne conduite des locataires et témoignait d'appuis à considérer dans l'administration ou le Parti. On pouvait donc se fréquenter et on se ménageait. Sans compter, comme le sentait Anna, que la gérante avait un petit faible pour Viktor Alexandrovitch.

— Anna Vasilevna, répéta la gérante... Elle parlait tout en marchant, tête tournée vers son interlocutrice... J'ai pensé... Elle hésitait, cherchant visiblement le mot juste... Voilà...

Anna Litvak eut l'impression qu'elle se jetait à l'eau :

— Voilà... Vous savez qu'un journaliste italien habite l'immeuble voisin. Il y a une demi-heure, il est descendu voir ma collègue Nina Oxanova et lui a demandé si elle connaissait les dernières nouvelles. Les journalistes étrangers, tu le sais, écoutent souvent les radios de leur pays quand ils le peuvent, ou la radio anglaise[21]. Il paraît que celle-ci a annoncé que les Allemands ont attaqué notre pays ce matin. Radio-Moscou ne dit rien. L'Italien a alors appelé le commissariat aux Affaires extérieures pour leur poser la question. On lui a répondu : « Rappelez plus tard ». Il a insisté : « Est-ce qu'une déclaration officielle du gouvernement est prévue ? » « Rappelez plus tard ! »

C'est en tout cas ce qu'il a raconté à ma collègue quand il est descendu pour l'interroger, elle aussi. Bien sûr, Nina Oxanova est restée stupéfaite ! Une attaque allemande ! Nos alliés ! Elle s'est précipitée chez moi. Je ne savais rien non plus – pourquoi l'aurais-je su ? Ensemble, on a décidé d'appeler le *raïkom*[22]. Réponse du *raïkom* : « On nous a dit que le camarade Molotov allait parler, mais on ne sait pas de quoi ».

Anna Vasilevna, je vous en parle parce que si c'est la guerre... Sa phrase resta en suspens comme si elle était effrayée par la seule évocation du mot... Enfin, si votre mari appelle, peut-être qu'il n'en saura rien. Vu son métier, ce serait mieux qu'il sache... Dites-lui d'être prudent...

Le cœur d'Anna Litvak s'était arrêté de battre. Viktor, seul, loin de tout et de tous, à cette heure, dans son train qui roulait vers l'ouest, quelque part dans la grande plaine... Mon Dieu, faites qu'il ne lui arrive rien ! Où diable est-il déjà ? se demanda-t-elle, le ventre maintenant noué.

Elle fit un rapide effort de mémoire pour se rappeler ce que Viktor lui avait dit la veille en préparant sa petite valise. « Ah oui : Smolensk et Minsk. Au moins, il n'ira pas à proximité des frontières ». Elle se sentit tout de suite mieux, tranquille pour lui, mais désireuse tout de même de le voir revenir au plus vite. Les prochaines 48 heures allaient paraître longues.

Puis son esprit bascula immédiatement vers ses enfants, dont le garçon dormait encore dans la chambre voisine : « Dieu merci, mon fils n'a que dix ans et mon aînée est une fille ! »

Chapitre 10

Le chien qui prédit la guerre

Moscou, Nikolskaïa, dimanche 22 juin, 10 heures du matin.

Une heure plus tôt, ladite aînée avait embrassé sa mère et était partie rejoindre une amie afin d'aller goûter avec elle dans les parcs et au bord de la Moskova le parfum du solstice d'été, cet été toujours trop court à Moscou. Après les berges, elles iraient flâner devant quelques devantures du centre-ville moins pauvrement décorées que celles de leur quartier. Elles s'étaient donné rendez-vous à la station de métro Komsomolskaïa, près de la gare de Leningrad, à une petite demi-heure de marche du Kremlin.

La matinée de ce premier dimanche d'été à Moscou était belle et ensoleillée, l'air doux. Le soleil s'échappait résolument de la brume matinale pour émerger derrière les immeubles. La jeune fille arrivée la première s'était assise sur un banc, visage offert aux rayons qui commençaient à darder une vraie chaleur, les yeux le plus souvent fermés. Elle était blonde, très typée russe avec des yeux gris clair, tirés vers les tempes, des pommettes hautes, accentuées, creusant a contrario des joues presque translucides. Une bouche charnue de femme contrastait avec de petites dents qui l'accrochaient encore à l'enfance. Le menton au dessin affirmé conférait du caractère à un visage déjà séduisant. Elle s'appelait Liliana Litvak – Lily pour ses amis. Elle avait dix-neuf ans.

Sa compagne la rejoignit bientôt. Les deux jeunes filles s'embrassèrent. Larissa Rasanova, la nouvelle venue, était loin d'être laide mais souffrait, aux yeux des tiers, de la proximité de l'autre élégante gazelle. Âgée de dix-huit ans elle se sentait vieille. Brune, elle enviait la blondeur de son amie. De taille moyenne mais solidement charpentée, elle se trouvait « paysanne ». Mais peu de gens la reconnaissaient dans le portrait qu'elle traçait parfois d'elle-même : elle se voyait trop à travers le prisme déformant de son admiration pour Lily. Et oubliait que son don d'observation, son humour, sa causticité aussi – qu'elle tenait d'un père professeur de médecine qui s'appuyait sur son renom pour s'autoriser une certaine dose d'esprit critique –, son intelligence, sa passion décousue des livres, la culture fragmentée qu'elle en retirait et une maturité avancée pour son âge lui avaient façonné, touche après touche, un charme qu'elle était la seule à vouloir ignorer.

Sur le parvis de la gare, des groupes de jeunes gens, sac au dos, guitare à la main, se rassemblaient pour aller prendre le train et passer la journée à la campagne. Après avoir échangé pendant cinq minutes, installées sur leur banc, quelques idées sur l'organisation de leur matinée, les deux amies se levèrent et s'éloignèrent en direction du centre-ville. Elles s'engagèrent dans la Prospectiv qui conduisait vers l'église des Douze-Apôtres dont on distinguait clairement les bulbes dans le lointain, malgré les derniers restes de brume qui persistaient encore. Elles marchaient d'un pas vif, Lily très droite, tête relevée, fière – son père disait « orgueilleuse » – de sa séduction, plus que de sa beauté, incertaine à ses yeux... enfin, selon les jours – séduction dont elle avait décidé, au moins en apparence, de ne jamais douter. Les passants se comptaient dans les rues et sur les grandes artères de la capitale, les tramways, autobus et voitures roulaient au rythme ralenti des dimanches matin. Les haut-parleurs installés dans les rues diffusaient les programmes habituels de Radio-Moscou.

Elles avaient réglé leur pas l'une sur l'autre, engagées dans une conversation animée qui aurait surpris un témoin indiscret.

Il y était question d'un chien. Un chien allemand, de surcroît. La semaine précédente, avait confié Lily Litvak à sa compagne, elle avait déjeuné avec leur ami – à vrai dire, c'était surtout celui de Lily – Vassili Karev.

— ...Il semblait vraiment préoccupé. Il pense, sans trop chercher à le cacher, que la guerre approche à grands pas. Mais, tu le connais, comme toujours, il cache son inquiétude derrière des plaisanteries. Quand j'ai essayé d'en savoir plus, qu'il me dise sur quoi reposaient ses craintes, il s'en est tiré par une pirouette : « C'est un chien qui me l'a dit ! ». J'ai d'abord pensé que c'était un proverbe à la noix, du genre « Je le tiens de la bouche de mon auroch ! », une blague de son Oural, tellement tarte qu'elle n'était même pas arrivée à Moscou... Mais pas du tout ! Et il me raconte qu'un diplomate allemand avait téléphoné récemment au commissariat aux Affaires extérieures pour demander un rendez-vous avec un responsable. Il prétend que c'est urgent... Reçu, il se met à raconter avec le plus grand sérieux une histoire à dormir debout : il vient de la part du Premier secrétaire de son ambassade, un Herr von Walter, qui rencontre, paraît-il, des problèmes concernant son chien.

— Son chien ?... s'étonne notre haut fonctionnaire. En quoi pouvons-nous vous être utile ?

— Le conseiller Gebhardt von Walter en est malade. Au point de n'avoir pu venir vous voir personnellement. Il s'en excuse. Le Premier secrétaire est très attaché à son chien. Il a une passion pour lui ! C'est simple : quand la bête est malade, il ne fait plus rien au bureau. Il ne travaille plus, il manque toutes les réceptions...

Tête du type des Affaires étrangères, si j'en crois Vassili ! Mais, pas diplomate pour rien, sans se démonter, à l'esbroufe, il rétorque :

— L'amour du Premier secrétaire de l'ambassade d'Allemagne pour son chien est bien connu.

Vassili riait en racontant ça. Il aurait parié sa tête que le type n'avait jamais entendu parler du chien et qu'en plus, à dire vrai, il s'en foutait totalement. Mais bon, comme disait Vassili, « aux Affaires extérieures, ils n'ont pas grand-chose à foutre, mais ce qu'ils font, ils le font généralement bien... tout en prenant leur temps ». L'Allemand continuait :

— Herr von Walter voudrait faire partir son chien le plus vite possible pour Berlin. Au plus tôt. Mais votre administration exige un certificat de vétérinaire et impose des formalités qui retardent son départ d'au moins une semaine... Il s'agit, bien sûr, de petites représailles, car nos bureaux ont exigé des certificats vétérinaires pour les chiens des fonctionnaires de l'ambassade d'URSS en Allemagne... Mais pour le conseiller von Walter, c'est une tragédie.

— Tragédie ? N'exagérons pas ! Le chien ne mourra pas s'il part une semaine plus tard.

— C'est bien mon avis, mais M. le conseiller ne semble pas partager cette opinion.

Je te passe les détails, poursuivait Liliana, assez heureuse de son effet : Larissa, pour ne pas perdre une miette de l'histoire, avait en effet ralenti sa marche... bref, le Fritz insiste très fortement pour qu'on lui rende ce service et le fonctionnaire dit qu'il va voir ce qu'il peut faire, que le commissariat aux Affaires extérieures accélérera certainement le départ du chien, bla-bla-bla.

L'histoire – qui, entre parenthèses, a fini par remonter jusqu'au cabinet du camarade Molotov – intrigue quand même certains collaborateurs du ministre. Pourquoi le Premier secrétaire de l'ambassade d'Allemagne tient-il tant à faire partir son chien « au plus vite », « avant sept jours », comme il l'a précisément fait savoir ? Bizarre ! L'affaire est bientôt connue de tout le corps diplomatique, aussi intrigué que sarcastique : les diplomates ont la dent aiguisée, et, comme dit Vassili, « le dérisoire fait leur bonheur ! ».

Les services spéciaux s'en mêlent. La presse étrangère, enfin, s'empare de l'affaire : des journalistes américains demandent à interviewer Herr von Walter. Qui, bien sûr, refuse. « Le chien également », prétend Vassili. Mais un photographe américain réussit tout de même à faire un cliché de Fédor en train de pisser sur le trottoir, escorté par le portier de l'ambassade d'Allemagne. Sa photo a été publiée aux États-Unis avec, comme dit Vassili, « une légende typiquement américaine » : « *Le chien qui prédit la guerre* ». Quand il a pris connaissance de l'article, Molotov aurait, paraît-il, souri – événement historique. Mais il a aussitôt balayé de la main « toutes les âneries » qu'on pouvait dire autour de cette affaire... Vassili m'a quand même dit que certains fonctionnaires du commissariat aux Affaires étrangères et dans les services d'espionnage pensent que si le chien avait des raisons personnelles de rentrer dare-dare au pays, c'est que son maître pouvait en avoir aussi[23]. Vassili n'était pas loin de penser comme eux. « Les chiens et les enfants d'abord, je n'aime pas trop ça ! ». Il ne prenait vraiment pas ce « dossier » à la blague, ce qui m'a étonnée de lui...

— Il aurait plutôt dû réunir un soviet de chiens pour prendre leur avis ! laissa tomber Larissa, brocardant la « comitite », « première maladie de ce pays et la plus grave », si l'on en croyait son père, le professeur.

— C'est ce que j'ai essayé de lui dire : « C'est peut-être un chien qui n'aime pas Moscou, qui ne s'entend pas avec nos chiens ou qui a le mal du pays ! » « Je crois, moi, que c'est un chien prudent, avec des vraies raisons de l'être ! » m'a répondu Vassili, sinistre.

— Il y a des jours où il n'est vraiment pas marrant !

Les jeunes filles atteignaient Nikolskaïa quand les premières notes de l'*Internationale,* tombant des haut-parleurs installés dans les rues, interrompirent les programmes. La voix d'un speaker annonça « pour bientôt, une importante communication des autorités ». Puis les programmes reprirent.

Lily et Larissa, comme la plupart des gens, s'étaient arrêtées pour écouter. Surprises par la brièveté de l'annonce, elles hésitèrent avant de se remettre en marche.

— Qu'est-ce que tu crois qu'on va nous annoncer ? demanda Lily, sans que son visage ne trahisse une inquiétude particulière.

— Que le chien allemand est arrivé à Berlin et qu'il est en bonne santé, suggéra Larissa, pince-sans-rire.

Elles ne notèrent pas tout de suite que les trottoirs puis les rues étaient peu à peu envahis par une foule étonnamment silencieuse. Hommes cravatés ou non, en vestes ou en simples chemises de coton blanc, ouvertes, casquettes ou têtes nues, femmes en bonnet léger ou les cheveux protégés par des foulards, tous semblaient vaquer à leurs occupations sur un rythme plus lent qu'à l'habitude, s'interrogeant la plupart du temps sur les événements sans hausser de la voix, sans les cris ou les interjections coutumières. Lily fut la première à remarquer que le nombre de policiers et de miliciens augmentait plus vite que celui des passants. Pour Larissa, la bizarrerie du jour, c'était la quasi-disparition des ivrognes[24]. Et le fait que tous, y compris elles-mêmes, portaient souvent inconsciemment leur regard vers les haut-parleurs installés à intervalles réguliers sur les façades des bâtiments ou sur des poteaux en bois adossés aux murs. Et plus le temps passait, plus les visages devenaient graves, la tension perceptible, les conversations plus sourdes. Larissa fit aussi remarquer à Lily qu'aucun journal n'était en vente dans les rues.

À midi précise, L'*Internationale* fut jouée une nouvelle fois, puis la voix du speaker lança :

— *Vnimaniye, vnimaniye*[25] ! Le camarade Molotov, vice-président du Conseil des commissaires du peuple de l'URSS et commissaire du peuple aux Affaires extérieures de l'URSS, vous parle.

Quelques secondes passèrent et la voix monocorde et caractéristique du ministre écorcha le lourd silence qui s'était installé :

— Citoyens et citoyennes de l'Union soviétique.

Aujourd'hui, à 4 heures du matin, les troupes allemandes, sans qu'aucune revendication n'ait été adressée à l'URSS et sans aucune déclaration de guerre, ont assailli notre pays, attaqué nos frontières en de nombreux points et bombardé avec leurs avions les villes de Jitomir, Kiev, Sébastopol, Kaunas et d'autres encore.

Cette agression inouïe est un acte de traîtrise sans exemple dans l'histoire des peuples civilisés. Elle a été accomplie bien qu'un pacte de non-agression ait été conclu entre l'URSS et l'Allemagne et que le gouvernement soviétique respecte scrupuleusement toutes les conditions fixées par ce pacte. Elle a été accomplie bien que pendant toute la durée d'application du traité, le gouvernement allemand n'ait jamais présenté aucune revendication à l'URSS concernant l'exécution du traité.

La responsabilité de cette agression criminelle contre l'Union soviétique retombe tout entière sur les gouvernants nazis d'Allemagne.

Alors que l'agression avait déjà eu lieu, à 5 h 30 du matin l'ambassadeur d'Allemagne à Moscou, Schulenburg, au nom de son gouvernement, m'a déclaré, en ma qualité de commissaire du peuple aux Affaires extérieures, que le gouvernement allemand avait décidé d'entrer en guerre contre l'URSS en raison de la concentration d'unités de l'Armée rouge au voisinage de la frontière orientale de l'Allemagne. Au nom du gouvernement soviétique j'ai répondu que jusqu'au dernier moment le gouvernement allemand n'avait formulé aucune revendication auprès de l'URSS, que l'Allemagne a attaqué l'URSS malgré l'attitude pacifique de cette dernière et que l'agresseur est donc l'Allemagne nazie.

Je suis chargé par le gouvernement soviétique de déclarer en outre que nos troupes et notre aviation n'ont violé la frontière en aucun point et que tout ce qui a été dit ce matin par la radio roumaine au sujet des prétendus raids aériens soviétiques sur les aérodromes roumains est pure invention et provocation. Non moins mensongère et provocatrice est toute la déclaration faite aujourd'hui par Hitler, dans laquelle il tente de fabriquer, après le coup accompli, une matière à accusation sur la violation du pacte soviéto-allemand par l'Union soviétique.

Cette guerre ne nous a pas été imposée par le peuple allemand mais par la clique sanguinaire des gouvernants nazis de l'Allemagne, qui a réduit en esclavage les Français, les Tchèques, les Polonais, les Serbes, la Norvège, la Belgique, le Danemark, la Hollande, la Grèce et d'autres peuples.

Le gouvernement de l'Union soviétique exprime la ferme conviction que notre valeureuse armée, la flotte et les hardis faucons de l'aviation soviétique rempliront avec honneur leurs devoirs envers la patrie et le peuple soviétique et asséneront à l'agresseur un coup qui l'anéantira.

Le gouvernement soviétique exprime la ferme conviction que la population tout entière de notre pays, tous les ouvriers, paysans, intellectuels, hommes et femmes, manifesteront le sens de la responsabilité qui s'impose dans l'accomplissement de leurs devoirs et de leur travail. Notre peuple tout entier doit être maintenant plus uni que jamais. Le gouvernement vous invite, citoyens et citoyennes de l'Union soviétique, à serrer encore plus étroitement vos rangs autour de notre parti bolchevique, autour de notre gouvernement soviétique.

Notre cause est juste. L'ennemi sera vaincu. Nous aurons la victoire.

Un silence absolu régna deux ou trois secondes dans la rue, puis des voix entamèrent ici et là des chansons patriotiques, reprises rapidement en chœur par toutes les personnes présentes.

« La guerre... », pensait Lily. Elle avait bien sûr en tête des images de guerre. Elle avait vu aux actualités celles, toutes blanches, de la guerre contre la Finlande, par un hiver glacial. Elle avait encore en mémoire celles noires, bruyantes, plus effrayantes, de la guerre en France, avec les sirènes des bombardiers en piqué allemands, les ruines en feu des maisons écrasées sous les bombes, les visages hagards des habitants fuyant sur les chemins de l'exode. Mais c'étaient des guerres lointaines, imaginées plus que véritablement inquiétantes, des guerres de cinéma où l'on est à cheval entre film et réalité, des guerres de livres avec leurs héros, leurs combattants impersonnels et sans visage, des chefs soucieux mais attentifs et, en fin de compte, rassurants.

La guerre, finalement, se demandait-elle, pour une fille de bientôt vingt ans, c'était quoi, au juste ?

Sa seconde pensée fut de se dire que les vacances d'été allaient sûrement être gâchées.

La troisième, de s'interroger : les activités de l'aéro-club allaient-elles être perturbées ? Plus grave (elle fronça les sourcils) : allait-elle pouvoir continuer à voler ?

Ignorant les réponses, elle décida que l'attitude la plus sage, la plus raisonnable, la plus positive aussi consistait à ne pas prendre toute cette affaire au tragique.

La voix plaintive de Larissa la ramena à la réalité.

— Je ne comprends pas..., disait-elle, de cette voix mièvre, surprenante chez cette fille apparemment solide, que Lily ne lui connaissait pas. Je ne comprends pas : papa a lu dans la *Pravda*, il y a une semaine, que les bruits de guerre entre l'Allemagne et nous étaient propagés par les capitalistes et tout particulièrement par la presse anglaise. Maman était inquiète et il nous a même lu à haute voix un passage où il était écrit que ces bruits étaient « mensongers et provocateurs [26] » et que nous n'avions rien à craindre.

Elle s'était exprimée vite, de manière hachée, visiblement nerveuse. Lily, au contraire, se sentait calme et s'étonnait de se sentir aussi étrangère à la tension et à l'inquiétude qu'elle percevait sur beaucoup de visages autour d'elle, surtout chez les femmes. Même quand elles chantaient, elles donnaient l'impression de le faire à mi-voix, du bout des lèvres, l'esprit ailleurs. Suis-je courageuse, sans cœur, ou inconsciente ? se demanda Lily, un brin perplexe. Elle ne posa pas la question à Larissa. « Sans imagination ! », lui aurait répondu celle-ci, péremptoire. Elle se trompait : elle adorait rêver.

Larissa, de retour d'enfance, avait retrouvé sa voix et ses esprits mais poursuivait tout de même son idée fixe :

— L'article disait aussi que ces bruits s'étaient faits insistants depuis le retour à Londres de l'ambassadeur anglais à Moscou. J'ai demandé à mon père pourquoi la venue à Londres de leur ambassadeur à Moscou renforçait les bruits de guerre entre l'Allemagne et nous. Il n'a pas su trop quoi me répondre. Tu ne trouves pas ça bizarre ?

— Les Anglais ont un très bon service d'espionnage, tu sais. Il s'appelle le MI 5. Peut-être le meilleur du monde.

— Après le nôtre !

— Sans compter les chiens ! ironisa Lily.

Elle était assez contente d'elle-même : pour une fois, elle avait battu son amie sur son propre terrain, celui de l'humour. Elle se dit qu'au contact de Larissa, elle s'améliorait.

— Staline aussi devait savoir, continua-t-elle tout de même, mais il a sûrement été trompé par les militaires, qui ne lui ont probablement pas tout dit... Ne t'en fais pas, ma Larcha, notre cause est juste, nous aurons la victoire. Molotov sait ce qu'il dit : il connaît bien les Allemands.

Et elle ajouta :

— Bon, notre pays va aussi avoir besoin de nous. Qu'est-ce qu'on va pouvoir faire ? Je me verrais bien infirmière. Tu crois que ton père pourrait nous donner des cours ?

— Infirmière ? Jamais ! grogna Larissa. Déjà, à la maison, on parle de maladie toute la journée. Je refuse d'y ajouter les descriptions des blessures. Quelle horreur. Surtout à l'heure des repas !

— Tu es une sale égoïste.

— Non. Je suis née dans une famille de médecins. Je sais de quoi je parle. On est morbide, avec délectation, dans la famille, de père en fils !

Elle se tut un instant puis ajouta :

— J'ai lu quelque part qu'en Angleterre il y avait des femmes pilotes qui livraient des avions. C'est-à-dire qu'elles les convoient de l'usine à leur destination. Je me verrais bien faire ça.

— Tu te vois piloter un Yak des usines Yakolev jusqu'à un aérodrome du front ? Mais, Larcha, tu t'écraserais une fois sur deux ! Crois-moi, l'uniforme d'infirmière t'ira très bien ! En attendant, dès demain, nous écumerons les librairies. Il nous faut absolument mettre la main sur une carte récente de l'Allemagne et quelques boîtes de punaises. Nous allons suivre le déroulement de la guerre au jour le jour. On va peindre en noir la tête des punaises indiquant la position des armées nazies, en rouge comme il se doit, celle de nos troupes. Tu vas voir, l'Allemagne va vite se couvrir des punaises rouges.

D'un commun accord, elles décidèrent aussi d'attendre la sortie de l'édition spéciale de la *Pravda* qui devait déjà être sur les rotatives de l'imprimerie.

Chapitre 11

« Gicle de ton pieu, les Fritz ont attaqué. »

Moscou, 22 juin 1941, dans la matinée.

Le capitaine Stepan Kiritchenko avait été tiré de son sommeil par la sonnerie du téléphone. En ouvrant difficilement les yeux, encore embués de la vodka bue la veille – réception chez le chargé d'affaires norvégien – il avait cherché son réveil du regard : 6 h 32. Il avait étouffé un bâillement et décroché.

— Stepan ? C'est moi, Vassili. Gicle de ton pieu ! Les Fritz ont attaqué ce matin à 3 heures. Chars, bombardiers, chasseurs, parachutistes, commandos infiltrés : tout le cirque. Intéressant.

Malgré la brutalité de la nouvelle, la voix de Vassili Karev avait paru étonnamment calme à Kiritchenko. Il connaissait bien son ami – ils étaient camarades de promotion et déjà amis depuis l'Académie militaire, dix ans plus tôt – et savait quel caractère entier était le sien. Cela faisait plus d'un an qu'il clamait haut et fort – un peu trop haut, un peu trop fort, aux yeux de beaucoup, et probablement aux oreilles de la NKVD, la police politique – que le conflit avec l'Allemagne était inévitable et qu'il se déclencherait plus tôt qu'on ne l'imaginait en haut lieu. Maintenant que les faits lui donnaient raison, Stepan était étonné de le voir opter, apparemment, pour un registre *moderato cantabile* : « Intéressant »... tu parles !

— Où se bat-on ?

— Partout ! Sur 1 500 kilomètres de frontières : Lituanie, Pologne, Brest-Litovsk, Mol...

La ligne était passablement brouillée et Stepan avait mal compris les derniers mots...

— D'où appelles-tu ? avait-il demandé.

— De Domodedovo.

— Qu'est-ce que tu fous là-bas à cette heure ?

— Je t'expliquerai...

— Tu pars au front ?

— Arrête de dire des conneries !

— Comment ça se passe sur la frontière ?

— C'est très confus, avait expliqué Karev. Je viens d'avoir Brest-Litovsk au téléphone : ils sont sous les bombes, j'entendais le bruit des explosions dans les écouteurs. J'ai aussi eu l'état-major général : je ne peux pas dire qu'ils aient été très précis dans leurs infos ! C'est à Lvov[27] que j'ai eu les nouvelles les plus précises. Les Allemands ont attaqué mais il semblerait que nous tenions tête... Pas de défaillance dans les régiments, sauf dans la 11e Division qui est composée exclusivement de « Khokhli[28] » – pas d'offense personnelle[29] ! Il y aurait eu des tentatives d'assassinat sur des commissaires politiques et des commandants d'unités, pour faciliter les redditions... Cela porte la signature des nationalistes ! Mais excuse-moi, vieux frère, je dois raccrocher. On reparlera. On se retrouve au commissariat à la Guerre. Je te conseille de rappliquer dare-dare : les grands patrons vont être nerveux aujourd'hui !

Dans la Gaz[30] d'état-major qui l'avait ramené ensuite à toute vitesse vers le Kremlin à travers des rues paraissant plus vides que d'habitude – mais peut-être n'était-ce dû qu'à son imagination impressionnée par ce qu'il savait de la situation – Vassili Karev avait pensé qu'Hitler avait bel et bien pris de vitesse le Politburo.

Ce n'était un secret pour personne qu'un conflit sérieux mais feutré divisait depuis des mois le cercle dirigeant du Kremlin. Il opposait les « réalistes » aux « pragmatiques ». Les premiers n'affichaient aucune illusion. Pour eux la « guerre contre le bolchevisme » était inscrite dans la philosophie et l'idéologie nazies. Il suffisait de lire *Mein Kampf* et sa traduction politique, la guerre, éclaterait très vite : Hitler ne cherchait que l'occasion pour se jeter sur l'URSS. L'écrasement de la France en juin 1940, le repli de l'Angleterre sur son île lui avaient rendu sa liberté d'action.

« L'été 1941 ne se passerait pas sans que l'enfer ne se déchaîne à l'Est », prophétisaient-ils. Certains cercles influents avaient même préconisé une offensive soviétique dès juin 1940, pour obliger le dictateur nazi à se battre sur deux fronts et à porter la guerre sur le territoire allemand plutôt que de se battre sur le sol national. Ils n'avaient pas été entendus.

Les « pragmatiques », au contraire, prétendaient que le Pacte d'amitié germano-soviétique, signé en septembre 1939, ne rendait plus l'affrontement inévitable – au moins à court terme. Ils défendaient la thèse que les deux pays, devenus alliés, avaient plus à gagner dans leur rapprochement que dans le conflit, et ils ajoutaient qu'en tout état de cause, le traité avait déjà eu le mérite de retarder l'ouverture des hostilités et de tenir l'URSS à l'écart « de la guerre civile capitaliste » européenne.

Karev, lui, appartenait au clan des premiers. Par réflexion et finesse d'analyse. L'homme, qui avait été un temps attaché à la mission militaire soviétique à Paris, puis s'était battu contre les pilotes allemands aux commandes de son chasseur dans le ciel d'Espagne, avait en effet effectué une mission de quelques mois à Berlin. Or, à son retour, jugé sur sa capacité à pratiquer plusieurs langues étrangères, il avait été affecté au 4e Bureau du Razevediourp [31] comme adjoint au chef du 5e secteur, qui englobait l'Allemagne, l'Italie et l'Espagne. Là, suivant au jour le jour la politique allemande, il se proclamait, avec juste la pointe d'humour que tolérait la situation, « le plus réaliste des réalistes, donc réalistissime ». L'idée d'un Hitler modéré par sympathie pour l'URSS et admiration pour son chef lui apparaissait comme un péché contre l'esprit et la raison. Pis, elle le faisait doucement rigoler et lui laissait un goût amer dans la bouche.

Quand il avait pris connaissance du télégramme de félicitations que le Führer avait envoyé à Staline à l'occasion du soixantième anniversaire de celui-ci, le 21 décembre 1939 [32] – « En ce jour de vos soixante ans, je vous prie d'accepter mes félicitations les plus sincères. J'y joins mes meilleurs souhaits. Je vous souhaite une bonne santé à vous personnellement ainsi qu'un avenir radieux aux peuples de l'Union soviétique amie », – il avait d'ailleurs dû s'y reprendre à deux fois pour lire le texte et se convaincre de l'impudence du signataire. Certes, un soir de beuverie, avec quelques camarades experts *ès* Allemagne, ils avaient très officiellement attribué à « Herr Hitler, chancelier du Reich, par choix librement consenti des démons de la grande bourgeoisie, de la lâcheté de la petite, de la trahison sociale-démocrate et du nerf de bœuf des SA – que leur âme repose en enfer[33] » – le titre de « plus grand menteur de l'Histoire de la planète Terre », mais de là à promettre « un avenir radieux aux peuples de l'Union soviétique » alors qu'il était en guerre depuis six mois contre les deux plus grands pays occidentaux et qu'il frapperait immanquablement à l'Est, comme il l'avait toujours dit, avec une brutalité inégalée, quelle arrogance ! quel cynisme ! Qui avait écrit que « le communisme, qui dissout les nations et anéantit leurs élites, est un fléau dont il faut délivrer la Terre au plus tôt, sinon ce sera la Terre qui se débarrassera de l'humanité » ? Qui avait annoncé publiquement que le *Drang nach Osten*, la Poussée vers l'Est, se substituerait à l'expansion vers l'Ouest ? Qui répétait à ses généraux et aux chefs de son parti que « par le sang et par le fer, regardant les pays de l'Est... nous recommencerons là où l'on a laissé les choses, il y a six siècles » ? Qui définissait « ces nouvelles terres allemandes... » en précisant : « Nous ne pouvons penser qu'à la Russie, et aux territoires qui l'entourent » ? Tout était écrit dans le marbre hitlérien, dans *Mein Kampf*, évangile de l'Apocalypse annoncée !

Dans la voiture, un entretien qu'il avait eu avec son patron, le commandant Ramoudine, moins d'un an auparavant, revint à la mémoire de Karev. On était en août 1940, la bataille d'Angleterre battait son plein. Hitler préparait l'invasion des îles britanniques et ne pouvait le faire qu'en acquérant la maîtrise totale du ciel. Il avait donc lancé la Luftwaffe de Goering sur tout ce qui volait, sur les aérodromes militaires et civils, sur les usines de fabrication d'avions, etc. Karev, en tant qu'ancien pilote de chasse, suivait avec passion, presque heure par heure, cet affrontement sans précédent dans l'histoire. Ramoudine lui indiqua que l'URSS pourrait entrer plus vite qu'on ne l'imaginait généralement, dans la guerre.

— Une chance sur deux, précisa-t-il. Tout dépendra de l'issue du combat politique qui se déroule ici, dans ces murs. L'état-major général et Chapochnikov sont partisans de tomber immédiatement sur le dos d'Hitler pour tenter de lui casser les reins. De toute façon, l'ouverture d'un deuxième front le condamnerait à terme. Vorochilov, qui préside le grand conseil militaire, y est totalement opposé. En principe, Staline est neutre et se réservera le droit d'arbitrer. Mais je crains que Vorochilov ne soit que la voix de son maître. Illustration de cette bagarre au sommet : on me dit que les blindés d'Asie centrale affluent vers Riga. Mais on vient d'apprendre que ceux du Caucase et ceux d'Extrême-Orient ont été retenus par ordre personnel de Vorochilov, approuvé par le Politburo. Les avions se rassemblaient sur les aérodromes près de la frontière, mais la date limite de leur concentration a été finalement fixée au 1er novembre au lieu du 1er septembre, ce que préconisait Chapochnikov. Tout dépendra de la capacité de Chapochnikov à convaincre Staline.

— Que disent les derniers rapports de votre informateur de Berlin ?

— Ils parlent « d'un sentiment de peur » qui aurait saisi Hitler. Celui-ci est très bien informé sur nos préparatifs, malgré toutes les précautions de Chapochnikov. Il hésite à débarquer en Angleterre en laissant dans son dos toutes nos forces rassemblées aux frontières. Une partie de son entourage pousse au débarquement. L'autre partie croit nécessaire d'aller chercher ailleurs que dans les îles britanniques le point faible de l'Angleterre. De là cette confusion dans leurs plans, qui changent chaque semaine.

— Vous parlez de « renseignements exacts » reçus par Hitler...

— C'est tout une histoire ! Savez-vous pourquoi Staline a choisi Dekanozov comme ambassadeur à Berlin ? Dekanozov est l'ancien chef de la NKVD de Tiflis. Il a la réputation d'être un grand spécialiste de l'espionnage politique. Il a créé un réseau remarquable en Turquie et en Perse. Sa spécialité était surtout celle des « agents doubles ». En l'envoyant à Berlin, Staline l'a chargé d'organiser un service de fausses informations pour les Allemands, « le service Dezi » – pour désinformation. Afin d'atteindre son but, Dekanozov a chargé plusieurs de nos agents de jouer un rôle d'informateurs au service des Allemands, en leur transmettant de fausses informations politiques et militaires. Résultat : au moment même où nous prenions les mesures ordonnées par Chapochnikov, les agents de Dekanozov en révélaient aux Allemands tous les détails. Ils ont transmis même les photos de lettres secrètes de Chapochnikov et de ses cryptogrammes déchiffrés, ainsi que les copies de décisions du Conseil supérieur de la guerre.

— Mais qui a communiqué ces documents à nos agents doubles ?

— Cette opération est menée sous la direction du camarade Beria, qui avait l'ordre de la tenir secrète vis-à-vis du Service des renseignements militaires. Les documents ont été transmis par Vorochilov personnellement à Beria, qui les a remis à Dekanozov. Ainsi les Allemands sont au courant de nos mesures.

— Quel est le but de cette machination ?

— Vorochilov veut empêcher Hitler de débarquer en Angleterre. Il a compris que si ce débarquement a lieu, nous serons obligés de réagir, comme l'a démontré Chapochnikov, et par conséquent d'entrer en guerre contre l'Allemagne. Il ne veut pas le risquer.

— Et Staline ?

— Personnellement, je pense qu'il est derrière Vorochilov, que c'est lui qui l'inspire ou, au minimum, le couvre. Staline est très courageux personnellement, mais il a un tempérament de fataliste asiatique. Il ne veut pas risquer de déclencher le conflit. Il est toujours hanté par l'idée de ruser et de manœuvrer les capitalistes afin de rester au-dessus de la mêlée et de porter le coup de grâce le jour où les puissances capitalistes seront épuisées. Il est très fier de la réussite de sa politique qui a conduit au Pacte germano-soviétique, nous a préservés de la guerre et nous apporte déjà des résultats dont nous n'aurions même rêvé en temps de paix. Il croit qu'il pourra toujours tromper tout le monde ! Après avoir fait fusiller Kamenev et mis à l'index son livre sur Machiavel, il a gardé pour lui un exemplaire du volume. Il y puise les méthodes qu'il croit être les plus subtiles. Il est sûr de pouvoir tromper Hitler jusqu'au bout et de l'utiliser comme « brise-glace » du monde capitaliste. Mon cousin, qui travaille à son secrétariat, l'a souvent entendu parler dans ce sens. Il voudrait que la guerre s'éternise, qu'elle devienne « le cancer du monde capitaliste » – c'est son expression – en rongeant sa base et que l'URSS reste un îlot de paix au milieu d'un monde ensanglanté. Il espère peut-être aussi attirer sur nous les sympathies et les espoirs de l'humanité souffrante.

À la fin de cet entretien avec Ramoudine, Karev avait considéré qu'il venait d'enrichir « sa collection de preuves ». Depuis sa prise de fonction dans le renseignement militaire, il accumulait en effet soigneusement toutes les informations tendant à prouver que l'Allemagne attaquerait inexorablement l'URSS : déclarations de déserteurs, compte rendus d'agents passe-frontières – payant souvent de leur vie leur audace – transfuges finlandais et

Baltes antinazis, procès-verbaux d'interrogatoires de groupes plus ou moins importants de réfugiés, observations aériennes, interceptions radio, avertissements des partis frères et des réseaux d'espionnage mis en place, messages codés des « taupes », informations pressantes d'autres belligérants avertissant l'URSS en vertu du principe « les ennemis de mon ennemi sont mes amis ». Selon Vassili, la convergence de ces informations, surtout depuis le début de l'année 1941, était trop évidente pour n'être que le fruit du hasard ou d'une manipulation. Tout allait dans la même direction, tous prophétisaient le même avenir terrifiant : « Attention, danger imminent ! ».

En songeant à tous ces éléments probants accumulés, enfoncé dans la banquette de la Gaz, Karev se dit qu'il n'était décidément de pires aveugles que ceux qui ne voulaient pas voir. Et là-haut, au Kremlin, on souffrait vraiment de cécité.

Il se refusait pourtant à la résignation. Même si, devant des intimes, il s'autorisait parfois quelque dérision : « Il se trouve que malheureusement, le chef de file de l'école pragmatique est un Géorgien[34] de notre connaissance, ce qui rend la joute intellectuelle "guerre ou pas guerre" un peu inégale ! »

D'autres fois, il se reprochait son incapacité à convaincre, qu'il refusait de considérer comme une preuve de naïveté – comme on le lui soufflait.

Et puis merde ! Il était militaire et d'abord formé aux options simples. Il avait donc choisi d'estimer son nouveau patron, le maréchal Chapochnikov, qu'il rencontrait trop peu souvent à son goût, mais dont il appréciait la qualité d'écoute, même chichement mesurée, et certains longs silences, à ses yeux révélateurs. « Des silences qui parlaient ». A contrario, il exécrait celui qu'il appelait « le mauvais génie » du secrétaire général... du Parti... du pays : le maréchal Klement Iefremovitch Vorochilov.

L'antipathie réciproque des deux grands maréchaux soviétiques était connue depuis des années de toute l'Europe. N'avait-on pas prêté à Vorochilov la tentative d'adjoindre son ennemi galonné au « groupe Toukhatchevski » lors de la grande purge militaire de 1937. Staline avait mis le holà à la plaisanterie : Toukhatchevski était un « ambitieux habile » – c'est au moins ce qui se disait officiellement – cherchant à exploiter la situation révolutionnaire pour faire une carrière « bonapartiste ». Le dossier opportunément forgé et fourni par les services secrets allemands avait permis de mettre un terme aussi brutal que définitif à l'aventure. Rien de tel avec Chapochnikov, un « cerveau militaire exceptionnel, qui, à lui seul, pouvait remplacer Toukhatchevski et tous ses amis ». Oraison funèbre ramassée pour l'un – ni fleurs ni couronne – viatique solide pour l'autre : Vorochilov était renvoyé à ses chevaux blancs pommelés.

Paradoxalement, le meilleur ami de Vassili, Stepan Kiritchenko, était un homme du clan opposé. Sur la recommandation d'un cousin colonel dont il était très proche, Kiritchenko avait rejoint trois ans plus tôt l'entourage de Vorochilov. Ce fils de cheminot, aide-ajusteur dans sa jeunesse, « entré en révolution » dès 1896, était un vieux compagnon de combat de Staline, qu'il avait rencontré en 1918. À cette date, Klement Vorochilov commandait les troupes rouges en Ukraine, Staline était membre du Conseil révolutionnaire de guerre de Rostov : les deux hommes avaient lié leurs destins. Aux côtés de Staline, Vorochilov avait participé à la défense de Tsaritsyne[35] contre les armées blanches. Il avait alors pris son parti dans la violente controverse stratégique qui avait opposé celui-ci à Trotsky. Surtout, peu de temps après, il était devenu le bras droit de Staline dans la lutte pour le pouvoir inexpiable qui avait opposé le Géorgien à Trotsky et à certains des grands bolcheviks historiques dans les années trente. Staline n'avait pas été ingrat : la carrière politico-militaire de Vorochilov l'avait alors conduit aux plus hauts postes de l'Armée rouge et du Parti. Le futur « petit père des peuples », après son accession au pouvoir, avait fait de son vieux complice un « *Narkom*[36] » aux Affaires militaires et navales, puis en 1926, à la disparition de Frounzé, mort de manière suspecte à l'âge de quarante ans, son ministre de la Défense. Et lui avait, bien sûr, ouvert les portes du Politburo.

D'une fidélité absolue au maître du Kremlin, aussi courageux physiquement que limité intellectuellement – le cynique Radek l'appelait le « caporal téméraire » – l'ancien ajusteur de Lougansk en Ukraine avait été promu maréchal de l'Union soviétique en novembre 1935... et avait vu sa Lougansk rebaptisée Vorochilovgrad la même année.

— Son intelligence, c'est son épouse, expliqua un jour Vassili à un Stepan ironique – car il savait que son ami ne faisait que reprendre ce qui se disait dans des cercles restreints. Doctoresse, femme d'une grande culture, elle avait rejoint, jeune, le parti bolchevik. Ambitieuse, elle avait beaucoup poussé son mari, c'est même elle qui l'avait incité à « coller » à Staline. Remarque, elle avait des couilles : elle jouait aussi sa tête, en cas d'échec. Le soir, après son boulot à l'hôpital, elle donnait des cours du soir de marxisme au cher Klement Iefremovitch. Elle avait, paraît-il, tenté également de lui enseigner les langues étrangères, mais avec encore moins de résultat.

— Tout ceci n'empêche pas ton maréchal de se prendre pour un marxiste érudit. Il considère qu'il est un grand théoricien du matérialisme historique et se proclame éminent homme d'État. Il pense que ça lui donne le droit de mépriser Molotov, de l'appeler *kamiennaia jopa* (« cul de pierre »). Remarque, ce n'est même pas lui qui a eu le mérite d'inventer ce sobriquet, assez bien vu quand on connaît la raideur de Molotov puisque le Politburo tout entier l'utilisait, à l'époque de Kamanev et Zinoviev. Vorochilov, dit-on, confie volontiers à son entourage intime que le destin l'a choisi pour succéder un jour à Staline, comme il avait choisi Staline pour remplacer Lénine.

— Le Secrétaire général du Parti ne semble pas lui en tenir rigueur, fit alors remarquer Stepan en défendant son patron : dis-moi qui peut entrer à toute heure dans le bureau de Joseph Vissiarovitch sans se faire annoncer ? Qui va, quand il veut, à Gorki, dans la datcha de Staline ? Qui joue librement avec les enfants du secrétaire général, Vassili et Svetlana ?

— Parce que Staline, qui monte mal à cheval, adore voir son copain parader sur son célèbre étalon blanc à taches brunes, la perle du haras d'État d'Orel, et venir le saluer à la tribune lors du défilé militaire du 1er mai.

— Reconnais qu'il a fière allure !

— Ça ne suffit pas pour en faire le Machiavel des temps modernes. Je te le répète : c'est un des mauvais génies de Staline... qui n'en manque pas. Et il ajouta :

— Dans le fond, ton patron tient le mien pour un minus politique, plus très loin de la trahison, dans le contexte de l'époque... Quant au mien, son entourage prétend qu'il s'émerveille de côtoyer quotidiennement le plus petit cerveau jamais logé dans un crâne d'homme entre la Berezina et l'Oural depuis le début des temps ! Mais, bon, on sait que les entourages exagèrent toujours... Quoique...

Plus tard, les deux jeunes officiers, devant un verre de vodka, s'étaient fait la promesse de ne jamais se laisser entraîner dans cette « guerre des casquettes ». « Garder raison » serait toujours leur mot d'ordre.

Ce n'était pas un serment d'ivrognes.

Ils tiendraient toujours parole.

Le temps des débats d'idées était, hélas dépassé, songea Vassili. Depuis l'aube, on était dans la guerre jusqu'au cou... « et même au-delà pour certains ». Il s'émut pour des camarades qu'il savait être en première ligne, le long de la frontière polonaise. À cette heure, nombre d'entre eux devaient être probablement déjà morts. Il se reprocha son pessimisme.

La Gaz avait franchi les portes gardées du Kremlin.

« Quels aveugles nous avons été », pensa-t-il. Un instant, des images de son propre passé l'agressèrent, Guernica, l'enfer, sa blessure, les rapports des services secrets... Ce n'était pas en centaines que les morts allaient à partir d'aujourd'hui se compter, mais en millions. Il se surprit à s'entendre murmurer à voix basse : « ...en millions, en millions, en millions... »

Cette idée le hanta toute la journée.

Chapitre 12

« Bon Dieu, une division ne disparaît pas comme ça ! »

Moscou, état-major général, 4e Bureau, service des renseignements militaires, 22 juin, 22 h 30.

Stepan Kiritchenko passa la tête dans l'entrebâillement de la porte du bureau de son ami.

— Je peux ? demanda-t-il.

Vassili était au téléphone, visiblement énervé, les yeux creusés par la fatigue, rougis par la fumée du tabac. D'un signe de la main, il fit signe à Kiritchenko d'entrer, sans interrompre sa conversation.

— ...Mais, bon Dieu, une division, ça ne disparaît pas comme ça ! Rappelez-moi quand vous l'aurez retrouvée.

Il raccrocha.

— Assieds-toi !

Il indiqua à son ami un fauteuil déjà occupé par quelques dossiers et journaux. Stepan les déposa sur un coin du bureau. Déjà le téléphone de Karev sonnait de nouveau.

— Karev à l'appareil... Mal, camarade colonel, très mal ! Nous estimons que nos troupes sont enfoncées à plusieurs endroits du front, mais impossible de savoir ce qu'il en est vraiment... Je vous... je ne peux que vous recommander d'essayer de rejoindre votre unité. Mais je ne peux pas vous garantir que vous y arriverez : les communications sont mauvaises, ou coupées, les transports vers la frontière désorganisés, arrêtés ou réquisitionnés, souvent par la NKVD... Bonne chance, camarade colonel !

Il reposa le combiné et prit son temps pour allumer une nouvelle cigarette.

— C'était Serkjov. Tu vois qui c'est ? Il commandait un bataillon à la frontière mongole quand j'étais en garnison à Tchita en Sibérie. J'ai l'impression que c'était il y a un siècle. Comme on se connaît et qu'il n'arrive pas à entrer en contact avec son régiment, il espérait que je pourrais l'aider. Il était en permission à Toula. Il vient d'arriver à Moscou et sa division monte la garde à l'entrée des marais du Pripet, à cinq cents kilomètres d'ici. Il n'est pas arrivé. Quel bordel ! poursuivit-il. Quand on arrive à avoir un contact téléphonique, une fois sur deux il est coupé dans la minute qui suit. La radio, je ne t'en parle pas. En deux mots comme en cent : on ne peut que juxtaposer des informations fragmentaires, dont la plupart sont douteuses.

— La seule chose que l'on peut dire, c'est qu'elles convergent en général dans le même sens et que ce sens n'est pas bon pour nous, remarqua Stepan. Ce qui n'a pas empêché qu'à 22 heures – il regarda sa montre – c'est-à-dire il y a une demi-heure, Vatoutine a rapporté au Politburo, pour information et ratification, un communiqué de l'état-major général. Contenu : « Avec l'arrivée des unités d'avant-garde de l'Armée rouge, les attaques des troupes allemandes sur la majeure partie des frontières ont été repoussées avec de lourdes pertes pour l'ennemi ».

— Tu ne parles pas sérieusement ?

— D'après toi ? Mieux : il paraît qu'à la fin de la lecture de Vatoutine, pour la première fois de la journée, tout le monde s'est un peu détendu. Même Staline. Et pourtant, il leur a rendu la vie dure. De toute la journée, il n'a bu qu'un verre de thé. Ensuite, il a passé son temps à râler. « Les militaires lambinent, ils n'ont rien compris au sens de la directive envoyée dans la nuit... Il faut mettre une pression énergique sur les états-majors et tous les responsables, accompagnée de menaces d'ordre administratif, même les plus extrêmes, s'il le faut. C'est ce qu'il avait fait, lui, pendant la guerre civile, quand le Parti l'avait envoyé sur les différents fronts. » J'en passe et des meilleures. Conclusion de ces diatribes : pas de pitié pour les incapables ou les lâches. Le peloton d'exécution comme instrument de commandement, quoi !

— Ça a servi à quelque chose ?

— Tu penses ! Vatoutine a apporté deux fois dans l'après-midi les cartes des opérations. Et elles ne furent d'aucun réconfort pour personne. La première fois, on avait soigneusement tracé aux crayons de couleurs les cantonnements de nos armées, des corps d'armée et les bases aériennes... et pas grand-chose d'autre. À mon avis, ce n'est pas exactement ce qu'attendait Staline. La seconde fois, d'après ce que je sais, on avait ajouté les directions que les formations de réserve devaient prendre. Il n'y manquait que l'essentiel : où se battait-on ? Où se trouvait véritablement l'ennemi ? Était-il contenu ? Avait-il réussi à percer ?

S'adressant à Timochenko ou à Vatoutine, Staline lança plusieurs fois d'une voix hargneuse : « Quand donc me présenterez-vous un tableau clair des combats à la frontière ? Que font Pavlov, Kirponos, Kouznetsov, les commandants du front ? Que fait donc enfin l'état-major général ? » Tu imagines l'ambiance parmi les membres du Politburo et de l'état-major général. À un moment, Staline se leva même et ordonna : « Envoyez d'urgence des représentants autorisés du Quartier général [37] sur les fronts Sud-Ouest et Ouest. Qu'ils partent ce jour même. Sans tarder ». Il paraît qu'il a regardé tous les présents et qu'il a redit, durement, comme une menace non voilée : « Sans tarder ! ». À 13 heures déjà, il avait appelé Joukov au téléphone pour lui demander de se rendre *immédiatement* en Ukraine, sous prétexte que les commandants des armées sur le front « n'avaient pas une expérience suffisante de la conduite des opérations militaires » et que « certains étaient déroutés ». Déroutés : tu imagines ! La crème de notre armée ! Joukov, qui, si nos informations sont exactes, est bien le chef d'état-major général depuis combien de temps déjà ?... Six mois ?...

— ...Cinq ! [38]...

— ...Cinq, donc !... Joukov, qui à mon avis, devait se demander si cet éloignement était du lard ou du cochon, l'interrogea tout de même pour savoir qui assurerait la direction de l'E.M.G. dans une « situation aussi complexe » – *sic* ! Et Staline de lui répondre : « Remettez-vous-en à votre adjoint. Ici, nous nous en tirerons bien d'une manière ou d'une autre ! » Content ou pas, et, à mon avis, pas forcément flatté, Joukov était dans l'avion moins d'une heure plus tard. Un militaire, mon vieux, même général d'armée, ça sait obéir.

— Et comment se comportait-il ?

— Tout le monde a trouvé que Staline était en fait dans un état bizarre [39]. Timochenko aurait d'ailleurs confié à son chef d'état-major qu'il disait et répétait à tout-va que de nouvelles impulsions énergiques étaient indispensables pour inciter les états-majors et les troupes à agir résolument. À son initiative et sur son injonction, Vatoutine a préparé pour la fin de la journée une nouvelle directive du grand conseil militaire[40]. La version initiale a été substantiellement corrigée par Staline. Le document est assez long. Staline a dicté lui-même le point 4, qui dit : « Sur le front qui va de la Baltique à la frontière d'État avec la Hongrie, j'autorise à franchir la frontière d'État et à agir sans tenir compte de la frontière. » Timochenko pense que la structure même de la phrase avec sa triple répétition du mot « frontière » montre à quel point Staline n'était pas dans son état habituel. Mais je comprends que personne n'ait eu les couilles de le lui faire remarquer ! Finalement, la directive a été signée par Timochenko, Malenkov et Joukov. Joukov, je te le rappelle, s'était, depuis longtemps déjà, envolé pour Kiev. Staline a tout de même ordonné de faire figurer sa signature.

— Ça sent le roussi.

— Laisse-moi ajouter quelque chose, Vassili : on va vers de très sérieux problèmes. Je m'explique : Malenkov a eu dans sa serviette, toute la journée, le projet de directive de la Direction de la propagande intitulé : « Sur les tâches immédiates de la propagande dans l'Armée rouge ». Le projet a été remis à Malenkov à la mi-juin par le chef de la direction, Zaporojets qui, pour ton information, sera d'ailleurs remplacé dès demain par le commissaire d'armée Mekhliss...

— La valse des têtes commence !

— Le projet avait été examiné non seulement par Malenkov mais aussi par Jdanov[41]. Il posait comme postulat que le pays serait prêt à repousser toute attaque et à écraser l'agresseur. L'état-major et la Direction de la propagande politique pensaient en effet que la tactique défensive ne pouvait être que temporaire : les armées devaient être prêtes à attaquer. Si l'assaut venait, il serait d'abord repoussé et ensuite, on attaquerait... On vit toujours sur cette doctrine. Et personne n'ose dire aujourd'hui à Staline et au Politburo que ces quelques jours vont être plus longs et plus inquiétants qu'ils ne veulent le croire.

— Tu crois ?

— C'est évidemment ce qui va se passer. Et un jour où l'autre se posera fatalement la question : « Qui est responsable ? ». Je te rappelle que le 14 juin, c'est-à-dire il y a exactement huit jours, l'Agence Tass, « autorisée par les milieux responsables de Moscou » – c'était écrit noir sur blanc –, a diffusé un communiqué disant que nous, Soviétiques, estimions que l'intention de l'Allemagne d'attaquer l'URSS était complètement fausse et que « les transferts de troupes allemandes vers nos frontières ne visaient nullement à préparer cette agression ». À la lumière de ce qui arrive aujourd'hui, cette déclaration prend tout son sel. C'est *nous* qui déclarions que l'Allemagne n'avait pas l'intention de nous attaquer. Et comme personne ne peut croire que « les milieux responsables de Moscou » seraient un obscur chef de service de l'agence Tass ou son rédacteur en chef, c'est bien le bureau politique, Staline en tête, qui est aujourd'hui ridicule aux yeux du monde entier. Churchill et Roosevelt, au mieux, rigolent, au pire, sont atterrés. Dans tous les cas de figure, le Chef ne va pas aimer !

— Alors, qui est responsable ?

— Poser la question, c'est ouvrir la boîte de Pandore ! Tout, absolument tout, peut en sortir !

— Je te rappelle tout de même, fit valoir Vassili, que Chapochnikov a perdu son poste de chef d'état-major pour avoir trop souvent rappelé au Premier secrétaire l'incohérence qui existait entre notre diplomatie et nos plans militaires.

— Avoir raison n'a jamais été une garantie. Et avoir raison contre le patron, encore moins. Le premier jour de guerre s'achève. Staline a encore l'espoir que les formations montant au front contiendront puis repousseront les troupes allemandes. Voilà pourquoi lui et le Politburo ont accueilli avec tant de soulagement le communiqué de Vatoutine d'il y a une demi-heure.

— Le problème, c'est qu'aucun des chefs militaires sérieux de ce pays ne croit un mot de ce que dit le communiqué. Vatoutine, qui est un type bien, le premier.

— Comment a-t-on pu en arriver là ?

— Difficile de jeter la première pierre aux chefs militaires. Ramoudine a une explication : « La loi du bouc émissaire comme principe de gouvernement ». À savoir, un : toujours mettre ses propres échecs sur le dos d'un seul, ou d'un groupe, qui fera office de bouc émissaire. Deux : avoir toujours sous la main ce bouc émissaire. Trois : le livrer en pâture à l'opinion, qui doit avoir la possibilité de focaliser son indignation et de flétrir un coupable. Quatre : éviter, si possible, mais pas indispensable, de refaire la même connerie. Staline pratique cette philosophie à un degré rarement atteint dans l'histoire humaine, prétend Ramoudine, mais il attire l'attention sur le fait qu'on trouve rarement sa signature au bas des décisions les plus tragiques qu'il ait eu à prendre. Il fait ratifier la décision par les plus hautes instances, qu'il a choisies, mais au moment du vote, presque toujours, il s'abstient personnellement. Il est de notoriété publique qu'un silence de Staline est un degré supplémentaire d'état d'alerte sur l'échelle des emmerdements à venir. Tu comprends donc qu'aucun des chefs suprêmes de l'armée n'ait été tenté par le destin sacrificiel du bouc.

Après avoir quitté le bureau de Karev, Vassili et Stepan traversaient maintenant la Moskova sur l'un des deux ponts qui franchissent le fleuve à proximité de l'enceinte sud du Kremlin. L'air de cette première nuit de guerre était doux. Stepan, en bon officier attentif à sa condition physique, était tenté d'allonger le pas mais la fatigue de la journée avait, comme souvent, rendu partiellement douloureuse la jambe handicapée de Vassili. Son ami ralentit volontairement.

Il consulta sa montre. Presque une heure du matin. Mais il n'avait nullement sommeil, quoique Vassili lui ait dit qu'à partir de maintenant tout repos était bon à prendre. Probablement l'excitation de la journée, ajoutée à l'intérêt de leurs échanges sur les coulisses du pouvoir. Il était frappé par ce sentiment de provisoire dans lequel tout venait de basculer, sa vie comprise.

Comment allait se dérouler la guerre ? Le pessimisme de Chapochnikov sur les premiers mois de combats, tel que le lui rapportait Vassili Karev, était-il fondé ? Si oui, son devoir n'exigeait-il pas que lui, capitaine Kiritchenko, dépose immédiatement sur le bureau de ses chefs, au ministère de la Défense, une demande d'affectation dans une unité combattante ? La mort, soudainement, n'était plus un concept vague, lointain, abstrait. Il lui fallait accepter l'idée que demain ou après-demain, il ne serait probablement plus de ce monde. À vingt-neuf ans.

Au moins, écouter Vassili le distrayait.

— La journée d'aujourd'hui a au moins fait un heureux, disait justement celui-ci.

— Les inconscients existent !

— Pas du tout ! L'homme le plus rationnel du monde : Ramoudine.

— Qu'est-ce qu'il a encore fait ?

— Voilà deux mois qu'il a prévenu tout le monde que les Allemands attaqueraient aujourd'hui. Il en a fait le pari avec la moitié de l'Armée rouge.

— Tu rigoles ?

— Pas du tout ! Il annonçait haut et clair que la guerre éclaterait le 22 juin. Il avait presque convaincu Chapochnikov.

— Pourquoi le 22 juin ?

— C'est là qu'il est fort. Quand tu penses que notre « grand informateur » à Berlin, pourtant bien placé, ignorait lui-même la date arrêtée ! Pour une première bonne raison – qu'il nous avait fait connaître – les militaires allemands ont déjà par deux fois ajourné l'agression en prétendant que l'armée n'était pas prête. Mais Hitler les soupçonnait de vouloir gagner du temps jusqu'au 1er juillet, afin de rendre la guerre impossible. Pour Ramoudine, Hitler ne se laisserait pas dicter sa conduite par l'OKW et l'OKH[42]. Décidé à attaquer, il attaquerait.

— Mais quand ?

— Notre informateur avait avancé quelques dates, précisait Vassili. Les unes provenaient de prévisions astrologiques, dont Hitler est friand, les autres des précédents historiques. C'est dans ceux-ci que Ramoudine s'est plongé. Et de son chapeau, il a sorti le 22 juin. Explication que peu de gens connaissent, car Ramoudine, comme tous les magiciens, ne dévoile jamais ses trucs. Mais j'étais dans le bureau du maréchal, accompagnant Ramoudine quand celui-ci a expliqué pourquoi il tenait l'aube du 22 juin comme la date la plus probable de l'attaque allemande. Son raisonnement est parti de la date du début de l'invasion napoléonienne, le 9 juin 1812, selon le calendrier russe, ou le 21 juin 1812, selon le calendrier grégorien. Au XIXe siècle, d'après les recherches qu'a effectuées Ramoudine, la différence entre les deux calendriers était de douze jours. Au XXe, cette différence est de treize jours. En d'autres termes, la date russe étant immuable, le 9 juin russe serait cette année le 22 juin du nouveau calendrier. En découvrant ça, Ramoudine s'est dit que son raisonnement n'était pas plus idiot qu'un autre et collait assez bien avec la psychologie d'Hitler : réussir là où même Napoléon avait échoué, en partant sur les mêmes bases que lui. Chapochnikov l'a écouté

sans prononcer un mot et, à la fin, lui a dit, avec le léger sourire
… ous présenterez votre analyse au camarade
… ne s'est pas dégonflé : « À vos ordres,
… Le maréchal l'a calmé : « Tous comptes
… même au camarade Staline... Le Premier
… mai 1942[43]. Je ne voudrais pas qu'un des
… e mon état-major se retrouve muté en pre-
… , mauvais esprit... avec ordre d'exécution
… op besoin de vous ici ».

… calmé, ricana Stepan.

… rtant, continua Vassili, Ramoudine, non
… é à son idée, mais jour après jour, a vu
… er. « Intuition de professionnel », m'a-t-il
… lus grand sérieux. Et depuis, il a pris des
… son de Moscou.

… fortune. Je lui dois d'ailleurs personnel-
… s...

Chapitre 13

La gamine avait bien changé

Moscou, 30 juin 1941, 12 heures, restaurant Pragua.

C'était la première fois que Vassili Karev revoyait Liliana Litvak depuis que la guerre avait éclaté. En y réfléchissant, il se dit même que leur dernière rencontre devait remonter à plus de deux mois.

Quand elle franchit la porte de la grande salle du Pragua, un restaurant coté du centre-ville où il l'avait invitée à déjeuner, Vassili découvrit une Lily anéantie par le chagrin. Il ne la reconnut d'ailleurs pas tout de suite. Il attendait l'adolescente avec qui il avait bavardé au parc zoologique à la fin du printemps mais c'était désormais une femme – atteinte – qui se dirigeait vers lui. Il mit deux secondes pour la reconnaître. Les cheveux longs tombant habituellement sur ses épaules étaient emprisonnés dans un chignon sévère et, lorsqu'elle s'approcha, il vit qu'elle avait certainement pleuré une grande partie de la nuit : ses traits étaient creusés et ses yeux à la fois rougis et gonflés.

L'assistance suivait également la traversée de la salle par la nouvelle venue : entre beauté blessée et désespoir, elle offrait une image dérangeante. C'était la guerre qui pénétrait avec elle dans cet espace privilégié. Au fur et à mesure qu'elle avançait, les conversations tombaient. Vassili eut le sentiment qu'une vague de silence roulait en l'accompagnant, progressant à la vitesse de ses pas.

Quand elle arriva à sa table, il ressentit du soulagement à passer derrière elle pour lui tendre un siège. Il échappa ainsi quelques secondes à un visage dur et ravagé, trop éloigné de ses souvenirs. Et au moment où il reprit sa place, il eut, sur l'instant, la conviction d'être assis en face d'une totale inconnue.

Karev avait appris la disparition de Victor Litvak, le père de Lily, la veille, autour de midi, par le plus grand des hasards. Un télégramme transmis par *Baudot* à l'état-major général avait annoncé la mort d'un ponte du NKVD de la ville de Moghilev lors d'un transfert par train de ses impedimenta et d'un lot important d'archives qu'il ramenait vers Moscou. Le convoi avait été attaqué par un groupe de Stukas, couverts par des Messerschmitt 109. Les chasseurs avaient achevé à la mitrailleuse ce que les bombes des JU 87, attaquant en piqué, avaient déjà écrasé. Sous l'impact des explosions, le train s'était littéralement volatilisé. Il y avait très peu de survivants et la section NKVD de Moghilev ne comptait désormais que des cadavres carbonisés et mutilés. Les archives avaient flambé. La locomotive et son tender n'étaient plus qu'un tas de ferrailles brûlantes. Les corps des deux mécaniciens aux manettes avaient été retrouvés totalement calcinés, à l'exception du visage – épargné – de l'un d'eux, ce qui avait permis son identification. Le rédacteur terminait sa dépêche en indiquant la demande pour le chauffeur de locomotive « à l'initiative du commandement militaire », d'une médaille pour « nouvelle conduite héroïque devant l'ennemi » : il avait déjà sauvé son train lors du bombardement de la gare de Minsk par la Luftwaffe le premier jour de la guerre. Le mécanicien : Viktor Alexandrovitch Litvak.

En lisant son nom, ce fut un choc pour Vassili. Comme il connaissait les Litvak, il ne voulut pas que cette disparition tragique fut annoncée à sa famille par une note anonyme de l'administration militaire ou ferroviaire. Il prit donc sur lui d'avertir personnellement Anna Vasilneva. Il avait quitté son bureau plus tôt, la veille, vers 18 h 30, pour faire un détour par Novoslobskaïa, où habitaient les Litvak, et, sur place, avait constaté avec un soulagement non exempt de lâcheté que Liliana n'était pas là.

Elle avait appelé à l'état-major le lendemain matin. Et il lui avait donné rendez-vous au Pragua, dans l'espoir, fragile, que les décors majestueux auraient le pouvoir d'anesthésier la douleur. Maintenant, elle était assise en face de lui, devant une assiette à laquelle elle ne touchait pas.

Leur première rencontre datait de juin 1937. Vassili s'en souvenait sans difficulté.

Pour cause : il était rentré – mal en point – quelques semaines plus tôt d'une mission en Espagne, alors déchirée par la guerre civile, et sortait de convalescence. Pour faire face à la *Légion Condor*[44], mise à la disposition du *caudillo* Franco par Hitler, Moscou avait renforcé à son tour son aide militaire dans le domaine aéronautique. On avait demandé des pilotes volontaires. Karev, qui trouvait jusque-là un peu mince son bagage de guerrier, fit acte de candidature. Retenu, il fut expédié « clandestinement » en Catalogne puis dans une base aérienne d'où évoluait une unité de chasse des Forces aériennes soviétiques, camouflée sous la bannière des « Brigades internationales ».

Cogner du *boche* pour les aviateurs soviétiques, bouffer du *ruski* pour les hitlériens, devint alors un sport national sous cocardes maquillées pour les aviations des deux pays, pas encore liés par l'amitié indéfectible du Pacte germano-soviétique. Vassili y joua sa partition avec un réel plaisir. Jusqu'au moment où il eut la chance d'obtenir une permission de trois jours et la malchance de choisir le Pays basque pour la passer.

Vers les 10 heures d'une matinée de printemps, un bus archaïque rempli de femmes en fichus noirs, d'enfants morveux et turbulents, de paysans descendus de leur montagne et de quelques moutons paniqués, bêlant de terreur à chaque virage un peu serré, ce bus donc le déposa dans une petite ville riante d'une dizaine de milliers d'habitants... À 10 heures du soir, Vassili était évacué en ambulance vers Bilbao, la rotule de son genou gauche cisaillée par un éclat de bombe. La date – 16 avril 1937 –, le nom de la ville, Guernica, s'inscrivirent à jamais dans son esprit. Il sut qu'il avait visité cet après-midi-là, entre 16 h 40 et 19 h 45, une annexe de l'enfer.

Tard dans la soirée, le lieutenant russe avait été opéré à l'hôpital de Bilbao. Son état était considéré comme assez grave, sans que sa vie fût, sauf complications imprévisibles, jugée menacée : la moitié supérieure de son genou avait été arrachée et, malgré le garrot qu'il s'était posé lui-même avant sa prise en main par les infirmiers basques, il avait perdu beaucoup de sang.

Étranger, recensé parmi les blessés de Guernica, il fut décoré sur son lit d'hôpital par un ministre républicain espagnol et, en convalescence à Moscou, sur la place Rouge, par le chef d'état-major des Forces aériennes soviétiques à l'occasion des cérémonies du 7 novembre 1937. Entre chiffres contradictoires, polémiques et propagande, Vassili ne sut jamais, personnellement, quel avait été le nombre exact des tués. Le *Journal officiel* du 2 janvier 1938 annonça sa promotion au grade de capitaine. Les meilleurs cercles de la capitale soviétique s'ouvrirent à lui. Son Oural natal le fêta. Mais pour une jambe désormais raide à vie, Vassili Karev sut qu'il devrait vivre, de ce jour, avec l'idée qu'il était peut-être un héros mais qu'il ne serait jamais plus pilote de chasse.

Sa convalescence dura presque un an. Quand elle tira à sa fin et dans l'attente d'une affectation plus prestigieuse, le jeune officier se vit confier la direction par intérim de l'aéro-club du CSKA, appelé familièrement « l'Ippodromo », situé dans les quartiers nord-ouest de Moscou. Où il reprit pour la première fois les commandes d'un avion. D'un *« avion »,* pensa-t-il, c'était beaucoup dire : il pilotait déjà un U-2, petit appareil biplace d'entraînement, à l'âge de dix-huit ans ! Léger, maniable, euphorisant pour un puceau de l'air peut-être, en réalité du carton-pâte... Mais, bon, ça vole ! Car s'il avait fait une croix sur l'aviation de chasse, il n'avait pas, pour autant, renoncé au pilotage. Secrètement, il espérait que l'amélioration du fonctionnement de son genou lui rendrait un jour les commandes d'un appareil. À ses amis proches il confiait « qu'il se verrait volontiers reprendre du service dans l'aviation de reconnaissance », moins éprouvante musculairement. Et de fait, il s'astreignait à une grosse rééducation. Certains soirs, il souffrait beaucoup. Physiquement et moralement.

On ne peut pas dire qu'il avait appris avec enthousiasme sa nomination « par intérim », à la direction de l'Ippodromo.

Il avait même protesté avec véhémence. « Ne nous emmerdez pas, c'est une parenthèse de trois mois », lui avait-on répondu à la direction du personnel de l'aviation, avec un franc-parler militaire. Après un mois d'hôpital à Moscou, un mois de convalescence à glander et des examens qui montraient un état général nettement amélioré, le service responsable des affectations, qui trouvait qu'on le rencontrait un peu trop souvent dans ses couloirs, l'avait donc expédié en mission courte au CSKA. On attendait de lui qu'il remette de l'ordre dans un club souffrant d'un manque de poigne à sa tête, dû au penchant trop marqué de son patron, le capitaine Piotr Tsagan, pour la vodka. Selon les informations recueillies, les moniteurs en profitaient allégrement pour dispenser une formation fantaisiste et aléatoire aux aspirants pilotes, tout en serrant de trop près les quelques jeunes filles également inscrites aux cours. Or, pas de chance : l'une d'entre elles était la fille d'une sommité du Parti à Moscou. Déjà pas très chaud pour voir sa progéniture prendre de la hauteur, le ponte avait particulièrement mal pris de découvrir qu'il la confiait à des zigotos dont la main gauche s'intéressait au palonnier pendant que la droite tentait sur les élèves du beau sexe des approches incompatibles avec la sécurité d'un vol à trois cents mètres d'altitude. Il avait vertement fait connaître sa pensée au patron du *Komsomol*, qui l'avait dit avec non moins de vigueur au commissaire adjoint à la Défense, rencontré le soir même lors d'un cocktail offert au Kremlin en l'honneur d'une délégation étrangère en visite à Moscou. L'échange avait été « franc et direct », ce qui, dans la terminologie du Parti communiste de l'Union soviétique, signifiait qu'on s'était arrêté juste avant d'en venir aux mains. L'adjoint, qui tolérait mal qu'on lui fasse la leçon quand son ministre rôdait dans le même cocktail à moins de vingt mètres, avait fait preuve d'une impeccable courtoisie publique mais d'un vocabulaire privé imagé quand son chef de cabinet lui était tombé sous la main : « Qu'on vienne m'apostropher devant le Politburo – la colère le portait à l'exagération – pour ce type de connerie, frisait le sabotage (de sa carrière, ce qu'il pensait mais ne dit pas). Qu'on me règle ce problème en vitesse, et de préférence douloureusement pour le ou les coupables ».

Sous l'averse, le camarade chef de cabinet avait filé la queue entre les jambes, mais comme tout jeune mâle chez les primates, son pelage avait retrouvé de l'éclat et du volume au fur et à mesure qu'il mettait de la distance entre lui et son supérieur. Quand il avait atteint son téléphone, il avait retrouvé sa superbe, ce dont l'officier de permanence du district aérien se rendit rapidement compte. Comme il n'aurait jamais dû être présent ce soir-là – il avait, pour son malheur, accepté de remplacer un copain « pour rendre service » (« Ma grand-mère est malade, tu comprends !... », avait pleuré l'autre... Sa grand-mère, mon œil !.. Quel con il était !) – il déversa, à son tour, le lendemain, de larges tombereaux d'une bile particulièrement aigre sur la section du personnel, dont dépendait le camarade-capitaine-directeur-porté-sur-les-alcools-forts. Le pochard fut à son tour cueilli, avachi sur son divan, la tête enfouie dans un oreiller douteux porteur des traces et des effluves de la cuite prise la veille par le maître des lieux. Certes, les résidus d'alcool, encore généreusement charriés par son sang, persistaient à colorier de rose sa perception de l'existence, mais cette affirmation tendait toutefois à être relativisée par la montée en puissance d'un mal au crâne pas piqué des hannetons. Quelque chose, quelque part, probablement cette forme éprouvée d'instinct de survie qui habite tout militaire en face de sa hiérarchie, agitait en lui une sonnette d'alarme. Et ce carillon désagréable, annonciateur d'un environnement en dégradation rapide, l'aida à accélérer sa remontée rapide vers la conscience. Son interlocuteur, au téléphone, interpréta très mal ses premiers borborygmes. À l'inverse, lui pigea avec une surprenante rapidité que la boussole de son destin était en train de pivoter très vite vers un pôle sibérien, ce qui ne l'enchanta que moyennement. Mais il était trop tard, son sort était scellé !

Celui de Vassili, aussi, par la même occasion. Car dix minutes plus tard, Karev frappait à la porte de la section « Personnel » de l'armée de l'air, regonflé à bloc par une bonne nuit de sommeil, une jambe indolore et un genou qui recommençait à bouger. Il venait donc réclamer avec plus d'insistance que de coutume son renvoi en Espagne. Mauvaise attitude, au mauvais endroit. Il se retrouva, en moins de temps qu'il ne fallait pour co-signer son avis de mutation, « responsable par intérim, avec tous les pouvoirs » de l'aéro-club moscovite ! Comme, entre-temps, par la vertu des colères cumulées et du pouvoir amplificateur des rumeurs, la caresse légère – mais malvenue – du moniteur trop entreprenant s'était quasiment transformée en viol collectif en plein ciel, Vassili, qui avait été briefé, se demanda mi-méditatif, mi-égrillard, dans quelle Gomorrhe banlieusarde il était envoyé !

La découverte ne fut pas à la hauteur de ses espérances.

Sur place dans l'après-midi même, il avait jugé rapidement qu'il avait seulement affaire, comme il l'écrivit dans son premier rapport, à « une organisation déficiente et mal contrôlée », (traduction orale dans un entretien téléphonique avec la Section du personnel : « C'est une putain de boîte mal tenue »). Malgré l'indulgence des Russes pour les ivrognes, il demanda qu'on le débarrasse au plus vite de son prédécesseur. Non, il n'était pas hostile à la Sibérie : elle manquait de cadres. Accessoirement, il insista beaucoup pour qu'on lui trouve non moins rapidement un successeur, car – il l'écrivit aussi – « il ne considérait pas sa mutation comme une faveur, et ses états de service l'autorisaient à ne pas à user trop longtemps ses *Valenkis*[45] à l'Ippodromo ».

Au ministère, son rapport passa de main en main, fit rire, mais s'attira la remarque du colonel chef de service, fier d'une carrière conduite dans le culte sans faille de la bureaucratie : « Apprenez, camarades, qu'il n'est pas inutile d'apprendre aux jeunes coqs, fussent-ils beaux chanteurs, les plaisirs des corvées de basse-cour ». C'était, paraît-il, un proverbe prisé de la région de Kharkov, le district natal de l'apparatchik galonné.

Le mot revint à Vassili, qui témoigna, en l'occurrence, d'une rare absence d'humour. Fou de rage, il convoqua sur-le-champ une réunion des moniteurs et leur expliqua, sans précaution excessive de langage, que le capitaine Piotr Mikhaïlovitch Tsagan, leur ancien directeur, était en partance pour la Sibérie et que le premier qui ne marcherait pas droit serait immédiatement déclaré volontaire pour un séjour de rêve sur les rives du lac Baïkal. Ce qui refroidit les mains chaudes.

Il demanda ensuite qu'on rassemble « toute l'équipe administrative ». Mais dut se contenter de ceux, qui par hasard, sens du devoir ou malchance, étaient présents ce jour-là. Cela le conduisit à dicter sur-le-champ – en ayant conscience de frôler l'abus de pouvoir – une note de service exigeant désormais des administratifs une présence quotidienne au bureau. « L'équipe » grogna : elle avait pris ses habitudes. La Transbaïkalie, une fois encore, incita à la discipline. Il passa pour un maniaque de la Sibérie – puis, un peu plus tard, de la peinture, après une agression verbale contre « la porcherie des lieux ». Mais en trois jours, le temps de rameuter les pseudo-malades, les absents, les excusés et les disparus, l'aéro-club fonctionnait de nouveau de façon presque normale. Les jeunes filles, en particulier, ne risquaient plus, en principe, leur vie ou leur vertu en grimpant dans les avions. Quant aux bâtiments, ils brillaient comme des Tupolev neufs.

Les dossiers du personnel et des postulants pilotes constituèrent sa priorité suivante. Pièces manquantes, tenue des carnets de vol approximative, décompte des heures de pilotage nageant dans l'àpeu-près : il allait de découverte en découverte dans un état d'esprit mêlant fatalisme intérieur et gueulantes extériorisées. Il remit de l'ordre. Le jugement général que l'aéro-club portait sur lui, y compris à certains échelons de *l'Osoaviakhim*[46] était, résumée en termes non protocolaires, « efficace, mais roi des casse-couilles ». Lui s'en foutait : son expérience, pas si lointaine, de militaire du rang, puis de cadet, lui avait enseigné qu'on finissait toujours par mieux s'entendre avec un chef dur au début, qui ferait nécessairement plus tard la part des choses, qu'avec une chiffe molle virant au tyran avec le temps.

Il était prêt à relâcher la pression quand il tomba sur le dossier d'une certaine Liliana Viktorovna Litvak.

Il situait bien la jeune fille. Il ne lui avait pas fallu longtemps pour remarquer cette jolie gamine, « poussée en tige de seigle », comme on disait dans son pays (« trop vite, trop fine »), qui vous fixait droit dans les yeux, en mettant un point d'honneur à ne pas abaisser son regard la première. Et quand, pour ne pas être taxée d'insolence, elle était contrainte de le faire, un dernier battement de paupières, toujours alangui, semblait en même temps vous promettre quelques voluptés et vous faire payer un jour la petite victoire que vous veniez de remporter. Cela n'impressionnait pas Vassili que son récent passé de combattant de la guerre d'Espagne auréolait d'un prestige auquel la gent féminine, de manière générale, se montrait sensible. Il y avait au club, on l'a dit, plusieurs stagiaires femmes – échelle des âges : entre dix-sept et trente ans ; nombre d'œillades au nouveau directeur : proportionnel à l'avancée dans la vie. Vassili, tout en ne trouvant pas cela forcément désagréable, crochetait ces regards sans pitié : il était cohérent avec lui-même, la remise en ordre administrative ne s'accommodait pas, à ses yeux, d'un favoritisme de l'oreiller ou, en été, des meules de foin du voisinage.

Avant d'avoir pris connaissance de son dossier, Vassili pensa d'abord que Lily Litvak faisait vraiment plus jeune que son âge car la gamine volait déjà en solo. Il avait du reste noté chez elle d'authentiques dons de pilote. La qualité de ses décollages et de ses atterrissages en témoignaient. C'étaient d'ailleurs les seuls jugements qu'il s'autorisait, pour l'instant, à porter sur les capacités en vol de ses ouailles. Il était occupé à d'autres tâches !

Puis un dimanche de juin, par une soirée de météo houleuse,

une prise de piste impeccable par vent de travers chahuteur, poussa Vassili à demander à sa secrétaire – qui avait accepté de faire des heures supplémentaires – le dossier de Litvak.

Le dossier n'arriva pas.

Vassili insista.

Ronchonne, la secrétaire finit tout de même par le déposer sur son bureau.

Il l'ouvrit... et dut s'y reprendre à deux fois pour lire la date de naissance indiquée : 18 août 1921 !

Ce qui signifiait, s'il savait compter, qu'elle n'avait pas dix-sept ans...

Litvak ne faisait pas jeune pour son âge : elle *était* jeune !

Tellement jeune qu'il se demandait ce qu'elle faisait, seule aux commandes d'un U-2, à 8 heures du soir quand l'*Osoaviakhim* n'acceptait pas d'inscription avant dix-sept ans révolus. Et elle volait déjà seule, au mépris de tout règlement.

Que se serait-il passé si une rafale traîtresse avait jeté le petit appareil hors la piste et que l'adolescente se soit blessée, ou pire ?

Le je-m'en-foutisme administratif de ce club dépassait décidément tout ce qu'il avait imaginé !

La chance de Litvak fut double. D'abord, que le responsable des vols soit absent à cette heure déjà tardive du dimanche – seul un moniteur assurait la permanence ; ensuite, que Vassili voulût tout de même vérifier l'âge minimum requis avant de faire du barouf. Si ce point du règlement était confirmé, le moniteur chef – et accessoirement Litvak – entendraient parler du pays. Mais il convenait, pour cela, d'attendre le lendemain.

Le lendemain matin, à la première heure, c'est Lily Litvak qui attendait Vassili.

— Interrogez-moi, camarade lieutenant !

— Pardon ?

— Interrogez-moi... Sur tout : navigation, avions, mécanique, météorologie...

— Camarade Liliana Viktorovna Litvak, je ne suis pas...

— Mes amis m'appellent Lily.

— ...Je ne suis pas votre examinateur ! Je suis ici pour exécuter une mission temporaire de contrôle et de remise en ordre administratifs de cet aéro-club et, à ce propos, je suis surpris...

— Camarade lieutenant, je vous arrête ! Je sais ce que vous

allez me dire : vous allez me parler de ma date de naissance, de mon âge, des devoirs que je devrais être en train de faire pour l'école... de je ne sais pas quoi encore... Je suppose qu'administrativement, vous avez le règlement pour vous ! Je dirais même que je le sais ! Mais le règlement, après tout, ce n'est pas les *Œuvres complètes* de Lénine, ou Dieu n'est pas la Bible – ou est-ce l'inverse ? – comme dirait ma grand-mère ! Ma vérité à moi c'est que je veux être pilote, que je sais déjà piloter – pas aussi bien que vous, à ce qu'on dit, encore faudrait-il nous le montrer un jour – mais très correctement... demandez à tout le monde ! Alors, est-ce qu'un vrai pilote comme vous peut se mettre en travers de la vocation d'un autre pilote comme moi ? Franchement, je ne le crois pas. Je pense même que ce ne serait pas bien.

Pendant quelques secondes, Vassili se demanda s'il rêvait... Il avait en face de lui un bout de femme, pas même fini, dans un blouson trop grand, avec de longues jambes maigres, des pieds qui rentraient en dedans, trois taches de rousseur sur le visage, en train de proférer des énormités avec l'expression la plus candide du monde. Il dormait sûrement.

— Camarade Litvak, vous vous rendez compte de ce que vous dites ? Vous avez un culot inimaginable.

Les yeux à terre, elle murmura une phrase à voix à peine intelligible. Il crut entendre :

— Et vous, camarade lieutenant, de très beaux yeux verts !

— Vous pouvez répéter ? Je n'ai pas très bien entendu !

— Oh, moi, vous savez, dit-elle, en reprenant du poil de la bête, je ne fais que répéter ce qu'elles disent toutes ! Je n'ai pas d'opinion personnelle sur vos yeux... je suis trop jeune. Elles disent...

L'impudence de cette gamine le laissa sans voix (« Toi, ma fille, tu n'es pas près de remonter dans un avion ! », pensa-t-il). Il l'interrompit, rattrapant tout de même son sang-froid au vol :

— L'insolence n'a pas d'âge, mais le pilotage en a un !

— Elles disent...

— Je me fous de ce qu'elles disent, Litvak... Croyez-vous que ce soit l'objet de cette conversation ?

Lily eut envie de lui répondre : « Quoi..., votre charme ?... Mais... vous êtes très séduisant, lieutenant... cette mèche de cheveux noirs qui tombe sur vos yeux verts... »

Elle décida pourtant de garder ses réflexions pour elle. Une sagesse instinctive lui commandait d'amadouer d'abord la bête si elle voulait continuer à piloter. Ne pas se moquer ouvertement de lui, donc. Il avait quoi ?... vingt-cinq, vingt-six ans ? Dix ans de plus qu'elle ! Pas de quoi en faire un monde ! Vingt-six ans... Bon, un âge où les hommes ont tendance à se prendre au sérieux, c'est maman qui le dit. C'est vrai qu'il a tout de même été blessé à Guernica. C'est un héros. Mais un héros, finalement, ça n'est pas si impressionnant que ça !

De son côté, Vassili avait retrouvé tout son calme. Un rire intérieur était même en train de le gagner : il se voyait racontant la scène à ses copains, à son retour en Espagne. Il prendrait simplement soin de vieillir un peu la gamine...

— Foutez-moi le camp, Litvak. Vous reviendrez quand vous aurez repris vos esprits.

Et il ajouta froidement, sans avoir conscience du double sens que la phrase portait en elle :

— Cette conversation ne fait que commencer, croyez-moi !

Il aurait juré qu'il l'entendit encore murmurer « beaux yeux verts... » quand elle franchit la porte. Ce n'était pas possible, il se trompait sûrement... Les dernières séquelles des fièvres nées de sa blessure...

Le Pragua était plein. Vassili dut s'activer pour qu'un serveur consentît à prendre leur commande. Il fit le menu de Lily – œufs d'esturgeons de la Caspienne, pièce de cochon à la broche, myrtilles à la crème. Elle déclina le cochon et le vin de Crimée qu'il avait choisi avec le soin d'un sommelier parisien et opta pour une simple tasse de thé.

L'officier sentit que Lily commençait à se détendre. Elle parvenait à grignoter ce qu'il y avait dans son assiette et ne semblait plus être près de fondre en larmes à tout instant.

— Que sais-tu de la mort de mon père ? demanda-t-elle soudainement.

Vassili toussa. C'était le moment d'avoir du doigté. Un geste, un mot maladroit, et il allait devoir rapidement faire face, au mieux à un torrent de larmes, au pire à une crise de nerfs.

Il ne répondit pas tout de suite. Puis, ne pouvant laisser le silence s'installer éternellement, il prit la parole et dit simplement, en pesant les mots comme si chacun d'entre eux contenait une charge explosive :

— Ton père est un authentique héros !

La banalité de la phrase, l'emphase involontaire avec laquelle il l'avait prononcée et dont il ne se rendit compte lui-même qu'en parlant, nourrirent à son propre égard une exaspération sans limite. Il se détesta mais ne sut pas que sa maladresse touchante préserva Lily de l'effondrement. Elle eut une amorce de sourire :

— Mais encore ?

Vassili lui expliqua que Victor Alexandrovitch l'avait démontré dès le premier jour de la guerre : vingt heures seulement après le franchissement de la frontière par les nazis et malgré les bombardements, il avait réussi à amener dans la nuit ses wagons remplis de matériel militaire jusqu'aux rives de la Bérézina. Après le déchargement et malgré les prophéties apocalyptiques de l'officier qui avait réceptionné le convoi – il parlait d'expérience car son unité avait subi trois bombardements dans les douze heures précédentes – il déclara qu'il allait tout de même tenter de conduire son train vide jusqu'à Minsk. Un nouveau mécanicien se joignit à lui.

— Selon l'officier, le précédent avait crûment dit à ton père qu'il était fou, qu'il n'avait pas d'ordre et que lui-même était trop près de la retraite pour poursuivre dans une direction qui risquait de les rapprocher dangereusement d'envahisseurs qui étaient, sans contestation possible, mal disposés à l'égard de tout ce qui était russe.

À l'aube, alors que le convoi entrait enfin à vapeur réduite en gare de Minsk, les avions à la croix gammée firent leur apparition et déversèrent de nouveaux tapis de bombes sur les voies et les bâtiments. Victor Litvak et son nouveau compagnon n'eurent même pas le temps de sauter sur le quai pour se dégourdir les jambes. Ils réenfournèrent du charbon dans la chaudière et poussèrent de nouveau les feux aussi vite et aussi fort que leur deux musculatures conjuguées le leur permettaient. Ils réussirent à se sortir du piège.

— Depuis, ton père, son mécano et son convoi faisaient des allers-retours Est-Ouest, transportant chars, canons, armes et munitions vers le front, ramenant blessés, femmes et enfants vers l'Est. On m'a dit qu'ils se déplaçaient surtout la nuit, traversant le plus souvent les marais du Pripet, camouflés naturellement par l'obscurité et les brumes nocturnes. En trois nuits, ton père et son convoi se sont fait une réputation de train fantôme qui semble avoir marqué les esprits au point qu'on a demandé une médaille militaire pour Viktor Alexandrovitch. Voilà tout ce que j'ai pu apprendre par quelques contacts radio ou téléphoniques.

Les larmes brouillaient de nouveau le regard de Lily. Pour les chasser, Vassili poursuivit :

— Je ne peux t'en dire plus. J'ai fait ce que j'ai pu, mais les liaisons sont difficiles à obtenir. Et, baissant la voix : En confidence, j'ai tout de même trouvé qu'il était plus facile de joindre par téléphone le bureau des chemins de fer de Minsk que pour l'état-major général d'entrer en contact avec le général Pavlov et sa 10e Armée !

Vassili ne fut pas certain que la jeune fille eût entendu sa dernière phrase. Il pensa d'ailleurs que ça n'était pas plus mal : après coup, il trouva que sa comparaison n'était pas du meilleur goût.

De fait, images et souvenirs de son père se heurtant maintenant dans l'esprit de Lily, elle sentit la crise de larmes monter en elle. Se mordant les lèvres jusqu'au sang, elle chercha désespérément à changer de sujet. D'une voix brouillée, presque inintelligible, elle demanda des nouvelles de la guerre.

Vassili sauta sur le prétexte pour quitter le terrain mouvant des afflictions personnelles. Il se souvint qu'un jour, une femme, il ne se rappelait plus qui, lui avait dit : « Tous les jeunes hommes sont des brutes ». Elle n'avait pas tort.

Il chercha désespérément une anecdote pas trop noire pour ne pas la renvoyer au désespoir. Jetant un rapide coup d'œil autour de lui, il baissa de nouveau la voix. Réaction de prudence, mais plus instinctive que réellement justifiée : ce qu'il pouvait dire ici ne ressortait pas du secret d'État.

— La guerre ?... répéta-t-il, pour gagner du temps.

Faute d'avoir trouvé mieux, il raconta :

— La direction politique de l'armée vient d'ouvrir un chantier inattendu : elle fait imprimer par dizaines de milliers des affiches représentant les généraux Souvorov et Koutouzov[47]. Elle va les expédier dans tout le pays, en particulier dans les unités militaires. Elles seront accrochées désormais avec celles de Marx, Engels et Lénine. J'espère, mais je n'en suis pas sûr, que ces trois-là vont faire bon accueil aux militaires : le sabre d'un général victorieux est, si l'on en croit les théoriciens, la principale menace qui pèse sur les révolutions ! Mais ni Souvorov ni Koutouzov, en leur temps, ne semblent avoir été sujets à cette tentation. Comme quoi on pouvait être contemporain de Bonaparte sans être suspect de bonapartisme ! Marx pourra leur expliquer *Le Capital* et Koutouzov leur dire comment ses Cosaques ont reconduit Napoléon à la frontière. Après tout, c'est d'actualité. Cela semble d'ailleurs avoir donné des idées à Staline – à moins que ce ne soit l'inverse. Il a demandé qu'on lui présente une liste de livres à lire en rapport avec la situation actuelle. Poskrébychev lui en a proposé seize. Staline en a choisi quatre : le *Koutouzov*, de Borissov, le *Souvorov*, d'Ossipov, *La Science pour vaincre*, de Souvorov, qui vient d'être réédité, et... devine ?

— Comment veux-tu que je sache ?

— *Le Cerveau de l'armée*, de mon patron, Chapochnikov !

— Tu as intérêt à le relire, ne serait-ce que pour ton avancement.

— Merci du conseil, mais c'est mon livre de chevet, ironisa Vassili.

— Je déteste les ambitieux !

— Ce n'est pas par ambition, c'est pour t'impressionner.

— Mon ex-amour, il y a des sujets que tu devrais éviter d'aborder.

— Pas du tout, j'ai ma conscience pour moi.

— Tu n'auras pas assez de toute ta vie pour le regretter !... Mais continue sur la guerre.

Le serveur s'approchait avec les coupelles de myrtilles. Retrouvant une ancienne complicité, sans dire un mot, ils expédièrent les desserts. Puis Vassili paya, laissant le quart de sa solde du mois, et ils quittèrent le restaurant. À Moscou, il valait mieux éviter d'aborder certains sujets en public.

Ils étaient maintenant assis sur un banc, au pied des vieilles murailles lézardées du Kremlin. De maigres arbustes s'agrippaient aux murs vétustes, dégageant un parfum âpre et pénétrant.

— Leur odeur me rappelle Paris, dit Vassili, nostalgique. Plus exactement une femme. L'épouse de notre attaché militaire en France, le général Krantz-Ventzoff. Elle était folle d'un parfum de la maison Caron. Il s'appelait *Narcisse noir*, je crois. Il était étrangement semblable à l'odeur de ces arbustes.

— Elle était ta maîtresse ?

— Non. Trop « Madame la générale » pour moi ! Tu connais l'adage militaire : « Chaque fois qu'un mari prend un galon, sa femme en prend deux ».

— Je ne sais pas si je dois te croire... Mais tu me parlais de la guerre : ça va si mal que ce qu'on dit parfois ?

— Je ne sais pas ce qu'on dit...

Intérieurement, il se traita de fieffé menteur. La vérité, c'est que la confusion la plus totale régnait sur tous les fronts. Il ne se voyait pas raconter à Lily la colère qu'avait piquée Staline le 26 juin, telle qu'on la rapportait dans les couloirs du commissariat à la Défense. Vatoutine, adjoint au chef de l'état-major général, rendait compte de la situation sur le front Ouest. Il le faisait à sa manière, sans élever la voix, en choisissant soigneusement ses mots afin d'éviter toute expression trop brutale – ou simplement trop réaliste – susceptible de déchaîner l'ire du « Patron ». « Mais même enveloppé dans un paquet cadeau, un désastre reste un désastre », soulignait le correspondant de Vassili, qui lui rapportait l'anecdote.

« Vatoutine, poursuivait ce dernier, expliqua que des unités appartenant aux fronts de l'Ouest et du Nord-Ouest "tentaient de mener des contre-attaques". Il s'est pris de plein fouet une bordée de Staline qui lui cracha au visage qu'une contre-attaque se menait ou ne se menait pas mais qu'en aucun cas on ne pouvait se contenter de "tenter de la mener" ! Et, si c'était le cas, le peloton d'exécution enseignerait très vite aux responsables – et surtout à leurs successeurs – le bon usage de la vigueur et de la détermination ».

En vérité, pendant les quatre premiers jours de la guerre, Staline ignorait tout de la réalité. Des armées entières en pleine déconfiture, hachées et laminées par les chars, l'artillerie et l'aviation allemands. Des survivants dans le plus grand désarroi, perdus, coupés de leurs chefs, quand ils n'étaient pas déjà rassemblés et convoyés en longues colonnes poussiéreuses sur le chemin des camps de prisonniers d'Allemagne. Des états-majors décapités, disparus dans la fournaise et, au-dessus d'eux, des directions de grandes unités abasourdies par le cours imprévu des événements, qui ne comprenaient rien à ce qui se passait, découvraient les Allemands toujours plus enfoncés dans le pays que ce qu'ils pouvaient imaginer, et, souvent, se voyaient dans l'incapacité d'en informer les échelons supérieurs, faute de possibilités de transmissions quand ils n'avaient pas, simplement, la trouille de le faire parce que le NKVD fusillait vite. Les directions de front et, au-delà, l'état-major général, se découvraient, ces jours tragiques, dans l'incapacité de porter un jugement, même approximatif, sur la situation, faute d'informations fiables et parce que coupés de leurs contacts sur le terrain. Ainsi se multipliaient des instructions inapplicables ou contradictoires. La trilogie « Ordre-contrordre-désordre » était érigée en doctrine d'école de guerre. Tout cela composait les ingrédients du cocktail « Déroute » que le destin semblait décidé de concocter à la glorieuse Union soviétique.

— Mais va expliquer tout ça au père Staline !, ronchonnait le correspondant de Vassili.

« Vatoutine, "autorisé à continuer", après la volée de bois vert qu'il venait de se prendre, marchait sur des œufs. Selon les informations "fragmentaires" qui parvenaient des états-majors des fronts, poursuivait-il, – tu verras que ce mémo concentre la plus forte densité d'euphémismes à la ligne jamais enregistrée dans un document de l'EMG [48] ! – la faible couverture aérienne, le mauvais soutien de l'artillerie, l'absence de coordination des actions, n'avaient pas jusqu'ici permis d'obtenir les résultats attendus. Les troupes avaient donc subi des pertes lourdes, étaient souvent contraintes de battre en retraite, malheureusement parfois dans le désordre, ce qui expliquait que des unités entières étaient menacées d'encerclement, surprises par la percée des blindés allemands dont « les éléments les plus avancées ont été vus près de Minsk... » Près de Minsk ! Qu'est-ce que l'adjoint de Joukov avait dit là ! Stupéfaction de Staline. Suivie de l'explosion :

— Minsk ? ! ? Qu'est-ce que c'est que cette histoire ? On est en train de me dire qu'en quatre jours les Allemands ont pu pénétrer à près de trois cents kilomètres à l'intérieur du pays ? Vous êtes malade, mon vieux ! Vous devez confondre. C'est inconcevable.

— Je ne confonds pas, camarade Staline, répondit, imperturbable, Vatoutine. Les informations des représentants aux armées de l'état-major général, de l'aviation de reconnaissance et des groupes d'observation, coïncident. On peut dire aujourd'hui que les troupes en première ligne n'ont pu arrêter l'ennemi ni permis de gagner le temps nécessaire au déploiement des troupes de réserves.

— Ce qui veut dire que le front Ouest est rompu ? hurla Staline. Mais que foutent Pavlov et Koulik ? Et Chapochnikov ? L'état-major général n'est-il pas supposé diriger nos armées ? Nos chefs militaires sont tous des incapables !

Il se disait dans les bureaux qu'aucun des grands patrons de l'armée « n'avait ouvert sa gueule », expliqua Vassili à Lily. Qu'ils étaient là, tête basse, écoutant en silence les tirades hargneuses, offensantes de Stalinc. « Un grand moment à mettre du baume au cœur de tous les capitaines voyant leurs chers supérieurs se faire injurier et se faire donner la leçon comme des petits enfants ! », avait conclu l'interlocuteur de Vassili. Il était colonel mais son sourire incitait à penser qu'il n'avait pas totalement oublié ses humeurs de capitaine. Vassili aussi s'en amusait. Il aurait donné quelques jours de sa vie pour assister à la cascade des engueulades. Il avait tout de même porté très vite la main à son porte-bonheur, accroché à son cou et caché sous sa chemise : il n'était pas superstitieux mais, en temps de guerre, il valait mieux ne pas être trop prodigue, ne serait-ce qu'en paroles, des jours qui vous restent à vivre. N'empêche...

« Une fois passée l'engueulade tous azimuts de Staline, Vatoutine s'est levé, continuait le colonel, en veine de confidence. Il s'est approché des cartes. Règle à la main, il a indiqué à Staline les directions de retraite des 8e et 11e armées. Elles divergeaient. Il ne fallait pas être un grand expert militaire pour découvrir la rupture ouverte entre les fronts Ouest et Nord-Ouest – une brèche de 130 kilomètres comme le précisa Vatoutine, interrogé par Staline. Celui-ci en resta abasourdi. Dès lors, il s'enferma dans le silence ».

— ...Je me demande parfois d'où tu tiens toutes tes informations ? lui demanda Lily.

— Tu sais, il y a beaucoup de monde dans les états-majors. Toutes les informations y convergent. On y parle... Mais il y a aussi beaucoup de bruits sans fondement...

Ce que Vassili disait était la vérité. Mais pas toute la vérité.

Vassili, par exemple, ne pouvait pas expliquer à Lily que la percée allemande jusqu'à Minsk laissa Staline dans un trouble psychique profond. Minsk tomba le 28 juin 1941. Du 26 au 29 juin, c'est-à-dire à partir du moment où il prit véritablement conscience de la réalité de la menace de mort qui pesait sur l'Union soviétique, ses forces armées, son régime – et donc, par voie de conséquence, sur lui-même – le traumatisme psychologique subi laissa le maître de l'URSS incapable d'assurer convenablement son rôle de dirigeant. La crise fut de courte durée – soixante-douze heures – mais profonde. Hébété, désemparé, Staline tomba dans un état de dépression qui paralysa ses décisions et dérouta ses proches[49].

Lily regardait Vassili, étonnée de son soudain silence.

— Eh, où es-tu ?

Distrait par l'évocation de ces souvenirs, il revint sur terre :

— ...Staline a repris du poil de la bête dit-il, poursuivant davantage le fil de sa pensée que celui de leur conversation, tout en ajoutant en lui-même : « C'est une façon de parler[50] »... Tu sais, le grand stratège allemand de la Première Guerre mondiale, Moltke, a écrit dans un manuel : « Aucun plan d'opérations ne peut demeurer inchangé après la première rencontre avec le gros de l'ennemi ». Et bien, nous commençons à changer les nôtres. Il n'est pas question de vraiment contre-attaquer, sinon ponctuellement, à l'échelon local. On tente de jeter dans la bataille des unités venues de l'intérieur du pays. Nos hommes se battent héroïquement, quelquefois sans espoir, meurent sur place. En direction de Moscou, la résistance acharnée des 13e et 16e Armées a considérablement freiné la progression des Allemands mais on sait déjà que la prochaine bataille va avoir Smolensk pour enjeu. Il n'y a guère qu'à la frontière ukraino-polonaise qu'on a, jusqu'ici, réussi à retarder le plus possible les troupes fascistes sur des lignes de défense pour gagner le maximum de temps en vue d'amener des renforts de l'intérieur. Donc : obligation de mourir sur place ! Nous échangeons du sang contre du temps. Nos troupes ont reçu l'ordre d'infliger à l'ennemi le maximum de pertes, de l'épuiser, de le « saigner » pour égaliser le rapport des forces. Le Parti et le gouvernement organisent maintenant le repli des populations et du maximum d'usines pour les transformer en industries de guerre. Les usines de construction mécanique et de machines-outils vont être converties pour produire des chars et des avions. Les usines métallurgiques vont fabriquer les blindages et les douilles des munitions. J'ai même lu quelque part que les fusées des obus remplaceront les montres sur les chaînes de montage des usines d'horlogerie.

Sur tous les fronts, la situation va du « grave » au « dramatique ». L'ennemi est le plus fort. On dit que sa supériorité en hommes et en matériel est de 3 à 4 contre 1. Pourtant, on a relativement tenu et rendu les coups [51]. Voilà... En principe, on va créer sous peu un comité d'État à la Défense. C'est lui qui dirigera désormais tout le pays et concentrera toute l'autorité entre ses mains. Staline va le présider [52]. On va se battre à mort. C'est affreux, car le prix à payer va être énorme. Mais les Allemands ne nous laissent pas le choix ! Le comité central du Parti a décidé la mobilisation des communistes et des membres du *Komsomol* en vue de leur envoi au front, surtout en qualité de cadres combattants. Cela représente un million d'hommes appelés sous les drapeaux avant la fin de l'année.

— Et les femmes ? demanda Lily.

— Certaines se battent. Un bataillon entier a été anéanti par les Allemands lors de la résistance héroïque la forteresse de Byalistok, à la frontière polonaise. On vient de parachuter derrière les lignes ennemies quelques élèves de l'Institut des langues. Elles parlent toutes l'allemand. Elles ont pour mission de rejoindre et d'aider les groupes de partisans et de soldats qui continuent à se battre dans le dos des Fritz et qu'on va renforcer en combattants, en cadres et en matériel.

— Vassili, il faut que tu m'aides, l'interrompit Lily. Comprends-moi : je ne peux pas rester à ne rien faire. Je le dois à la mémoire de mon père. Étudier n'a plus de sens. L'essence a disparu : on ne peut plus voler. Une de mes amies vient de s'engager comme aide-infirmière. Je vais peut-être en faire autant. J'ai envie, j'ai besoin d'être utile. Je le dois à mon père. Je ne veux pas qu'il soit mort pour rien. Comme j'aimerais être un homme... J'irais me battre.

— Pour le venger ? Arrête de dire des bêtises, jeune femme ! Trop d'hommes et de femmes meurent en ce moment Un soldat, aujourd'hui, dans ce pays, n'est qu'un mort en sursis, avec une espérance de vie très courte, crois-moi. La meilleure façon d'honorer la mémoire de ton père, c'est de rester en vie. Tu seras ainsi plus utile à ton pays et au Parti. Et je te promets que ton père, où qu'il soit, te verra un jour visiter Berlin – car nous finirons par vaincre. Tu verras, c'est une belle ville.

Chapitre 14

L'homme de la censure

15 juillet 1941, commissariat à la Défense, Service des nouvelles militaires.

Sur le mur de son nouveau bureau, un calendrier à feuilles détachables indiquait 15 juillet 1941. Stepan Kiritchenko décrocha son téléphone et composa le numéro de Vassili Karev.

— Salut, camarade capitaine, intéressé par des nouvelles fraîches du front ?

— Je suis surtout ravi de savoir que tu es toujours en vie.

— L'Ukrainien est increvable, tu le sais bien.

— Il en meurt beaucoup actuellement[53] ! Les Allemands veulent Kiev et il n'est pas question qu'on la leur laisse.

— Je débarque de Smolensk, ce n'est pas mal non plus. C'est le dernier verrou sérieux sur la route de Moscou et nos hommes s'y font tuer sur place. J'en reviens, j'y ai emmené quelques journalistes...

— Je vois que tu te fais à ton nouveau boulot !

Début juillet, en effet, alors qu'il s'attendait à rejoindre une unité combattante, Stepan avait reçu une affectation inattendue. Elle lui était parvenue sous forme d'un coup de fil :

— Ici le commandant Travkine. Je viens d'être nommé adjoint au chef du service des Nouvelles militaires, le colonel Lazarev. Je voudrais vous voir d'urgence.

Stepan connaissait vaguement Travkine mais n'éprouvait pas de sympathie particulière pour un homme qu'il jugeait retors, exagérément ambitieux, bureaucrate dans l'âme et pour tout dire fiable comme une feuille de nénuphar sur un étang vaseux. Ce que Stepan appelait le style « Faites-moi confiance et vous êtes mort ».

— De quoi s'agit-il ? demanda-t-il sans chaleur.

— Vous êtes nommé second adjoint du colonel Lazarev. Votre cas a été réglé avec le commissariat à la Guerre. Nous avons besoin d'officiers pouvant travailler avec des journalistes. Vous assurerez les relations avec les représentants des journaux auprès de nos commandants de front.

— Les journalistes ont accès aux fronts, désormais ? C'est nouveau.

Stepan avait de la peine à le croire.

— Le Politburo a pris une décision de principe... Le colonel vous expliquera... Prenez le plus rapidement contact avec son secrétariat, il veut également vous voir vite.

Le service des Nouvelles militaires venait d'être installé dans un bâtiment annexe du commissariat à la Guerre. Petits bureaux : deux simples pièces, des cartes sur les murs, des étagères chargées de vieux livres. Celui du patron : à peine plus grand, et décoré du portrait réglementaire de Staline en blouse kaki. Mais aussi le fauteuil en cuir, signe distinctif de la hiérarchie bureaucratique, au même titre que les galons.

Stepan avait préféré Dieu à ses saints : il prit rendez-vous avec son nouveau chef avant de voir Travkine. Quand il pénétra dans le bureau du colonel Lazare, celui-ci était profondément carré dans son fauteuil, les pieds sur une pile de journaux posés sur une table basse et bourrait une pipe. Originaire de Tiflis, il affichait effectivement un physique d'Arménien rablé, solide. « Ses origines juives doivent être anciennes, pensa Stepan. Ses ancêtres ont dû fauter de façon répétitive avec des beautés locales qui ont généreusement transmis leur sang à leur descendance ! » Lazarev passait d'ailleurs pour être assez proche du ministre Mikoyan, sans appartenir à son premier cercle. Il accueillit Stepan avec une chaleur toute méridionale.

— Heureux de vous voir, camarade Kiritchenko. Bienvenue au service des Nouvelles militaires. Ici, on laisse son fusil au vestiaire, on se bat avec son cerveau.

— Je ne suis pas certain, alors, d'être l'homme qu'il vous faut ! rétorqua Stepan. Après tout, je suis un militaire.

— L'avantage de l'armée sur toutes les autres institutions, c'est que le degré d'intelligence de ses membres est inscrit sur leurs épaulettes. Ce que je lis sur les vôtres me suffit... Vous serez mon adjoint.

— Deuxième adjoint, mon colonel.

— Non. Adjoint tout court. Travkine est en charge des Relations intérieures avec le commissariat à la Guerre. Vous vous occuperez de nos journalistes.

— Qu'est-ce que je dois entendre par « m'occuper des journalistes » ?

— Exactement ce que le mot veut dire. Ils ne pourront rien publier sur la guerre sans votre approbation.

— C'est de la censure ? Suis-je officiellement censeur ?

— Pas précisément. Tout ceci est en cours de réorganisation. Le censeur se situera au niveau du comité central du Parti. Le censeur en chef sera le directeur de la Section politique de l'Armée, le camarade Mekhliss.

— Le censeur censurera donc des informations déjà passées par moi ?

— Oui, mais du seul point de vue politique. Le côté militaire des informations, c'est votre affaire.

— Connaîtrai-je la situation exacte sur le théâtre des opérations ?

— Oui. La décision de principe a été prise par le Politburo : « Pas de fausses informations » ! Il ne s'agit évidemment pas de dire immédiatement toute la vérité aux lecteurs des journaux. Vous vous abstiendrez en particulier de vous étendre sur certaines nouvelles qui seraient défavorables à nos armées. Pas un mot, non plus, en cas de défaillance dans les troupes. Ceci est formel, sous votre responsabilité ! Pas un mot, je dis bien, sous peine de vous retrouver devant le conseil de guerre.

Lazarev souriait. « Humour arménien ou mise en garde directe ? », s'interrogea Stepan.

Quand Stepan avait fait part de sa mutation à Vassili Karev, celui-ci lui avait simplement dit :

— Tu vas danser sur un fil. Entre censure militaire et censure politique, entre vérité et atteinte au moral des troupes, entre parole et silence, tu vas te tricoter rapidement des cheveux blancs ! Car je peux te dire, la situation est encore moins bonne que ce que l'on croit.

— Ajoutes-y que Travikine se croit mon supérieur et va chercher chaque occasion pour pisser sur mon territoire, renchérit Stepan. Bien sûr, Lazarev m'a dit qu'il allait rapidement le recadrer sur ce point – ce qui ne plaira pas à Travkine. Tu imagines l'ambiance au bureau.

— Tu t'en fous : tu péroreras au cœur de l'action, au milieu de tes journalistes. Finalement, c'est pas si mal comme boulot... Inconfortable, mais intéressant.

Vassili Karev ne s'était pas trompé. En deux semaines, Kiritchenko avait vu beaucoup de choses, fréquenté des huiles, côtoyé des héros et des planqués, rencontré la misère la plus absolue et frôlé la mort de près à au moins trois reprises. Pour un militaire, des frissons pas forcément désagréables. Mais, sous les bombes, il s'était rendu compte que les journalistes qu'il accompagnait ne partageaient pas tous cette philosophie. Quand les choses chauffaient, la profession comptait de bons plongeurs et quelques sprinters émérites. « Correspondants de paix plus que de guerre », jugeait Lazare. Humour arménien sans aucun doute cette fois.

— Entre parenthèses, dit Stepan, poursuivant l'entretien, on nous a montré avant-hier, en action, la dernière-née des merveilles de notre artillerie...

À l'aube du 14 juillet 1941 alors que la bataille de Smolensk faisait rage, la batterie du capitaine Ivan Flérov mit en effet en œuvre les premières rampes de lancement des fusées de bombardement, les légendaires Katioucha. On les appellait déjà : « les orgues de Staline ».

— De toi à moi, il vaut mieux être du côté du tireur que de la cible !... Connais-tu Barski ? poursuivit-il, changeant de sujet.

— Le gars des syndicats ?

— Oui. Il fait son chemin : il est aujourd'hui membre du Soviet de Krasnaïa Prisnia, et membre suppléant du Soviet de Moscou... Journaliste à *Troud*[54], il était avec moi à Smolensk et on est devenu assez copains. Il m'en a raconté une bonne : le 22 juin, il s'est fait cueillir par la guerre dans la région de Borislav, pas très loin de la frontière polonaise, là où ont débouché les blindés de von Runstedt, qui se lançaient à la conquête de l'Ukraine. Ce jeune homme ambitieux y faisait une période militaire de passage de grade pour officiers de réserve. Le 23 au matin, il voit débouler une flopée de nos galonnés, avec la crème de la crème, Joukov en tête, envoyé personnellement par Staline pour contenir et contre-attaquer les fascistes. Outre Joukov, alors chef de l'état-major général, dont on pouvait se demander ce qu'il foutait là, sur un front particulier, au lieu de diriger l'ensemble des armées, il y avait Pourkaïev, le chef d'état-major de la région militaire de Kiev, Bragramian, le chef des opérations, Ryabychev, commandant le 8e corps d'armée mécanisé, tout son état-major... J'en passe.

Tout ce beau monde est là, en pleine nature, à peine camouflé sous trois arbres, penché sur une carte posée sur une table que le lieutenant de réserve Barski, qui aspire à devenir capitaine et qui fait là, en bonne logique militaire, un boulot de troufion de base, a réussi à dénicher je ne sais où, dressée à l'extérieur de la tente de commandement. Soudain : « Alerte aux avions ! ». Sirènes et tout le tralala... Mon Barski cherche vite fait où il va se planquer mais n'ose pas bouger car les militaires semblent ne s'être aperçus de rien et continuent à jouer tranquillement du crayon sur la carte. Dans le ciel, le grondement est de plus en plus impressionnant. Il provient de l'Ouest et se rapproche dangereusement.

Barski, « le cul serré », c'est lui qui me l'a dit, voit alors Riabychev, qui planchait sur son intention de manœuvre, lever distraitement la tête vers le ciel, puis s'adressant à Joukov :

— Camarade général d'armée, comme vous pouvez le constater, nous n'avons pas eu le temps de creuser les tranchées antiaériennes. Or le règlement stipule que nous devrions maintenant nous mettre à l'abri dans ces tranchées. Nous conviendrons avec vous de considérer que nous sommes déjà à l'abri dans les tranchées. Comme le bruit va momentanément nous empêcher de travailler, je vous propose de manger un morceau.

— Bonne idée ! dit Joukov.

Et tout ce beau monde se dirige d'un pas tranquille, en bavardant, vers la tente. Ils n'y ont pas tous pénétré que le hurlement caractéristique des Stukas en piqué se fait assourdissant, suivi très vite de l'explosion des bombes.

— Eh bien mon vieux, certains sous la tente, d'autres dehors, ils ont bouffé leur pain, leur saumon fumé, leur pâté, le plus tranquillement du monde, comme si de rien n'était. Autour d'eux c'était l'enfer : eux, ils rigolaient et se racontaient des coups. Et à la fin du bombardement, ils ont porté un toast : « À la victoire » et ils se sont remis au boulot. Simplement, il a fallu redresser la table et aller chercher la carte : l'éclatement proche d'une bombe l'avait soufflée à vingt mètres dans les branches basses d'un arbre !

— Il a dû en faire un papier dans *Troud*, commenta sobrement Vassili. Rubrique : « Nos reporters sont héroïques ».

— Je verrais plutôt : « Courage et esprit de sacrifice : un camarade représentant au Soviet de Krasnaïa Prisnia en première ligne sur le front d'Ukraine ». Signé de préférence par un copain : c'est un modeste, le camarade Barski.

— Bien vu ! Je vois que le métier rentre ! s'exclama Vassili. Je te prédis une grande carrière, dans la presse, après la victoire.

Vassili n'avait pas tort. Stepan apprenait au moins son métier du moment. Il voyait comment se passaient les choses sur le terrain. Il lisait ensuite les articles. Mais c'était rarement la même histoire qui était racontée.

Chapitre 15

Des aigles noirs sur Moscou

Moscou, 21 juillet 1941.

Dans les rues de Moscou, les têtes se levèrent. Un lourd grondement, venu de l'ouest, s'enflait peu à peu. Depuis juin, la population s'était habituée à voir le ciel de la capitale traversé par des avions de guerre. Ils portaient le plus souvent l'étoile rouge des Forces aériennes soviétiques. Parfois aussi, haut dans l'espace, les jours de beau temps surtout, on distinguait une silhouette solitaire. L'entrée en action de la défense antiaérienne indiquait à tout le monde qu'il s'agissait d'un appareil de reconnaissance allemand venu probablement prendre des photos. En général, les passants s'arrêtaient, silencieux, les enfants, au contraire, criaient d'excitation à la vue des petits nuages de fumée qui explosaient dans le ciel en direction ou dans le sillage de l'avion ennemi.

Mais, ce jour-là, rien de comparable. Un tapis sonore, homogène, d'abord imperceptible, puis s'intensifiant, se chargeait de menace au fur et à mesure qu'il se rapprochait et s'enflait. Sur les avenues les plus larges, des piétons prudents accélérèrent, se dirigeant bientôt en courant vers les maisons les plus proches. D'autres, au contraire, s'étaient figés sur place, le regard tourné vers l'ouest, comme fixé au-dessus des toits vers un front non matérialisé.

Seuls les véhicules continuaient à se déplacer sans rien changer à leur direction ni à leur vitesse de déplacement, protégeant les occupants du roulement grondant qui se rapprochait par le bruit de leur propre moteur.

Lily, qui marchait sur Znamenka – elle se rendait à la bibliothèque de l'Institut technique pour rendre des revues – se sentit envahie peu à peu par un sentiment étrange : le monde des humains semblait se diviser en deux : une partie dont les mouvements s'accéléraient, l'autre, au contraire, se figeant peu à peu. Seul celui des machines poursuivait sa vie sans rien changer à son comportement. Un peu comme dans un rêve ou au début d'un cauchemar.

Les premières explosions retentirent dans le lointain mais se rapprochèrent rapidement. Lily nota inconsciemment qu'elles progressaient par rafales. Inquiète, elle tourna la tête, vit, à une trentaine de mètres, le porche d'un bâtiment important. Elle s'y précipita en courant.

Elle ne fut pas la seule. Tous les passants de la rue, lui semblait-il, avaient choisi le même porche qu'elle. Elle dut jouer des épaules pour atteindre le portail, dont la grille pourtant imposante s'ouvrit sous la pression de la foule.

Les premières bombes tombèrent sur l'avenue. Des gens crièrent. Lily entendit le hurlement, comme désarticulé, d'une femme dont elle ne situa pas la position.

Elle fut poussée dans une cour.

Elle pensa qu'elle était dans un bâtiment ministériel ou administratif, au siège d'un kombinat ou d'un institut. Des responsables, aidés par quelques miliciens, tentaient d'orienter les arrivants affolés vers différentes entrées. Lily déboucha dans un escalier qui descendait vers des sous-sols. Poussée dans le dos, elle manqua l'une des dernières marches et s'affala dans les jambes d'un officier en uniforme, qui, appuyé contre le mur, se faisait aussi mince que possible pour laisser passer les chercheurs d'abri devant lui. Sans un mot, il attrapa Lily par le bras et la remit sans douceur sur ses jambes. Elle se retrouva dans une salle en sous-sol, déjà à moitié remplie.

Le choc des explosions, au-dehors, faisait trembler les murs et le plafond. Une carte minière de la Sibérie se décrocha du mur contre lequel Lily s'était assise, fesses au plancher, jambes en tailleur et dos calé. Le cadre de bois qui tenait la carte heurta douloureusement sa nuque. Étourdie, elle se massa le cou et secoua la poussière.

L'officier qui l'avait relevée quelques instants plus tôt enjamba plusieurs personnes assises pour s'approcher d'elle.

— Rien de cassé ?, demanda-t-il.

— Non, je ne crois pas.

— J'ai combien de galons ? interrogea-t-il en souriant.

— Je vois une étoile sur vos manches.

— Vous croyez ou vous êtes sûre ?

— Je suis sûre.

— Parfait, vous êtes lucide !

— Bof !...

— Il faudra vous habituer, c'est la bataille de Londres en 1940 qui recommence.

Des images d'explosions, de bâtiments incendiés et s'effondrant, de morts, de blessés, et d'infirmiers anglais avec leurs casques en plat à barbe posés de travers sur la tête lui revinrent en mémoire. Elle avait vu les reportages des bombardements de Londres et de Conventry l'an dernier, aux actualités. On les avait remontrées lors des cours de défense passive qu'elle avait suivis récemment.

— C'est horrible, s'exclama-t-elle.

— C'est la guerre, répondit-il.

Lily fut incapable de dire quelle avait été la durée du bombardement. L'officier, qui n'avait pas décliné son identité, s'était efforcé de tenir des propos rassurants. Il lui avait expliqué qu'Hitler, qui privilégiait la « Blietzkrieg » – la guerre éclair – actions combinées d'attaque de chars et d'avions d'assaut, ne possédait pas d'aviation de bombardement stratégique, c'est-à-dire de bombardiers lourds, raison pour laquelle il avait perdu la bataille d'Angleterre. L'aviation de chasse anglaise avait finalement vaincu la Luftwaffe allemande. Les FAS[55] lui réserveraient le même sort, s'il s'en prenait cette fois aux villes russes.

— Il n'a pas l'air de partager votre avis, ironisa Lily, reprenant un peu ses esprits.

— L'histoire tranchera... Vous êtes étudiante ?

— Oui.

— En quoi ?

— Je voudrais être ingénieur aéronautique.

— Je suis impressionné.

— Je pilote !

— Tiens donc ?

— J'ai passé mon brevet de pilote... Mais seulement sur U-2. Ce n'est pas grand-chose !

— C'est un début...

Lily serrait contre elle deux précieux volumes. L'un contenait une série d'articles publiés par la *Moskovskiye vedomesti* (*Gazette de Moscou*) dans les premières années du siècle. La plupart concernaient l'aviation. On lui avait recommandé de lire l'un d'eux intitulé « La guerre et l'aviation », paru le 16 janvier 1910, dans lequel l'auteur se lamentait sur le fait que l'aviation, nouvelle arme de guerre, n'était considérée en Russie que comme « la distraction de quelques-uns » alors qu'en Europe occidentale, elle était jugée comme « une affaire des plus sérieuses ».

Il y avait aussi un autre article, paru six mois plus tard[56], le 17 juin 1910, et consacré au bombardement. Sous le titre « Bombarder depuis le ciel », l'article mettait en garde contre des « projectiles meurtriers » qui, lancés du ciel par une « main habile », pouvaient causer des dégâts humains et matériels importants. L'auteur en tirait la conclusion que « leur pouvoir dévastateur devrait inévitablement faire l'objet d'un contrôle par une législation internationale » ad hoc.

Enfin, dans sa livraison du 8 mars 1911, la même *Gazette de Moscou* publiait sous la plume de son expert un article prophétique, annonçant qu'au cours du prochain conflit, l'aviation jouerait inévitablement « un rôle double : la reconnaissance et l'attaque[57] ».

Un chapelet de bombes tomba à proximité, faisant trembler les murs de la cave. Instinctivement, Lily rentra la tête dans ses épaules. L'officier ne bougea pas. Son calme impressionna la jeune femme. Elle le regarda avec plus d'attention. Il devait avoir une trentaine d'années. Costaud, très brun, yeux noirs enfoncés, bouche dure, nez cassé, qui allaient bien ensemble. Un charme inquiétant, auquel on pourrait se laisser prendre. Elle ne connaissait pas l'uniforme qu'il portait, ni même la signification de l'étoile d'argent sur les manches.

— À propos, je m'appelle Lily Litvak, et vous ?

— Kamyhkov, lieutenant Kola Kamyhkov... Camarade Litvak,

j'ai été très heureux de vivre à vos côtés le premier bombardement de Moscou par l'aviation germano-fasciste. Prenons rendez-vous pour le prochain bombardement, voulez-vous. Il ne tardera pas...

Un sourire de soleil noir, pensa Lily.

— Mais cela n'a aucune importance.

Amusé, il plissait les yeux.

Elle rapporta cette rencontre à Vassili. Quand elle lui décrivit l'étoile sur la manche, il lui demanda :

— Sais-tu que c'est le signe des commissaires politiques dans l'armée ? Des camarades, qui, en général, n'aiment pas qu'on lise des livres suspects, ajouta-t-il, sans vraiment plaisanter.

— C'est tout de même l'élite du Parti, protesta-t-elle. Mais c'est vrai, maintenant que tu le dis, il avait un air inquiétant. C'est ce qui le rendait attirant, aussi.

— Les ogres peuvent avoir du charme...Tiens, pour te distraire, écoute ceci : l'affaire se passe quelques semaines avant la déclaration de la guerre. La manie astrologique d'Hitler est connue. Il consulte les mages, se fait soigner par des magnétiseurs, j'en passe... Staline s'est donc dit que connaissant le bonhomme, il y avait toutes les chances pour que la date d'une éventuelle agression contre nous soit établie selon des prévisions astrologiques. Le Politburo a été saisi de la question. Vive discussion. On se dit qu'il n'y a pas de raison que les astrologues russes soient moins bons que leurs homologues allemands et que travaillant sur la même « matière », il y avait quelques chances qu'ils arrivent au même résultat.

Staline a donc demandé au NKVD de trouver un bon astrologue à Moscou et de lui communiquer l'horoscope d'Hitler afin de déterminer quel serait le jour le plus favorable au dictateur nazi pour attaquer l'Union soviétique. Beria a lâché ses sbires avec mission de lui ramener le meilleur astrologue de Moscou. Pas de chance : pas d'astrologue ! Ils avaient tous été déportés au temps de la lutte « contre la religion et les survivances du passé ». Le NKVD, qui faisait dans son froc et voyait le moment où il allait être obligé de déguiser un de ses officiers avec un chapeau pointu à étoiles – avec tous les risques d'une telle manipulation –, a finalement déniché un vieil homme dans l'Oural où il vivait depuis 1932 dans la misère la plus complète, survivant à peine en fabriquant des amulettes pour les indigènes. On le ramène à Moscou. Il manque mourir en route : il était persuadé qu'on allait le fusiller ! À Moscou, on lui explique le topo. Il ne veut même pas en entendre la fin, « pour rien au monde il ne fera d'horoscope ». Il pensait que c'était une provocation pour le pincer en flagrant délit de métier défendu. Enfin, après une conversation personnelle avec Beria, qui l'a assuré qu'il ne serait pas poursuivi, il s'est résigné à faire l'horoscope d'Hitler.

— Et alors ? demanda Lily, pendue aux lèvres de Vassili.

— Patience ! Il fait ses calculs, égorge une grenouille, boit du venin de serpent – mélangé à de l'alcool à 90°, je présume –, et déclare que la meilleure date, c'est le 19 juin. Mais, ajoute-t-il, il se trouve une figure bizarre aux alentours de cette date : un homme de guerre d'un pays qui pourrait devenir ennemi, ou un homme d'État de ce pays, qui pourrait empêcher l'éclatement d'un conflit armé. Staline propose donc de saisir l'occasion et, comme Hitler doit certainement avoir les mêmes prédictions – car notre astrologue est, paraît-il un crack dans son métier et n'a rien à envier aux meilleurs astrologues allemands – Staline, donc, propose d'envoyer en mission à Berlin un de nos maréchaux, Vorochilov, Chapochnikov ou Boudienny. Avec ordre de faire traîner les négociations aussi longtemps que possible pour passer le cap dangereux qu'on estime se situer autour du 1er juillet, les délais étant après trop courts pour conduire une campagne victorieuse avant l'hiver.

Sagesse, scepticisme, absence de zèle des maréchaux susceptibles d'être envoyés à Berlin ? Toujours est-il que la majorité du Politburo n'a pas cru devoir retenir cette proposition. Staline y a donc renoncé. C'est assez drôle : à l'approche de la guerre, Staline a fait du Politburo un véritable parlement. Il suit ses décisions sans intervenir pour les changer. Les esprits pervers prétendent qu'il dégage déjà sa responsabilité, au cas où...

Chapitre 16
La belle Marina

Moscou, 23 juillet 1941, état-major des Forces aériennes soviétiques.

Il n'était pas si fréquent qu'un Héros de l'Union soviétique, décoré par le camarade Staline en personne, sollicite une audience dans ces bureaux austères.

C'était encore plus rare quand ce héros était une femme.

C'est pourtant ce que découvrit l'aide de camp du général Petrov, adjoint au commandant des Forces militaires aériennes soviétiques en parcourant, ce matin-là, dès son arrivée, l'agenda répertoriant les rendez-vous de son chef pour la journée.

L'agenda, situation oblige, était surchargé.

Un nom avait été ajouté dans la case « 16 heures », pourtant déjà remplie de trois noms.

Rajouté de la main du général Petrov lui-même : l'aide de camp reconnaissait parfaitement l'écriture de son patron.

Le nom était Marina Raskova.

« La belle Marina », pensa, avec un sourire, le jeune officier aviateur.

Il n'y avait aucun mystère à ce que la simple évocation de ce nom rendit rêveur le jeune homme.

En Union soviétique, la camarade Marina Raskova était une idole nationale. Depuis relativement peu de temps, d'ailleurs – il compta rapidement sur ses doigts – « Merde, ça fait déjà quatre ans ! Invraisemblable ! Il me semblait que c'était hier ».

L'appareil, un bimoteur, avait été baptisé *Rodina* (*Patrie*). Ses hélices tournaient déjà. Le pilote, Valentina Grjoudobova, s'était installée aux commandes pendant que son amie, Polina Osipenko, qui s'était vu chargée de la navigation pendant la première heure de vol, finissait d'attacher sa ceinture de sécurité sur le siège voisin. La meilleure navigatrice était pourtant le troisième membre de l'équipage, Marina Raskova, une jeune femme brune, non sans beauté, à condition d'être sensible à la sévérité dépouillée d'un visage. Elle s'apprêtait à son tour à monter dans l'avion après avoir tiré sa chevelure brune en chignon bas sur la nuque et passé son casque de vol en cuir. Son parachute lui battait l'arrière des cuisses. Toutes les trois savaient piloter, toutes les trois pouvaient parfaitement lire les cartes de navigation, toutes les trois possédaient des connaissances sérieuses en mécanique aéronautique. Seule une vague spécialisation de fait les avait conduites à une certaine division des tâches.

La brune Raskova était à l'origine du formidable défi qui les réunissait sur cet aéroport des environs de Moscou, en cette aube frisquette du 18 septembre 1938, journée que la météo annonçait « belle et ensoleillée ». Ce beau temps était promis sur la plus grande partie du parcours. Ce qui était en jeu : battre le record du monde féminin de vol direct. Joindre Moscou à Komsomol-sur-Amour, en Sibérie orientale. Distance : plus de 6 000 kilomètres.

Le pays tout entier s'était pris de passion pour la tentative des « sœurs volantes », comme un commentateur de talent les avait baptisées. Le surnom fit fureur. La radio soviétique décida de couvrir l'événement sportif dans son intégralité. Un point sur le vol était prévu toutes les heures.

Oreilles collées aux postes, tout un peuple suivit pendant près de vingt heures la progression du *Rodina* et de son équipage féminin.

Mais à moins d'une heure du but et du record, le drame se profila.

Le *Rodina* survolait la forêt sibérienne quand ses messages radio signalèrent une brusque détérioration de la météo. Valentina pilotait. Pour mieux maîtriser leur fatigue, les jeunes femmes avaient en effet décidé d'organiser entre elles des rotations relativement courtes aux commandes. Le mauvais temps ne leur fit pas perdre leur sang-froid. Pourtant, l'inquiétude fit son apparition dans leurs voix quand l'appareil tomba dans une terrible tempête de neige. Coups de vent, tourbillons, turbulences violentes se succédèrent à une cadence croissante, rendant le pilotage extrêmement délicat. L'équilibre de l'avion devenait précaire. Il plongeait dans des trous d'air, partait en longues glissades sur l'aile, se cabrait parfois au point de frôler le décrochage malgré tous les efforts du pilote. La densité de la neige qui tourbillonnait dans la nuit rendait toute visibilité impossible. Valentina, au bord de l'épuisement, avait toutes les peines du monde à maintenir l'appareil en ligne.

Elles crurent leur dernière heure venue. Leurs messages radio s'étaient fait plus rares. Les commentateurs, aussi pétrifiés que leurs auditeurs par le drame qu'ils vivaient en direct, se voulaient positifs et rassurants : ils expliquaient les longs silences de l'équipage par leur concentration face au danger et leur résolution à surmonter l'épreuve...

Et puis, soudain, les voix se firent plus claires, le ton plus tranquille. Polina Osipenko annonça qu'elles pensaient être sorties du cœur de la tempête. Le pays respira mieux.

Ce ne fut qu'un court répit. Et de nouveau l'angoisse fut là.

La dépression qu'elles venaient de traverser avait entraîné une chute importante de la température. Celle-ci se manifesta par l'apparition de plaques de glace sur le bord d'attaque des ailes puis sur l'aile elle-même.

Inévitablement le *Rodina* commença à s'alourdir. Puis à perdre de l'altitude, malgré les efforts de Valentina, arc-boutée sur son manche.

Quand Polina annonça qu'elle entrevoyait les premières cimes de sapin dans les trous de nuages, Marina proposa d'alléger l'appareil en se débarrassant de tout ce qui n'était pas strictement nécessaire à la poursuite du vol. L'idée fut approuvée.

Laissant Valentina poursuivre son combat avec ses commandes, Marina et Polina ouvrirent, non sans difficulté, la porte latérale de l'avion, à moitié gelée, et précipitèrent à l'extérieur tous les objets qui leur tombaient sous la main, au mépris d'ailleurs de toute prudence en cas d'atterrissage forcé et si elles devaient survivre dans la forêt enneigée.

L'appareil reprit un peu de hauteur, puis, inexorablement, recommença à perdre de l'altitude. La neige, maintenant, tournoyait à l'intérieur de la carlingue...

La suite, c'est Polina Osipenko qui en fit le récit devant le seul micro qui se tendit vers elle lors de leur atterrissage « glorieux » en Sibérie.

Aucune foule en délire ne les attendait : Valentina avait réussi à poser *Rodina* sans casse dans une clairière située à proximité d'un modeste village forestier du nom de Kerbi.

Le micro était celui de l'opérateur radio du bourg.

Le record était battu.

L'équipage était sauf.

Mais deux jeunes filles, seulement, étaient descendues de l'avion.

« La dernière image que je garde de Marina ? Un clin d'œil ! La porte de l'avion était toujours ouverte, mais nous n'avions plus rien à jeter dehors. La neige continuait de tourbillonner dans la carlingue. Nos yeux étaient rouges et commençaient à piquer. Malgré la gêne, nous ne pouvions détacher notre regard de Valentina. Quand *Rodina* recommença à perdre de l'altitude, son accablement se traduisit par un mouvement découragé des épaules. Mais elle tirait toujours avec force sur le manche, tout en jouant du palonnier pour maintenir l'équilibre fragile du bimoteur.

Je me tournai vers Marina. Je la surpris en équilibre instable, occupée à fixer solidement son parachute. Elle me tournait en partie le dos. Je la vis saisir une carte et tenter de la déplier. Mais elle dut la replier immédiatement, à cause du vent. Elle ne conserva sous les yeux que la partie qui l'intéressait. Navigatrice en titre, c'était, de nous trois, celle qui possédait certainement la meilleure appréciation de l'endroit où nous devions nous trouver. Elle traça au crayon une croix sur la carte et nota quelque chose. Je la vis après tâter une poche – je pense qu'elle devait vérifier la présence de sa boussole.

Tout se passa ensuite très vite. Elle s'est rapprochée de la porte, a croisé ses bras sur sa poitrine, comme on nous avait appris à le faire dans les cours de parachutisme. Devant l'ouverture, elle faillit perdre l'équilibre mais se rattrapa. Elle tourna alors la tête vers moi, me fit un clin d'œil et, sans un mot, se jeta la tête la première dans le vide. »

On n'eut aucune nouvelle de Marina Roskova pendant de longues journées. Les recherches lancées pour la retrouver ne donnèrent rien. Le pays était trop vaste, trop vide, trop boisé et la neige déjà trop épaisse. Les gens perdirent l'espoir de la revoir vivante. Ils prièrent et pleurèrent. Surtout les femmes.

À leur atterrissage, ses deux compagnes d'aventure déclarèrent qu'elles refusaient de quitter la Sibérie avant que Marina n'eût été retrouvée. Elles ne dirent jamais « morte ou vivante » car elles s'interdisaient d'envisager l'hypothèse de sa mort. Mais plus les jours passaient, plus la crainte de la disparition de leur amie, jamais évoquée à haute voix, leur « bouffait le cerveau », pour reprendre l'expression d'Osipenko.

Au matin du dixième jour, un chasseur solitaire la découvrit, épuisée, en lisière d'une forêt dont elle sortait d'un pas hésitant. Une de ses bottes n'avait plus de semelle. Elle confia : « Au sortir du bois, cette immensité vide et blanche qui s'étendait soudain devant moi me parut plus terrifiante que tout ce que j'avais vécu jusque-là. J'eus l'impression de me trouver à l'entrée du cimetière où la mort m'attendait... Et puis, une minuscule tache noire, presque à l'horizon, se mit à bouger. Elle se dirigeait vers moi. Loup ou homme ? J'allais vivre ou j'allais mourir ! Je me dis que les loups chassaient en meute, l'homme, seul. J'ai repris confiance... ».

Moscou accueillit triomphalement les « sœurs volantes » à leur retour dans la capitale. Les autorités de la ville firent les choses en grand. Cortège imposant, les trois héroïnes en tête, dans une limousine décapotable. Délégations du Parti, des komsomols, des Osoaviakhim, des écoles. L'armée de l'air délégua un bataillon aux uniformes rutilants qui fit admirer sa discipline et son ordre serré impeccable. Des dizaines de milliers de Moscovites, des milliers d'habitants des villes voisines – certains venaient mêmes de Leningrad et de Kiev – applaudissaient à tout rompre sur le passage du cortège. D'une gaieté contagieuse, et à vrai dire charmante, les trois jeunes filles saluaient la foule par de grands gestes joyeux. Aux yeux de tous, elles incarnaient le bonheur mais aussi l'orgueil d'être russes, femmes, et très probablement, en cet instant, communistes. De nombreux portraits de Staline, choisis dans son registre le plus souriant, partageaient les façades des immeubles et des bâtiments publics avec d'immenses photographies des héroïnes du jour, individuellement ou en groupe.

La fatigue aidant, elles s'arrangèrent peu à peu pour ne saluer le public que chacune à leur tour. Les vivats de la foule étaient sincères, chaleureux, bon enfant, empreints de fierté. Mais jamais ils n'étaient aussi enthousiastes que lorsque Marina Raskova saluait. Emportée à son tour par son propre plaisir, elle levait alors les deux bras vers le ciel en riant aux éclats, lançant des baisers « à la forêt de casquettes », comme elle le raconta à ses proches plus tard – l'abondance de ces couvre-chefs s'inscrivant, allez savoir pourquoi, dans ses souvenirs marquants de la journée. Le peuple de Moscou lui criait alors son amour et son admiration avec plus de force encore. Le courage de Marina, son abnégation, son esprit de sacrifice ne seraient plus oubliés.

Depuis qu'elle avait sauté dans le vide, le peuple de l'URSS s'était reconnu en elle. Le Politburo ne s'y trompa pas. Il fit des trois jeunes femmes des Héros de l'Union soviétique.

Joseph Staline choisit de décorer personnellement Marina Roskova.

L'audience de Marina Roskova à l'état-major des Forces aériennes soviétiques ne fut portée à la connaissance de Vassili Karev que quelques jours plus tard. Amusé, il appela l'appartement des Litvak depuis son bureau de l'état-major général, où il était de permanence. Le 25 juillet, Staline avait – une nouvelle fois, la troisième – nommé le maréchal Chapochnikov chef du grand état-major général. Malgré une santé précaire et contre l'avis de Vorochilov. Obligé de s'aliter pour une angine de poitrine – rebaptisée « grippe d'été » dans le communiqué officiel – quelques heures avant sa nomination, Chapochnikov avait refusé les soins des spécialistes de la clinique du Kremlin. Depuis que l'un d'eux, le Dr Kazakov, avait empoisonné des membres du Comité central et de l'armée sur ordre de Yagoda[58], le maréchal ne manifestait qu'une confiance limitée dans les équipes médicales de l'établissement. Kazakov avait été fusillé, mais le Dr Kovrov était toujours là. Le maréchal n'ignorait rien des liens de proximité qui unissaient « le sinistre Kovrov » à Vorochilov et aux services de sécurité du camarade Beria. Il avait préféré faire appel à un toubib ami, le professeur Stoukrov.

Lors de la réunion du Politburo consacrée à la désignation d'un successeur à Joukov, qui occupait les fonctions de chef de l'état-major général depuis février mais jugé, dans les circonstances actuelles, plus utile sur le terrain, Vorochilov n'avait pas manqué de souligner devant Staline cette manifestation de défiance de

Chapochnikov, qu'il détestait ouvertement, tout en enviant secrètement sa compétence. Staline avait balayé l'objection.

Vassili avait suivi son patron dans le court et rapide déménagement imposé par le retour de Chapochnikov à son ancien poste, situé à proximité du Kremlin avenue Frounzé. Il avait, personnellement, réintégré le 4e Bureau[59] du *Razevedrourp* – le plaçant désormais dans le premier cercle du maréchal. Vassili, qui avait rejoint le groupe des aides de camp, avait bénéficié d'un bureau plus spacieux et plus élégamment meublé. La proximité du pouvoir comportait des risques mais avait aussi ses avantages.

Redécouvrant l'étroitesse des quatre murs, l'austérité et la laideur du mobilier, il fit la grimace. Par contre, il remarqua puis compta le nombre d'appareils téléphoniques qui encombraient la table et le sol : il en dénombra deux fois plus qu'au moment de son départ.

C'est l'un d'eux, au hasard, qu'il avait pris pour appeler les Litvak. Anna Vasilneva, la mère de Lily, répondit. Vassili lui trouva meilleure voix : le chagrin né de la disparition de son mari semblait s'atténuer. Ou elle le masquait mieux. Avec courtoisie, il prit de ses nouvelles puis demanda à parler à Lily.

Il eut rapidement la jeune fille au bout du fil :

— Sais-tu qui est passée récemment au commissariat à la Défense ? lui demanda d'entrée l'officier.

— Je n'en sais rien.

Ton atone. « Avant, pensa Vassili, elle aurait répondu par une blague. » Du genre « Adolf Hitler » ou « Tout le corps des petits rats du Théâtre national », perfidie qu'elle lui avait lancée il n'y a pas si longtemps pour brocarder tout à la fois le goût marqué des hauts dignitaires du Parti et de l'armée pour les pensionnaires du célèbre théâtre et la faiblesse qu'il éprouvait, au moins momentanément, pour une future étoile du ballet. Il avait eu le tort de lui confier en effet ce début d'aventure un soir où la vodka poussait aux confidences lors de l'un de leurs tendres dîners en tête à tête. Étant d'un naturel jaloux et trouvant déjà que le prétexte de la guerre – « je ne peux pas m'engager dans les circonstances actuelles », lui serinait-il – elle n'apprécia qu'à moitié. Sa lucidité retrouvée le lendemain matin, il se reprocha vertement de s'être laissé aller.

— Ton idole ! précisa alors Vassili, pour la forcer à entrer dans le jeu et lui donner un indice.

— Quelle idole ? demanda-t-elle, enthousiasme plat.

— Réfléchis un peu.

— Gallina Smeretova[60] !

« Nous y revoilà... » pensa Vassili : c'était le surnom que Lily donnait, par dérision, à la ballerine peu connue qui l'honorait de ses faveurs.

— Marina Raskova ! lâcha-t-il en vitesse, pour éviter toute dérive de la conversation vers un terrain délicat. Raskova en chair et en os !

— Qu'est-ce qu'elle venait faire là ?

— Rencontrer le grand chef de l'armée de l'Air.

— Ah bon...

— Pour te donner du boulot ! Elle a présenté, m'a-t-on dit – je ne l'ai pas vu – un mémoire de trois pages expliquant qu'il y avait dans ce pays plusieurs milliers de jeunes filles qui savaient voler, qui, le plus souvent, possédaient un brevet de pilote décerné en général par l'Osoaviakhim, et qui voulaient se battre pour leur pays. Pourquoi ne faisait-on pas appel à elles ?

— Qu'est-ce qu'on lui a répondu ? demanda Lily.

— Qu'on allait étudier sa proposition... Mais Petrov, le n° 2 de l'état-major de l'Air – c'est finalement lui qui l'a reçue – n'a pas, si j'en crois mon informateur, enveloppé sa réponse d'une jolie faveur. Résumé à l'essentiel, son commentaire a tenu en trois phrases : un, c'est vrai, la situation militaire est sérieuse, le pays traverse des heures difficiles. Deux, mais pas au point, franchement, d'envisager de mettre nos jeunes filles aux commandes des avions pour repousser les hordes fascistes. Trois, on aura davantage besoin d'elles, bientôt, pour faire de beaux bébés russes qui remplaceront nos soldats morts pour le salut de la mère patrie. Rompez.

— Comment a-t-elle réagi ?

— Très bien ! On m'a raconté qu'elle avait écouté Petrov sans l'interrompre, n'avait plus prononcé une parole ni posé la moindre question, ne s'était pas déridée quand il avait terminé son laïus par une vague plaisanterie. Elle s'est levée, l'a salué et l'a planté là, passablement ébahi.

Lily, au bout de la ligne, resta un court instant silencieuse, puis déclara :

— Si j'en crois ce que je sais d'elle, tu peux ajouter que sitôt la porte du bureau de ton général claquée derrière elle, elle a pensé très fort : « Quel con ! » Peut-être même au pluriel... englobant toute la gent masculine.

Cette fois, il y avait du rire dans sa voix.

Le téléphone reposé, Lily alla s'allonger sur son lit. « Marina Raskova », pensa-t-elle, songeuse...

Chapitre 17

Deux coqs qui se volent dans les plumes pour de beaux yeux

Juillet 1939. Meeting aérien de Toula.

— Bientôt, ça sera moi !, s'était-elle dit en juillet 1939.

Le petit U-2 brillait comme un diamant sous le soleil éclatant de midi. Il enchaînait les arabesques avec grâce, escaladant le ciel jusqu'aux nuages où il s'évanouissait, réapparaissant là où personne ne l'attendait, s'engageant ensuite dans des vrilles vertigineuses. Elles l'amenaient souvent si près du sol que la foule tombait soudain dans un silence angoissé, persuadée que le pilote, cette fois, allait payer de sa vie sa folle audace. Mais toujours, au dernier moment, le petit biplan d'entraînement semblait de nouveau s'accrocher à l'air, entamait un arrondi parfait, glissait et rebondissait vers le ciel.

La maîtrise du pilote fascinait Lily. À ses côtés, sa camarade Larissa Rasanova l'observait avec une admiration teintée d'amicale ironie. Elle était persuadée qu'à cet instant Lily n'avait plus conscience des quinze ou vingt mille personnes qui l'entouraient, que plus rien au monde n'existait pour elle que le petit avion dansant dans l'azur. Elle semblait lui être reliée par quelque fil invisible qui avait la propriété de supprimer les cris des spectateurs et le sifflement léger du vent à travers les haubans du mât principal où flottaient le drapeau national, l'étendard des komsomols et celui du régiment de l'armée de l'air qui parrainait l'aéroclub, plus le fanion de celui-ci. Lily ne sentait plus les odeurs de saucisses et du jambon de Vologda – les sandwichs s'arrachaient. Elle n'entendait pas la musique des fanfares ni le claquement des pavillons au sommet de la petite tour de contrôle toute proche.

— Bientôt, je saurai faire tout ça ! murmura Lily, s'arrachant à son état quasi hypnotique et en lançant un dernier regard à l'appareil qui s'éloignait, alors qu'un nouvel avion se présentait au décollage.

Elle prit la main de Larissa et l'entraîna en courant à travers la foule. Les deux jeunes filles se dirigeaient vers le bâtiment administratif de l'aviation civile, devant lequel une grande plateforme en pin de Sibérie, mi-estrade mi-tribune, avait été dressée pour le meeting. En signe d'allégresse partagée – ou parce que le mur humain était difficile à franchir et limitait leur visibilité – elles sautillaient parfois sur place en attendant de pouvoir forcer d'une épaule décidée leur chemin vers l'idole qu'elles attendaient.

Les démonstrations aériennes s'interrompirent quand une délégation officielle commença à escalader les marches étroites qui conduisaient sur l'estrade.

— C'est elle ! cria Larissa, qui porta en même temps sa main à sa bouche, étonnée de sa propre audace : plusieurs spectateurs, des hommes en majorité, s'étaient tournés vers elle d'un air narquois.

Des applaudissements enthousiastes éclatèrent. Un homme bedonnant, sûrement un fonctionnaire important du Parti, poussait au premier rang de la délégation une femme brune, de taille moyenne, au visage volontaire, aux traits fortement dessinés mais réguliers, adoucis par de beaux yeux noisette. Elle pouvait avoir une trentaine d'années et semblait embarrassée par ce vedettariat soudain.

— Elle fait plus jeune qu'aux actualités, glissa Larissa à l'oreille de Lily.

— Vingt-huit ans, laissa tomber celle-ci, à qui rien de ce qui touchait l'aviation n'était étranger.

— Alors, elle fait plus jeune qu'aux actualités mais plus vieille que son âge, reprit Larissa, le front plissé par la gestion de cette contradiction.

— Évidemment, aux actualités, elle était en combinaison de pilote et débarquait de l'avion avec son casque, ses lunettes et dix jours de jeûne au fin fond de la forêt sibérienne ! De toute façon, avec un pareil accoutrement, tu fais soit grand-mère, soit mec.

Lily était coquette et ne s'en cachait pas.

Larissa l'ignora superbement :

— C'est le chignon !, trancha-t-elle, d'un ton qui sonnait le glas de sa perplexité.

— Raskova, Raskova, criait la foule.

— Marina, Marina, hurlait Lily.

Marina, dont elle conservait la photo punaisée sur un mur de sa chambre, prenait la parole dans le grésillement d'un micro mal réglé.

Chapitre 18

L'ombre de la Loubianka

Moscou, 20 août 1941, commissariat général à la Défense, section des nouvelles militaires.

— Une convocation pour vous, mon capitaine !

Le planton tendit un pli à Stepan Kiritchenko. Celui-ci le décacheta, fronça les sourcils. Ce qu'il lisait lui apparut franchement désagréable. Ce n'était, ni plus ni moins, que l'ordre de se rendre, toutes affaires cessantes, place Loubianka, à la section spéciale du NKVD en charge des questions militaires.

Stepan ne se considérait pas comme un dégonflé. Mais comme le disait Vassili, « tout homme qui, en URSS, se voit convoqué à la Loubianka et déclare qu'il s'y rend d'un cœur léger est soit le plus grand menteur que la terre ait porté entre le Niémen et Sakhaline, soit un imbécile heureux de première grandeur, promis à une vie courte ». Surtout s'il était militaire. Quel officier ne gardait pas en mémoire la décimation de l'Armée rouge en 1937 et 1938 à la suite d'un soi-disant complot du maréchal Toukhatchevski. Un faux forgé par les services secrets nazis à partir d'une signature de Toukhatchevski apposée sur un document datant de 1925, c'est-à-dire de l'époque où la jeune Armée rouge de la non moins jeune URSS et la Reichswehr de la République de Weimar et du général von Seekt coopéraient dans la plus grande clandestinité, au mépris des clauses du traité de Versailles. Un dossier habilement monté par le *Sicherheitdienst* de Heydrich, glissé dans les mains d'un agent double remonta à Moscou par la filière bulgare... Staline et beaucoup de membres du Politburo étaient de grands lecteurs de Robespierre et partageaient la méfiance de l'homme du Comité de salut public pour les généraux victorieux et populaires, « principale menace pour toute révolution ». La lecture du faux allemand renforça la paranoïa « bonapartiste » de Staline et de ses proches : il n'en fallut pas plus pour que s'enclenche l'une des purges les plus sanglantes de l'histoire. Elle décima l'Armée rouge.

Quelques visages d'amis et de supérieurs admirés disparus dans les sous-sols de la Loubianka firent irruption brutalement dans la mémoire de Stepan.

Maintenant, c'était lui qui venait de tirer un droit de visite à la Loubianka. Suspectant la police d'État de ne pas l'inviter à boire le thé, il chercha quelle connerie il avait pu faire, à quel reproche il pouvait prêter le flanc. Ce rapide examen de conscience ne donna rien. Mais il était suffisamment lucide pour savoir que les caves sanglantes de la « prison du peuple » avaient hébergé beaucoup d'accusés qui n'avaient pas grand-chose à se reprocher. Innocent ou coupable, on pouvait rester longtemps, très longtemps voire *ad vitam aeternam*, à la Loubianka.

Davantage pour conjurer le sort que par conviction profonde, il décida de ne pas faire le détour recommandé par son appartement, avant de se rendre à sa convocation. La sagesse conseillait en effet de glisser dans sa serviette, à toutes fins utiles, quelques affaires de première urgence – brosse à dents, savon, rasoir, une chemise propre – avant de franchir les grilles du Commissariat d'État à la Sécurité. Il fut tout de même tenté de passer un pull-over sous sa veste d'uniforme mais décida qu'il faisait vraiment trop chaud. « Tu le regretteras peut-être dans deux mois, dès l'automne », pensa-t-il in petto. Mais son optimisme naturel reprit le dessus et il haussa les épaules.

Arrivé sur place, il eut une bonne et une mauvaise surprise.

La bonne fut que le commissaire de la Sécurité d'État de 3e classe Mikhail Melamed, qui l'accueillit et qui dirigeait la Section spéciale, était un copain. Ils avaient fait tous deux une partie de leurs études dans la même école de Kiev. Sans être particulièrement proches, ils avaient été bons camarades et avaient même gardé assez longtemps des relations amicales, avant de se perdre de vue. Ce bureau froid, avec sa petite fenêtre, sa simple table et ses trois chaises de bois n'était pas l'endroit que Stepan aurait choisi pour des retrouvailles, mais bon, il fallait faire avec.

La mauvaise nouvelle tint à la première phrase que prononça le commissaire, après l'étreinte traditionnelle de camaraderie.

— Sale affaire, Stepan ! Je suis obligé de te mettre en état d'arrestation.

— En état d'arrestation ? Mais bon Dieu, pourquoi ? demanda l'officier, interloqué.

— Vois toi-même ! C'est un document que je n'ai pas le droit de te montrer mais prends-en tout de même connaissance.

Le papier portait l'en-tête du Commissaire d'État. Stepan le prit et lut :

« Sur une demande de la section des Nouvelles de guerre, émanant du camarade Travkine, je propose d'arrêter le capitaine Kiritchenko, ancien fonctionnaire de ladite section, accusé d'avoir divulgué des secrets d'État qu'il est venu à connaître au cours de son activité dans la section des Nouvelles de guerre. Signé : L.P. Beria. »

« Travkine... secret d'État... », Stepan ne comprenait pas.

— Mais quel secret ai-je divulgué ?

— Je vais enquêter là-dessus. J'ai demandé des explications au secrétaire de Beria, Victor Abakoumov.

— Alors, tu m'arrêtes ?

— Oui... Au moins pour la forme, car je ne sais pas encore de quoi il s'agit. Tu peux donc partir pour l'instant. Mais reviens ici à 18 heures. Je compte sur toi, ne fous pas le camp.

— Où veux-tu que j'aille ? Partout on exige des sauf-conduits du NKVD, ta noble institution.

Le policier eut un sourire.

— Je sais. Va, mon vieux, et reviens ici vers 18 heures.

Kiritchenko se précipita chez Vorochilov.

Stepan ne put exposer personnellement son affaire à son patron, comme il l'avait espéré.

Vorochilov se vantait, non sans raison, de savoir rester proche de ses collaborateurs – pour autant qu'ils soient courtisans, ajoutaient ceux-ci avec réalisme, en leur for intérieur. Il savait leur consacrer quelques minutes, entre deux portes, si l'affaire en valait la peine.

Stepan avait tendance à considérer, avec force, que c'était le cas du problème auquel il se trouvait brutalement confronté.

— Le maréchal ne peut pas te recevoir, lui dit l'aide de camp. Il est au Kremlin, en conférence avec Staline... Tu sais à quelle heure ça se termine.

Stepan demanda à voir l'adjoint au chef d'état-major, qui l'aimait bien. Celui-ci le reçut après une assez longue attente. Stepan le mit au courant de ses ennuis, sans cacher ni son inquiétude ni son ignorance de ce qui lui était reproché. L'officier l'écouta avec attention, sans l'interrompre. Sans paraître préoccupé outre mesure, il lui promit que le « Patron » serait mis au courant « dès son retour ».

— Il téléphonera certainement à Beria, ajouta-t-il, pour réconforter Stepan. Mais qu'est-ce que vous avez pu faire dans cette sacrée section des Nouvelles de guerre ?

— Aucune idée, je vous l'ai dit. Aucune idée !

Stepan retourna ensuite chez lui pour prendre les affaires qu'il avait négligées deux heures plus tôt. Il força sur le linge, on ne savait jamais : coupable ou non, il risquait de passer quelque temps en prison et l'hiver arrivait vite. Mais, même en faisant sa valise, il ne parvenait pas à croire à ce qui lui arrivait. Ce salaud de Travkine, qu'avait-il inventé ? Quoi qu'il en soit, c'était un compte qui se réglerait un jour, foi d'Ukrainien.

À son retour chez Melamed, celui-ci lui tendit la main :

— Au fond, c'est une blague, lui dit-il, mais qui te conduira tout de même devant la cour martiale. J'ai déjà fini l'enquête. Tu vois, notre organisme est expéditif.

— Sans blague ?... C'est un euphémisme.

Un sourire amusé effleura le visage du commissaire :

— Pas de mauvais esprit. Revenons à ton affaire... Tu es accusé d'avoir communiqué le bulletin confidentiel du commissariat de la Guerre à un certain Barski, journaliste, rédacteur au *Troud*. On sait ce que valent les secrets de ces bulletins... Mais mon vieux, la consigne est la consigne. Tu savais pourtant que c'était interdit !

— Mais Barski est au Parti, il est membre du soviet de Moscou...

— Je sais tout ça. Conserve tes arguments pour le tribunal... Pour l'instant, je t'expédie à la prison spéciale pour militaires. Tu gardes l'uniforme. Tu passeras en cour martiale dans trois jours. L'affaire sera jugée par la 7e Cour militaire de la région de Moscou. Le président sera le camarade Pokrovski et le procureur le camarade Rudenko. Tu auras un défenseur d'office. Je m'arrangerai pour que ce ne soit pas le plus mauvais.

Il ajouta avec une moue dubitative qui ne réjouit pas le jeune officier :

— Encore que le rôle du défenseur, en cour martiale... Veux-tu que je communique à quelques-uns de tes amis ta nouvelle adresse ?

— Oui.

Il donna le nom du chef d'état-major de Vorochilov.

— D'accord. Je te mets entre les mains d'un sergent-chef de notre service. Il t'emmènera en prison dans une voiture du NKVD. Bonne chance. Je suis certain que grâce à Vorochilov, tu te tireras d'affaire à bon compte. Mais tu partiras certainement au front.

Un sergent-chef accompagna Stepan en voiture à la prison militaire. Il le remit au colonel commandant les services de garde.

La cellule qu'on lui avait assignée était très petite, deux mètres cinquante sur deux. Un petit tabouret fixé par une chaîne et un lit démontable accroché aux murs dans la journée. Aucune table, aucune possibilité d'écrire. Stepan demanda qu'on lui apporte du papier et un crayon. On le lui promit... dans trois jours.

Le soir, il entendit quelqu'un taper contre le mur : c'était son voisin de gauche. L'homme frappa longtemps. Stepan ne comprit rien à ses signaux et ne voulut rien comprendre. Il ne savait pas qui occupait la cellule voisine. Il se dit qu'il n'était qu'un petit délinquant, victime d'un règlement de comptes. L'autre était peut-être un véritable « criminel », encourant une peine sévère.

Inutile d'aggraver son propre cas.

Le lendemain, son défenseur, un capitaine nommé d'office, vint le voir :

— Vous ne serez jugé que pour la forme. Le maréchal Vorochilov a téléphoné à Oulrikh, le président de la section militaire de la haute cour, dont dépendent toutes les cours martiales. Oulrikh a promis d'intervenir auprès de Pokrovski, le président du tribunal.

Vous êtes accusé d'avoir montré, paraît-il, à un journaliste nommé Barski, des bulletins militaires contenant des renseignements extrêmement confidentiels, le bulletin n° 17 étant cité nommément.

— Mais Barski est membre du Parti communiste, membre du Soviet de Krasnoïa Prisnia, membre suppléant au Soviet de Moscou !

— D'accord. Pourtant c'était défendu, vous ne pouviez l'ignorer.

— Comment Travkine a-t-il su cette histoire ?

— Par Barski lui-même. Lors d'une de vos missions sur le front avec vos journalistes, Barski s'est présenté au service des Nouvelles militaires et a demandé à voir le dernier bulletin, ce fameux n° 17. Trivkine s'est refusé à le lui communiquer. Barski l'a pris de haut, s'est fâché en disant qu'il était haut fonctionnaire soviétique, digne de confiance et que d'ailleurs vous lui montriez toujours ces bulletins.

— Quel con !

— Certainement. Mais le mal est fait. Je plaiderai « l'excès de confiance à l'égard d'un haut fonctionnaire, dû à l'estime que vous portiez à un membre du Parti aussi haut placé que Barski... Mais ne vous faites pas d'illusion : à mon avis, vous serez sûrement dégradé et envoyé au front. Le vrai problème, c'est Rudenko, le procureur. C'est le fils d'un ancien policier du tsar. Il fait néanmoins une brillante carrière. Son pedigree et son zèle le poussent à toujours renforcer sa réputation d'être implacable. Si vous êtes d'humeur à rire, vous apprécierez son galimatias politico-idéologico-judiciaire. Son idole, c'est le Vichynski des grandes purges. En temps de guerre, je vous laisse imaginer ce que cela peut donner.

— Vu les circonstances, capitaine, je ne garantis pas la qualité de mon humour, répondit Stepan, plus sèchement qu'il ne l'aurait souhaité.

Chapitre 19

Le procès de la peur

23 août 1941, 7e Cour militaire de la région de Moscou, 14 heures.

À la date fixée pour le procès devant la cour martiale, une voiture cellulaire conduisit Stepan au tribunal. Une belle journée de fin d'été moscovite, exceptionnellement chaude pour la saison, dans un pays où il est admis que le 15 août est le premier jour de l'hiver. Dans le fourgon, l'air était irrespirable. Quatre autres détenus faisaient le trajet avec l'officier incarcéré. Défense absolue de parler. Cinq gardes assuraient le strict respect de cette interdiction.

L'affaire de Kiritchenko passa la première. Le commandant Pokrovski, qui présidait la cour, était un homme de grande taille, d'une carrure athlétique. Il n'avait que trente-deux ans. Stepan pensa que sa place aurait été davantage au front. Ses deux assesseurs étaient encore plus jeunes. Quant à Rudenko, le procureur, Stepan ne lui donna pas plus de trente-cinq ans.

L'interrogatoire commença :

— Vos nom, prénoms, date et lieu de naissance, grade.

— Kiritchenko, Stepan Ivanovitch, né à Kiev le 6 janvier 1910, capitaine.

— Saviez-vous qu'il est strictement interdit de divulguer les bulletins confidentiels ? demanda la président.

Son ton était neutre à l'excès, totalement impersonnel, sans la moindre aspérité. « Une attitude de scène », pensa Stepan.

— Oui.

Inconsciemment, il avait répondu sur le même ton.

— Aviez-vous signé une obligation de non-divulguation ?

— Oui.

— Comprenez-vous qu'en agissant ainsi, vous avez porté atteinte à la sécurité de notre pays en guerre ?

— C'est une affirmation que je ne peux admettre. Barski n'est pas un journaliste quelconque. C'est un haut fonctionnaire, membre du Parti, député à deux soviets. Il ne peut être un espion. Il savait aussi bien que moi qu'il faut garder par-devers soi les informations militaires. Il n'y avait aucun danger de fuites de sa part.

Rudenko intervint sèchement :

— Il n'appartient pas à l'accusé d'interpréter les ordres de ses chefs.

Le président acquiesça d'un léger signe de la tête, puis posant son regard sur Kiritchenko :

— Vous savez que vous courez le danger de vous voir appliquer la peine prévue par le code militaire et pouvant aller jusqu'à la peine de mort ?

— Non, je n'ai jamais lu le code pénal militaire.

Rudenko intervint une nouvelle fois :

— Dommage. Vous êtes pourtant officier d'état-major !

— Ce n'est pas une lecture prioritaire pour un spécialiste d'état-major.

Un assesseur, le plus jeune – « il ne doit pas avoir vingt-cinq ans », pensa Stepan – s'adressa à son tour à l'accusé :

— Savez-vous qui a signé l'instruction prescrivant le secret absolu des bulletins ?

— Je ne me souviens pas.

— C'est le maréchal Vorochilov, en sa qualité de président du Conseil supérieur de la guerre ! (Stepan fut tenté de rappeler au jeune con que Vorochilov n'en était plus le président, mais il estima plus sage de ne pas se mettre le tribunal à dos.) Notre premier maréchal de l'URSS... Vous êtes un criminel.

« Encore un gamin qui fait du zèle, pensa Stepan avec irritation. Il y a deux mois, il devait être sur les bancs de l'École de droit et dormir aux champs avec les Komsomols ! »

L'heure du réquisitoire était arrivée. Le procureur Rudenko se leva :

— Camarades... « Il soigne sa belle voix grave » nota Stepan. Nous avons devant nous un officier d'état-major typique qui se croit tout permis, parce qu'il est pistonné (« Par qui ? ricana intérieurement Stepan... Par le signataire de l'instruction de confidentialité des bulletins ? Circonstance atténuante ou aggravante ? ») C'est un arriviste, un « blanc ganté » de cette caste qui a essayé de transformer l'Armée rouge en une organisation militariste du genre des armées des pays bourgeois. Ces gens se sont faufilés dans nos états-majors comme des rats dans un fromage pour commencer à introduire chez nous des mœurs ignobles...

Avant-hier, poursuivit le procureur – son ton s'excitait en même temps que sa passion oratoire montait – la cour a jugé le commandant Bielov qui a tué en duel le capitaine Kroutikov pour une sordide histoire de femmes. Vous avez condamné Bielov à dix ans de réclusion. Mais son crime est beaucoup moins grave que celui de l'accusé Kiritchenko. Dans l'affaire Bielov, vous n'aviez à juger qu'une tentative pour ressusciter les traditions des gradés tsaristes et leur notion féodale de l'honneur. Ici, nous sommes en face d'un crime beaucoup plus grave : l'accusé a enfreint les ordres du maréchal de l'URSS Vorochilov ! Ce qui signifie qu'il n'a pas voulu reconnaître l'autorité de notre commandement en chef. Il ressuscite les habitudes néfastes du temps de la guerre civile et du commandement de Judas Trotski !... (« Sa voix dérape carrément vers les aigus, nota Stepan, non sans une forme de joie malsaine... En route pour l'hystérie ! ») C'est la même démarche que celle des officiers de l'entourage de Judas Trotski qui crachaient sur les ordres du « Revvoiensoviet » de Stalingrad, présidé par notre génial Staline, aux côtés duquel travaillait notre grand maréchal Vorochilov. Ces gens divulguaient les secrets du « Revvoiensoviet » en permettant aux généraux Wrangel et Denikine de connaître nos plans stratégiques. Ils poursuivaient le plus lâche des objectifs : la défaite de Staline et de Vorochilov par les armées blanches. Judas Trotski ne voulait-il pas fusiller nos chefs, sur l'ordre de *l'Intelligence Service* ?...

Le président de la cour martiale crut nécessaire de tousser vigoureusement pour rappeler au procureur qu'il semblait oublier la signature récente du traité soviéto-britannique.

— ...C'est-à-dire sur l'ordre de la Gestapo et de l'Ovra...[61]

Stepan vit avec plaisir un sourire narquois glisser sur le visage de deux es juges : ils devaient se dire qu'en 1919, lors de l'épisode Tzaritsine-Stalingrad, ni la Gestapo ni l'Ovra n'existaient.

— Pour ne rien dire de la réaction obscurantiste du pape, continuait Rudenko, déchaîné, qui voulait replonger notre pays dans les ténèbres du cléricalisme afin de continuer la sale besogne de l'exploitation mondiale des masses travailleuses. Ces gens étaient les chiens enragés de Churchill !

Pokrovski toussa de nouveau et Stepan lut clairement dans son regard quelque chose qui ne devait pas être loin d'un « Par l'enfer, ce crétin ne lit donc pas les journaux ! ». Et comme s'il craignait que le procureur ne développa sa thèse, il le coupa :

— Je vous demande de vous tenir strictement dans le cadre de cette affaire.

— J'ai voulu dire... de tous les dirigeants de l'impérialisme mondial qui conspirent toujours contre notre pays. Ils voulaient faire revenir chez nous les propriétaires fonciers et les policiers du tsar (« Tiens, tiens... », pensa Stepan), ils voulaient écraser le peuple sous la cravache de leurs mercenaires...

Pokrovski réitéra sa demande de retenue, presque brutalement cette fois, mais Rudenko, emporté, écouta à peine :

— L'accusé est un digne successeur de ces chiens enragés. Il hait le régime soviétique. Il voudrait sa perte. Il conspire en silence contre notre pays. Il ne veut pas admettre la discipline socialiste. Il ne reconnaît pas l'autorité de notre génial Staline et de son grand ami et disciple, le premier maréchal de l'URSS, le camarade Vorochilov.

Il marqua un silence et, de sa belle voix grave retrouvée, ajouta :

— Je demande donc l'application de la peine suprême...

Nouveau silence, volontairement dramatique.

— L'exécution.

S'il ne s'était agi de lui, Stepan aurait volontiers applaudi devant tant de bêtise.

L'avocat de Stepan prit à son tour la parole :

— Avec tout le respect que je lui dois, je pense que le camarade procureur se laisse emporter par son zèle patriotique. Il a mille fois raison : pas de pitié pour les espions ! Mais qui parle d'espionnage ici ? L'accusé n'est ni un espion ni un contre-révolutionnaire. Il n'a jamais conspiré contre notre pays.

Il martela ensuite ses mots :

— C'est un officier d'état-major, un officier honoré de la confiance du camarade Vorochilov, maréchal de l'Union soviétique. C'est dans son dossier militaire.

Stepan surprit une grimace d'étonnement sur le visage de Rudenko. (« Eh oui, mon coco, il faut consulter les dossiers !, pensa-t-il, non sans satisfaction).

— L'accusé a commis une imprudence, il ne le nie pas. C'est une imprudence d'avoir montré un bulletin confidentiel à un journaliste. Après tout, on ne sait pas toujours à qui on a affaire. Mais ici, il n'a pas laissé prendre connaissance de ce bulletin à n'importe qui ! Son interlocuteur écrit des articles pour le journal national des syndicats. Mais son rôle politique et idéologique ne s'arrête pas là. C'est aussi un haut fonctionnaire soviétique. C'est un élu du peuple auquel le Parti donne sa confiance puisqu'il a été jusqu'à en faire un membre suppléant du prestigieux soviet de notre capitale. Et je rappelle à la cour que le camarade Barski ne fait l'objet d'aucune accusation, qu'il a toujours la confiance de toutes les organisations du Parti auxquelles il appartient. Qui peut croire que le capitaine Kiritchenko ait pu penser commettre un crime en lui montrant le bulletin ? Le capitaine Kiritchenko a péché par excès de confiance envers un interlocuteur qu'il rencontrait professionnellement souvent, dont il connaissait la carrière exemplaire et qu'il savait occuper une position importante dans notre parti ! Où se trouve l'analogie entre le capitaine Kiritchenko et les traîtres de l'entourage de Judas Trotski ? La cour a les états de service de l'accusé entre les mains : elle peut constater que le capitaine Kiritchenko est un de nos meilleurs officiers d'état-major...

Pokrovski chuchota alors quelque chose à l'oreille de ses assesseurs après avoir consulté sa montre. Stepan eut l'impression qu'il n'écoutait plus l'avocat. Celui-ci conclut d'ailleurs rapidement sa plaidoirie.

La cour se retira pour délibérer. Trente minutes après, le verdict fut rendu :

— Attendu que le capitaine Stepan Kiritchenko a enfreint un ordre du commissariat à la guerre, mettant ainsi en péril la sécurité de la patrie ; attendu qu'il a connu expressément l'interdiction de divulguer les bulletins confidentiels et qu'il a signé une obligation spéciale à cet égard ; attendu qu'en sa qualité d'officier d'état-major il devait pleinement réaliser l'étendue de sa faute et la gravité des circonstances de guerre ; attendu qu'étant placé dans une situation où il collabore directement avec les plus grands chefs militaires, il devrait se montrer encore plus discipliné que les autres officiers ; attendu que l'Instruction n° 56 du Collège militaire de la Haute Cour propose d'appliquer des mesures très sévères envers les officiers coupables de divulgation, la VIIe cour martiale de la région militaire de Moscou condamne le capitaine Stepan Kiritchenko à la dégradation et à dix ans de réclusion.

Mais étant donné la nécessité pour notre pays d'avoir à son service des militaires capables ; étant donné que l'accusé n'a jamais été l'objet d'aucune condamnation, aussi bien judiciaire qu'administrative, et prenant en considération les recommandations de ses chefs suprêmes, la cour martiale croit possible de commuer les dix ans de réclusion en dégradation et d'envoyer l'accusé avec le grade de sergent sur le front, pour qu'il puisse se racheter en combattant contre l'ennemi.

Stepan sortit libre de la salle de jugement mais autant écœuré qu'abasourdi. Vassili Karev, qui s'était échappé de son bureau pour suivre le réquisitoire et la plaidoirie de l'avocat de son ami, l'attendait.

— Tu me parleras désormais avec tout le respect dû à mon grade, sergent ! Bon Dieu, tu me vois diablement soulagé, cher vieux. On fusille tellement facilement en ces temps où le monde est devenu fou. J'aurais trouvé con que mon meilleur ami, même si c'est un salaud de paysan ukrainien, tombe sous les balles russes d'un peloton d'exécution ! C'est quoi, ton programme, maintenant ?

— Me présenter au bureau de mobilisation de l'état-major. Là, on me donnera une affectation.

— Tu vas aller te battre. Je t'envie.

— C'est mieux que douze balles dans la peau, mais, avec mon jugement aux fesses, mes nouveaux chefs ne vont pas me garder au chaud. Je sens que je vais être nommé volontaire d'office pour toutes les missions suicide ! Tu voulais que je te parle avec le respect dû à ton rang ? Parle-moi plutôt avec le respect dû à mon sort !

— Tu m'as dit mille fois que les Ukrainiens étaient indestructibles. Prouve-le maintenant : arrange-toi pour survivre. De toute façon, tu as signé, c'est pour en chier ! [62]

Deux jours plus tard, le sergent Stepan Kiritchenko reçut son ordre de mission : il devait rejoindre l'état-major de la 44e division, dont le PC se trouvait dans la petite ville de Valki, sur la route Kharkov-Poltava. Au cœur d'une des plus sanglantes batailles de cette année 1941. À côté d'un compagnon d'armes dont le comportement allait rester à jamais dans les esprits : Kola Kamyhkov.

Chapitre 20

Les têtes brûlées

Région de Moghilev, Biélorussie, octobre 1941.

À l'automne 1941, le lieutenant aviateur Kola Kamyhkov, commissaire politique d'un groupe de reconnaissance aérienne, fut porté disparu au cours d'une mission lointaine en dehors de Moghilev, ville située à une centaine de kilomètres à l'ouest de Minsk et occupée par les Allemands depuis l'été. Une rencontre nocturne avec un chasseur de nuit Me 110 fut fatale à son Yak, mais il réussit à sauter en parachute et la chance voulut qu'il fut récupéré d'extrême justesse par une bande de partisans biélorusses opérant sur les arrières des armées allemandes qui prit de vitesse une patrouille de SS lancée à sa recherche.

— Vous avez eu de la chance, mon lieutenant, lui dit le grand paysan au visage à moitié brûlé qui dirigeait la bande hétéroclite de maquisards.

Celle-ci était un mélange improbable de paysans locaux, de militaires survivants d'unités russes encerclées et anéanties systématiquement au canon par l'artillerie et les chars allemands. De jeunes citadins dont l'exode avait été interrompu par un enrôlement plus ou moins volontaire dans ces bandes de combattants de l'ombre les complétaient.

— ...Vous avez eu de la chance car les commissaires politiques sont systématiquement exécutés après avoir été torturés.

Le chef des partisans n'apprenait rien au *politruk* qui ne comptait plus ses camarades disparus au combat.

Au cours des trois mois qu'il passa ensuite dans les rangs de ces hommes de l'ombre, Kamyhkov découvrit la guerre dans son horreur absolue.

Les attaques des partisans entraînaient des représailles sans pitié de la part des troupes allemandes et en particulier d'unités spéciales de SS qui « pacifiaient » les arrières des troupes engagées prioritairement dans les offensives.

Mais à la barbarie des uns répondait la sauvagerie des autres. Après son sauvetage et son intégration au groupe des partisans, Kamyhkov participa à l'attaque de nuit d'un train allemand. Peu avant le passage annoncé du convoi, les rails furent déboulonnés et le convoi lancé à bonne vitesse, gage, en principe, de sa sécurité, se coucha dans le marais.

C'était un train sanitaire mais il fut brûlé à la paraffine. Les hurlements des blessés allemands brûlant vif dans les flammes hanta pendant quelques nuits l'esprit pourtant aguerri de l'officier. Qui, au fil des jours, s'endurcit encore. Un trait de caractère que Vassili et Lily elle-même auraient un jour à endurer.

Les coups de main eurent peu à peu sa préférence. Lui, l'aviateur, s'adapta à cette forme de combat avec une rapidité qui l'étonna lui-même.

Un jour, vers midi, on signala au groupe la présence d'une patrouille allemande au sovkhoze[63] de Polyakovo. Elle appartenait à une unité SS commandée par l'Obergruppen führer Erich von dem Bach-Zelewski qui sévissait dans la région. On ne sait comment, une rumeur parvint au Quartier Général du chef SS à Moghilev comme quoi une certaine quantité d'or était stockée au sovkhoze. Un détachement fut envoyé avec pour mission de ramener l'or.

Il arriva sur place en fin de journée et commença à détruire un premier bâtiment. Le responsable du sovkhoze intervint et souligna qu'il était inutile de tout raser, le lot d'or étant stocké dans une annexe distincte, située à quelques kilomètres. Les bâtiments constituant les seuls abris pour les habitants du sovkhoze pendant l'hiver, leur destruction équivalait à les condamner à mort. Il prendrait contact avec les responsables et se faisait fort de faire livrer l'or pour le lendemain à midi, en échange du respect des constructions. Le détachement se retira, laissant une patrouille de cinq hommes sur place commandée par le Feldwebel Fischer, un

SS à poigne dont la réputation n'était plus à faire depuis trois mois dans la région. Le chef de détachement exigea que l'or fût livré pour le lendemain à midi, faute de quoi l'ensemble de la population – une centaine de personnes – serait arrêté.

L'information arriva chez les « clandestins » du groupe auquel appartenait désormais Kola. Maintenant bien intégré au maquis, vingt partisans avaient été placés sous son commandement. Tous se mirent en route à la tombée de la nuit. Avec une douzaine de kilomètres à parcourir.

Il faisait déjà très froid. La neige était tombée dans la journée. À l'aube, ils longèrent un temps la voie ferrée Minsk-Kharkov. Un train allemand transportant des prisonnier russes les croisa. Il remontait vers Minsk. Plusieurs wagons n'étaient que des plates-formes découvertes. Kola remarqua que beaucoup de prisonniers s'abritaient derrière des murs branlants construits en tête de chaque wagon découvert. Il prit ses jumelles : les « murs » de protection étaient des tas de cadavres entassés les uns sur les autres sur une hauteur d'environ un mètre cinquante. Probablement des prisonniers morts de froid et d'épuisement pendant la nuit. Un corps glissa sur la voie au moment où Kola regardait. Il serra les poings. « Tout cela se réglera un jour ! » pensa-t-il.

Le lendemain dans l'après-midi, le groupe Fischer n'était pas rentré à Moghilev. Aucune liaison radio n'avait pu être établie avec lui, les postes radio à ondes courtes des SS ne pouvant atteindre une patrouille motocycliste opérant à cent kilomètres de là, distance entre Moghilev et le sovkhoze.

Le surlendemain matin, redoutant le pire, l'Obergruppenführer Bach-Zalewski prit la route de Polyakovo à la tête de six automitrailleuses. Quand il arriva sur place, il constata que le sovkhoze avait été complètement incendié et qu'il ne restait plus un seul bâtiment debout à l'exception du bureau principal de la ferme brûlée. Bach-Zalewski poussa la porte, accompagné de ses hommes. Il ne trouva, au centre de la pièce qu'une lourde valise de cuir. Une main maladroite avait écrit dessus, à la peinture blanche, le mot *Geld* – argent, en allemand.

Bach-Zalewski fit ouvrir la valise. Les têtes de Fischer et des ses quatre compagnons roulèrent sur le sol.

Pour ce fait d'armes, Kola Kamyhkov traîna longtemps le surnom de « coupeurs de tête de Polyakovo ».

Exfiltré de son maquis quelque temps plus tard, il fut inscrit au tableau d'avancement de janvier 1942 pour le grade de capitaine. Mais ses camarades aviateurs ne le regardèrent plus jamais de la même manière. Et, Vassili ne crut pas nécessaire de raconter plus tard à Lily les exploits de maquisard de son copain.

Chapitre 21

Les filles de l'air

Moscou, octobre 1941, aéroclub du CSK.

— Venez vite ! Venez vite !

Grégori, un des moniteurs, hurlait depuis la fenêtre de son petit bureau à l'attention des élèves qui se trouvaient dans son champ visuel. Il appuyait ses appels de grands gestes de bras d'incitation vraiment pressante à le rejoindre. Beaucoup d'élèves furent surpris : Grégori était connu pour son sang-froid. L'impatience qu'elle sentait dans sa voix incita Larissa Rasanova, amie de Lily, à prendre le pas de course.

Dans le bureau, le moniteur était penché sur la TSF, branchée sur Radio-Moscou.

— ...les femmes soviétiques ne peuvent pas être absentes de la défense de la patrie..., déclarait une voix claire dont la tonalité relativement douce tranchait avec la violence du message.

— C'est... dit Grégori, toute son attention focalisée sur le haut-parleur grésillant.

Il n'eut même pas besoin de prononcer de nom. Cette voix, pratiquement tout le monde, toutes les filles en tout cas, l'avaient reconnue pour l'avoir entendue à maintes reprises à la radio ou aux actualités cinématographiques : Marina Raskova. Raskova, la plus grande héroïne de l'aviation du pays. Celle dont les exploits faisaient rêver. Celle dont les qualités de pilote, de navigatrice, le courage avaient été citées en exemple à toutes les femmes d'URSS. Dont la gloire restait aussi grande qu'au lendemain de son exploit sibérien, après sa survie dans l'immensité glacée.

— ... Dans les heures dramatiques que traverse notre pays bien-aimé, continuait la voix, les femmes soviétiques doivent apporter, elles aussi, leur contribution à la victoire sur les hordes nazies qui connaîtront bientôt la honte, l'humiliation et l'anéantissement qui les attendent immanquablement comme prix de leurs forfaits. Elles aussi sauront donner leur sang, si nécessaire...

— La tête me tournait, se rappelera Larissa bien plus tard. Je sentais monter en moi une exaltation qui amplifiait chacun des mots que j'entendais. J'avais l'impression qu'ils frappaient ma poitrine comme des balles auxquelles j'aurais été invulnérable mais, étrangement, ils ne marquèrent pas ma mémoire et je perdis ainsi une partie du discours. Je retins simplement que si je voulais combattre – en avion, ma passion – il fallait que j'écrive à Raskova. Que si j'étais sélectionnée, je serais envoyée en première ligne, au même titre que les hommes.

Dans la fièvre, le soir même, la jeune femme, Lily et d'autres amies de l'aéroclub envoyèrent une lettre de candidature à l'adresse que le moniteur avait soigneusement notée et qu'il leur avait remise en se moquant gentiment d'elles. Il déclara, « avec un air bizarre » notèrent certaines :

— Vous n'êtes pas encore parties... Heureusement.

Grégori, qui aimait bien Larissa, avait vu la lumière briller dans ses yeux ainsi que dans ceux de Lily. Il fut le seul, sur le terrain, qui mesura immédiatement l'étroitesse tragique de la voie dans laquelle certaines filles voulaient s'engager, avec l'impétuosité inconsciente de leur âge. « J'ai surtout senti que ce serait difficile de les raisonner et qu'à coup sûr, ce n'était pas le meilleur moment pour essayer de le faire ».

Chapitre 22

Première bataille : en découdre avec une mère

Moscou, 7 octobre 1941, appartement des Rasanov.

Lily courait en tenant à la main le télégramme qu'elle venait de recevoir. Elle était folle de joie... et passablement énervée. Marina Raskova lui avait répondu.

Le contenu de la dépêche était à la fois exaltant et effrayant.

Exaltant parce qu'il annonçait qu'elle était retenue pour un entretien avec Marina Raskova.

Effrayant pour la part d'inconnu immédiat qu'il révélait.

Certes, la dépêche précisait : « Si sélectionnée ». Mais s'il était un domaine dans lequel la jeune fille ne doutait pas de son aptitude, c'était aux commandes d'un avion.

« D'un U-2 », se dit-elle, pour se contraindre à la modestie. Mais en elle-même, elle était certaine qu'elle serait prise. Tout le monde lui disant qu'elle était déjà bonne pilote, elle ne se voyait pas caler devant l'obstacle.

Une heure plus tard, elle arriva chez Larissa, qu'elle entraîna vite dans la rue. Certaines joies ne se partagent pas avec des parents.

Les deux filles tombèrent dans les bras l'une de l'autre. Larissa fut la première à revenir sur terre.

— As-tu lu la dernière phrase ?

Lily lut à haute voix :

— « Apporter vêtements appropriés. Si sélectionnée pour

entraînement après entretien, impossible retourner chez vous. »

Pensive, elle ajouta :

— La première bataille commence : en découdre avec nos mères !

Larissa s'en tira à bon compte. Son professeur de père lui dit, en l'embrassant :

— Réfléchis bien. Je ne pense pas que ce soit très raisonnable.

Larissa fut d'accord avec lui : ce n'était pas raisonnable du tout.

— Avec les blindés allemands à deux cents kilomètres de Moscou, lui fit-elle toutefois remarquer, le raisonnable est une notion très relative. Je n'ai pas envie d'être violée.

Ce qui laissa son père sans voix, donc sans réponse, et probablement quelques arrière-pensées qu'il garda pour lui, le viol d'une enfant – car on est toujours une enfant pour ses parents – n'étant pas un sujet qu'un père aborde volontiers avec l'objet potentiel du drame.

Ses frères n'avaient jamais pris leur sœur au sérieux, fût-elle leur aînée : ils n'allaient pas commencer le jour où ladite sœur leur annonçait qu'elle s'engageait dans l'armée. Se représenter Larissa en pilote de chasse dépassait leur capacité d'imagination. Ils éclatèrent de rire, pariant entre eux – discrètement – « sur le nombre de jours qu'il faudrait à la frangine pour retrouver son bon sens ». Le cadet et ses douze ans vinrent tout de même lui assurer qu'il la protégerait « de tous les violeurs de l'armée allemande ». Son devoir accompli, il alla demander à son père ce qu'était exactement un viol, ce qui embarrassa le professeur et le fit pester intérieurement contre sa fille.

Le jeunot n'avait pas d'idées précises sur le viol mais il en avait davantage sur sa sœur. Il cassa sa tirelire et paria contre ses frères qu'elle ne changerait pas d'idée :

— Elle est capable de tout ! les prévint-il.

La mère de Larissa pleura beaucoup mais ses larmes n'entamèrent pas l'obstination de sa fille. Elle se résigna et commença bientôt sa longue attente de maman dont la progéniture est au front, avec le sentiment de culpabilité d'avoir autorisé sa fille à s'inscrire dans un aéro-club.

Simplement, elle se permit un dernier acte d'autorité en enlevant de la valise de Larissa la poupée que celle-ci y avait glissé en cachette entre une robe de bal et un pull brun d'allure martiale qu'elle avait « emprunté » en cachette à un de ses frères.

— Non, ma chérie, on n'emmène pas sa poupée à la guerre !

Elle y puisa même un ultime réconfort : lors des épreuves qui attendaient Larissa durant sa formation, la petite fille à la poupée pourrait éventuellement prendre le dessus sur la guerrière et elle rentrerait peut-être à la maison. Par précaution, elle rajouta un second pull-over et une paire de gants qu'elle tenait elle-même de sa mère.

Chapitre 23

Vocation et premières amours

Même jour, Novoslobodskaïa.

Entre Anna Vasilevna et Lily, ce fut une toute autre affaire.

L'enthousiasme patriotique qu'escomptait – sans grand espoir – Lily de la part de sa mère en lui annonçant, primo qu'elle avait fait acte de candidature pour s'engager, secundo qu'elle était retenue, se borna à un sec :

— Qu'est-ce que c'est que cette ânerie ?

Le terme d'ânerie, passablement offensant, appela une réplique hautaine :

— Le devoir !

Anna Vasilevna avait une autre conception du devoir.

— Ton père a déjà donné sa vie pour la patrie. Ton devoir est de rester auprès de ta mère et de ton frère. La guerre, au cas où tu ne le saurais pas, ma fille, est une affaire d'hommes et d'imbéciles, qu'ils soient Allemands ou Russes, Français, Anglais ou Finlandais. Seuls les Suédois et les Suisses semblent avoir conservé un brin de raison dans ce monde de fous.

— À ma connaissance, les Allemands n'ont envahi ni la Suisse ni la Suède. Mais ils nous ont envahis, nous !

— Nous avons bien attaqué la Finlande et envahi la Pologne. Résultat : ton père est mort.

— Maman !

Et Lily ajouta, à voix plus basse :

— D'abord, parle moins fort.

Anna Vasilevna se dit que sa fille n'avait pas tort. Au moins n'avait-elle pas perdu toute sa raison.

Ce retour aux prudentes réalités de la vie quotidienne détendit l'atmosphère. Anna Vasilevna demanda des explications. Lily les lui donna. En mentant.

Ce n'était pas la première fois. Elle avait menti en juillet 1936. Elle allait alors seulement sur ses quinze ans.

« L'agriculture collectivisée libère le paysan ».

La grande banderole flottant au vent à l'entrée du kolkhoze était longtemps restée gravée dans la mémoire de Lily. Comme chaque année, les *Pionniers*[64] d'Otradnoe, un faubourg nord de Moscou proche de son quartier, avaient organisé, cet été-là, un séjour en coopérative agricole. Le kolkhoze *Révolution d'octobre*, situé dans le district de Rjev, petite ville située à une centaine de kilomètres au nord-ouest de la capitale, eut l'insigne privilège d'accueillir la cohorte de jeunes Moscovites dont les plus méritants deviendraient un jour l'élite du pays – les cadres du Parti communiste, bolchevique, de l'Union soviétique.

Ils appartenaient pour la plupart à la première génération d'enfants de paysans envoyés dans les villes pour fournir des bras au formidable effort d'industrialisation de l'URSS à travers ses plans quinquennaux et, accessoirement, pour grossir la classe ouvrière, base sociale du régime issu de la révolution de 1917. Plus prosaïquement, les mômes étaient surtout là pour libérer leurs parents pendant quinze jours de leur envahissante et épuisante présence dans des appartements exigus et pour respirer le bon air. Et, chez ceux dont les parents avaient rompu plus franchement ou plus anciennement avec leurs campagnes natales, pour retrouver dans leurs gènes ce qu'étaient une vache, un porc, une oie ou, fin du fin, un hérisson ou une couleuvre.

De jeunes Komsomols assuraient l'encadrement de ces studieuses colonies de vacances du parti. Lily Litvak s'était portée volontaire. Elle avait été retenue et était toute joyeuse : la jeune militante – fierté de ses éducateurs – qui coexistait en elle avec une héroïne à la Tourgeniev indécrotablement romanesque, allait vivre pendant deux semaines la vraie vie quotidienne du kolkhozien. Enfin presque...

La campagne de Rjev fut pour elle une première découverte. Tout était nouveau : les couleurs, les senteurs, les gens, les animaux, le cheval. Le cheval surtout. Il effaça bientôt tout le reste. Ou presque.

Parmi les kolkhoziens qui les accueillirent, elle remarqua tout de suite un jeune homme qui lui sembla réunir la quintessence des qualités que l'on pouvait attendre de l'homme nouveau dont parlaient ses maîtres à l'école. Grand, debout sur un tracteur, campé sur des jambes écartées, pratiquement immobile face au soleil, il regardait le groupe des jeunes arrivants avec sérieux et attention. Il lui plut immédiatement, sans modération.

Le lendemain, Lily apprit qu'il n'avait que dix-sept ans, ce qui lui plut moins : l'adolescente qui sortait de sa chrysalide l'aurait préféré plus mûr, plus conquérant, plus homme pour tout dire. En réalité, le procès d'intention à son idole qu'elle se surprenait à ouvrir était surtout lié à une réalité autrement préoccupante : il l'ignorait tout simplement. Le regard du garçon était passé une fois sur elle, était revenu quelques instants plus tard, puis sembla s'évanouir à tout jamais. Lily aurait pu lui passer son indifférence. Personne n'était forcé de l'aimer. Elle-même s'aimait-elle toujours ? Mais, ce qu'elle ne lui pardonna pas, c'est d'en aimer une autre : Svetlana.

Svetlana, circonstance aggravante, était la beauté du groupe.

Au dîner du premier soir, pris en compagnie du personnel du kolkhoze, Lily qui avait traîné, eut la surprise désagréable de constater à son entrée dans la grande salle commune de la coopérative que son prince charmant – dont elle avait découvert le nom, Grégori – avait été accaparé par un groupe de filles d'âges divers, conduite par *Mademoiselle Komsomol*, comme Lily appelait Svetlana, exaspérée qu'elle était par son côté « première de la classe » et chouchou de l'encadrement. Le groupe était assis à l'autre bout de l'immense table, à l'opposé des quelques places qui restaient libres. Lily, qui payait ainsi son retard, dut se résigner. Visage renfrogné, ce qui ne l'embellissait guère, elle s'assit.

Ce qui l'exaspéra pendant tout le repas, c'est le numéro de charme « indécent » – dixit Lily – auquel la blonde sylphide se livra à l'autre bout de la pièce. Comble d'humiliation, le garçon, décidément décevant, ne paraissait pas y être insensible. Mais autant qu'elle pouvait en juger à une telle distance, leur conversation était intermittente. Parfois c'était elle qui lui parlait. Il écoutait en silence, ou répondait, placidement ou avec vivacité, quelquefois en riant – ce que Lily appréciait modérément. Soit, au contraire, un long silence s'installait entre eux et chacun semblait alors s'intéresser avec affectation à ses voisins. Bref, ces deux-là préparaient de toute évidence un mauvais coup. En forme d'idylle. Dégoûtée, Lily se coucha tôt.

Le lendemain, au réveil, elle avait repris du poil de la bête. Et au petit déjeuner, elle coinça le beau kolkhozien.

— Je m'appelle Liliana, mais mes amis m'appellent Lily.

— Grégori. Les miens m'appellent Grégori.

Le dialogue n'alla pas plus loin. Mais au moins il était amorcé. Et Lily avait de quoi nourrir sa rêverie, au moins pour les deux heures à venir.

D'abord, elle lui avait trouvé une voix agréable, légèrement grave pour son âge. Elle aima moins la détestable manie qu'il avait de regarder dix centimètres au-dessus de sa tête. De près, elle se sentait encore plus attirée par ce visage étonnamment sérieux qu'embrasait furtivement, par moments, un sourire à faire fondre toutes les glaces de la Moskova.

Comme elle le confia plus tard à Larissa, elle s'était sentie tout de suite « bizarre » : front brûlant ou glacé, quelquefois en même temps, une étrange impression de flotter, d'être légère, heureuse et malheureuse... en faisant abstraction de quelques symptômes difficilement supportables : rires niais, envies de pleurer, trop plein d'énergie à un moment, complètement vidée une heure plus tard. Ennuyeux et très agréable à la fois, pour tout dire. Larissa ricana.

Le cheval rapprocha l'amoureuse fiévreuse et le bel indifférent.

Le coq du kolkhoze ne trouvait pas désagréable de voir les deux poulettes jouer de la crête devant lui. Il donna des leçons de cheval à l'une, des caresses à l'autre, ménageant l'avenir. Lily adorait monter à cru avec lui. Elle sentait sa forte présence, sa chaleur derrière elle. Le long roulement du dos, les mouvements plus saccadés du trot et du galop lui firent pressentir d'autres frôlements qui lui mirent le sang aux joues et d'agréables frissons dans le dos mais qui, pour tout dire, l'effrayaient aussi un peu. Sans compter les plaisanteries des autres enfants, qui l'agaçaient prodigieusement. Du coup, le pantalon de grosse toile trop large pour Grégori, qui remontait plus haut que sa taille, et de rustiques bretelles en toile lui rendirent une dimension terrienne qui avait un peu échappé jusque-là à la jeune citadine. Le sérieux du premier jour, qui l'avait tant frappée – comment ne pas y voir le symbole éclatant d'un sens de la responsabilité sans faille ? – s'écorna quand Lily commença à s'interroger sur le sens de l'humour de son idole : il faisait toujours tout avec un sérieux certes séduisant, mais qui, à la longue, manquait de fantaisie et lassait aisément toute jeune personne d'un caractère naturellement fantasque, changeant et aimant rire.

Bref, tout ceci n'incita pas Lily à exploiter les horizons qui s'entrouvraient à elle, et le beau Grégori alla chercher auprès de Svetlana, plus mûre, des compensations que la beauté d'Otradnoe était assez disposée à lui offrir. Sans rien dire de la joie d'écraser publiquement sa rivale, ce qui, à cet âge, dépasse d'assez loin tous les autres plaisirs.

Lily eut donc le cheval, et Svetlana le moniteur. Passions qui, somme toute, s'avérèrent d'une intensité assez proche. Lily finit les vacances assez bonne cavalière, ce qui flatta le moniteur, et Svetlana progressa dans des domaines qui réjouirent l'homme. Le monde était bien fait et l'agriculture collectivisée, comme le proclamait la banderole, libérait bien le paysan – et pas seulement lui.

Quand Lily rentra à Moscou, elle raconta avec un rare enthousiasme à ses parents ses exploits de cavalière. Elle entendait d'ailleurs les poursuivre à Moscou. Mais, côté Viktor et Anna, elle se heurta à un mur. Sans faille, taille muraille de Chine. Ce fut une des premières grandes leçons de sa vie : la force d'une passion ne suffit pas à balayer tous les obstacles. Il suffisait d'ailleurs qu'elle prononce le mot cheval pour que leurs deux visages se ferment instantanément.

Le cheval disparut des conversations.

L'avion n'y entra jamais.

Car, privée de chevauchées, Lily suivit Larissa, qui avait décidé de traiter sa double frustration, équestre et grégorienne, en l'emmenant à *l'Ippodromo,* l'aéro-club du CSKA, suivre des démonstrations aériennes. Tordant d'abord le nez, puis peu à peu intéressée, très vite passionnée enfin, elle décida que le cheval-vapeur avec des ailes pouvait remplacer avantageusement le cheval-avoine avec ou sans selle. Et elle repéra sur le terrain d'aviation quelques Grégori potentiels, en plus marrants, si elle en croyait les sourires qu'elle croisait. Elle en conclut qu'il était urgent de grandir. Et, l'expérience aidant, qu'il valait mieux taire Novoslobodskaïa la nouvelle lubie qui l'habitait.

Elle mentit donc : des pseudo cours de comédie et de danse servirent d'excuse à des échappées dans ce qui devint au fil des mois une véritable passion.

Un an plus tard, elle mentit une seconde fois à ses parents. Par omission. Son mensonge s'appelait Vassili Karev.

Évidemment, les parents de Lily n'avaient rien su des démêlés de leur fille avec le patron « par intérim » de l'*Ippodromo* en avril 1938. Pendant les trois mois où il dirigea l'aéro-club, Vassili ne transigea pas une seule fois. La seule dérogation qu'il accorda à la jeune fille fut de continuer à voler, mais toujours avec un moniteur. Pendant trois semaines, elle montra sa mauvaise humeur en l'ignorant superbement, en tournant la tête chaque fois qu'elle le croisait, en le saluant sèchement chaque fois que la simple politesse la contraignait à le faire. Vassili s'en amusa d'abord, puis le jeu le lassa et il ne prêta plus attention à Lily.

Quelques jours avant le 1er mai 1938, Karev donna l'ordre pour que l'*Ippodromo* organise une petite fiesta destinée à commémorer la fête mondiale des travailleurs. Une kermesse fut improvisée et différents stands se montèrent.

La fête eut du succès. Le temps était beau. Familles, amis, curieux se succédèrent sur l'aérodrome, transformé en un immense terrain de pique-nique. Autour de midi, Vassili décida de visiter ou découvrir, en compagnie de son adjoint, les stands et attractions improvisés inscrits au programme de la journée.

Accroupi pour contempler deux jeunes louveteaux enfermés dans une caisse grillagée et qui couinaient de nervosité, il leur parlait doucement pour les calmer quand, derrière lui, une voix claire l'interpella.

— Camarades directeurs, venez prouver votre adresse ! Tentez votre chance... pas sur les loups.

Il se redressa en se retournant et découvrit le stand de tir. Sous la surveillance d'un moniteur – un de ceux en qui il avait confiance – l'installation était tenue par trois filles qu'il connaissait bien : la sage Larissa Rasanova, la turbulente Valentina Petrochenkova et l'insupportable Lily Litvak. C'était elle qui venait de l'apostropher joyeusement.

« Tiens, pensa-t-il, il y a apparemment du changement dans l'air. »

— Bonjour, camarades, se contenta-t-il de répondre, en attendant de voir venir.

Il compta rapidement : elle n'avait pas cinquante ans à elle trois !

Tina, à qui l'effronterie n'avait jamais fait peur, tendit immédiatement une carabine à Vassili. Rasanova, plus modestement, en fit autant avec l'adjoint. Le moniteur rigolait franchement. Litvak, les yeux baissés, faisait patte de velours. Mais c'est elle qui annonça :

— Ce concours au sommet est offert par le Komsomol à la Direction de l'*Ippodromo*.

Vassili laissa son adjoint viser le premier. Celui-ci réussit un joli tir groupé.

— En plein cœur ! commenta Tina avec une admiration prononcée.

Vassili s'amusa à loger ses cinq balles sur les pourtours de la cible, à distance régulière les unes des autres...

— Le capitaine n'a pas de cœur, dit Lily, avec un sourire angélique.

— Si l'une d'entre vous ajoute : « Je le savais », c'est la suppression des heures de vol pendant une semaine, lança Vassili en les regardant toutes les trois avec un air faussement sévère.

— Tu as bien dit que tu le savais, Tina ? ne put s'empêcher de murmurer Lily, l'œil en coin.

Vassili ignora l'impertinence et ne retint que la plaisanterie.

— Alors Litvak, c'est la paix ? demanda-t-il.

— C'est la paix, Camarade capitaine !

— Alors nous fêterons cet heureux événement à la buvette, à un moment de l'après-midi, quand vous aurez épuisé vos munitions...

Puis il demanda :

— Quand aurez-vous vos dix-sept ans, toutes les trois ?

Trois dates tombèrent. Vassili n'en retint précisément qu'une. Il est vrai qu'il la connaissait déjà.

Le 31 juillet 1938, Vassili Karev abandonna la direction de l'*Ippodromo* pour suivre une session d'état-major à l'Académie Frounze.

Depuis le 1er mai, Lily et lui avaient tissé des liens de sympathie et l'une des dernières instructions qu'il signa avant son départ fut d'autoriser la jeune femme et ses deux amies à voler en solo dès le lendemain de leur dix-septième anniversaire. Quand il le leur annonça, elles lui sautèrent au cou. Il sembla à Vassili que Lily s'y attardait davantage que ses deux camarades. Mais il n'aurait pas mis sa tête au feu. Après tout, peut-être prenait-il ses désirs – il rejeta le mot – pour des réalités...

Quelques jours avant le 18 août, il fit néanmoins une apparition à l'aéro-club, croisa Lily et l'invita à déjeuner pour son anniversaire. Elle prétexta un repas de famille pour lui proposer la veille, et plutôt de dîner. Il ne se fit guère prier.

Il pensa l'amener à l'Hôtel de Paris mais il se rappela qu'il fêtait les dix-sept ans de la jeune fille et qu'en ces temps incertains, il valait mieux pécher par excès que par manque de prudence. Il emprunta donc la garçonnière d'un de ces amis, absent momentanément de Moscou, tout en étant conscient qu'il n'était pas très honnête avec lui-même, ni, surtout, avec Lily. Au dernier moment, il recula et proposa à la jeune fille d'aller dîner au Bazar slave, un restaurant à la mode. Elle accepta, mais à la fin du souper, quand il se proposait de lui offrir le cadeau qu'il lui avait choisi, elle prévint son geste en lui disant qu'ils seraient mieux dans un endroit « moins animé ». Surpris, il proposa, l'air embarrassé, l'appartement d'un ami qu'« il occupait actuellement ». Il eut le sentiment d'être plus menteur qu'Hitler mais elle s'en montra ravie. Une demi-heure plus tard – il n'était que 22 heures – il glissait la clé dans la serrure.

L'appartement était dans l'état où il l'avait préparé avant qu'il ne se dégonfle lamentablement. Il n'eut qu'à lancer le feu dans la cheminée et à allumer les bougies pour créer le décor qu'il avait dessiné depuis quarante-huit heures. Ils bavardèrent longuement, se firent des confidences. Lily raconta les débuts de sa vocation de pilote. Vassili ne s'en étonna pas :

— Le cheval et l'avion sont de même nature, lui expliqua-t-il. Le cheval place l'homme au-dessus de l'animal comme l'avion au-dessus de la nature. Le cheval place le cavalier au-dessus du fantassin, le noble au-dessus du roturier, l'officier au-dessus de l'homme de troupe. Dans certains pays, et à certaines époques, des catégories sociales étaient interdites de cheval. Le cheval, comme l'avion, sont des marqueurs sociaux très forts... L'analyse est marxiste, mais ni le cheval ni l'avion ne sont prolétaires. C'est pour cela qu'en réalité sous des dehors de bonne communiste, tu es en réalité une princesse... D'ailleurs, Princesse, viens à côté de moi que je t'offre ton cadeau.

Il sortit d'un écrin une petite bague qu'il avait ramenée de Paris – avec quelques autres – en ayant choisi avec soin la plus jolie. Elle accepta le cadeau mais lui demanda de conserver la bague à sa place, car « elle ne pouvait la rapporter à la maison ». Il faillit la raccompagner immédiatement chez elle, gêné par l'ambiguïté de la situation et la jeunesse de son invitée que cette seule phrase venait encore de souligner. Elle dut le sentir, car c'est à cet instant qu'elle lui prit la main. Elle s'approcha ensuite, lui murmura à l'oreille :

— J'ai dit à mes parents que je dormirai chez Larissa ou Tina.

Et elle lui tendit ses lèvres.

Le lendemain, c'est en femme qu'elle avoua à ses parents et à son petit frère qu'elle ne serait jamais danseuse, mais probablement pilote. Son père n'explosa pas. Sa mère y vit un nouvel avatar de la fatalité mécanique qui pesait sur sa famille. Quant à Youri, il resta une bonne minute la bouche grande ouverte, figé dans l'attente incertaine de la gifle ou du rire des parents qui lui permettrait d'exprimer à son tour toute son admiration. Il avait quand même la sœur la plus formidable du monde.

C'est ainsi que Vassili Karev entra dans la vie des Litvak. Il le fit avec beaucoup de discrétion. Trop pour Anna Vaselevna qui avait des ambitions pour sa fille, qui la voyait bien, à l'avenir, en épouse d'officier supérieur et qui reprochait à Vassili de trop mettre en avant sa jambe abîmée.

— Il boîte, il boîte, et alors ? Ça le gène peut-être pour piloter – mais un pilote dans la famille, ça suffit bien – et ça ne l'empêche pas de marcher, que je sache ! Ni de se bien conduire avec une femme.

Lily calmait sa mère. Elle était toute à son bonheur et non pas à un éventuel mariage. Elle avait dix-sept ans, tout son temps, et une multitude de brevets de pilote à passer. Elle avait seulement un très bon professeur, à elle seule, et un tendre amant qu'elle adorait.

Les accords de Munich entre Hitler, Chamberlain, le Premier Ministre anglais, et le président du Conseil des ministres français, Édouard Daladier, furent signés le 30 septembre 1938. Pour l'opinion publique mondiale, s'ils consacraient le démembrement de la Tchécoslovaquie, ils éloignaient aussi le risque de guerre.

Pour Vassili Karev, affecté deux jours plus tard au Département des Affaires européennes du Commissariat du Peuple à la Défense, ils marquaient au contraire la certitude que le grand conflit mondial qu'il prévoyait se rapprochait à grands pas. En cas de guerre, un officier est un mort en sursis, expliqua Vassili à Lily, qui refusait de le croire.

— Tu mérites infiniment mieux que d'être une jolie veuve et c'est parce que je t'aime que je te le dis.

Les accords de Munich furent la première étape du désengagement sentimental de Vassili vis à vis de Lily, et chaque étape dramatique du conflit qui s'approchait – Pacte germano-soviétique, déclaration de guerre, guerre de Finlande, campagne de Pologne, effondrement de la France, de la Belgique et de la Hollande – ne fit que renforcer chaque fois ses convictions.

Lily en souffrit profondément à la fois dans son amour et dans son orgueil de femme. Sa passion pour l'aviation, sa jeunesse, son goût de vivre, et dans une large mesure la présence restée proche de Vassili, l'aidèrent néanmoins à se résigner.

D'autres garçons en profitèrent.

— J'espère que Vassili Karev va te sortir cette idée d'engagement de la tête, s'exclama Anna Vasilevna.

— Mamouchka, personne, ni Vassili, ni toi Petite Mère, ne pouvez m'empêcher de faire ce que je considère comme nécessaire et utile à mon pays. J'ai eu vingt ans, il y a quinze jours. Je ne suis plus une enfant. C'est pour toi, c'est pour Youri, que je veux me battre, beaucoup plus que pour la mémoire de Papa. On ne peut tout simplement pas laisser les Allemands prendre Moscou ni réduire notre pays en esclavage. Je sais que tu as mal, Petite Mère, mais tu dois aussi comprendre que nous n'avons pas le choix... Je t'aime !

Chapitre 24

Pour le Politburo, « Dieu reconnaîtra les siens »

Moscou, hôtel Metropol, 12 octobre 1941.

48 heures avant le départ prévu de Lily pour l'Académie de l'air d'Engels, Vassili l'emmena dîner au Metropol. Entre jambon fumé de Kalouga et harengs de la Baltique à la crème, la conversation tomba sur la ville qui allait l'accueillir.

— Engels... Je ne suis pas sûr que nous ayons à être très fier de ce que nous avons fait là-bas... La ville, comme tu le sais, est la capitale de la République autonome – socialiste et soviétique – des Allemands de la Volga. C'est la Grande Catherine, impératrice de toutes les Russies et allemande elle-même, qui les a fait venir. Juste avant la guerre, on estimait leur nombre à près d'un demi-million de personnes. Je pense que la grande majorité d'entre elles étaient tout à fait fidèles à leur nouvelle patrie. Une minorité avait dû rester anticommuniste de cœur, quelques-uns, certainement, secrètement favorables aux nazis. Ajoutons-y quelques vrais espions... Dans quelles proportions ? Difficile de savoir. Toujours est-il que le Politburo, dans son immense sagesse, a pensé que *Dieu reconnaîtrait les siens*, comme disent les Français, et les a tous déportés, hommes, femmes, enfants, vieillards, sans précaution, en Asie centrale : Sibérie et Kazakhstan. Combien sont encore vivants aujourd'hui ? C'est le genre de statistiques dont tout le monde se fout – sauf les intéressés !

Vassili lui versa du vin blanc des collines de l'Acusta, en Crimée.

— Vassili, lui demanda-t-elle, pourquoi n'as-tu jamais vraiment voulu de moi ?

Amusé, il lui répondit :

— Parce que tu mérites mieux qu'un handicapé.

— Tu es vraiment un sombre crétin ! dit-elle, furieuse.

— Je n'avais pas pensé à cette seconde raison.

Ce qu'il ne lui dit jamais, c'est que depuis le printemps 1940, il était persuadé que pour leur pays, la guerre avec l'Allemagne était inévitable. Sa position lui permettait mieux de se rendre compte que d'autres de la confiscation d'un pouvoir politique absolu par un clan médiocre, de son aveuglement, de la lâcheté des chefs militaires face à Staline et *in fine*, de l'impréparation de l'Armée rouge au combat. Il était militaire, la dictature ne heurtait pas fondamentalement son mode de pensée. Le principal atout d'un pouvoir central fort était sa capacité de mobilisation vers un but à atteindre. Depuis quelques années, celui-ci était évident : il fallait abattre le nazisme, par tous les moyens. Les démocraties européennes s'en étaient montrées incapables. Une URSS bien préparée aurait pu le faire, en en payant certes le prix, mais bien moindre que celui qu'elle réglait déjà. Si les deux blocs s'étaient alliés, l'affaire, prise tôt, aurait vite été réglée. Le catalogue des erreurs, méfiances, myopies, lâchetés et imbécillités aurait été long à dresser.

La facture serait un jour payée. Elle serait lourde. Les militaires, comme toujours, seraient alors au premier rang. Ils payeraient avec leur sang.

Il était officier.

Un officier, condamné à mort, par définition en temps de guerre, ne donne pas de faux espoirs à une jeune femme.

C'était son honneur, et quelquefois son désespoir.

Chapitre 25

L'incrédulité se lisait dans leurs regards

Moscou, académie Joukovski, 14 octobre 1941.

C'était une joyeuse pagaïe ! La salle du rez-de-chaussée de l'académie Joukovski parut immense aux filles. Elles eurent l'impression de se retrouver dans la salle mal entretenue d'un ancien gymnase reconverti en dépôt de vêtements. Une sorte de marché aux puces. Un marché aux puces militaires.

— Quelque chose comme un arc-en-ciel chatoyant qui irait du gris sale au kaki foncé, remarqua une insolente.

Aux murs, des banderoles portant des slogans politiques : « Vive le Parti communiste de l'Union soviétique », « Gloire aux soldats et aux travailleurs des usines et des kolkhozes ». Au-dessus de la porte principale, un grand portrait de Staline. Sur le mur situé en vis-à-vis du portrait, des photos de parades militaires rappelaient qu'on était ici l'hôte des forces armées soviétiques. Et partout des tas de vareuses, de sous-vêtements, de bottes, de chaussettes. Ici des *roubachka*, ces chemises à l'européenne, ou des *guimnastiorka*, la chemise russe qu'on laisse pendre au-dessus du pantalon en la serrant avec un ceinturon. Là, des capotes par centaines, ici une infinité de caleçons longs, rassemblés en amoncellements successifs, de taille respectable, comme déposés en alignement par une colonne de camions-bennes.

L'incrédulité se lisait dans le regard des jeunes femmes. Inconsciemment, elles s'étaient rapprochées les unes des autres, comme ces moutons de la steppe qui cherchent à se rassurer face à une menace ou tout simplement à l'inconnu.

Elles entraient dans ce hall par groupes d'environ une centaine. Les hommes, eux, n'étaient guère plus d'une dizaine, des sous-officiers en majorité.

— Nos uniformes doivent sûrement se trouver quelque part, dit à haute voix l'une des jeunes filles, avec l'espoir que sa voix serait entendue, malgré le brouhaha, par un gradé relativement proche. D'elle on remarquait au premier abord une splendide chevelure châtain foncé, abondante et volumineuse qui la ceignait comme un halo doré et donnait de l'orgueil à son port de tête mais masquait en partie son visage. En posant sa question, elle joua de sa couronne. Sa tentative fut sans effet. L'officier, un jeune lieutenant, resta insensible à l'interpellation comme à la chevelure.

Une autre s'était baissée pour ramasser une paire de bottes dont elle tenait la gauche et la droite dans chaque main, portant successivement sur l'une et sur l'autre des yeux écarquillés.

— Taille géant, rit sa voisine. À proximité de chez moi habite un Lituanien qui doit mesurer deux mètres de haut. Mets-les de côté, on va les lui envoyer.

Quelques rires accompagnèrent cette proposition.

Ils s'arrêtèrent net quand le porte-voix d'un officier qui était monté sur une table, au centre de la salle, commença à cracher ses instructions :

— Camarades, le paquetage de chacune d'entre vous se compose d'une capote, d'une vareuse, de deux pantalons... L'énumération étant assez longue, la liste est collée sur les murs... Vous allez donc prendre possession de vos uniformes. Vous pouvez essayer... de les essayer, ajouta-t-il d'une voix vaguement moqueuse, qui tranchait avec son impassibilité apparente.

Il y eut un instant de flottement dans la foule des jeunes femmes. Beaucoup ne semblaient découvrir qu'à cet instant que les tas de vêtements qui les entouraient leur étaient destinés.

Debout à proximité de la table où était grimpé l'officier d'intendance, l'une d'entre elles s'exclama simplement, d'un air totalement effondré :

— Ça ?

Quelques filles, parmi les plus âgées, prirent alors la situation en main. Elles s'approchèrent des hommes présents – de tous les hommes présents, officiers compris – et les prièrent avec une fermeté toute militaire et la courtoisie la plus civile de bien vouloir quitter la pièce. À proximité des portes, quelques poussettes souriantes mais sans concession engagèrent ceux qui traînaient la jambe à accélérer le processus d'évacuation. On sentait dans la nonchalance des hommes tout le regret informulé de devoir renoncer à un spectacle dont ils s'étaient certainement délectés à l'avance : voir plusieurs centaines de jeunes femmes, dont certaines fort appétissantes, se déshabiller pour essayer leurs uniformes. La mort dans l'âme, plus ou moins exprimée ouvertement, ils durent y renoncer, galonnés compris.

Les scènes qui suivirent, aux dires des participantes, tinrent davantage de la cocasserie et de la franche rigolade que de l'ambiguïté ou de l'érotisme.

« Nos éclats de rire résonnaient dans tout l'immeuble », se rappelait, des années plus tard, Nadia Popova, une jeune femme exubérante. Larissa Rasanova décrivit, dans le journal qu'elle tenait, sa première surprise en ces termes : « J'étais passée devant un sergent qui nous accompagnait dans l'entrepôt et j'avais ramassé une paire de bottes. En les regardant, j'eus le sentiment que je pouvais mettre mes deux jambes ensemble dans une seule d'entre elles. Je me tournai alors vers le sous-officier, un grand blond placide, d'abord facile car il souriait perpétuellement : "Mais nos uniformes à nous, où sont-ils ?" Non sans malice, mais sans un mot, il ouvrit ses deux bras, embrassant la salle dans un grand geste. En cet instant, je ne sus pas si je devais rire ou pleurer ! »

La salle de l'académie Joukovski creusa, ce matin-là, pour toutes ces jeunes femmes, les premières tombes du cimetière de leurs illusions.

Une fille qu'on aurait jurée à peine sortie de l'adolescence, tant elle faisait gamine – elle ne devait pas mesurer plus d'un mètre cinquante, tout en étant mince et bien proportionnée – était grimpée sur la table occupée quelques instants plus tôt par l'officier comme on investit une scène de théâtre. Elle avait tiré derrière elle un tas d'habits, qui reposaient maintenant à ses pieds.

Elle enfila d'abord un caleçon long avec des gestes lents, précis, méticuleux : ses pieds n'en sortirent jamais. Elle se glissa dans une vareuse : celle-ci touchait presque le plateau de la table. Sa capote passée, les pans de celle-ci balayaient la quasi-totalité du plan de la table. Quand, enfin, elle eut enfilé ses bottes, elle offrit la représentation parfaite d'une miséreuse sortie d'un roman de Gorki revue et corrigée par Charlie Chaplin, que Moscou découvrait alors. Des applaudissements éclatèrent spontanément. En actrice consommée, la jeune fille salua à plusieurs reprises l'assistance, non sans s'empêtrer dans son « uniforme ».

— J'ai impression de revoir l'un des pires tableaux burlesques des fêtes de fin d'année scolaire au lycée de Moscou, murmura Lily à l'oreille de Larissa. Mais elles n'étaient pas les dernières à applaudir.

Toutes deux passèrent une longue partie de la nuit à reprendre, retailler, recoudre les différents vêtements pour tenter de leur donner une allure plus féminine. Sur les capotes et les vareuses, elles devinrent les reines de l'ourlet. Les pantalons leur causèrent plus de tracas. Lily avait cherché deux pantalons de la taille la plus petite qu'elle avait pu trouver. Quand elle enfila pour la première fois l'un d'entre eux, l'entrejambe lui descendait pratiquement jusqu'aux genoux ! Il lui fallut donc défaire la majorité des coutures, se mettre en quête d'une paire de ciseaux longs, que les filles s'arrachaient – seules les plus prévoyantes d'entre elles en possédaient –, couper de larges pans de tissu puis refaire toutes les coutures.

À l'essai, le résultat ne fut que très moyennement satisfaisant et si Lily remercia en son for intérieur les quelques leçons de couture que lui avait données sa mère, elle se dit aussi qu'à sa première permission, Anna Vassilevna aurait du travail.

Les bottes, aussi, furent un vrai casse-tête. Taillées en feutre épais, elles offraient une bonne protection contre le froid mais ne pouvaient pas être retaillées. Lily avait dû en essayer cinquante paires avant d'arrêter un choix – qui la laissa démoralisée.

La seule solution qu'elle trouva fut dans le cumul des chaussettes, trois paires au moins, qui permettaient – à peine – d'occuper l'espace intérieur de la botte. Elle se demanda comment elle allait voler avec ces « choses » aux pieds et n'imagina pas un seul instant qu'on pourrait *aussi* lui demander de marcher.

Finalement, celle qui s'en sortit le mieux fut la gamine de la table. Après trois jours, son uniforme était presque seyant. Et, par une combine que Lily n'osa pas imaginer, même ses bottes paraissaient à sa taille. Le monde étant ce qu'il est, et les jeunes filles, entre elles, n'échappant pas à ce principe, la gamine ne se fit pas que des amies.

— Je ne sais pas ce qu'elle vaudra comme pilote, dit Larissa, mais il faut reconnaître que c'est une sacrée couturière.

— Tâche de savoir ce qu'elle aime : je veux absolument lui confier mes bottes pour qu'elle les rétrécisse. Je lui ferai le cadeau qu'il faudra.

Quelques jours plus tard, Lily déçue, trouva la réponse : prévenue par un frère militaire de ce qui l'attendait, Galia Boordina, la gamine qu'on appellerait plus tard « la pilote au visage d'enfant », avait, avant son incorporation, remué ciel et terre à Moscou pour trouver deux paires de bottes à sa taille d'aspect vaguement militaire. Elle repoussa toutes les caresses, fortunes et flatteries et ne céda jamais sa seconde paire.

Chapitre 26

De Tokyo, l'espion câble une information stratégique

Moscou, 16 octobre 1941, état-major général de l'Armée rouge.

Le 16 octobre, les bureaux du *Razvedourp* bruissaient d'une activité fébrile. La veille, une information capitale était arrivée en provenance de Tokyo. Son origine : Richard Sorge. L'agent double allemand basé au Japon – il était officiellement le correspondant de la très réputée *Frankfurter Zeitung* – avait fait savoir, la veille, à Moscou, que l'empire du Soleil levant n'attaquerait pas l'Union soviétique sur son front sibérien – ce à quoi aurait dû le pousser le Pacte tripartite signé en septembre 1940 avec l'Allemagne nationale-socialiste et l'Italie fasciste. Non, le Japon attaquerait vers le Sud, c'est-à-dire vers l'Indochine française et, au-delà, se fixait comme objectifs de guerre la Malaisie et Singapour, positions clés de l'empire britannique.

Le maréchal Chapochnikov avait immédiatement réuni les principaux responsables de l'état-major général. Staline, leur dit-il en substance, a traité cette nouvelle information de notre maître agent à Tokyo avec plus de considération que celle qu'il avait témoignée pour « l'ânerie » précédente de Sorge, quand celui-ci nous avait annoncé l'attaque allemande pour le 22 juin à l'aube.

L'offensive japonaise vers le sud libérait l'Union soviétique de sa hantise de voir s'ouvrir un nouveau front sur ses arrières, à l'extrême-est.

— C'est une information stratégique capitale, je n'ai pas besoin de le dire, poursuivit Chapochnikov. Nous allons dégarnir notre frontière sibérienne – au-delà probablement du raisonnable, mais nécessité fait loi – et ramener en urgence nos troupes orientales sur Moscou. Cela représente une centaine de divisions fraîches, bien équipées pour l'hiver, habituées à affronter des températures allant jusqu'à - 50°, avec leurs chars et leur artillerie.

Que les spécialistes de la logistique se mettent immédiatement au travail. Les trains transsibériens doivent rouler sans interruption. Ils ont désormais toute priorité pour le matériel ferroviaire.

Chapitre 27

De l'ébahissement à l'horreur

16 octobre 1941, gare de Kalatcharovo, 6 h 30 du matin.

L'embarquement dans le train pour le centre d'instruction féminin d'Engels se fit dans une atmosphère de début de colonie de vacances. Mais le départ du convoi dans un silence de mort.

Pour la plupart des cinq cents filles présentes, cette aube fut celle de leur première rencontre avec la guerre.

Le convoi qui les emmenait vers l'est était composé de deux parties. Avant de rejoindre les wagons de voyageurs situés en tête du train dans lesquels elles devaient prendre place, il leur fallait longer une dizaine de wagons sanitaires ou baptisés ainsi. C'étaient de vieux wagons de marchandises transformés en transports de blessés dont on devinait sans peine qu'ils avaient été amenés à la hâte sans faire du confort des transportés une priorité technique ou administrative. Les filles découvraient avec angoisse que les parois extérieures laissaient voir des trous où un homme serait passé sans peine, et dans certains, des pans entiers de plancher manquaient.

— Ils ont été réparés dans les ateliers de Voronej, leur expliqua un cheminot qui avait remarqué leur ébahissement, mais que voulez-vous, à chaque voyage, les trains sont attaqués par l'aviation ennemie. Il faut bien continuer à évacuer les blessés, ajouta-t-il, fataliste.

L'embarquement des blessés transforma leur ébahissement en horreur. Le train emportait beaucoup de grands mutilés dont les pansements sanguinolents auguraient mal des chances de survie.

Un chef de gare faisait les cent pas. Scandalisées, quelques filles se concertèrent et s'approchèrent de l'homme en uniforme des Chemins de fer soviétiques, et proposèrent de laisser leur place aux blessés les plus gravement atteints. Il les contempla comme s'il avait affaire à de dangereuses malades mentales ou à des débiles profondes – c'était difficile de juger à la noirceur de son regard – et leur enjoignit de gagner leurs places en « cessant d'emmerder le monde avec des suggestions imbéciles. Ne voulaient-elles pas également prendre en main l'organisation du trafic ferroviaire vers l'Asie, pendant qu'elles y étaient ? »

Surprises, et pour tout dire choquées par cette explosion incompréhensible à leurs yeux, elles partirent bagages en main ou tirés derrière elles, à la recherche de leurs wagons tête basse ou avec des regards lançant des éclairs, selon le tempérament de chacune.

Les wagons de voyageurs, en meilleur état, même si certains portaient les stigmates de la guerre – tôles enfoncées, petits trous d'obus calfeutrés par des cales en bois –, étaient divisés en compartiments de douze places, dotés chacun de portes donnant directement sur les voies pour les unes, sur un couloir pour les autres.

Elles se regroupèrent par affinités. Lily, accompagnée de Larissa Rasanova, se retrouva avec quelques filles qui avaient éprouvé les unes pour les autres un premier élan de sympathie le plus souvent né de fous rires partagés à l'académie Joukovski. Elle fit signe de la main à une fille aux côtés de qui elle avait plongé dans les tas de bottes du réfectoire, et qui était encore plus horrifiée qu'elle.

— Ina Pasportkina, s'était présenté sa campagne d'exploration...

Elle était ingénieur, sortie du célèbre Institut d'aéronautique de Moscou. Elle avait passé son brevet de pilote sur U-2 à l'aéroclub de l'Institut et avait également suivi une formation de parachutisme. « Mais je danse très mal ! », ajoutait-elle, pour se faire pardonner ce parcours de bonne élève. Lily lui donna vingt-cinq, vingt-six ans. Elle les accepta : « Vingt-six, depuis un mois ! ». Si toutes les filles offraient ce pedigree, s'était dit Lily, elle allait finir dernière de la promotion, au nettoyage des cuisines.

Galia Boordina, la très jolie brune aux cheveux longs et au visage d'enfant dont les bottes avaient suscité l'envie de Lily, se joignit à elles. Une autre fille l'accompagnait, apparemment très sûre d'elle-même. Lily la trouva néanmoins sympathique. Elle retint sans difficulté son nom : Ria Boulayeva.

Un compartiment avait été réservé à un petit groupe de femmes plus âgées. Un seul visage était familier à Lily, celui d'une officier de taille moyenne, de corpulence solide, aux traits énergiques et aux yeux qui ne rigolaient pas tous les jours : le commandant Yevdokia Berchanskaya, l'adjointe de Marina Raskova, appelée à commander en second le centre d'instruction aérien féminin d'Engels. Les filles supposèrent que les autres femmes qui l'entouraient devaient faire fonction d'aides de camp. Certaines suggérèrent qu'elles étaient professeurs.

— À leur âge, glissa à Lily Ina Pasportkina, qui avait vingt-six ans, on ne se débarrasse pas si facilement de l'école.

Un peu plus de six cents kilomètres séparaient Moscou d'Engels. Le voyage devait durer deux jours et une nuit, il leur en fallut quatre pour arriver.

Les bombardements de l'aviation allemande se multiplièrent. Une section d'infanterie occupait le premier wagon. Ses opérateurs radio se relayaient à l'écoute vingt-quatre heures sur vingt-quatre. Dès qu'une alerte était donnée, le train s'arrêtait au premier village ou à la première ville défendue par des batteries de DCA, et sous la protection des canons, attendait que la Luftwaffe s'éloigne. En pleine campagne, on s'en remettait à l'affût quadruple, pointé vers le ciel, monté sur une plate-forme en queue de train.

Ce que tout le monde craignait le plus, c'étaient les patrouilles de chasseurs allemands. Opérant généralement par deux, les avions surgissaient sans avoir été repérés et attaquaient. Heureusement, c'était le plus souvent à la locomotive qu'ils en avaient. Ils ne semblaient guère craindre la DCA du train.

Les bombes n'atteignirent jamais le train, mais plusieurs mitraillages firent des victimes. Trois militaires du premier wagon furent tués lors d'une attaque par un Messerschmitt solitaire dont une rafale explosa dans le wagon d'escorte. Comme le remarqua une fille à l'accent gouailleur de Leningrad, « la locomotive n'avait été que blessée ». Sa plaisanterie tomba à plat.

Les morts furent évacués en gare de Rjazan. Où le changement de locomotive bloqua le train durant six heures. Lily, avec une inconscience qui effraya ou agaça ses camarades, ne chercha jamais à se protéger pendant ces attaques, ne pouvant s'empêcher de jeter un coup d'œil par les fenêtres pour observer comment les avions opéraient. Elle se fit du reste reprendre par le commandant Berchanskaya qui lui demanda de se mettre à l'abri « comme ses camarades ».

Les attaques se raréfièrent considérablement avec l'éloignement du train de Moscou.

À Rjazan, mais surtout à Penza, les deux principales villes du trajet, les autorités locales vinrent rendre visite au convoi. Elles apportaient quelques victuailles, du linge, des cigarettes, de la vodka. Aux blessés qui ne pouvaient pas boire, on offrait un peu de vin de Crimée ou du Caucase. À Penza, on distribua du *zimlianskoié*, le mousseux du Don. Les Cosaques le nomment *champanka*, expliqua le secrétaire local du Parti, qui présidait la délégation. Ils en sont très fiers. Ils prétendent que leur champanka ne cède en rien au véritable champagne. Lily pensa à Vassili et à ses années parisiennes : l'affirmation l'aurait mis en joie !

Le train devait s'arrêter pour la nuit. Près de la gare, un édifice en bois abritait un « théâtre de verdure » situé dans un square. Une troupe de danseurs et de danseuses venus de Moscou y donnait des représentations. Les blessés transportables furent amenés sur les civières pour assister au spectacle.

Beaucoup de filles choisirent de leur tenir compagnie pendant toute la durée de la séance. Certains regardèrent plus souvent leur marraine d'un soir que les danseurs sur scène. La plupart des filles s'étonnèrent de la jeunesse des soldats. Sous leurs pansements et avec leur pâle sourire, ils ressemblaient encore plus à des enfants.

Les jeunes femmes n'étaient parfois pas en reste. D'Albina Makariev, on ne voyait à la première rencontre que des yeux noisette rieurs, des pommettes joliment dessinées, une belle bouche charnue. Mais un nez busqué de fille du Nord, un menton volontaire et un regard que la colère savait assombrir très vite conféraient du caractère à son visage d'une harmonie teintée d'un soupçon de fadeur. Ils engageaient aussi à ne pas abuser d'une bonté qui s'était confrontée aux rudesses de la vie arctique : elle était originaire des environs de Mourmansk, aux confins du cercle polaire.

Elle avait pourtant échappé aux dégâts de l'âme qu'inflige parfois une nature trop hostile et rares étaient ceux qui ne tombaient très vite sous le charme de son sourire très doux, de son sens de la réplique aiguisée et drôle, de sa gentillesse rarement prise en défaut.

À chaque arrêt du train, elle était disponible pour rendre visite aux blessés. Elle avait une telle façon de les écouter, de remettre en place leurs pansements, de leur poser la main sur le front ou sur le bras qu'à la fin du voyage, elle était l'idole du convoi sanitaire.

Il arrivait à des camarades moins angéliques de se moquer quelque peu de tant d'altruisme. Elle leur dut son surnom de « sainte Albina », qu'elle accueillit d'un geste négligent. On rapporta le surnom au commandant Berchanskaya : il lui arracha un de ses rares sourires. Quand on s'étonnait devant Makariev de son dévouement, elle haussait les épaules : « C'est bien le moins que l'on puisse faire pour eux ! ».

Une dizaine de blessés moururent durant le trajet. Chaque jour, le train s'arrêtait au moins une fois dans la campagne, près d'un champ ou d'une forêt. Les infirmiers creusaient une ou plusieurs tombes. On y enterrait les morts. Parfois, les hommes de corvée plantaient dans la terre fraîche à peine tassée une petite planche avec un nom et une date gravés maladroitement dans le bois. Le plus souvent, on ne laissait rien. Quand le train redémarrait, le petit tas de terre tassée s'éloignait dans la steppe à côté des monticules plus importants, les *kourgans*, laissés par les nomades sur les restes de leurs morts.

Après avoir accompagné à sa dernière demeure l'un de ses favoris, Albina pleura à chaudes larmes. À Lily qui tentait de la calmer, elle déclara, misérable, entre deux hoquets :

— Mais as-tu vu son âge ? J'avais l'impression de m'occuper d'un de mes jeunes frères !

Litvak croisa les doigts dans son dos – elle n'était pas superstitieuse, mais on ne sait jamais ! – et lui fit remarquer :

— Si tu commences à pleurer sur un mort que tu ne connais pas, tu vas passer ta guerre en larmes. D'ailleurs, c'est du gâchis : tu es tellement faite pour être infirmière que je ne comprends pas pourquoi tu t'es engagée dans l'aviation. Tu serais mieux dans un hôpital que sur un aérodrome militaire !

— Infirmière ? Je ne pourrais pas. Tu vois bien, ajouta-t-elle en souriant entre deux reniflements, je pleurerais tout le temps !

Lily se reprocha d'avoir été inutilement dure. Après tout, elle aussi avait les larmes aux yeux.

Épuisées, les traits tirés, les yeux derrière la tête, les filles engourdies descendirent du train à la gare d'Engels pour gagner immédiatement des camions et un bus antédiluvien qui les attendaient à la sortie. Quand le petit convoi, qui avait contourné la ville – qu'elles ne virent pas – s'engagea sur la longue route droite conduisant à l'entrée de ce qu'il fallait bien appeler une caserne, les voix se turent instantanément. Et c'est dans un silence soudain chargé d'interrogations et de doutes que les filles sautèrent des camions pour se diriger vers le poste de garde, encadré de sacs de sable protégeant deux batteries antiaériennes.

Devant la barrière baissée qui empêchait toute arrivée, des sentinelles en armes, casques d'acier, peu avenantes, les regardaient s'avancer.

— On était mieux accueillies dans les gares, risqua à mi-voix Galia Boordina.

— Vous ne vous attendiez pas à une délégation de pionnières en costume folklorique vous offrant des corbeilles de fleurs ? demanda la sage Ina Pasportkina.

— Pourquoi pas ? rétorqua Marina Chichnova, dont Lily avait entre-temps appris le nom et retenu un trait de caractère : le goût de la provocation.

Ladite Lily, elle, préférait la boucler, mais quand elle croisa le regard du garde qui vérifia sa pièce d'identité comme si on lui avait annoncé l'invasion massive des lieux par un bataillon de SS déguisé en jeunes filles, elle lui retourna le même, en plus glacial. Avec un sourire narquois, elle nota que les mains de certaines de ses compagnes de voyage tremblaient en tendant leur carte d'identité.

L'entrée franchie, l'académie militaire des Forces aériennes – base d'Engels – se présentait sous un aspect au diapason des sentinelles et de la chaleur des affûts antiaériens de 50 mm qui protégeaient l'entrée.

Au premier plan, un camp de travail, en moins gai : des bâtiments gris – bronze pour les plus avenants – bas, longs, de plain-pied. Partout, des chantiers : on agrandissait à tout-va. Des civils, hommes et femmes mélangés, s'activaient. Ici, on dressait des baraquements provisoires dont on sentait intuitivement qu'ils n'auraient de provisoire que le nom ; là, on prolongeait des bâtiments par des baraques construites en rondins de bois.

L'harmonie des architectures se discutait, mais comme le fit remarquer Ina Pasportkina : « On était en guerre ».

Dans le champ de vision des arrivantes s'inscrivirent ensuite des véhicules garés ou remorqués par des tracteurs. Elles pouvaient logiquement en déduire que les bâtiments qu'elles découvraient ici étaient des ateliers de réparation.

Devant le plus important d'entre eux se trouvaient impeccablement parqués trois biplans U-2. Les retrouvailles avec ces silhouettes familières furent pour beaucoup d'entre elles le seul moment de soleil de cette rude journée.

Enfin, dans le lointain, elles aperçurent les pistes et les hangars d'un aérodrome.

— Évidemment, on change d'échelle, dit d'un ton neutre Galia Boordina qui avait appris à piloter sur un terrain grand comme une assiette.

Bunkers de béton et canons dressés vers le ciel donnaient au crépuscule une couleur lugubre qui n'incitait pas à l'optimisme.

Elles n'avaient pas tout vu. Un capitaine taillé en armoire sibérienne vint à leur rencontre. Il leur souhaita la bienvenue, puis les fit mettre en rang. Il vérifia leur alignement dans le plus pur style « Je ne veux voir qu'une tête », eut une moue désabusée puis entreprit de les conduire vers un bâtiment situé à environ quatre cents mètres – une ancienne école désaffectée, leur dit-il en arrivant. Le « désaffectée » en effraya quelques-unes.

— Vous êtes chez vous, camarades, leur dit-il...

Elles paniquèrent carrément.

— Il se fout de nous ? demanda quelqu'un aux nerfs plus solides, du fond des rangs.

Le commandant Yevdokia Berchanskaya rendit compte du voyage à Marina Raskova, arrivée depuis deux jours.

— Ton impression personnelle ? demanda Raskova à la fin du rapport.

— Par bien des côtés, beaucoup d'entre elles sont encore des enfants. Je ne mets pas en doute leurs qualités techniques, humaines, ni même leur détermination, mais il faudra nous souvenir que la grande majorité n'a jamais quitté le domicile familial. Nous serons amenées très certainement à leur apporter un soutien... (elle chercha le mot) je dirais « maternel ». La plupart d'entre elles en auront besoin un jour au cours des six mois qui viennent et peut-être même plus tard. Je ne te cacherai pas que je ne crois pas avoir les qualités nécessaires pour jouer ce rôle de mère.

— Et moi ? Mais avons-nous le choix ?

Chapitre 28
Valentina

Engels, 18 octobre 1941, premier jour, arrivée.

Deux mille jeunes femmes avaient répondu à l'appel de Marina Raskova. Mille deux cents avaient été retenues.

À quelques exceptions près, elles étaient toutes présentes.

Valentina Petrochenkova, une des proches compagnes de Lily à l'*Ippodromo* de Moscou faisait cependant partie des exceptions.

Les deux jeunes filles étaient très liées. Une complicité profonde d'adolescentes s'était forgée dans le plaisir trouble et la mauvaise conscience partagée d'avoir mis en avant leurs charmes – dont la jeunesse n'était pas le moindre – pour obtenir de moniteurs complaisants l'autorisation d'apprendre à piloter avant l'âge légal de dix-sept ans.

L'efficacité de la méthode, consacrée par leur premier vol, pratiquement concomitant, avait nourri leur jubilation. Le nouveau regard – reconnaissant – des deux moniteurs et quelques caresses ajoutaient au plaisir trouble qui colorait désormais la relation maître-élève.

À sa décharge, Valentina disait qu'elle n'avait fait qu'imiter Lily, précurseur dans l'affaire « mais surpassée ensuite ! » rétorquait Lily. En fait, elles avaient surtout échangé des confidences et chacune avait fait son miel de l'expérience de l'autre.

Contrairement à Lily que ses parents poussaient vers une carrière d'ingénieur, Valentina avait décidé de poursuivre dans la voie du monitorat professionnel d'aviation. Sa première affectation dans les environs de Kiev avait séparé les deux jeunes filles mais une correspondance suivie avait entretenu leur amitié. Que la guerre avait brutalement interrompue. Kiev tomba en août, après des combats qui comptèrent parmi les plus sanglants de la guerre. Lily ne savait même plus si son amie était encore vivante.

Elle l'était.

Quelques heures avant la chute de la ville, elle avait été évacuée de justesse sur Marioupol, un port situé sur la rive nord de la mer d'Azov, qui baigne la Crimée à l'ouest.

Valentina avait par moments le sentiment que les Allemands la poursuivaient personnellement : Kiev à peine prise, les chars allemands pointaient déjà leurs canons vers la mer Noire.

La jeune pilote pointait, elle, avec attention leur avance sur une carte.

Le 16 octobre, elle enlevait une punaise : l'Armée rouge évacuait Odessa.

Trois jours plus tard, Fritz amenait ses canons en Crimée. Valentina commença à empaqueter ses affaires. Et l'Osoaviakhim, qui ne gérait plus l'aéro-club de Marioupol passé sous contrôle militaire depuis le début de la guerre, décidait néanmoins de transférer son personnel dans l'est du pays, moins exposé.

Le 26 octobre, toute la Crimée, à l'exception de Sébastopol, était sous la botte de von Manstein et des reîtres de sa XIe armée.

Valentina, en accord avec ses chefs, lança le moteur de son vieil U-2 et décolla de Marioupol, cap sur un aérodrome situé au nord de Stalingrad.

C'était un modèle de retraite organisée. Maniant la dérision aussi bien que le manche à balai, elle prétendait : « Je recule en regardant l'ennemi en face ». Humour peut-être déplacé en la circonstance mais authentique sens de l'image. Devenue à son corps défendant une spécialiste de la logistique et des déplacements rapides, elle pensa faire une école d'état-major. Ce qui ne fit pas rire son nouveau commandant, qui ne pratiquait pas la blague à froid. Du coup, son nouvel ordre de mission s'alourdit d'une autre tâche : la formation des parachutistes. On ne pouvait pas toujours plaire.

Ses déménagements successifs l'empêchèrent d'entendre en temps et en heure l'appel de Marina Raskova. Et ce ne fut que sur les rives de la Volga qu'elle en prit tardivement connaissance.

Elle demanda des informations complémentaires à ses chefs mais n'obtint d'eux qu'un veto sans appel : la formation des pilotes et des parachutistes était d'une priorité sans commune mesure avec les « balades en avion de jeunes femmes pistonnées à la recherche de sensations fortes », comme l'avait commenté un officier subalterne. Pour une Valentina outrée, ce fut la remarque de trop.

Lily Litvak et Larissa Rasanova cherchaient en vain le nom de Valentina Petrochenkova sur les listes des groupes d'arrivantes qui se succédèrent pendant quarante-huit heures encore au centre d'instruction d'Engels. Elles étaient tellement sûres que leur amie aurait répondu à l'appel de Raskova, si elle avait été vivante, qu'à chaque consultation vaine, la crainte de sa mort s'imposait un peu plus à leur esprit. Résultat, elles n'eurent pas le courage de consulter la dernière liste.

Ce que Lily ignora longtemps, c'est que « la remarque de trop » avait incité Valentina à jeter par-dessus les moulins son sens de la hiérarchie militaire : après tout, n'était-elle pas civile ?

Remontée comme une furie tcherkesse, elle avait finalement écrit une lettre circonstanciée à Marina Raskova, n'éludant rien, sans trop insister toutefois sur le mépris où étaient tenues les femmes prêtes à offrir leur vie pour leur pays. Son intuition lui disait que Raskova avait dû, elle aussi, subir quelques avanies masculines avant de faire aboutir son projet. Cette confrontation partagée avec la gent mâle lui vaudrait peut-être quelque sympathie de la réceptionnaire. Elle jugea prudent toutefois de ne pas ajouter, ce qui était sa première intention, que le rejet de sa candidature était le fait « d'hommes planqués à 500 kilomètres du front », mieux valant éviter toute suspicion de mauvais esprit.

Elle copia in extenso les références de son brevet de pilote et les différentes séquences de son carnet de vol, s'excusant de ne pouvoir envoyer les documents originaux sous peine d'être fusillée ou, au minimum, interdite de vol « jusqu'à la fin du siècle ». Sur ce qu'elle estima être la touche d'humour indispensable à toute lettre, elle signa, souligna trois fois « Très urgent » sur l'enveloppe, et se précipita pour la donner en mains propres – accompagnée d'un sourire « modèle Litvak, modifié Petrochenkova » du plus bel effet – au premier pilote en partance pour Moscou. Elle lui demanda surtout, « comme une grande faveur » – Litvak se serait roulée par terre en voyant sa mimique – de la déposer personnellement à l'état-major des Forces aériennes qui feraient suivre...

Puis, du même pas décidé, elle s'était dirigée vers le bureau du commandant de l'aérodrome pour commencer son siège. Où elle gagna la réputation d'« emmerdeuse n° 1 du district de Stalingrad », mais toujours pas l'autorisation de faire acte de candidature.

C'est un homme outrageusement hors de lui et de surcroît « fort mal élevé », – jugement excessif de Valentina – qui la convoqua un matin en agitant sous son nez une lettre à l'en-tête officiel de la direction du personnel de l'armée de l'Air.

— Qu'est-ce que c'est que ça, Petrochenkova ? hurla-t-il.

Candide, innocente, feignant la plus grande surprise et d'une hypocrisie rare, Valentina demanda à consulter le document qu'elle essayait vainement de saisir.

— Ne vous foutez pas de moi ! Sortez !

L'éruption volcanique du Vésuve des steppes prit trois jours pour s'apaiser. Valentina considéra qu'ils faisaient partie de sa formation à la patience. Elle était interdite de présence dans le bureau du commandant.

À la fin du troisième jour, un planton lui apporta une convocation pour le lendemain, 6 h 30 du matin. Elle était du soir : elle l'interpréta, non sans raison, comme une provocation, une sorte d'ultime cri de rage de la bête vaincue. Elle y puisa un regain d'optimisme – là, elle avait tort – et, chantonnant, commença à préparer ses affaires en prévision d'un départ imminent.

À 6 h 32, elle déchantait.

L'adjoint du commandant – « celui-ci étant trop pris pour la recevoir personnellement » – l'informait qu'elle devait rejoindre l'académie militaire d'Engels – il était 6 h 31 – dès qu'elle aurait achevé sa mission ici... Il était 6 h 32.

— Achever ma mission ? Quelle mission ?

— Votre contrat stipule, comme vous l'avez certainement lu, lança l'autre d'un ton mielleux à se faire arracher les yeux, que vous devez former au saut soixante parachutistes. J'ai fait un décompte précis, vous n'en êtes qu'à vingt-neuf ! Prochaine session de saut : ce matin à 10 heures. Quatre recrues. Au travail !

Valentina repoussa sa chaise avec une violence qui faillit l'entraîner.

— Attention, crut devoir plaisanter le lieutenant, vous n'avez pas de parachute.

Elle pensa que c'était bien dommage : il l'aurait pris à travers la figure.

Méprisante, image vivante de l'Indignation au bras de l'Injustice, elle sortit.

Il lui fallut plus d'un mois pour achever la formation de son quota de parachutistes. Et puis le grand jour arriva.

Ses affaires étaient bouclées, la météo de la journée au diapason de son humeur : superbe. Un bombardier décollait pour Saratov – séparée d'Engels par la seule largeur de la Volga – en milieu d'après-midi. Son soixantième parachutiste grimperait ce matin dans l'avion d'entraînement pour effectuer le saut qui libérerait Valentina... La vie était belle.

Bien sûr, Valentina ne partit pas.

Chapitre 29

Rien n'est plus étranger à la femme que la mort

Engels, deuxième jour.

Le discours inaugural du Centre d'instruction des personnels féminins des forces aériennes soviétiques – appellation officielle – fut prononcé par le colonel commandant l'académie militaire.

Grand, mince, cheveux grisonnants, se tenant droit comme un *i*, poitrine couverte de décorations et manche gauche vide – bras amputé au-dessus du coude –, son entrée suscita un mouvement d'approbation des filles, sensibles à cette belle gueule de militaire. Son autorité naturelle et la froideur du regard les fit taire instantanément.

Le mot de bienvenue se montra ce qu'il devait être pour des jeunes femmes qui venaient se mettre volontairement au service de leur pays – ce qui fut souligné – au risque de leur vie – ce qui ne le fut pas.

Le reste du discours fut sans complaisance.

Le déroulement du stage se vit décortiqué. La période de formation militaire *stricto sensu*, se révèlerait ingrate. Leur condition féminine ne leur épargnerait ni la dureté des manœuvres terrestres ni la préparation au combat terrestre individuel – elles pouvaient être abattues et tomber en territoire ennemi. Celle-ci comporterait parcours du combattant, tir au pistolet et au fusil, combat à l'arme blanche. Elles ne seraient pas dispensées des formations à la discipline comme l'ordre serré, la marche au pas, le maniement d'armes. « Après tout, elles participeraient peut-être au défilé de la victoire ! » Elles enchaîneraient ensuite avec la formation aérienne militaire...

Venues dans leur quasi-intégralité pour voler, les filles se virent confirmer ce qu'elles pressentaient sans oser le formuler clairement : elles ne seraient pas toutes pilotes ou navigatrices, un tiers d'entre elles feraient la guerre comme mécaniciennes au sol. Il y eut des grimaces. Les épreuves d'orientation se dérouleraient à la fin de la première moitié du stage, la seconde serait consacrée à un entraînement spécifique dans la spécialité à laquelle elles seraient affectées.

Le commandant de la base poursuivit :

— Trois régiments aériens seront créés : un régiment de chasse, un régiment de bombardiers de jour, un autre de bombardiers de nuit. Vous en constituerez le personnel. Il sera entièrement féminin, du commandant de régiment jusqu'aux pilotes, navigateurs, radios, bombardiers, mitrailleurs, mécaniciens en vol ou au sol. Je vous souhaite donc un bon travail. Nous vous aiderons à l'accomplir dans toute la mesure de nos moyens.

Je terminerai par deux mots. Premièrement, rappelez-vous que vous suivrez en six mois une formation qui, en temps normal, demande deux années entières. C'est-à-dire que vous ferez partie d'équipes envoyées au front sans réelle expérience. L'humilité de vos débuts sera la meilleure garantie de votre efficacité ultérieure. Deuxièmement : vous allez devoir affronter deux mondes redoutables. Le monde des hommes et l'univers de la guerre.

Il va vous falloir apprendre à y vivre. Chez les hommes, vous rencontrerez l'incompréhension, l'étonnement, la bêtise, les préjugés, l'injustice. Vous rencontrerez aussi l'amitié, le dévouement, l'exemple et l'esprit de sacrifice.

L'univers de la guerre est celui de l'horreur. La guerre n'est jamais jolie. Celle-ci est particulièrement affreuse. Elle s'inscrit, certes, dans le cadre des cruautés habituelles de l'homme : les dix mille crucifixions des esclaves révoltés de Spartacus, ces premiers prolétaires, que Crassus, leur vainqueur, ordonna à Rome, le long de la via Appia... ; les Valaques, empalés au XVᵉ siècle par leur prince Vladimir, qui y gagna pour l'éternité le surnom ignominieux de « Vlad l'Empaleur », témoignent des abominations de l'homme, qu'il les pratique ou qu'il s'en accommode. Et je pourrais vous citer bien d'autres vilenies. *Ce qui est sans précédent dans le conflit auquel vous vous préparez, c'est que l'horreur ne s'est jamais exercée sur une telle échelle.*

Quand vous aurez vu de vos propres yeux, ce que les brutes nazies, venues d'un pays que l'on pouvait croire civilisé parce qu'il avait donné à l'humanité Gutenberg, Bach ou Beethoven, ont fait à nos compatriotes, nos villes et nos campagnes, parfois à nos propres parents – à vos parents, vos frères, vos sœurs, vos proches – alors vous aurez affronté l'horreur, vous connaîtrez le dégoût, la haine, le désir de vengeance, l'esprit de folie.

La guerre est l'affaire des hommes. Ils la pratiquent, hélas, depuis le début de l'humanité. Elle n'a jamais été celle des femmes. C'est pourquoi elle vous demandera encore plus de force, encore plus de courage, encore plus d'abnégation. Le sacrifice vous sera encore plus difficile car rien n'est plus étranger à la femme que la mort, elle qui a pour mission de donner la vie. Nous n'échapperons, vous n'échapperez à rien de tout cela. L'ennemi nous a imposé cette guerre. Il nous a envahis avec ses chars, ses avions, ses SS, et ses gauleiters, pour conquérir et occuper un soi-disant « espace vital » qui est notre terre. Son but, explicitement proclamé, est de faire de nous, les Slaves, « ces sous-hommes habitués à subir le joug » – c'est lui qui le proclame – et de nos peuples frères, les esclaves d'un « Reich de mille ans » !

Mais cette guerre que nous n'avons pas voulue, nous la gagnerons. Parce que nous en avons les moyens, parce que nous avons le temps, nous avons l'espace, que nous avons des alliés, et que chaque jour qui passe, devant l'indignité et les abominations de notre ennemi, dans le monde entier, de plus en plus de voix s'indigneront, des bras se lèveront, s'armeront et tous ensemble, nous terrasserons la bête et nous nous en débarrasserons... N'ayez aucune crainte, même dans les moments de profond désespoir que vous connaîtrez : l'issue ne fait pas de doute. Dans cette lutte à mort, qui s'achèvera, je vous le dis en toute certitude, dans les ruines de Berlin, les femmes sont aussi concernées que les hommes. Comme d'autres qui vous ont précédées – quel plus beau symbole que la conduite de ce bataillon de femmes qui, de la première à la dernière minute, participa à l'héroïque défense de la citadelle de Brest-Litovsk, assiégée pendant douze jours par les nazis – c'est ce combat que vous rejoignez aujourd'hui.

Vive l'Union soviétique !

Vive la victoire !

Les filles, bouleversées, applaudirent à tout rompre. Lily confia peu après son émotion à Larissa en lui avouant qu'une angoisse qu'elle n'avait jusqu'alors jamais ressentie l'avait étreinte, qu'elle s'était sentie presque physiquement malade, au point de craindre de tourner de l'œil.

— Tu es fatiguée. On l'est toutes ! C'est le voyage et le dépaysement. Et plus de petite maman pour te chouchouter.

— Pas du tout, intervint Ina Pasportkina qui s'était insérée dans la conversation. Ce sont les sécurités successives de ta bombe intérieure qui ont lâché l'une après l'autre. Simplement, la dernière a tenu le coup. C'est la raison pour laquelle tu n'es pas sortie sur une civière, ou que tu n'as pas fait une grosse connerie.

— Du genre ?

— Je ne sais pas, moi... te lever et crier « Mort à Hitler ! », par exemple. Ou t'effondrer en larmes et appeler ta mère, comme le suggère inconsciemment Larissa, qui ne pardonne pas à la sienne de l'avoir obligée de sortir sa poupée de sa valise... oh, inconsciemment, bien sûr... ou encore foutre en l'air tous tes papiers et sortir de la salle en hurlant : « Vous me faites tous chier ! ». Ce qui est bien le cas, non ?

— C'est le problème avec les ingénieurs, dit Larissa, goguenarde, ils voient des mécanismes partout. Même dans les têtes. Tu me rappelles mon père, tiens. Et, se tournant vers Lily, rappelle-moi de ne jamais plus lui faire de confidences : cette salope s'en sert publiquement.

Le jugement commun qu'elles portèrent sur ce qu'elles venaient d'entendre les réconcilia : ce qui les avait touchées, toutes les trois, dans la conclusion du colonel, c'était sa rigueur, sa clarté, son refus de les traiter comme des retardées mentales – même s'il leur avait, par moments, foutu la trouille : un peu plus de vols exaltants dans le ciel, un peu moins de sacrifices inéluctables, aurait allégé l'ambiance.

— Pas de doute, ce gradé sait causer !, conclut Larissa, pastichant une de leurs compagnes à l'accent faubourien.

Elles n'oublieraient jamais ni le discours, ni l'homme qui avait parlé.

Chapitre 30
Moscou assailli

Marina Raskova, 22 octobre 1941, communiqué n° 1.

« Moscou a été une nouvelle fois bombardée. Une bombe est tombée sur le Kremlin, une autre a touché l'ambassade américaine. Le petit théâtre a été détruit, l'université endommagée. Deux cents appareils ont pris part à ce raid. Notre chasse et notre défense anti-aériennes ont été efficaces.

Ces bombardements cherchent à semer la terreur. Mais les nazis se trompent.

Les couloirs du métro ont été mis à disposition de la population pour qu'elle s'abrite. La défense passive a maîtrisé les incendies.

Les administrations les plus importantes ont commencé à être évacuées. Le corps diplomatique sera transféré à Kouibychev... »

Par un bulletin confidentiel réservé aux hauts cadres du Parti, Marina Raskova apprit également des nouvelles moins réjouissantes. Quand la prise par les Allemands de la ville de Mojaïsk, située aux portes de Moscou, a été connue dans la capitale russe, les premières émeutes ont éclaté. Des magasins ont été pris d'assaut, des mots d'ordre anticommunistes et antisémites ont couru les rues. La police est violemment intervenue pour les réprimer.

Marina Raskova et Yevdokia Berchanskaya décidèrent de ne pas communiquer ces informations à leurs élèves.

Chapitre 31

Impossible de voler avec des femmes

Engels, début novembre 1942.

Une escadrille d'avions de chasse de type Yak 1 était provisoirement basée à Engels lorsque la troupe féminine y arriva. Avec un instinct très sûr, les filles le découvrirent vite et s'en firent une joie. Quand, à leur tour, les pilotes apprirent que plus de mille jeunes femmes débarquaient sur la base, ils notèrent avec plaisir cette amélioration prochaine de leur environnement.

— Je suis très pour !, concéda l'un de ceux dont l'opinion comptait.

Un autre crut nécessaire de tempérer l'enthousiasme général :

— Ouais, bof... tant qu'on ne nous demandera pas de voler avec elles !

Ses camarades le regardèrent comme un frappé et refusèrent d'en entendre plus : il avait la réputation d'être sans concurrent pour foutre en l'air une ambiance. Eux rêvaient déjà de détournement à des fins personnelles du matériel de l'État : vols romantiques en U-2, balades nocturnes en véhicule de liaison de l'escadrille et autres fantasmes de grand cerf à l'époque du rut. Logiques avec eux-mêmes, ils plongèrent avec un rare ensemble dans leurs cantines pour retrouver la fameuse écharpe de soie des pilotes de chasse, momentanément en disgrâce, parce qu'ils trouvaient qu'elle « faisait gonzesse », défaut rédhibitoire aux yeux de ces guerriers de vingt ans. Mais comme, selon les dames cette fois, « elles leur donnaient fière allure », cette opinion devait être prise en compte. Ils se mirent à les porter avec une constance sans précédent dans l'histoire des Forces aériennes soviétiques, où, qu'on se le dise, « on ne met pas du pain entre deux tranches de pain ». En d'autres termes, et en russe : « On n'est pas des pédés ! »

Ils faisaient bien de se mettre en frais, car les premiers temps, l'écharpe de soie ne montra pas les vertus d'un philtre d'amour. Les filles qui les croisaient parlaient négligemment entre elles du charme de celui-ci, du nez trop long de celui-là, des fossettes d'un troisième, « adorables » pour certaines, « pas assez viriles » pour d'autres... Bref, elles se donnaient un genre.

Les hommes, eux, comme souvent en groupe, cachaient leur timidité derrière le fatras habituel des plaisanteries et des sarcasmes. Les « uniformes informes », les rires moqueurs quand ils se donnaient rendez-vous pour suivre (d'assez loin, heureusement) les pitoyables séances d'ordre serré sur des pavés inégaux, condamnaient ces dames à l'humilité. Qu'elles croisent un bel homme – avec ou sans écharpe blanche – et les têtes se baissaient, les cous rentraient dans les épaules, les visages s'allongeaient, dans une tonalité où le gris, en général, dominait. Pour tout dire, les belles ne portaient pas beau.

Certaines s'en foutaient, ayant l'esprit à autre chose. Aux corvées par exemple. Que d'autres jugeaient débilitantes, comme la belle Wanda Khalinkova soucieuse de ménager sa superbe chevelure, et Valeria Komiakhova par philosophie personnelle. D'autres enfin s'en inquiétaient en silence.

Jusqu'au jour où les plus orgueilleuses – et les moins crevées – brandirent l'étendard de la révolte.

— Camarades, nous ne sommes pas dignes de nous !

Il n'est pas certain que le concept émis fut d'une limpidité parfaite pour les élues qui eurent le privilège, ce soir-là, de l'entendre. Mais la camarade Savonarole, en l'occurrence la très belle Tamara Medjekova, dressée sur son lit, mit une telle conviction dans sa déclaration que les plus apathiques y reniflèrent comme une amorce de prémices d'une forme de contestation. En régime soviétique, la majorité des citoyens allait rarement plus loin.

Mais la révolution prônée par Tamara Medjekova n'entrait pas dans le domaine de responsabilité du camarade Beria, commissaire du peuple à la Sécurité intérieure, pourtant méfiant par nature. Tamara réclamait de ses sœurs davantage de dignité. Elle militait pour de grandes retrouvailles avec la féminité. En ce novembre gelé de l'an de grâce 1941, à l'école militaire d'Engels, c'était un vaste programme.

Originaire des faubourgs nord de Leningrad, rassemblement d'usines à forte tradition prolétarienne, Tamara n'avait pas connu une enfance tendre. Elle avait très tôt pris conscience que la vie n'était pas toujours une franche partie de rigolade et qu'on y prenait des coups. Un jour, vers la fin de son adolescence, elle avait décidé de faire sienne la devise : « Ne jamais se laisser emmerder. Jamais ». Et elle ajoutait volontiers : « Surtout par les mecs ». Son assurance, qui n'était pas feinte, s'appuyait sur une beauté incontestable, et sa beauté sur ses cheveux : longs, soyeux, merveille de finesse et aussi bruns que ses yeux étaient clairs. L'ensemble était ravageur, et, dans son adolescence, souvent à la source de ses ennuis. Jeune, elle souffrit donc d'une beauté dont par ailleurs elle doutait. À l'émergence de la maturité, elle comprit qu'elle disposait d'une arme efficace pour affronter la vie.

À l'âge de dix-sept ans, Tamara commença à poser pour des photos et découvrit rapidement que les artistes qui la photographiaient étaient aussi des hommes. Cela ne lui déplut pas. Elle eut ensuite la chance que l'un des plus doués qu'elle rencontra s'éprît d'elle. La passion du séducteur, conjuguée à son talent, servit le modèle : il fit de merveilleux clichés – certains très déshabillés, qu'il gardait d'ailleurs jalousement pour lui seul. Mais il ne borna pas ses ambitions à se repaître visuellement et charnellement des formes de Tamara, il s'instaura son mentor. Homme mûr, marié, déchiré entre une sensualité exigeante et la conscience aiguë de l'indignité de sa conduite, cette vocation tardive de Pygmalion, forme personnelle de sa volonté de rachat, l'amena à veiller sur elle avec une attention sourcilleuse dont il était difficile de dire si elle ressortait d'une jalousie très masculine ou du zèle d'un pécheur modérément et épisodiquement repenti.

Quoi qu'il en soit, sous la protection de cet amant-père-créateur bien installé dans la vie culturelle de la « cité de Lénine » (ou de « l'ancienne capitale des tsars », selon les préférences secrètes de chacun) la belle Tamara s'évita beaucoup de bêtises, éloigna d'elle, souvent à contrecœur, quelques individus peu recommandables mais parfois attirants et trouva sa vocation en accompagnant au cinéma chaque fois que c'était possible un amant qui rêvait secrètement de troquer le Leïca du photographe contre la caméra du metteur en scène.

Comme son charme impressionnait à la fois les hommes et la pellicule, elle se forgea petit à petit une vraie confiance dont la première manifestation fut d'opter sans état d'âme, avant même ses vingt ans, pour une carrière de comédienne. Son photographe lui ouvrit les portes d'une école d'art dramatique, son premier rôle celle d'un aéro-club : elle y jouait une petite scène de séduction sur l'aile d'un biplan. Elle demanda la faveur de voler sur le biplan. On la lui accorda très volontiers. Le moniteur désigné avait du charme : il poussa son avantage assez loin. Elle n'opposa qu'une faible résistance : elle avait envie d'apprendre à piloter. Il sut vendre sa compétence, elle l'acheta avec ses charmes. Ils s'en portèrent fort bien tous les deux.

L'irruption non souhaitée de Herr Hitler sur le chemin de son début de réussite la contraria. L'invasion nazie la surprit où elle tournait un bout d'essai. La percée de la Wehrmacht vers Leningrad lui interdit tout espoir de retour à échéance prévisible. Il fallait donc bien renvoyer le Führer et ses Poméraniens dans leur Prusse ou leur Autriche natale, elle ne se rappelait plus très bien. Alors autant s'y mettre tout de suite ! Et tous ensemble. Comme on peut le constater, elle avait le sens du collectif. Ses premières démarches rencontrèrent l'appel de Marina Raskova. Elle décida de faire acte de candidature. Elle s'engageait d'abord par rancune, ensuite par défi, enfin et surtout par inconscience : après tout, se disait-elle, la guerre ne devait pas être plus pénible que certaines des épreuves qu'elle avait traversées dans sa première jeunesse. Elle ne fut dès lors pas étonnée d'être retenue pour Engels.

Au bout de trois jours, elle ne fut plus aussi certaine que le mot « Armée », dont elle découvrait la dimension concrète, se conjuguait avec le mot « Beauté », auquel elle était attachée. La coupe du vêtement militaire était, en particulier, très éloignée de ses conceptions personnelles de l'élégance vestimentaire. La fraîcheur du teint des femmes s'accommodait mal d'efforts excessifs et répétés, en général à plat ventre, sur un sol gelé balayé par le blizzard. Le maniement des armes et le travail sur des pièces métalliques huileuses lui apparaissaient peu compatibles avec les soins exigés par des ongles qui se respectent.

Mais de là à se laisser aller, à baisser la tête devant un homme quand un hasard – trop peu fréquent – amenait à en croiser : Non ! Non ! Non !

Qui prêche la croisade, trouve ses croisés. Le « Secouons-nous ! » de Tamara eut le succès des slogans simples et clairs, même pour des cerveaux miniaturisés dans leur boîte crânienne pas le froid et la fatigue. Il rencontra ses plus fidèles adeptes chez certaines des plus jolies élèves de la promotion, les moins portées à l'abdication. L'admiration masculine était un élément constitutif du sel de l'existence. Elle participait aux nourritures de leur épanouissement. Des circonstances indépendantes de leur volonté décimaient les rangs des admirateurs. La guerre est une maîtresse exigeante, implacable et jalouse. Elle ne partage pas ses soldats. Le NKVD veillait d'ailleurs à ce que cet usage soit respecté. Soit ! Mais ils restaient des hommes.

Certains étaient ici, parfois très séduisants (toujours les écharpes blanches). Rien ne justifiait donc l'abandon de ce combat-là. Tamara n'avait-elle pas proclamé : « L'amour est le seul domaine où la guerre de conquête se justifie. Il n'y aura pas de lutte finale ». Ses appels sentaient parfois le soufre, mais ils étaient mobilisateurs. Ils sonnèrent le branle-bas de combat.

Et elles commencèrent à redresser la tête.

Tenues retaillées, savons retrouvés, maquillages esquissés, ongles limés – bien vus par l'armée, dans une pure perspective utilitaire – elles reprirent du poil de la bête.

Imaginées et conduites par un état-major secret, autoproclamé « Club des Belles », sorte de *Stavka* personnelle de Tamara Medjekova, des manœuvres d'encerclement purent être lancées, des victoires remportées, des prisonniers faits.

Comme, de plus, elles avaient appris à marcher au pas, leurs yeux se remirent à briller.

— Comme notre pays, nous avons retrouvé nos armes, put bientôt proclamer Tamara, avec cette emphase assez dans sa nature. Montrant l'exemple, elle s'était d'ailleurs mis de côté un beau capitaine.

Des idylles s'ébauchèrent, certaines, sous le couvert de multiples complicités, s'accomplirent.

Marina Raskova et Yevdokia Berchanskaya, un moment inquiètes, surent fermer les yeux. Pour une fille qui couchait, cent, à travers les confidences, vivaient le grand amour par procuration. Ce n'était en tout cas pas mauvais pour le moral.

Chapitre 32

Une affaire de coupe

Engels, 14 novembre 1941.

Au lendemain de la fête nationale, le 7 novembre, arriva à Engels le commandant Krystov récemment nommé chef des services généraux de la base. Sa nomination datait du 1er novembre, mais son unité faisait partie du défilé militaire sur la place Rouge voulu par Staline malgré les défaites qui rapprochaient dangereusement les nazis de la capitale. Le commandant Krystov, qui était courageux, aurait personnellement attaqué les avant-gardes allemands, fût-ce à l'arme blanche, si celles-ci avaient menacé sa participation au défilé. C'est dire qu'à ses yeux, son arrivée à Engels pouvait s'accommoder d'une dizaine de jours de retard. C'est dire aussi le caractère spécial qui franchit les portes de l'Académie militaire le 10 novembre.

Il faut toujours se méfier des hommes qui aiment les défilés. Leur cerveau ne tolère que la forme géométrique, le carré de préférence. Leur philosophie de la vie repose sur un principe direct unique : la marche au pas.

Quatre jours après son arrivée, il signait donc la circulaire suivante.

« 10e Armée aérienne.

Académie militaire de l'air d'Engels.

Centre d'instruction aérienne féminin.

Instruction no 3.

Objet : Coupe de cheveux.

Il est rappelé au personnel féminin des Forces armées aériennes soviétiques que le port des cheveux longs est incompatible avec la sécurité, l'hygiène et la discipline des armées.

Les stagiaires féminins incorporés depuis le 5 novembre 1941 doivent en particulier être pénétrées de l'idée qu'elles sont désormais des soldats et non des vedettes de cinéma[65].

Il est rappelé également qu'un coiffeur réglementaire officie au bâtiment C du quartier les lundi, mercredi et vendredi.

Les stagiaires peuvent toutefois, si telle est leur préférence, procéder elles-mêmes à la coupe des cheveux.

En tout état de cause, la longueur des cheveux ne saurait excéder cinq centimètres de long.

Fait à Engels, le 14 novembre 1941.
Signé : Krystov, commandant. »

L'Instruction n° 3 fut affichée à l'extérieur de chaque dortoir et dans les cadres réservés aux notes de service à 6 heures précises, le matin du 15 novembre 1941. Les jeunes filles en prirent connaissance individuellement ou par groupes dans le quart d'heure qui suivit, les nouvelles graves allaient toujours vite.

On ne peut pas dire que ce fut une surprise. Devant chaque note apposée dans différents endroits dédiés du centre d'instruction, la première réaction fut pratiquement toujours la même : un court instant de silence et des babils à n'en plus finir. S'y ajoutèrent des larmes, quelquefois, chez les plus jeunes. Mais consciemment ou inconsciemment, toutes comprirent que c'était un symbole fort de leur jeunesse et de leur innocence qui était frappé.

Des clans se formèrent. Il y eut celui des fatalistes, des haussements d'épaules, des « Ça nous pendait au nez ». Il y eut le clan des « Quels cons ! ». Et enfin, celui, peu nombreux mais apparemment déterminé, des « Jamais ! ».

Dans un cadre militaire, Lily ne prédit pas à cette école de pensée un grand avenir. Pour elle, personnellement, ce fut pourtant un drame. Elle avait toujours été attachée à ses longs cheveux blonds, et devoir les couper lui apparut comme une mutilation de sa féminité. Elle ne comprenait pas pourquoi elle serait moins bon pilote avec les cheveux sur la nuque qu'avec une tête de garçon manqué. Elle tira donc la gueule toute la journée, trimbala sa mauvaise humeur, alluma quelques copines sans raison, mais le lendemain, elle allait chez le coiffeur.

Elle fit aussi école quand, ses mèches tombées, elle les ramassa soigneusement et les emporta. Le soir, elle répartit ses cheveux coupés en petits tas, posés les uns à côté des autres sur son lit. La finesse des cheveux blonds tranchait avec l'aspect rugueux de l'épaisse couverture gris foncé. Sa voisine de chambre le lui fit remarquer et s'enquit du pourquoi de l'opération.

— Quitte à les perdre, répondit Lily, autant qu'ils servent à quelque chose. Une mèche pour ma mère, une pour mon petit frère – dans des enveloppes différentes – une pour mon fiancé, « qui ne sait pas qu'il est mon fiancé » (mais elle garda cette réflexion pour elle en songeant à Vassili), deux ou trois pour des admirateurs, une pour ma professeur de musique, le reste pour mes meilleures amies... Avec un peu de chance, certains me remercieront par un colis.

L'idée fut jugée intéressante et mise en application dans d'autres chambrées. Comme souvent les bonnes idées, elle fut aussi dénaturée : certaines multiplièrent les mèches. On s'extasia d'abord sur leur nombre présumé d'admirateurs. On comprit vite que c'étaient des vantardes. Ou, chez les plus discrètes, des projections fantasmatiques de filles en manque.

Deux jeunes femmes étaient particulièrement concernées par le sacrifice de leurs cheveux. Parce qu'elles possédaient des chevelures d'une beauté exceptionnelle.

La première était la Rosa Luxemburg des chambrées, Tamara Medjekova, ce qui n'étonnera personne. La seconde, l'Ukrainienne Wanda Kalinkhova.

Tamara Medjekova avait le sentiment d'avoir déjà avalé la couleuvre des treillis sans forme, des bottes d'hommes et des chapkas pour crânes de mammouth. L'armée poursuivait son offensive en montant cette fois à l'assaut direct de leur féminité personnelle. À ses yeux, cela commençait à faire beaucoup. Sans avoir à le chercher exagérément, le clan des « Jamais » avait trouvé son porte-voix !

On pouvait être belle mais aussi dotée de bon sens. La lecture de la note de service mit Tamara dans une rage noire, mais ne la poussa pas à faire n'importe quoi. Elle se calma d'abord et réfléchit ensuite, ce qui est le bon ordre des choses.

Deux éléments devaient être pris en compte. Primo, la guerre était probablement plus dangereuse que ce qu'elle avait imaginé dans son enthousiasme guerrier des premiers jours. Secundo : quatre semaines bientôt passées à Engels avaient attiré son attention sur les règles du jeu qui prévalaient en milieu militaire, et qui comportaient une logique à laquelle rien n'obligeait d'adhérer intellectuellement mais qui s'imposait à tous. Un exemple : elle était bonne pilote, mais d'autres l'étaient aussi ! Elle commençait à pressentir qu'entre les aspirantes, la concurrence serait plus rude que celle que son optimisme naturel ne lui avait fait entrevoir. Par ailleurs, elle se disait qu'une caserne ne semblait pas être, curieusement, le terroir le plus propice à l'épanouissement de sa séduction, même reconnue de manière assez générale. Elle était, en particulier, encore sous le choc d'un très récent vol d'entraînement au cours duquel son instructeur, l'adjudant Piotr Naraksov – petit par la taille mais trois victoires homologuées en combat aérien – lui avait passablement chauffé les oreilles avec des reproches qu'elle jugeait excessifs et, pour tout dire, malvenus. N'étant pas femme à masquer excessivement son agacement, sa réplique, quand elle sauta du petit appareil – elle ne sera pas reproduite ici – n'avait pas été empreinte d'un respect hiérarchique exagéré. En temps normal, l'affaire se serait résolue par un sourire enjôleur et un chocolat au Bazar slave[66]. Ici – signe des temps ? – l'esprit d'agression l'avait emporté sur les valeurs de conciliation.

— Cette pimbêche va entendre parler du pays ! avait hurlé l'homme, rendu furieux par la vigueur et la verdeur d'une contestation peu coutumière dans ces lieux et qui, circonstance aggravante, émanait d'une femme.

— Si cet avorton croit qu'il va me traiter comme les paysannes caucasiennes avec qui il couche habituellement, il peut se mettre ses bottes au cul !, n'avait pu s'empêcher de répliquer Tamara, retrouvant le franc-parler des marins de sa ville natale et les sonorités d'une voix suffisamment claire pour être entendue par le « coupable », qui s'éloignait.

— Ils vont te fusiller ! s'effraya la douce Elenora Babushkina, émotive de caractère.

Plus lucidement, Tamara Medjekova confia à Ielena Zenkursk, un des fleurons de sa cour :

— Au train où vont les choses, je vais me retrouver mécanicienne au sol jusqu'à la fin de la guerre ! J'ai déjà été allumée par un instructeur, il y a deux jours...

— Il t'a allumée parce que tu ne voulais pas l'éteindre, lui rappela Ielena, qui cultivait la langue de vipère et ne reculait jamais devant un mauvais jeu de mot.

Tamara ne releva pas : il y avait un problème plus important à résoudre.

Une réflexion s'imposait donc : des perspectives aussi médiocres méritaient-elles un investissement personnel fort, dans un univers aussi ingrat ? Pis : justifiaient-elles le sacrifice de sa chevelure, c'est-à-dire, n'ayons pas peur des mots, de l'écrin de sa beauté ?

Tamara, de vraiment mauvais poil, traîna toute la journée, jeta l'anathème sur les hommes en général avec une volonté répétitive affirmée – elle avait appris dans son rapide passage aux Komsomols les vertus éducatives de la répétition. Elle noya enfin les militaires en particulier sous des tombereaux de mépris. Puis elle prit sa décision : elle se confierait à ses supérieurs. Elle demanda le rapport du commandant en second de l'école, la camarade Berchanskaïa.

Camarade ne signifie pas forcément ami.

Sur la teneur exacte de l'entretien entre ces deux fortes personnalités, les versions divergent. Toutes s'accordent toutefois sur un point : le début et la fin de l'échange entre les deux femmes.

Le début témoigna de la part de Tamara d'une indignation persistante et d'un manque de mesure, comme certaines de ses amies, confidentes privilégiées, crurent devoir le reconnaître.

Tamara : « Camarade commandant, je suis dans l'obligation d'attirer votre attention sur des ordres absurdes concernant les coiffures et sur la médiocrité d'un certain encadrement... La circulaire n° 3... etc... »

La fin. Le commandant Berchanskaïa : « Tamara Grigrovna Medjekova, vous avez vingt minutes pour rendre votre paquetage ».

Le rapport – écrit – du commandant Berchanskaïa, rédigé par lui-même, indiqua : « La conception des devoirs militaires et l'esprit de discipline montrés jusqu'à ce jour par la stagiaire Tamara Grigorovna Medjekova, volontaire des unités féminines d'aviation en cours de création, ne laissent entrevoir aucun espoir d'apport positif de ladite stagiaire à l'effort de guerre de la nation dans le cadre de ces unités. Une démobilisation immédiate – fermement recommandée par l'auteur de ce rapport – la rendrait à des activités plus proches de ses aspirations profondes. »

Qu'était-il arrivé ?

— Ça s'est assez mal passé, rapporta Elenora Babuskina. Tamara est sortie du bureau de la commandant en second en frôlant l'hystérie. Elle s'est précipitée au dortoir pour tenir une réunion d'information. On a cherché à la calmer mais elle ne voulait rien entendre.

— Le problème avec les femmes soldats, hurlait-elle, c'est qu'au-delà du grade de lieutenant, ce ne que sont plus des femmes mais des mecs. Aussi crétines qu'eux ! Devine qui pourra qui était visée.

La vérité oblige à dire qu'à ces mots, la moitié des filles de l'assemblée regardèrent lâchement autour d'elles pour s'assurer qu'aucun gradé n'était présent dans la salle, puis que certaines commencèrent à s'éloigner négligemment du groupe réuni autour de Medjekova, cherchant apparemment à mettre entre elles et l'oratrice le maximum de mètres en un temps décent, compatible avec un minimum de solidarité féminine. Ne restèrent assez vite autour de Medjekova que les vraies curieuses qui voulaient connaître la suite de l'histoire et les perverses qui flairaient l'odeur du sang. Ce qui représentait tout de même du monde.

Commentaire de l'instructeur Naraksov, devant deux de ses collègues, lors du petit déjeuner du lendemain, quand il apprit le départ de la camarade Medjekova. Deux jours plus tôt, lors du premier vol en U-2, il avait eu le compliment lourd sur la beauté de Tamara, qui n'était pas d'humeur. Elle l'avait remis vertement à sa place. En vertu du principe que l'attaque est la meilleure défense et parant à toute éventualité, il avait par écrit souligné quelques fautes, à vrai dire minimes, de pilotage.

— ...Et dire que je me suis crevé le cul pour pondre le rapport que j'ai rendu hier ! J'ai peut-être été un peu dur avec elle... Elle avait quand même un sacré caractère, la poulette. Pas forcément déplaisant. J'aurais dû marchander mon indulgence avec elle... J'aurais peut-être pu quand même me la faire, malgré sa première réaction. Il ne me déplaît pas qu'on me résiste. Et c'était une foutue belle fille... Maintenant, c'est cuit. Dommage...

À la même heure Medjekova montait dans le train pour Moscou. Aller, sans retour.

L'affaire Medjekova incita Lily Litvak et quelques filles à traiter avec plus de doigté le cas de Wanda Kalinkhova.

Personne n'aurait songé à le contester : l'Ukrainienne possédait la plus belle chevelure des mille deux cents femmes sélectionnées de l'académie de l'Air d'Engels. Royale, dense, bouclée, d'un blond vénitien somptueux, couleur d'une aube d'été sur sa terre natale, elle tombait jusqu'au creux de ses reins.

Quand Wanda lut la circulaire, elle eut une faiblesse, fut transportée à l'infirmerie, puis, réintégrant son dortoir, pleura toute la nuit.

Le lendemain en fin d'après-midi, dans la lumière incertaine du crépuscule, elle demanda à sa meilleure amie, une compatriote prénommée Natacha, de procéder à la coupe. Les larmes aux yeux, les ciseaux tremblants, Natacha se mit à l'œuvre. Un cercle silencieux entourait les deux jeunes filles. Une mèche tomba, puis une autre.

Il n'y eut pas de troisième. Natacha fondit en larmes, lança violemment les ciseaux sur le sol et courut se jeter sur son lit. Wanda se précipita pour la consoler. La vue des deux amies en larmes, allongées côte à côte sur les draps gris, déclencha dans tout le dortoir un mouvement de révolte.

Il fut décidé que Wanda, cette nuit encore, garderait sa chevelure, et que dès le matin, une délégation irait voir Marina Raskova avant la première inspection.

Lily, qui avait procédé la veille au sacrifice de sa propre toison d'or, fut chargée, avec Larissa Rasanova, de conduire la délégation. Tous ses membres se devaient d'avoir les cheveux coupés. Les ciseaux officièrent tard dans la nuit. Larissa s'offrit à prendre la première la parole. Proposition acceptée à l'unanimité : elle avait une aisance d'élocution que ses compagnes lui enviaient. Lily, Larissa et deux autres filles, sensiblement plus âgées – « pour donner du poids à la démarche » – devancèrent même d'une demi-heure le réveil au clairon pour réviser leur argumentation.

Reçues par le commandant, qu'accompagnait Yevdokia Berschanskaya, elles se heurtèrent d'abord au silence des deux officiers qui attendaient, silencieuses, qu'elles prennent la parole les premières.

Larissa se jeta à l'eau :

— Camarades, nous sommes des soldats mais nous sommes aussi des femmes. Nous voulons être pilotes ou aviatrices. Nous ferons exactement le même travail que les équipages masculins. Pour l'amour de notre patrie, nous voulons être considérées en égales, accomplir les mêmes tâches que les hommes. Mais nous ne voulons pas, à terre, nous comporter comme eux, leur ressembler. Nous voulons être traitées comme des hommes, mais nous ne sommes pas des hommes. La chevelure du cadet Kalinkhova représente pour la plupart d'entre nous le symbole de notre féminité. Tout le monde l'admire, beaucoup d'entre nous envient Kalinkhova. Certaines aiment la camarade, d'autres pas, mais personne n'a eu le courage de lui couper les cheveux, comme elle le demandait...

L'année prochaine nous partirons au combat sous vos ordres. Vous comprenez mieux que les hommes tout ce que ceci représente à nos yeux. Dans les semaines, les mois, peut-être les années qui viennent, les filles vont vivre des épreuves très dures. Elles savent déjà qu'un avenir redoutable se dresse devant nous. Nous savons que des camarades mourront. Lors du premier entretien, vous l'avez dit à quelques-unes d'entre nous. Vous nous avez demandé si nous nous y étions préparées. Je pense que celles qui sont ici, à Engels, vous ont déclaré, dans leur écrasante majorité, qu'elles étaient prêtes à donner leur vie. Aujourd'hui, elles ont toutes sacrifié leurs cheveux. C'est dérisoire, nous le savons, mais c'est aussi beaucoup... Elles ont obéi. Quelle que soit votre décision ce matin, nous obéirons encore. Mais, commandant, n'y aurait-il pas une possibilité de faire une exception, une seule ?

C'est seulement à cet instant que Lily remarqua que sa « chef », coiffée habituellement en chignon, n'en portait plus. Elle ne sut s'il fallait y voir un bon ou un mauvais présage.

La grande aviatrice réfléchit puis consulta son adjointe d'un coup d'œil rapide. Celle-ci hocha brièvement la tête.

— Envoyez-moi Wanda, dit simplement Marina Raskova.

Wanda Kalinkhova fut autorisée à garder sa chevelure à la condition expresse de ne jamais la montrer. Elle devait la garder cachée sous sa coiffe ou son béret d'uniforme de l'aube au crépuscule. Il fut entendu aussi qu'en cas de défilé ou d'inspection, elle n'apparaîtrait jamais au premier rang.

Chapitre 33

Formation politique

Engels, sessions politiques.

Au cours des sessions de formation politique, quelques conférences marquèrent Lily. Elle se souvenait en particulier d'une conversation où un groupe de filles restées après la fin des exposés avaient interrogé le conférencier, un officier de la direction politique de l'Armée.

— Mais il y avait des communistes en Allemagne avant la guerre. Il y en a encore maintenant, s'était exclamé Ducie Nosal, une étudiante de vingt-deux ans qui passait pour une des intellectuelles du groupe parce qu'elle faisait des études de sociologie politique.

— Oui, il y en a aussi dans l'armée allemande qui nous a envahis, répondit l'officier en allant dans le sens de la jeune femme. Il y avait des communistes, d'authentiques socialistes, des hommes de gauche sincères. Et alors ?

— Pourquoi n'ont-ils pas agi ? Comment peuvent-ils cautionner non seulement l'agression fasciste, mais une barbarie que ceux qui sont au front vivent au jour le jour ?

— Que peuvent-ils faire, selon vous ?

— Je ne sais pas... Pour les militaires, déserter, nous rejoindre. Le prolétariat, la classe ouvrière et paysanne, c'est nous, pas leurs soi-disant nationaux-socialistes.

— Imaginez qu'ils décident de déposer les armes. Imaginez même qu'ils ne soient pas soupçonnés par la police nazie, pas arrêtés parce que, dans ce cas-là, c'est au mieux le peloton d'exécution, au pire la torture et la balle dans la nuque. Imaginons donc qu'ils traversent les lignes et parviennent jusqu'à nous. Quel sort leur réserverons-nous ? S'ils se rendaient à nous, nous n'aurions pas le temps de vérifier leurs dires, d'authentifier leurs déclarations. Celles-ci nous paraîtraient même suspectes. Les recherches ? Trop longues. Le temps est une denrée rare. On s'en débarrasserait. Le NKVD fait ça très bien. C'est affreux, mais c'est la logique de la guerre : dans notre situation, on ne peut prendre aucun risque, aucun. Nous avons intercepté une lettre d'un camarade communiste allemand à un autre camarade resté, lui, à Cologne. Qu'écrivait-il ? :

« Tu recevras cette lettre par le canal habituel – c'est moins risqué que tu l'imagines. En admettant même que l'on puisse trouver l'auteur de la lettre que je suis, rien ne peut m'offrir autant de sécurité que l'endroit où je me trouve. Kline est à quarante kilomètres au nord de Moscou, il fait un froid dément. Personne, et surtout pas la police politique du caporal autrichien, n'aurait envie de venir me chercher ici. Je ne sais combien de mes camarades sont morts parce qu'ils ont tombé leur froc pour chier et que la merde a gelé dans leur trou du cul. Nous nous battons à un contre dix Russes qui meurent en chantant. Toute la Gestapo viendrait me chercher que mon chef de section ne me laisserait pas partir. Je suis trop précieux comme tireur de mitrailleuse. C'est vrai, je tire sur le prolétariat, l'élite de la classe ouvrière et paysanne que Staline sacrifie allégrement parce qu'il s'est fait enculer par l'Autrichien[67] avec son pacte. Encore qu'à mon avis, les Mongols rameutés de leur Sibérie natale que j'ai en face de moi n'ont pas dû souvent entendre parler du *Capital* !

Pour en revenir aux recommandations des camarades dont le Feldwebel Wagner m'a parlé à son retour au front, après quatre jours de permission généreusement accordés par le commandement, (sept jours de permission selon *l'ausweiss* mais avec trois jours de voyage), c'est vraiment facile de dire : déposez les armes ! Crois-tu que les Russes nous feraient grâce ? Tu es un homme intelligent : pourquoi n'exige-t-on pas de nos amis en Allemagne qu'ils refusent de produire des munitions, du matériel de guerre ? Parce que c'est impossible, sauf à perdre la vie. Ici, c'est la même chose. Alors qu'on cesse de nous prodiguer des conseils... C'est en 1932 qu'il fallait agir. Voilà l'occasion manquée. Il y a dix ans, l'action était possible. On ne nous réclame qu'un tribut négligeable : notre vie ! »

— Vous voyez, il n'y a rien à ajouter, conclut le référencier. Toutes en étaient restées muettes.

Chapitre 34

Aux portes de Moscou

7 novembre, bataille pour Moscou.

« Nous n'avons pu voir qu'avec beaucoup de retard – plus de dix jours – aux actualités cinématographiques, le grand défilé du 7 novembre sur la place Rouge, écrivit Lily le 17 à sa mère. C'était impressionnant. Les images nous ont redonné un gros moral et ont renforcé notre détermination... Youri a-t-il pu y assister ? Si oui, tel que je le connais, il doit vouloir s'engager comme tankiste ! Mais dis-lui que l'aviation c'est mieux ! ».

La guerre faisait rage mais la foi ne faiblissait pas. Et les Russes résistaient avec une vigueur que les stratèges allemands n'avaient pas envisagée. Bien qu'approchant de la capitale, les troupes nazies ne progressaient pas aussi rapidement qu'escompté. À Engels, on s'en réjouissait ; à Moscou on faisait tout pout montrer que malgré le danger, rien ne changeait, ni la détermination, ni les traditions.

Ce défilé sur la place Rouge, c'était Staline qui l'avait voulu et décidé.

À la tribune, il présidait. Malgré le danger qui pesait désormais directement sur Moscou, le défilé devait avoir lieu. Le maintien du moral de la troupe comme de la population civile était à ce prix. Vedettes du défilé, les nouveaux chars T 34, dont les apparitions sur le front depuis quelques semaines avaient semé une véritable terreur dans les rangs allemands. Dans la bataille psychologique, tout avait un sens.

Le fantassin, quel que soit l'uniforme qu'il porte, est le même dans toutes les armées du monde. Aussi longtemps qu'il dispose d'armes qui lui permettent de se défendre efficacement, il tient sa position. Mais qu'intervienne un adversaire inconnu contre lequel il se sent impuissant, alors, il ne voit plus d'autre salut que dans la fuite. Les grandes débandades historiques – les lanciers contre les arquebuses et les premiers canons, les Aztèques face aux chevaux de Cortés, les tankistes et les artilleurs contre les Stukas – trouvèrent souvent leur origine dans ces découvertes aussi rares qu'inattendues. Or c'est ce qu'avaient vécu les fantassins de la Wehrmarcht dans les plaines russes en découvrant les premiers T 34 sortant des bois à l'automne 1941. À l'instar du maréchal Joffre qui, sur le front de France en 1917, proclamait : « J'attends les Américains et les chars », Joukov, devant Moscou, attendait, lui, « les Sibériens et le T 34 ».

Entre la diffusion des marches militaires, les haut-parleurs informaient la population moscovite et internationale que les tanks qu'elle voyait quitter la place Rouge montaient directement au front. Les caméras s'attardaient sur les silhouettes martiales des chefs de chars dont la poitrine émergeait des tourelles, et sur les visages pris en gros plan dans la foule offrant à la caméra un air extatique.

Dans la salle de projection, les filles restèrent muettes devant la charge émotionnelle des images, parfois aussi leur grandeur.

Le 19 novembre, l'heure ne fut plus au défilé mais au tragique. Alors que le thermomètre marquait – 20°, les Allemands lancèrent un nouveau coup de boutoir vers Moscou. Ils prirent Kline le 23 novembre, c'est-à-dire qu'ils se trouvaient à 40 km des faubourgs de la capitale.

Les combats furent furieux, acharnés, les plus meurtriers de la guerre. Une avant-garde de motocyclistes allemands déboucha même dans les faubourgs de Khimski. Moscou était à huit kilomètres. À Toula, comme à Kline, les renforts envoyés par la *Stavka* réussirent à contenir in extremis la poussée. Deux généraux sauvèrent Moscou, le général Joukov et le général Hiver.

Le froid constituait en vérité le principal allié des Soviétiques. Par – 25° ou – 30°, les moteurs des chars ennemis refusèrent de se mettre en route, les canons et les mitrailleuses furent bloqués par le froid. Les pertes par engelures se multiplièrent. Les Russes emportèrent dès lors certaines positions sans combattre. Les soldats allemands n'ayant pas reçu de vêtements d'hiver – Hitler avait prévu une *Blietzkrieg*, une guerre courte – moururent simplement d'épuisement et de froid, la nuit, dans leur trou de garde, équipés de leur seul manteau réglementaire et « protégés » par une simple toile de tente.

Les Allemands furent en fait déconcertés par l'ennemi qu'ils devaient affronter. Parfois, des sections entières de Russes se rendaient, avouaient qu'elles ne croyaient plus en Staline, qu'eux, *Ruski*, étaient *Kaputt*. Mais la même nuit, à cinq cents mètres de distance, d'autres soldats rouges se défendaient jusqu'au dernier homme, n'hésitant pas à charger l'Allemand en ayant dégoupillé plusieurs grenades qu'ils tenaient à la main et qui explosaient avec eux lorsqu'ils se jetaient sur l'ennemi. D'autres se faisaient sauter la cervelle plutôt que de se rendre.

Une lettre prise sur un cadavre allemand remonta du reste jusqu'à Moscou et traduisit cette incompréhension. Une lettre datée de la fin novembre que Vassili Karev eut l'occasion de lire. Destinée à ses parents, son auteur n'avait pu l'achever : « Quand on se rend compte de quelle manière les Russes traitent nos blessés tombés dans leurs mains, on se dit qu'on ne fera jamais plus de prisonniers parmi eux. Et pourtant, on est souvent pris de pitié pour ces pauvres diables, qui après être tombés dans nos mains, se prosternent devant nous et nous demandent, tremblant de peur et les larmes aux yeux, de les épargner. Quelques-uns nous baisent même les mains, de gratitude de n'avoir pas la gorge tranchée comme leurs commissaires le leur avaient raconté. À quel diabolique, inhumain, fanatisme étaient soumis ces gens sous le knout des *politruks*. Souvent, je suis pris d'une sainte rage contre le régime soviétique et tenté de jurer qu'il faut extirper cette peste bolchevique jusqu'à la racine... ».

En voilà un qui n'extirpera jamais plus rien, se dit, sans charité, Vassili, ayant en lui-même son compte de « sainte rage » nourrie des multiples récits qu'il avait pu entendre des exactions nazies dans son propre pays !

Chapitre 35

Inspection

Engels, 1er décembre 1941.

Un vent glacial balayait la place d'armes. Les élèves étaient rassemblées depuis plus d'une demi-heure dans le froid. La plupart enfonçaient profondément leur bonnet jusqu'aux oreilles mais certaines préféraient rester encore quelques instants tête nue.

— On va geler sur place, se plaignaient les « sudistes » – Ukrainiennes, Moldaves, Caucasiennes – qui regardaient non sans admiration leurs compagnes du Nord ou venues de Sibérie bavarder les cheveux dans le vent, sans paraître incommodées le moins du monde par les tourbillons d'air glacé. Bien qu'on soit en fin de matinée, aucun avion ne volait. Motif : inspection du général commandant la 10e armée aérienne, à laquelle était rattaché le centre d'instruction d'Engels.

— Attention, cria quelqu'un.

D'un seul mouvement les filles passèrent ou réajustèrent leur bonnet.

— Garde-à-vous ! hurla une gradée. Sa voix, censée submerger les rangs, sonna étonnement fluette, entraînant des débuts de rire.

— Même les adjudants ont le trac, ricana discrètement la titi de Saint-Pétersbourg, qui, quelques minutes plus tôt, s'était taillée un petit succès en faisant remarquer qu'avec leurs uniformes trop grands et leur tête rasée, elles avaient l'air « de gamines de quinze ans, au sortir d'une séance d'épouillement à l'école ».

— Parfait, avait rétorqué une autre : avec un peu de chance, on va nous renvoyer dans nos familles !

La tentation du fou rire ou de la réplique maîtrisée, les filles se figèrent.

Derrière l'immobilité affichée des visages, celles du premier rang, qui se trouvaient les plus proches des portes du bâtiment où venait d'apparaître le groupe d'officiers.

Lily, masquée par Maroussia Tjurgan, une géante kazakh d'un mètre quatre-vingt-cinq, laide à effrayer un ours, mais dont le cœur sur la main avait séduit toutes ses camarades, parvint tout de même à distinguer un homme robuste, de taille médiocre, au visage rouge et peu avenant, qui se rapprochait d'une marche vive. Seule à ses côtés, Marina Raskova était contrainte de presser le pas pour rester au contact. Tous deux étaient suivis, à trois mètres de distance, par des membres de l'état-major, et des militaires plus jeunes, probablement des aides de camp, estima d'emblée Lily, que sa fréquentation de Vassili Karev avait davantage familiarisée que d'autres avec l'organisation de l'armée.

Elle en remarqua surtout un, classé immédiatement « très consommable ». Depuis un mois, il est vrai, les garçons lui semblaient tellement loin qu'elle se sentait prête à les trouver tous mignons. Quant au général, sa mine sembla se faire moins revêche à mesure qu'il s'avançait et commençait son inspection proprement dite. Son attitude montrait désormais clairement qu'il témoignait un certain intérêt à ce qu'il semblait considérer deux minutes plus tôt comme une redoutable corvée.

« Pourquoi râlerait-il, pensa Lily : après tout, ce n'est pas tous les jours qu'il est amené à rencontrer, rassemblées au même endroit, autant de filles de vingt ans qui ne sont pas toutes des laiderons, loin s'en faut. Sois juste, se dit-elle aussi intérieurement : avec des uniformes aussi seyants et Tjurgan en sergent-major, on ferait fuir un régiment de tankistes tatars ! »

Le groupe des officiers s'arrêta. Le général interrogea une élève. Comme la scène se passait à deux mètres de Lily, celle-ci vit très clairement qu'en même temps qu'il s'adressait à son interlocutrice, il jetait de rapides coups d'œil sur une autre recrue située au troisième rang, qu'il avait pourtant déjà dépassée... et qui n'était autre que Wanda, la fille aux cheveux d'or.

Lily grimaça.

Le général interrompit soudain l'entretien qu'il menait et revint sur ses pas. Un silence boréal régnait. Lily avait l'impression que même le vent s'abstenait de souffler.

Le grand patron s'arrêta devant Wanda et lui intima l'ordre de sortir des rangs.

La jeune fille, aussi pâle que la neige qu'elle foulait, s'exécuta.

— Présentez-vous !

— Élève-pilote Wanda Kalinkhova. Centre d'instruction aérien féminin. Première compagnie.

Les bottes et la neige étouffèrent le claquement de talons dans lequel la belle Ukrainienne avait mis pourtant tout son zèle militaire.

— Enlevez votre béret.

— Est-ce vraiment nécessaire, mon général ? balbutia Wanda, tentant de sauver une situation désespérée.

— J'y tiens beaucoup, asséna-t-il avec un léger sourire.

Wanda, elle, ne perçut pas la nuance. Terrorisée, elle se décida à ôter sa coiffe. Dans sa nervosité, elle arracha une barrette qui fixait sa chevelure, laquelle tomba en vagues sur ses épaules.

Silence sub-polaire sur la place d'armes. Le général, fermé comme le buste de Vespasien au musée de Leningrad, ne dit rien. Il fit lentement le tour de Wanda figée dans son garde-à-vous. Puis il se tourna vers la compagnie alignée et ordonna à trois jeunes femmes, prises au hasard, d'enlever à leur tour leur béret.

Elles s'exécutèrent. La malchance voulut que sur les trois, deux, en authentiques fayotes, aient fait du zèle et offrent des crânes aux cheveux ne dépassant pas trois millimètres.

Le général revint vers Wanda, dont les orteils grattaient le sol pour essayer de s'y enfoncer. Et soudain, le rire de l'officier éclata. Rire à la russe, énorme, sans fin, rebondissant. L'entourage suivit, trois tons en dessous – le respect de la hiérarchie oblige. Le commandant Berschanskaïa également, laissa glisser un rire, modèle hoquet discret.

— Enfin une vraie femme ! hurla le général.

« Pour des raisons connues de lui seul, pensa Lily, il doit souhaiter être entendu jusqu'à Moscou. »

Se tournant vers Marina Raskova, dont le sourire se figea instantanément, il demanda :

— Pourquoi ces jeunes femmes ont-elles toutes coupé leurs cheveux ?

— Règlement du Centre d'instruction, réussit-elle à dire.

— Eh bien, c'est un règlement idiot.

Son regard balaya sur-le-champ le groupe d'officiers qui, courageusement, répondit par un silence sans faille.

— Une femme sans cheveux, c'est un cheval sans crinière. Les femmes russes sont les plus belles du monde : qu'on leur laisse leur crinière !

Là, Lily fut d'accord, encore qu'elle ne sut pas trop comment elle devait prendre la comparaison. Galia Boordina, à ses côtés, était en phase avec sa réflexion :

— Retiens-moi, je vais hennir !

Bizarrement, vu le lieu et l'heure, Lily espéra qu'à Moscou, les oreilles de Vassili sifflaient, lui qui n'en tenait que pour la beauté des Espagnoles et des Françaises. Puis elle repensa à sa chevelure immolée sur l'autel de la discipline – et de l'imbécillité, comme elle venait de l'apprendre –, dont il ne restait qu'une longue mèche blonde glissée entre les pages du Souvorov que lui avait offert Vassili avant son départ de Moscou.

Aussi décida-t-elle, à cet instant précis, que sa crinière allait retrouver au galop les centimètres nécessaires à son type de beauté.

Chapitre 36

Les déesses de l'air

Engels, hiver 1941.

Pour tuer le temps le soir, après le travail, ou les jours de météo pourrie, quand le froid glacial de l'hiver cloue au sol les avions vidés de leur essence, de leur huile et de l'eau de leurs radiateurs pour que rien ne gèle, les filles organisaient des votes secrets. Elles dressaient la liste des beautés du groupe, établissaient des pronostics sur qui serait chasseur, navigateur, radio ou bombardier.

Il y avait même eu, au début, la liste des mécaniciennes, mais on découvrit rapidement que c'étaient surtout les filles les plus impopulaires qui y figuraient, ce qui faisait de ce document une sorte de déversoir des haines intimes.

Yevdokia Berchanskaya ne jugea donc pas inutile de faire, un matin, une intervention. Thème : le devoir de solidarité et la complémentarité des missions.

— Sans mécanicien, rappela le commandant en second, les pilotes ne volent pas. Sans leurs mécaniciens, ils se tuent.

Son ton fut suffisamment convaincant pour que les pronostics sur « Qui serait mécanicienne ? » disparaissent. Elle reprit les thèmes de cet entretien quand, après les orientations, elle dut faire avaler la pilule à certaines.

Une liste des *Déesses de l'Air* – titre du palmarès des beautés du groupe – rencontrait beaucoup de succès. Elle était remise en cause au fil du temps et des humeurs et se présentait sous la forme d'un pastiche des très officielles circulaires.

« *Centre féminin d'instruction aérienne d'Engels.*
Objet : Répertoire des "Déesses de l'air"
Liste des cinq plus belles femmes du CFIA.
(par ordre alphabétique).
BOORDINA Galia
DOLINA Marina
KALINKHOVA Wanda
MAKARIEV Albina
MEKLIN Natalia. »

Kalinkhova était hors concours : ses cheveux préservés écrasaient la concurrence.

Boordina émouvait par son visage d'enfant.

Dolina était belle, svelte et gracieuse. Elle avait fait de la danse, marchait comme une reine, avait sa cour.

La bouche de Makariev faisait des envieuses. Les filles s'accordaient à dire que si le jury avait été composé d'hommes, elle aurait bouleversé la hiérarchie.

Entre Natalia Meklin et Lili Litvak, la lutte pour la cinquième et dernière place de la liste fut acharnée, le vote serré, le dépouillement contesté. On recompta les bulletins : Meklin confirma son avance d'une voix.

Chaque *Déesse de l'air* reçut comme cadeau de Noël une jolie couronne de tissus tressés de couleurs différentes. Leur fabrication avait pris plusieurs jours.

Sur la fausse circulaire, une phrase avait été inscrite par une rédactrice anonyme : « Admirateurs et admiratrices : s'abstenir de tout courrier ». Ce qui n'empêcha pas les élues de recevoir clandestinement quelques missives secrètes : lettres enflammées d'hommes de la base, qui avaient eu écho du concours, déclarations d'admiration de camarades stagiaires, le plus souvent anonymes, mais jamais très loin des mots d'amour, pour peu qu'on lût entre les lignes.

Pour le premier de l'an, c'est une autre liste qui fit son apparition : le résultat du concours de pronostics « Qui sera pilote ? »

Chacune des élèves devait coucher dix noms sur une feuille de papier remise aux scrutateurs. Le décompte dessina une hiérarchie. Litvak y arriva en second rang, à égalité avec Maroussia

Tjurgan et derrière Olga Yemchekova. L'amie de Lily, Ina Pasportkina, qui n'avait été classée *que* dizième ne cacha pas sa déception.

Le palmarès fut lui aussi contesté. Parce qu'Olga Yemchekova avait rejoint Engels à la fin du mois de novembre et que, âgée de trente ans, elle était, dès avant-guerre, un pilote très confirmé. En outre, étant souvent associée aux décisions de l'état-major du centre d'instruction, les rumeurs la disaient promise au commandement d'un des régiments qui serait créés. « Pourquoi ne pas mettre Raskova, aussi, sur la liste ? » protestaient donc celles qui pensaient qu'elle aurait dû être classée hors concours.

Quant à la Kazakh Maroussia Tjurgan, c'était une force de la nature. Les premiers vols d'entraînement sur le bombardier léger P-2 venaient de commencer. Ce bimoteur présentait la particularité d'avoir ses deux hélices tournant dans le même sens, vers la gauche. Conséquence immédiate, à plein régime, au décollage, l'appareil embarquait exagérément vers la gauche, obligeant le pilote à compenser fortement vers la droite pour l'empêcher de sortir de la piste. Cette épreuve de force se jouait au manche et demandait beaucoup de dextérité pour éviter la perte de vitesse et de trajectoire au sol ou le décrochage au moment de l'envol. Le P-2 emportait un équipage à trois – pilote, navigateur, radio-mitrailleur – et il était assez fréquent que le pilote demande au navigateur de prendre place à ses côtés pour l'aider à tirer sur le manche. Ces enfantillages faisaient rire la géante kazakh qui traitait le P-2 comme les hommes de son pays traitaient les chevaux rétifs : poignée de fer et absence d'état d'âme.

Dans un esprit d'ouverture, et sur proposition de Ducie Nosal, « l'intellectuelle » qui était derrière ces créations de « clubs », les cinq supposées « plus probables pilotes » furent faites immédiatement membres des Déesses de l'air, qui, par cette décision administrative, doublèrent instantanément le nombre de leurs adhérents.

Classée sixième « plus belle femme » et deuxième « pilote de chasse potentielle », Lily fut déclarée vainqueur du combiné. Elle dut prononcer un discours, puis jurer solennellement, sur « la Roulette de queue sacrée des Déesses », qu'elle se marierait « le plus tard possible et aurait beaucoup de petits aviateurs ».

Chapitre 37

Le conférencier qui la fait frissonner

Centre d'instruction féminin des Forces aériennes soviétiques, 20 décembre 1941.

Sur les murs de la salle, le conférencier, un capitaine, avait punaisé de multiples photographies et des silhouettes en ombre chinoise de tous les avions militaires allemands en service sur le front soviétique. Il termina sa présentation sur le bombardier en piqué Junker 87, le fameux « Stuka », qui avait joué un rôle capital dans toutes les campagnes nazies depuis le début de la guerre et qui terrifiait encore les troupes et les populations soviétiques, en particulier par le hurlement d'une sirène, montée sur son train d'atterrissage fixe, destinée à accentuer l'effet psychologique du bombardement.

— Je voudrais terminer par une anecdote que vous devez garder en mémoire, conclut l'officier. Au mois d'août 1939, quelques jours avant l'invasion de la Pologne, un agent de notre service de renseignements en Allemagne nous informe que deux escadrilles de douze Junkers 87 chacune allaient participer très prochainement à une présentation aérienne au-dessus de l'aérodrome militaire de Neuhammer-am-Queis. De nombreux officiers d'état-major de la Luftwaffe avaient été conviés à assister à ces exercices. Le clou de cette démonstration : une plongée en formation effectuée par les vingt-quatre Stukas, chargés pour la première fois de bombes réelles. Étaient attendus les généraux Wolfram von Reichthofen, Hugo von Speerle, qui avait commandé la Légion Condor en Espagne, un des cracks de la chasse allemande

Bruno Loerzer. Le gratin de la Luftwaffe. Jumelles braquées, tout ce beau monde vit les appareils – tout juste sortis des usines – prendre lentement de l'altitude, virer au-dessus de l'objectif désigné et amorcer leur longue plongée à travers les nuages, sirènes à fond. Formation impeccable.

Trois jours plus tard, par le même canal, notre centrale à Moscou reçut le télégramme suivant : « Manœuvres de Neuhammer-am-Queis : vingt-trois Ju-87 Stukas se sont écrasés. »

Que s'était-il passé ? Nous l'avons appris plus tard, quand notre informateur a pu avoir accès au dossier de la commission d'enquête : la brume naissante qui flottait depuis l'aube dans la zone de l'objectif s'était épaissie et transformée en un brouillard gris s'élevant à plus de 1 000 mètres d'altitude. Les pilotes de Stukas avaient été avertis de la présence de grosses formations nuageuses à 2 000 mètres mais croyant qu'au-dessus de l'objectif il n'y avait qu'une légère brume, pensaient qu'ils pourraient ainsi sortir à vue de leur piqué. Ils avaient donc plongé allégrement à travers les nuages mais avant qu'ils n'aient réalisé, le sol était sur eux. Résultat : ils l'avaient percuté à pleine vitesse. Un seul appareil put se redresser à temps. Et pendant qu'il fauchait les branches d'une douzaine d'arbres avant de réussir tant bien que mal à reprendre de l'altitude, la forêt retentissait des vingt-trois explosions répétées.

Ernst Udet, héros de l'aviation allemande de la Première Guerre mondiale qui était chargé de la mise au point des bombardiers en piqué, fut, dit-on, horrifié à l'annonce de cette nouvelle. Mais quatre jours plus tard l'Allemagne entrait en guerre et il n'eut pas le temps de s'interroger sur les autres imperfections que pourrait révéler par la suite cet appareil dont il était si fier. Encore que... il me semble qu'un spécialiste comme lui, chasseur de surcroît, aurait bien dû avoir quelques doutes. Il s'est d'ailleurs suicidé.

Moins d'une semaine plus tard, la Luftwaffe engageait neuf escadres – trois cent trente Junkers 87 au total – dans l'invasion de la Pologne. Où ils ont justifié une réputation usurpée pour la bonne raison qu'en Pologne, comme plus tard en France, ils ne se heurtèrent à aucune opposition aérienne sérieuse.

Tout cela ne change rien à l'aspect technique du problème, conclut le conférencier : le Stuka reste un appareil lent, lourd, d'une conception dépassée – avec en particulier son train d'atterrissage fixe – extrêmement vulnérable. Soyez sûres que certaines d'entre vous inscriront leur première page de gloire en envoyant un Stuka au Walhalla des bandes nazies. C'est en tout cas ce que la Mère patrie, le Parti et le camarade Staline attendent de vous !

Les applaudissements prolongés des jeunes filles saluèrent la fin de la présentation.

Le conférencier était le capitaine Vassili Karev.

Lily n'était pas la dernière à applaudir.

Chapitre 38

Les retrouvailles avec Vassili

Même jour, dans la soirée, village d'Altdorf, aux environs d'Engels.

Même à 700 kilomètres de Moscou, l'influence de Vassili était certaine car Lily et Wanda Kalinkhova avaient obtenu facilement une permission de minuit pour le soir même. Wanda, la seule stagiaire qui avait sauvé ses cheveux, s'était montrée enchantée d'accepter la proposition de Lily de partager la soirée à laquelle le « conférencier » – le mot faisait rire Lily – les conviait. Il serait « accompagné d'un ami ». Wanda qui, comme toutes les jolies femmes, était habituée à avoir une cour d'admirateurs autour d'elle, souffrait du désert qu'était devenue sa vie, dans ce domaine, depuis plus de deux mois. Et là, elle se sentait revivre.

Vassili passa prendre les deux jeunes filles en voiture au poste de garde de l'Académie. Le chauffeur et la sentinelle NKVD échangèrent quelques mots et la sentinelle releva soigneusement le numéro d'immatriculation de la Zis.

Après avoir tenu la portière aux deux jeunes filles ravies – depuis le premier jour où elles avaient franchi ce portail, elles avaient oublié ce type d'égards –, Vassili leur fit leur premier cadeau de la soirée : elles découvrirent sur la banquette arrière de la voiture deux manteaux de fourrure. Ce soir-là, le thermomètre avoisinant les – 30°, Vassili avait disposé d'un temps de conférence plus long car les activités extérieures des stagiaires s'étaient vu réduites à leur minimum. Avant de sortir, désespérées mais réalistes, Lily et Wanda avaient dû se résigner à faire une croix sur leur élégance en passant une épaisse capote sur les deux plus jolies robes à leur taille qu'elles avaient choisies dans la foire aux vêtements qui s'était spontanément ouverte dès l'annonce de leur permission. Mais en voyant l'attention, elles avaient retrouvé un nouveau sourire.

L'officier, qui avait pris place à l'avant, à côté du chauffeur, se tourna vers elles :

— Un prêt, hélas, pas un don, précisa-t-il, avant de laisser toute illusion s'installer. Comme vous, ils n'ont que la permission de minuit.

— Où les as-tu trouvés ? ne put s'empêcher de demander Lily, enlevant déjà sa capote pour s'envelopper voluptueusement dans le renard.

Voulant s'éviter toute remarque perfide, Karev opta pour le vague :

— Secret militaire.

Elles en furent pour leur curiosité, mais celle-ci les dévora pendant des jours et nourrit bien des conversations ultérieures.

— Pas de restaurant, ce soir ! Je vous emmène dans un endroit surprise. Plus intime, moins officiel, où l'on pourra peut-être oublier la guerre pendant trois heures. Notre ami nous y attend.

Wanda nota le « notre ». Il lui parut d'un bon présage.

La limousine quitta Engels et roula pendant une dizaine de kilomètres avant d'arriver dans un petit village du nom d'Altdorf composé d'une dizaine de maisons. La Zis s'arrêta devant l'une d'entre elles, située en retrait de la route.

— Il faut connaître, remarqua Lily, avec une moue, en effaçant la buée sur la vitre pour voir à l'extérieur.

— Et ta fameuse vision nocturne ? ironisa Vassili.

— Je ne vois pas ici les gaz d'échappement d'un moteur d'avion.

— C'est préférable. Étant donné l'état de notre aviation, ce serait sûrement un Allemand.

— Pas un mot de plus contre nos chères FAS, protesta Wanda : atteinte au moral des futures troupes.

— Non, lucidité d'officier d'état-major.

La sévérité de l'hiver n'a jamais fait peur aux paysans russes, même dans les régions les plus froides. Grâce au charbon, au bois ou à la tourbe, des feux s'allument toujours. Ce qui frappa pourtant les filles à leur descente de voiture, c'était le silence et l'absence de fumée au-dessus des cheminées des pavillons et des quelques isbas. Malgré le froid glacial, les cheminées d'Altdorf étaient comme mortes. Wanda fut la première à le remarquer. Elle ajouta qu'en raison de la neige accumulée dessus, elles semblaient deux fois plus hautes que la normale. Le couvre-feu renforçait le sentiment d'absence de vie qui planait sur tout le village.

Lily et Wanda se recroquevillèrent sur elles-mêmes, resserrant leur manteau de fourrure.

Lily se rassura l'instant d'après en apercevant tout de même un mince filet de fumée, droit et étroit comme un *i* dans l'air gelé, qui s'échappait de la cheminée du chalet que Vassili leur avait indiqué. « Encore une chance », pensa Lily, qui craignit un court instant que les fourrures prêtées n'aient été destinées qu'à pallier l'absence d'âtres en état de marche.

Vassili prit la tête, ouvrant aux filles une voie étroite sur le chemin encombré de congères. Il avait libéré le chauffeur en lui donnant quelques roubles et rendez-vous à 23 h 30, assorti de la menace de se retrouver au front s'il revenait ivre. On sentait qu'il ne plaisantait pas, et le chauffeur sembla se le tenir pour dit. Malgré la hauteur de la neige, au moins cinquante centimètres, Karev semblait insensible au froid. Il avait toujours sa légère claudication. Sa boiterie émut Lily plus qu'elle ne l'aurait imaginé. Quand il parlait, une épaisse buée sortait de sa bouche en même temps que ses paroles.

La porte de la maison ouverte, une bouffée de chaleur leur caressa le visage. C'était agréable.

Ils entrèrent. Dans une pièce située au fond, Lily distingua le reflet rougeâtre d'un feu de bois. Ils se trouvaient dans un petit hall, décoré avec goût. Élégance rustique. La maison devait appartenir à un propriétaire aisé.

— Après les fourrures, la datcha ! Comment as-tu déniché cet endroit, capitaine ? demanda Lily, sarcastique.

L'absence d'information concernant les fourrures lui restait en travers de la gorge, et pour tout dire, elle soupçonnait la présence d'une femme derrière cette affaire.

— Après le départ forcé de nos concitoyens allemands, répondit Vassili sans se démonter, beaucoup de villages – et même certaines petites villes – de la région ont subsisté sans âme qui vive. La police, l'armée, les commissariats du Peuple, le Parti, les états-majors de kombinats se sont partagé le gâteau. C'est le cas d'Altdorf. Ici, c'est l'armée qui a réquisitionné les maisons et les utilise selon ses besoins : conférences, réunions de travail, rencontres discrètes, convalescences de cadres supérieurs, permissions, etc. L'installation n'a présenté aucune difficulté car les Allemands entretiennent toujours parfaitement leurs logis. Même modestes, ils sont propres et souvent coquets. L'armée s'y est installée sans état d'âme et sans y donner un coup de balai...

— Il n'y a pas de quoi être fier, dit Lily.

— Accordé, mademoiselle (il utilisa le mot français) la raisonneuse.

Ils pénétrèrent dans le salon, seulement éclairé par le feu d'une cheminée. À la surprise de Lily, d'un fauteuil tiré devant celle-ci s'extirpa un homme de haute taille, qui leur souhaita la bienvenue. Lily lui donna quelques années de plus que Vassili mais elle pouvait se tromper : son visage creusé, ses yeux cernés, enfoncés dans leurs orbites, le vieillissaient certainement. Malgré sa fatigue apparente, il restait séduisant : belle tête, carrure d'athlète, voix de basse à mettre en transe toutes ses copines d'Engels.

Vassili fit les présentations :

— Mon ami Stepan Germanovitch.

— ... Kiritchenko, précisa l'officier.

La surprise figea Lily.

— C'est vous ! dit-elle, simplement.

Stepan feignit de chercher quelqu'un derrière lui.

— Euh !...Oui, je pense que c'est moi...

Revenue de sa surprise, elle s'en sortit par une pirouette, mi-admirative, mi-compatissante :

— Pas trop difficile à porter, par les temps qui courent ?

— Un nom ukrainien et un patronyme allemand ? Non, pas du tout, rit-il. Mes grands-parents auraient pu toutefois être plus inspirés.

— Évitez quand même d'être prises avec lui dans un contrôle d'identité, blagua Vassili, sinon, on y passe la nuit ! Stepan, sers-nous du vin...

Wanda, que le regard du bel officier semblait avoir pétrifiée, n'avait pas dit un mot.

Lily rassura Stepan :

— Et pourtant, elle parle !

La jeune Russe revint sur terre. Elle secoua ses boucles blondes dans un grand mouvement de la tête. C'était la preuve qu'elle recouvrait ses esprits. Quant à l'éclat de son sourire, il signifiait sans ambiguïté qu'elle venait d'entrer sur le sentier de la guerre.

— Cela fait quatre ans que je connais Vassili, dit Lily, vous êtes son meilleur ami, et pourtant il ne nous a jamais présentés.

— Je suis le premier à le regretter. Mais vous le pratiquez, vous savez que c'est un homme discret. Reconnaissons aussi que ces derniers mois ne se sont pas prêtés aux mondanités.

— Je suis comme Ivan le Terrible, expliqua Vassili d'une voix sépulcrale, je veille jalousement sur mes trésors ! Cet homme, qui est mon ami, est un prédateur. Il en a le nez, les mâchoires... l'absence de scrupule.

Wanda adora le frisson qu'elle sentit courir dans son dos.

— J'ignore de qui et de quoi il parle, rétorqua Stepan.

— Laissez, sourit Lily... Mais je vous prends tous à témoin : je suis le trésor du camarade Karev. Je précise toutefois que s'il le proclame ainsi publiquement, il ne m'en fait jamais la confidence en privé. Selon vous, y a-t-il une explication, capitaine ?

— J'en aurais deux ou trois à vous proposer, mais la solidarité masculine m'oblige à me taire.

— Quand il y a trois bonnes raisons, c'est qu'il n'y en a aucune.

— Vassili, viens à mon aide... Le front ne nous prépare pas à affronter une telle adversaire !

— Je ne suis pas votre adversaire, capitaine, je suis votre complice. Et j'entends que vous soyez le mien.

— Vous n'avez qu'un mot à dire.

— Eh bien ! servez-moi un autre verre de vin !

— Non, pas à moi, refusa Wanda, je tiens à garder la tête froide.

— Elle n'en pense pas un mot. Je la connais, je lis dans son regard des pensées inquiétantes.

Le feu brûlait dans la cheminée. Bien qu'on se soit juré de bannir le conflit des discussions – « Qu'on échappe au moins un soir à cette putain de guerre », s'était exclamé Vassili –, Stepan ne put éviter les questions de Wanda sur son expérience du front. Elle déclencha une vague de protestations. On décida de faire exception, à condition que l'anecdote soit unique. Stepan, pour sauver la mise à son admiratrice, proposa de dire deux mots de son baptême du feu et de s'arrêter là. Une proposition conciliatrice vite acceptée.

— Un véhicule léger du régiment m'a récupéré à l'arrivée du train. Quarante kilomètres de routes et de chemins défoncés où l'on s'arrête tous les kilomètres pour laisser passer un groupe de réfugiés trop dense pour que la voiture puisse le traverser. La principale distraction de la balade, c'est la plongée dans les fossés à chaque passage de chasseurs allemands qui attaquent en rase-mottes et mitraillent tout ce qui bouge. Les premières fois, on court se jeter à plat ventre dans les champs, ensuite on se lasse. Le chauffeur, qui en a marre de ces arrêts-plongeons, nous propose sa méthode personnelle. Passablement inquiet, j'accepte. Voilà justement une paire de Messerschmitt en maraude : le chauffeur inaugure sa fameuse technique : pied à fond sur l'accélérateur et slalom à toute vitesse sur la route défoncée... Franchement, les deux Messerschmitt étaient moins dangereux. L'estafette, qui doit me conduire au PC du régiment, rentre la tête et protège sa nuque avec ses mains.

Le bruit des explosions, les coups de départ des canons indiquent bientôt que le front est là. Le véhicule n'ira pas plus loin. « Ma mission s'arrête là », explique le chauffeur sur un ton qui laisse penser qu'il a déjà fait plus que son devoir. Je saute dans la boue, en compagnie de mon fusilier qui me devance pour me guider. Nous dépassons une batterie de « Ratschboum », nom donné par les Allemands à notre cher canon antichar et antipersonnel de 76,2 à tir rapide, dont le projectile va si vite que les Fritz l'entendent arriver – « ratsch » – avant le bruit du coup de départ – « boum ». Ils ne l'aiment pas car il fait des dégâts chez eux. Moi, sa présence me réconforte. Courbés en deux, nous continuons à progresser par bonds successifs car les impacts d'obus se multiplient autour de nous. Ce serait trop con d'être touchés par le même projectile et contraire au manuel ! Un sifflement... Je plonge. Je me surprends à gratter inconsciemment le sol avec mes ongles pour essayer de m'enfoncer davantage dans la terre. Je ne suis pas fier de moi... On perd vite l'habitude... Ça reviendra ! Explosion – tout près. Mes tympans explosent dans ma tête, des mottes de terre retombent sur moi. Le coup n'est pas tombé loin. Je lève la tête, j'appelle mon voltigeur. Pas de réponse. Je suis à genoux. Personne. Mais là où il se trouvait, il n'y a plus rien, strictement plus rien. Un entonnoir creusé par le projectile qui a frappé l'homme de plein fouet. Au fond, quelques morceaux d'uniforme, une moitié de botte et un bout de crosse de son fusil : les Allemands aussi ont leur « ratschboum » ! Les projectiles continuent à tomber autour de moi. Du lourd, maintenant : à l'oreille, c'est du 155 mm ! Je me suis roulé en boule au fond du trou où s'est volatilisé mon compagnon : les obus, en principe, ne tombent jamais deux fois au même endroit. C'est de la foutaise, mais c'était la « tranchée » la plus proche de l'endroit où je me trouvais. Voilà, c'était ma première promenade dans la Seconde Guerre mondiale...

— Et c'est tous les jours comme ça ? demanda Wanda.

Bon public, elle avait tremblé pour ce héros tout au long du récit. D'ailleurs, elle en était tombée immédiatement amoureuse – c'était du moins l'impression de Lily.

— Non, pas ce soir, par exemple ! répondit Stepan en souriant.

Ce que Stepan n'avait pas dit, savait Vassili, c'est que lorsqu'il arriva sur le front, il se trouva pris dans une des plus grandes batailles de la guerre. Entre Kiev et Romny, sur un théâtre de 300 km de diamètre, six armées s'affrontaient. Les Allemands du général von Rundstedt, commandant du groupe d'armées sud, appuyées par les divisions blindées de Guderian qui, déroutées de leur objectif initial, Moscou, bouclaient une nasse dans laquelle ils enfermèrent près d'un million de soldats soviétiques. Une hécatombe.

Le haut commandement de la Wehrmacht publia du reste un bulletin officiel de sa victoire apocalyptique : 665 000 prisonniers, 884 chars russes détruits, 3 718 canons mis hors de combat. Bien sûr, les chiffres étaient gonflés, comme toujours chez les vainqueurs, mais quand même. « Une victoire comme l'Histoire n'en a jamais vu jusqu'à présent », concluait ce bulletin.

En prévision du retour de son ami, qu'il savait là-bas – et peut-être pour conjurer le sort –, Vassili avait mis de côté une copie de la lettre personnelle que « le Grand Menteur », dans l'euphorie de la victoire, avait adressé à ses troupes victorieuses :

« Soldats, du front de l'Est,

Depuis que je vous ai ordonné le 22 juin dernier d'endiguer le terrifiant danger qui pesait sur notre patrie, vous avez eu à vous confronter à la plus grande puissance militaire du monde. Comme nous le savons aujourd'hui, il était dans l'intention de l'Union soviétique d'envahir non seulement l'Allemagne, mais l'Europe de l'Ouest tout entière. Mes camarades ! Grâce à votre bravoure, nous avons pu détruire, en seulement trois mois, plus de 2 500 chars ennemis, et faire 2 400 000 prisonniers. Et maintenant, mes camarades, nous nous trouvons au seuil de la dernière grande bataille décisive de l'année, la bataille de Moscou...

Adolf Hitler. »

Des bûches relançaient joyeusement le feu. Les braises pétillaient.

— Stepan a pris le temps d'envoyer quelques correspondances de guerre aux *Izvestia* et à *L'Étoile rouge*, le journal de l'armée, qui les ont publiées, il a la plume facile. Je ne sais pas si c'est une qualité ou un défaut.

— Arrête, Vassili ! On ne va pas ennuyer ces jeunes femmes avec le débat homme d'action/homme de réflexion.

— Toujours est-il qu'en l'occurrence, il a fait preuve d'habileté.

— Uniquement parce que la guerre distille l'ennui. Se baisser, plonger dans la boue, ne pas se laver, courir, marcher de nuit... c'est assez lassant à la longue. Écrire est rassurant : ça vous dispense de vivre, donc éloigne la notion de danger. Les photographes de guerre le savent : ils se font généralement tuer parce que, lorsqu'ils cadrent un beau combat, ils oublient que le type qui vise en face est réel et leur tire dessus.

— Remarque intéressante, mais hors sujet. Ce qui est important, c'est que ses chroniques ont eu l'heur de plaire en haut lieu. Qui a jugé que notre ami serait, tous comptes faits, plus utile derrière sa machine à écrire pour remonter le moral du pays plutôt qu'à se faire trouer la peau derrière un talus de terre sur une rive du Don. Notre héros a protesté mais on l'a ramené *manu militari* à Moscou. Ils vont le garder.

— Ce n'est pas dit, mais ça me vaut le plaisir d'être avec vous ce soir, mesdames.

— Allez, l'heure est maintenant à la fête, proclama soudain Vassili en sautant sur ses jambes...

Aïe ! la gauche lui fit mal – Guernica s'invitait...

— Stepan, éteins les lumières.

— Wanda, rapproche-toi de moi, dit Lily. Défense en carré. Avec ces individus, l'obscurité ne me dit rien de bon.

— Ça se discute, lui chuchota doucement son amie à l'oreille.

Une lumière vacillante s'approcha, en provenance de la cuisine. Des bougies brillèrent sur un gâteau. Le visage éclairé de Vassili sourit. Le claquement sec d'un col de bouteille sabré retentit. C'était Stepan qui officiait, Vassili, à son retour de Paris, lui ayant donné quelques leçons.

Les coupes se remplirent.

— Lily a raison, dit Wanda, Vassili vous confie décidément ses basses œuvres !

Les deux officiers levèrent leur verre.

— À vos vingt ans ! dit Vassili. Longue et heureuse vie... Et quelques victoires aériennes, sans prendre de risques exagérés.

— Vingt ans et demi toutes les deux – nous avons deux mois d'écart, rectifia Lily. Je suis vieille !

— Non, dit Vassili en l'embrassant au coin des lèvres. Tu seras vieille, un jour. Nuance. Une adorable petite vieille... J'y veillerai ! D'ailleurs, à propos, si tu démissionnais demain de l'Académie militaire ? Je te ramènerais à Moscou.

— Ce type est totalement incohérent, il me souhaite d'abattre des Boches et me propose de déserter !

Chapitre 39

Sourire à la une

Deux jours plus tard, rédaction du journal *Troud*.

— Tiens, Barski, je t'apporte dix feuillets sur les futures femmes pilotes des FAS. Je te propose même un titre : « Les Déesses de l'air ». Passe un coup de fil à leur chef, Marina Raskova, tu sais la fille qui a sauté de son avion en Sibérie pour permettre à son équipage de battre un record du monde. Elle est commandant, forme des pilotes à Engels et t'expliquera tout ça. Ses déclarations compléteront mon papier et tu signeras le tout. Discrétion oblige : je n'avais pas trop de raison officielle d'être à Engels.

— Et on l'illustre comment ?

— Prévois d'envoyer un photographe vingt-quatre heures là-bas, répondit Stepan Kiritchenko. Je verrais bien Kyril Charovsk pour ce boulot. Dis-lui qu'il y a des filles très mignonnes, ça le stimulera. Et il aime l'aviation. Il nous faut en particulier le portrait de deux stagiaires, Lily Litvak et Wanda Kalinkhova ; je parle d'elles dans mon papier. Rassure-le : elles sont sûrement photogéniques.

— J'imagine, sourit alors Barski.

— Je ne relèverai pas ton ironie. Dis-lui aussi que pour Kalinkhova, il me tire un jeu complet, à titre personnel. Pour l'article, Barski, tu le charcutes comme tu veux, je n'ai pas de vanité d'auteur, mais, évidemment, ne me fâche pas avec les filles... Tu verras, c'est un excellent sujet. Les soldats du front vont adorer, les lecteurs vont rêver, les lectrices vont admirer et pleurer. La définition d'un bon papier, quoi !

Dix jours plus tard, le sourire de Lily Litvak apparut pour la première fois dans la presse nationale. Youri, son petit frère, se précipita sur une paire de ciseaux pour ouvrir un album consacré à sa sœur. Et, s'arrêtant sur la photo de Wanda, trouva que sa frangine avait des chouettes copines.

Chapitre 40

Prête pour le combat

Aire de manœuvre aérienne d'Engels, 15 février 1942, 15 h 10.

L'huile du moteur montait en température, le cœur de Lily en pression. Depuis midi, les épreuves de combat avaient commencé.

Son examinateur était le lieutenant Dobkin, pilote confirmé, titulaire de plusieurs victoires aériennes, qui avait survécu aux terribles combats du début de la guerre. Blessé, revenu au front, il en avait été retiré par ses supérieurs pour cause d'épuisement. Ils l'avaient envoyé quelques semaines à Engels pour se refaire une santé. Lui l'avait plutôt pris comme une sanction.

Dans ses fonctions d'examinateur, cela ne l'incitait pas à l'indulgence. Un maintien d'apparence sévère témoignait qu'il avait plus d'assurance aux commandes des avions que vis-à-vis des femmes, ce qui n'était pas forcément compatible. « C'est un timide, modèle coincé », avait tranché Ria Boulayeva, avec l'assurance nuancée qui faisait son charme.

Lily avait néanmoins été agréablement surprise par cette journée d'épreuves qu'elle affrontait forcément tendue. Heureusement, au mess, à midi, alors qu'ils se croisaient, elle entrant, lui sortant, il s'était arrêté devant elle et lui avait dit avec un sourire inattendu :

— À partir de maintenant, je suis votre ennemi. Cet après-midi, dans le ciel, je vais à la chasse à la Litvak !

Lily trouva que Litvak sonnait dans sa bouche comme bécasse, mais, belle joueuse, elle lui retourna le compliment.

— Bonne chasse donc, mon lieutenant, accompagnant son sourire d'une esquisse de caresse sur le bout du nez de l'examinateur avant qu'il ne la quitte.

— Il n'y a que toi pour t'autoriser de telles familiarités avec un supérieur, lui dit Ducie Nosal, qui la suivait. Je me demande parfois si tu n'oublies pas que tu es à l'armée.

Lily poussa les manettes des gaz. Quand elle eut atteint la vitesse de quarante nœuds, elle tira sur le manche et le petit U-2 quitta le sol pour grimper allégrement vers le ciel. L'épreuve se déroulait dans une partie réservée du ciel située à quelques kilomètres de la base, à une altitude de 1200 mètres.

Ce palier atteint, Lily commença à regarder autour d'elle. Il était un peu plus de 3 heures de l'après-midi et le soleil, entre les nuages, assez bas dans le ciel. Dobkin était là, quelque part, invisible. Lily devait faire face à deux options : se cachait-il dans les nuages ? Manœuvrait-il pour se placer soleil dans le dos avant de l'attaquer ?

Elle se trouvait à la verticale du village qui servait de centre géographique à l'aire de manœuvre aérienne. Elle en fit le tour, changeant à plusieurs reprises de cap assez soudainement pour se donner de nouveaux champs visuels et ne pas se laisser surprendre.

Elle repensa à l'apostrophe de Dobkin à l'entrée du mess. Il la voulait proie et lui chasseur. Mais il n'était pas question qu'elle entre psychologiquement dans son jeu et devait se sentir chasseur autant que lui. Elle se mit alors momentanément à l'abri dans un nuage et répéta trois fois : « Le chasseur est un tueur ».

Lily sortit de son nuage balayant l'horizon sur 360° avec une tension dans le cou et les épaules garante d'un futur torticolis.

Elle porta une attention particulière sur les cumulus du couchant. Un éclat de lumière d'un centième de seconde entre deux nuages, sur fond de ciel incendié, lui suffit : il était là !

Calmement, elle vira pour laisser le soleil derrière elle. De quoi inciter Dobkin à l'attaquer. Choisir d'agir le soleil dans le dos alors qu'à cette heure il descendait sur l'horizon ne donnait pas à l'examinateur un avantage déterminant d'altitude. Estimant la distance à laquelle elle l'avait repéré, Lily calcula qu'il lui faudrait presque une minute pour arriver sur elle. L'œil accroché à ses rétroviseurs, elle déclencha le chronomètre fixé sur sa cuisse gauche.

À partir de cinquante, elle compta à haute voix : cinq... quatre...

À zéro, elle tira de toute sa force sur le manche. L'U-2, doué pour la voltige, se cabra et grimpa. Elle appuya sur le palonnier : il s'engagea dans un tonneau descendant.

Avec un gloussement de jubilation, Lily, tête en bas, vit l'U-2 de Dobkin défiler sous elle. « Bien joué, Lily ! » Excitée par la tournure des événements, elle peaufina la fin de sa manœuvre qui l'emmena dans le sillage du lieutenant puis appuya sur la détente fictive d'un canon absent.

— Tatata... tatatatata.

Tu es mort, Dobkin, cria-t-elle à tue-tête après avoir imité le bruit d'un tir de mitrailleuse.

Enchaînant les manœuvres, l'instructeur essaya de se débarrasser de Litvak. Tout y passa, virages serrés, tonneaux, immelmans, piqués, défilements en rase-mottes... Mais rien n'y fit : l'U-2 de Lily restait accroché à son sillage.

La tour de contrôle, qui avait suivi les phases du combat, lança la fusée mettant fin à l'exercice.

— Je comprends pourquoi tu n'es pas au front, Dobkin, lança avec un grand rire le contrôleur en chef, qui avait quitté son poste pour accueillir l'examinateur à sa descente d'avion. Tu as un protecteur à Moscou qui ne veut pas que les Allemands t'envoient au paradis des aviateurs.

— Va te faire mettre, Guratchine ! répliqua non protocolairement le pilote de l'U-2.

Quelques instants plus tard, l'avion de Lily apparut. À vitesse réduite et à basse altitude, la jeune femme déclencha un superbe tonneau. C'était la signature habituelle des aviateurs victorieux. Dobkin et Guratchine, côte à côte, observèrent la manœuvre sans un mot.

— Les femmes ne sont plus ce qu'elles étaient, lâcha simplement Guratchine.

Ils se séparèrent, Guratchine regagnant sa tour, Dobkin se dirigeant vers l'aire de parking de l'U-2. Il dépassa un petit groupe de filles venues suivre les épreuves qui attendaient le retour de leurs amies.

— Vous êtes mort, lieutenant ! lui crièrent-elles.

Beau joueur, il le reconnut volontiers.

Lily avait coupé le moteur. Elle sauta au sol, sans chercher à cacher sa joie.

Il la félicita :

— Bravo Litvak ! Impeccable, ce dernier tonneau.

Ses yeux riaient aussi.

En fin d'après-midi, Dobkin rédigea ses comptes-rendus d'examen.

La deuxième journée des épreuves s'achevait.

Plus d'une centaine de candidates était déjà passée. Aucune d'entre elles n'avait réussi à prendre le dessus sur leur moniteur. Il n'y avait là rien d'étonnant. Les examinateurs étaient des pilotes confirmés, rompus aux missions de guerre. Leurs unités les détachaient, sur ordre, quarante-huit ou soixante-douze heures afin de tester les qualités d'aspirants-pilotes. Leur expérience, leur habileté, leurs qualités de combattants ne laissaient aucune chance aux élèves, même les plus douées. Les combats, fictifs, étaient généralement courts, très vite « pliés ».

Certains pouvaient durer plus longtemps, les cadets montrant des dispositions et se défendaient avec acharnement. Ils reculaient simplement l'échéance. Le temps de l'épreuve était limité. Pour les meilleurs, le gong pouvait sonner avant qu'ils n'aient été « abattus ». Ce match nul était leur titre de gloire et leur passeport, en général, vers une carrière de pilote.

En posant le pied au sol, Dobkin s'était dit qu'il aurait intérêt à ce que l'affaire ne s'ébruite pas trop, sinon il resterait *ad vitam aeternam* « l'as abattu par une gamine ». Il avait tort de s'inquiéter. Aucun de ses pairs ne crut jamais que la « belle Litvak » l'avait descendu sur sa valeur. On le soupçonnait plutôt d'une indulgence coupable d'examinateur favorisant sa chouchoute. La question que lui posèrent ses pairs fut moins : « Elle t'a vraiment descendu, la belle Litvak ? » que « L'as-tu montée au moins ? »

Ce soir-là, les filles firent un triomphe à Litvak. Elle en goûta toute la saveur. Mais au fond d'elle-même, elle savait primo, et ce depuis longtemps, qu'elle était bonne pilote. Simplement, la preuve en avait été apportée aujourd'hui publiquement. Secundo, qu'elle avait eu de la chance : le reflet du soleil sur une pièce métallique à peine entrevue avait trahi son adversaire et lui avait entrebâillé les portes de la victoire. La bonne évaluation du temps d'attaque et une manœuvre impeccablement réussie – qu'elle ne devait qu'à elle-même – avaient transformé de bonnes prémices en triomphe total. De cette analyse lucide, elle tira une conclusion douloureuse pour son ego, mais sage : mieux valait ne pas trop la ramener. Elle s'en tint à cette politique modérée. Ses chefs le remarquèrent... et apprécièrent.

Le soir, après le réfectoire, Lily prit Ina Pasportkina à part.

— Ina, j'ai un petit service à te demander.

Dans la nuit, deux ombres pénétrèrent dans le hangar où l'on parquait pour le saut les U-2. Elles s'approchèrent de l'appareil sur lequel Lily avait volé dans l'après-midi. Arrivées à proximité du biplan, l'une d'elles alluma une torche électrique révélant les deux petits pots de peinture tenus à la main par la seconde ombre.

— On la dessine où ? demanda celle-ci à voix basse.

— Là où cela ressemblera le plus à un simple motif de décoration. Après tout, ce sera plus élégant que les dents de requin peintes sous le moteur des Yak !

L'ombre au pot de peinture opta pour une zone située sur la carlingue, en avant de l'habitacle du pilote, à la verticale de l'aile supérieure de l'U-2. De la poche extérieure de sa veste de treillis, elle sortit deux pinceaux et se mit au travail, éclairée par le faisceau de la torche tenue par la seconde personne.

Le lendemain matin, à la première heure, le mécanicien manœuvrant l'U-2 pour le sortir du hangar remarqua la petite rose blanche peinte sur la carlingue. Il effleura le dessin du doigt. La peinture n'avait pas encore eu totalement le temps de sécher. Il aimait bien la rose. Il la laissa sécher avant de la signaler au chef mécano. Celui-ci la regarda d'un air rogue.

— Encore une facétie des filles ! Putain, on se balade la nuit dans ces hangars comme si on se trouvait dans le métro de Moscou. Qu'on me trouve qui était de garde : je vais lui en faire bouffer des roses, moi !

Mais l'affaire n'alla pas plus loin. C'était une colère pour le principe. Et cette décoration-là, discrète, en valait bien une autre...

L'U-2 vola désormais avec sa rose.

Dans l'après-midi, le lieutenant Dobkin se dirigea à son tour vers l'appareil. Remarquant immédiatement le motif décoratif, il s'enquit de la signification auprès du mécanicien.

— On m'a dit que vous alliez sûrement me poser la question. Je dois vous répondre de ne pas vous en faire : c'est une fleur porte-bonheur ! Sûrement une de vos amoureuses, mon lieutenant.

Chapitre 41

Dans la catégorie des amoureuses

Engels, janvier 1942.

Lily travaillait dur. Elle voulait être pilote de chasse et sa détermination balayait la fatigue, le froid, la faim, les doutes, les sautes de santé et les moments de découragement. Sa plus grande chance fut simplement un don du ciel : quand elle montait dans un avion, elle éprouvait un plaisir violent et renouvelé. Elle l'avoua du reste un jour à un moniteur qui, sous forme de compliment, s'étonnait de sa joie de voler :

— Chaque fois que je vous ai vue aux commandes, j'ai eu le sentiment que vous étiez transfigurée. Cela vous va bien !

— Vous savez, lieutenant, dans un avion, que je sois pilote, navigatrice, mitrailleur ou radio, je suis prise d'une sorte d'exaltation intérieure que je n'ai jamais ressentie dans aucune autre activité.

Elle n'ajouta pas ce qu'elle avait dit à Larissa, un soir de confidence :

— J'espère de toutes mes forces que l'amour m'apportera un jour le même plaisir... mais je n'en suis pas certaine.

— Alors, je te plains, avait répondu Larissa, de la nostalgie dans la voix, elle qui se classait personnellement dans la catégorie des amoureuses.

Ce zèle de bûcheuse ne procura pas à Lily que des amies.

Le Russe, contrairement aux affirmations de la propagande, admire moins les stakhanovistes qu'il ne s'en méfie viscéralement. Essayer de cimenter plus de briques dans une seule journée que tous les autres camarades maçons du chantier réunis était certes un défi à la mesure des « meilleurs d'entre nous » en général, et du camarade Stakhanov en particulier, mais cette glorieuse émulation s'avérait être source de fatigue et finissait par lasser le prolétaire même conscient d'être le phare de la classe ouvrière. Face au zèle, le phare clignotait un peu, voilà tout. C'était humain, sinon soviétique. Sous Staline, on évitait néanmoins d'afficher le plus léger doute quant à l'efficacité économique à long terme d'une productivité érigée en discipline olympique sous peine d'aller apprendre le stakhanovisme sur le terrain, en l'occurrence un terrain gelé, puisque les travaux pratiques infligés aux citoyens coupables s'effectuaient dans les steppes glacées de l'Arctique sibérien. Le bon sens commun était donc d'applaudir avec enthousiasme aux remises de médailles, mais de maugréer intérieurement contre ceux qui semblaient les rechercher à tout prix.

On n'applaudissait donc pas forcément Litvak, mais, après tout, si cela lui plaisait d'apprendre à démonter et à remonter son Yak en plein vol, c'était son problème. On lui pardonna d'autant mieux, qu'elle était entrée, début décembre, dans la liste – officieuse et confidentielle – des « pilotes de la semaine », dressée chaque samedi par les filles elles-mêmes selon des critères flous faisant à l'affectif une place qu'un homme aurait jugée très certainement excessive.

Où s'étaient déjà illustrées différentes femmes.

Maroussia Tjurgan, la basketteuse kazakh, pour avoir déplacé, seule, d'un mur à l'autre du dortoir, une armoire de chêne que cinq filles conjuguant leurs efforts n'avaient pu faire bouger d'un centimètre, avait eu les honneurs de ce palmarès. On découvrit plus tard que l'armoire était de fabrication moldave, ce qui ôta du mérite à l'exploit de Maroussia, un esprit soupçonneux ayant émis l'hypothèse d'une connivence de nature indéterminée où la magie asiatique pouvait ne pas être absente, entre l'armoire et la géante.

Katia Boudanova, pour s'être approprié par des moyens probablement douteux un vieil accordéon dont le plumage s'avéra, à l'expérience, très supérieur au ramage, eut droit aussi à ces lauriers. Elle fut toutefois sortie de la liste le samedi suivant pour avoir essayé de se servir de l'instrument.

Ielena Zenkursk, pour jouer très bien de l'accordéon, accéda aussi à ce panthéon. Comme Olga Boordina, pour avoir mis toutes ses balles au tir au fusil de guerre dans le front particulièrement bas d'une silhouette SS dessinée sur une cible, Ira Kacherina, pour n'en avoir mis aucune au pistolet. En soi, ce n'était pas un exploit car elle était loin d'être la seule dans ce cas, mais elle avait frappé les esprits en s'exclamant, le regard scrutant avec la plus grande attention sa cible impeccablement vierge de tout impact : « C'est étonnant, car j'aime vraiment ça ! ». Le jury jugea qu'une telle réponse laissait présager qu'une fille capable d'un tel enthousiasme avec des aptitudes aussi discutables, n'avait pas forcément le bon fond que son physique attrayant incitait à lui prêter. Cela méritait considération. Ce fut toutefois la seule « pilote de la semaine » dont on s'écartait à vitesse grand V sur le pas de tir quand elle armait son pistolet.

Chapitre 42

Lily sait déjà tout

Engels, janvier 1942.

Le thème de la conférence du jour était le chasseur Yak 1.

— L'ambition du camarade ingénieur Alexandre Yakolev était depuis longtemps de réaliser un avion de chasse, pérorait un expert. Le Parti lui a donné les moyens de réaliser son rêve. À partir de novembre 1938, son bureau d'études, qui avait travaillé sur le projet du bombardier rapide Yak-22, fut autorisé à entreprendre la conception d'un chasseur de front...

L'homme qui débitait son laïus d'un ton monocorde était un ingénieur de l'usine GAZ-292 de Saratov, qui fabriquait les Yak 7 biplaces d'entraînement. Il n'avait eu qu'à traverser la Volga pour venir faire sa présentation[68].

Lily prenait des notes, mais elle savait déjà la plupart des choses que l'ingénieur débitait. Depuis plus de deux ans au moins, elle lisait quotidiennement des revues techniques, potassait des bouquins, avait reçu quelques leçons particulières de Vassili ou d'autres camarades moniteurs... Jusqu'ici, cette conférence ne lui apprenait pas grand-chose.

— Le prototype sorti fut le Yak 26 auquel le NKAP[69] attribua la désignation de I-26 – I pour *Istubitel*[70]. Le procédé de construction était traditionnel : une voilure en bois, un fuselage en tubes d'acier soudés, des éléments de revêtement en tôle d'aluminium et d'autres en toile... Le moteur était un Klimov M-106-I, qui développait 1 350 chevaux. Il fit son premier vol le 13 janvier 1940. Les ouvriers de l'atelier l'avaient peint...

— ... en rouge vif, avec des bandes blanches... ânonna à mi-voix Lily.

— ... en rouge vif, avec des bandes rouges et blanches sur la gouverne de direction. Il n'était équipé ni de son armement ni de son installation radio. Aux commandes s'était installé...

— ... le chef pilote Piontvoski... Tiens, quel était son prénom à celui-là ? se demanda-t-elle, vexée d'un soudain trou de mémoire.

— ...Il participa au défilé du 1er mai 1940...

— Faux ! s'exclama Lily.

Sa protestation avait été émise à mi-voix, mais elle avait été entendue par ses plus proches voisines. Ina Pasportkina, assise à côté d'elle, leva la tête du croquis qu'elle peaufinait sur son carnet de notes – cette remarquable dessinatrice tuait l'ennui de certains cours en griffonnant machinalement des croquis – et l'interrogea du regard.

— Le premier prototype s'est écrasé fin avril, à cause d'un défaut de fabrication, lui dit Lily d'un ton plus bas. C'est le second prototype qui a défilé le 1er mai...

— Où est-ce que tu es encore allée chercher ça ? murmura Wanda.

— T'occupe, c'est vrai !

L'exposé dura une heure. C'est la présentation de l'écorché[71] de l'appareil qui retint le plus l'attention des élèves, avec la description technique de ses qualités.

— Vitesse, maniabilité, robustesse..., un vrai « Moujik du ciel » concluait l'ingénieur, beaucoup plus discret, en bon apparatchik, sur les faiblesses de l'appareil.

Lily, repliant ses affaires, ne put s'empêcher de penser :

« ...Si on oublie la rigidité du harnais de siège qui empêche le pilote de se retourner, si on néglige la protection insuffisante du blindage pour le pilote, si on oublie les défaillances du canon, plaie du Yak... Oui, si on passe sur tout ça... c'est un bon appareil.

Il fallait l'espérer. Bientôt aurait lieu son premier vol sur Yak 1.

Chapitre 43

Mission spécialisation

Engels, 15 février 1942.

Le commandant Marina Raskova monta sur l'estrade et prit place derrière la grande table qui y avait été installée. Le commandant Berchanskaya s'assit à sa droite et les deux femmes furent rapidement rejointes par le commandant Tikomerova, qu'on disait appelée à prendre le commandement d'un des régiments qui seraient créés.

Après s'être éclairci la voix – signe d'une timidité qui affleurait encore quelquefois – Marina Raskova rappela qu'il ne s'agissait pas de pré-affectation dans les régiments mais d'un début de spécialisation rendu nécessaire en raison de la brièveté de la formation. À sa manière, elle laissait une once d'espoir à celles qui, fatalement, seraient déçues par les décisions de la hiérarchie. Puis elle donna la parole à Yevdokia Berchanskaya.

Celle-ci sortit quelques pages d'un porte-documents.

— Ces listes seront affichées dans les salles d'études. Je vous demanderai donc de vous abstenir de tout commentaire. Vous les ferez plus tard à loisir. Commenceront dès lundi la formation sur Yak : Galia Boordina, Katia Boudanova, Valeria Khomiakova, Liliana Litvak, Albina Makariev, Ielena Zenkursk...

Olga Yemchekova, comme prévu, était affectée à l'état-major du centre de formation, mais elle poursuivrait sa formation sur Yak.

Plusieurs dizaines de noms suivirent.

Chaque fois qu'un nom était cité un visage s'éclairait, parfois un poing joyeux se dressait... Chaque fois que la liste alphabétique dépassait la lettre du nom d'une aspirante, c'était un petit drame qui se peignait généralement sur son visage.

La Kazakh Maroussia Tjurgan retrouva son P-2 avec le sourire : elle savait que sa taille l'excluait de la chasse. Katerina Fedotova, la belle Galina Jounkovskaïa, Antonina Bonderova, qui aimait tant les animaux, Irina Soodova et sa superbe voix de soprano, Valia Matouchina au physique de belle campagnarde saine, rejoignirent la formation sur les bombardiers bimoteurs.

Natalia Meklin, une des beautés du centre qui composait de la musique à ses heures, Larissa Rasanova, l'amie de Lily, Nadia Popova et Marina Chichnova – les « deux sœurs », comme elles se définissaient elles-mêmes –, Ira Kacherina, qui terrorisait tout le monde lors des exercices de tir, Katia Pabst, une très bonne navigatrice, Ducie Nosal, perfectionneraient leur entraînement sur le vieil U-2.

Mais toutes n'avaient pas cette chance.

Parmi les plus déçues, on compta Larissa Rasanova, qui pleura dans les bras de Lily. (On se demanda beaucoup si c'était son maintien sur U-2 ou le fait d'être séparée de son amie qui était la cause principale de son chagrin).

Mais c'est surtout Ina Pasportkina qui connut, ce jour, la plus grande déception de sa vie. Pilote brevetée, parachutiste confirmée, elle reçut comme une gifle son affectation : mécanicien. Elle en fut d'autant plus marrie qu'elle se sentait une véritable affinité avec Marina Raskova. À quelques signes, elle avait d'ailleurs acquis la conviction que celle-ci lui rendait sa sympathie. Peut-être parce que sans être vraiment plus âgée que la moyenne des filles – elle avait vingt-quatre ans – elle avait toujours fait preuve d'une maturité avancée. Au milieu de ces gamines, Marina pouvait être tentée de s'appuyer sur des éléments plus mûrs. Et Ina se flattait d'en être. Sans se l'avouer, elle pensait donc que cela lui donnait une chance supplémentaire d'être sélectionnée comme pilote.

La déception la rendit furieuse. Et elle sollicita immédiatement un entretien avec le commandant.

— La décision prise en ce qui me concerne est parfaitement injuste ! Certaines filles choisies ont moins de la moitié de mes heures de vol et personne ne vous dira que... – elle jeta trois noms – sont plus douées que moi. Je ne comprends pas comment a été faite cette sélection.

Marina Raskova la laissa exprimer sa colère, tout en feuilletant distraitement le dossier posé devant elle. Ina avait reconnu sa propre photo.

— Vous poursuivez bien des études à l'Institut d'aéronautique de Moscou, camarade Pasportkina ? demanda-t-elle, quand la jeune femme eut achevé sa tirade.

— Oui. Je viens de commencer ma troisième année.

— Être mécanicien va bien dans le sens du métier que vous avez choisi ?

— Ce n'est pas la question : je veux me battre !

— Ne m'interrompez pas ! Des pilotes, nous en avons. Que certaines de vos camarades aient plus, autant, ou moins d'aptitudes que vous, n'a qu'une importance relative. De bonnes mécaniciennes, j'en ai peu. Vous en faites partie. J'ai donc, moi, besoin de vous aujourd'hui. Et demain, après la guerre, le pays aura besoin de tous ses ingénieurs, de toutes ses compétences.

— Mais...

Marina fut tentée d'ajouter une phrase mais elle se retint. Ce qu'elle avait envie de dire, c'est que trop de jeunes femmes, qui, ce soir, étaient folles de joie d'être retenues comme pilotes déchanteraient peut-être demain. Combien seraient à la hauteur de leur mission ? Combien connaîtraient l'angoisse de s'être lancées dans une aventure trop lourde pour elles ? Combien se briseraient intérieurement sous l'effet de la peur, de la fatigue ou de l'épuisement, de l'angoisse devant trop d'horreur, celle des combats au sol, celle des affrontements dans le ciel ? Combien de celles qui, ce soir, riaient seraient encore là pour fêter la victoire ?

Marina avait envie d'expliquer tout cela à Ina, qu'elle aimait effectivement beaucoup, la jeune femme ayant l'intelligence et la maturité pour la comprendre. Elle se tut pourtant. Elle aussi, à certains moments, se sentait lasse.

Chapitre 44

« Il est à toi, pilote ! »

Engels, 15 février 1942.

L'instructeur qui devait emmener Lily pour son premier vol sur Yak était assis dans un fauteuil râpé de la salle des pilotes, plongé dans la lecture d'une lettre. Il la finissait presque quand Lily entra. Il acheva sa lecture, leva la tête, salua la jeune fille d'un geste amical de la main et se leva.

— Bonjour.

Il s'apprêtait à glisser la lettre dans une de ses poches quand, se ravisant, il la tendit à l'aspirante pilote.

— Lisez !

Surprise, Lily prit la feuille blanche à carreaux, arrachée à l'évidence d'un cahier d'écolier. Elle lut :

« La Russie, cette grande dame aux vastes jupons et à la poitrine généreuse, cette vieille mère, qui en a tant vu et enduré, commence à montrer le bout de son nez. Fini les beaux jours d'été. Depuis la mi-septembre, il s'est mis à pleuvoir. Une pluie fine mais tenace, noyant le pays, au bout de quelques heures, dans une immense étendue de boue. Cette boue, que les Russes appellent la *raspoutsisa* remplit, petit à petit, jour après jour, nuit après nuit, les tranchées et les abris, transformant les pauvres chemins de terre, de sable et de marais en un parcours infernal.

Plus aucun moyen de se tenir, aucune terre dure ici ou là où l'on puisse enfin rouler, aucune paroi, aucun bord à quoi s'agripper. La botte ne trouve plus de place pour s'appuyer. Elle reste brusquement prisonnière de la terre. Les chevaux, les pauvres chevaux sont à bout et on ne peut même plus leur venir en aide, comme en été, pour leur permettre de sortir le chariot d'un trou en forçant tous ensemble sur les rayons des roues. Ils n'en peuvent plus et les hommes non plus.

Comment faire, alors, pour que la soupe arrive au copain de l'avant ? Tant pis, on va la leur apporter dans des bouteillons, en glissant à chaque pas dans la boue. Et les caisses de munitions ? Et les armes, les canons, les mortiers, les obusiers tractés ?

On a essayé de réquisitionner les tracteurs dans les kolkhozes, mais les Russes manquent de tout, de diesel, de *naphta* comme ils disent. On se débrouille avec des *Panieï*, des petits chevaux de la steppe dont on se servait déjà depuis la Pologne. On a pris des prisonniers pour porter les charges. Et on va implorer le ciel pour que cesse la pluie, pour ne plus devoir dormir dans l'eau, les vêtements éternellement mouillés et froids, dans des bottes que l'on n'ose plus retirer la nuit pour deux raisons : ne plus pouvoir les remettre le lendemain, et être prêt à la contre-attaque aux cas où l'Ivan tenterait un de ses raids rapides toujours menaçants. La soupe ne vient plus qu'une fois ou deux dans la semaine. On mange froid : saucisson, pain, du lard de temps en temps, quelques œufs trouvés çà et là, hâtivement cuits sur un feu de fortune. Le courrier n'arrive plus, les cigarettes se font rares...

Quelle merde, cette vie ! Quelle merde, ce pays ! Quelle merde, cette guerre, qui tout à coup a l'air de s'éterniser ! »

— De quoi s'agit-il, s'enquit Lily.

— C'est la traduction d'une page d'un journal personnel trouvé sur le cadavre d'un soldat allemand. C'est un cousin très proche qui me l'a fait parvenir. Mon cousin appartient à un groupe de partisans qui opère sur les arrières de l'armée allemande dans les marais du Pripet, en Biélorussie. Là-bas, leurs conditions de vie sont atroces et il n'est pas malheureux de nous faire savoir que le Boche, lui aussi, « en chie comme un Russe », selon l'expression qui nous est chère, et que ses os vont bientôt blanchir sous la terre accueillante de notre vieille mère la Russie. C'est la raison pour laquelle il m'a fait suivre ce texte. Il a profité du passage nocturne d'un U-2 de ravitaillement. Vous noterez, camarade, que quand ils ne servent pas à entraîner les filles d'Engels, nos vieux U-2 livrent la nuit de l'essence, des munitions, des conserves, ils repartent avec des agents de liaison et le courrier. Brave vieux compagnon ! Ne l'oubliez pas, si un jour, vous devez voler sur un Yak ou sur un P-2...

— Et pourquoi m'avoir fait lire cette lettre ?

— Parce qu'on y apprend deux choses importantes : que le moral de Fritz n'est pas toujours ce que l'on croit et donc qu'on va gagner la guerre ; et que si vous ne savez peut-être pas encore ce que vous foutez dans l'aviation, vous savez au moins, à la description de ce qu'on vit dans la boue du front, pourquoi vous n'avez pas choisi l'infanterie. Allez, on va aller poser nos fesses dans un bon vieux Yak. Vous verrez, c'est pas mal aussi.

Lily se demanda pourquoi autant d'aviateurs donnaient dans le style conducteur de tracteur bourru, mais son pouls qui commençait à battre plus vite l'incita à remettre à plus tard son débat intérieur sur la question.

Le Yak 7, demi-frère du Yak 1, conçu pour l'entraînement, étant un biplace, Lily s'installa dans le siège avant, l'instructeur se plaçant derrière elle.

Ainsi donc, le Yak 7 était enfin à elle. En principe, pour une seule séance. Les élèves moins douées – ou plus émotives les jours d'examen – pouvaient avoir droit à une séance de repêchage. Pourquoi cette avarice en heures de vol double commande ? Parce que durant l'hiver 1941-1942, le Yak 7 était encore une denrée rare. Sur les chaînes de fabrication, le Yak 1, qui monte au combat dès sa sortie d'usine, avait la priorité.

Le premier mois de la guerre, l'URSS avait perdu les trois quarts de sa flotte de combat. La plupart du temps au sol. La Luftwaffe, les premiers jours, avait pilonné sans répit les aérodromes militaires ou civils répertoriés, observés photographiquement depuis des mois par des avions espions qui violaient l'espace aérien russe. Des agents allemands, recrutés ou infiltrés dans le pays, complétaient le travail.

Comme toute l'Armée rouge, les forces aériennes soviétiques avaient payé au prix fort leur impréparation et la myopie du Politburo. Pour l'aviation, l'addition a été réglée en matériel plus qu'en hommes. Quand les avions brûlaient au sol, les pilotes, au moins, étaient épargnés. En 1941, l'aviation russe manquait donc davantage d'avions que de navigants. Voilà pourquoi, pendant l'été 1941, l'usine GAZ 115 à Moscou, GAZ 286 de Kamensk-Ouralski, plus tard la GAZ 153 de Novossibirsk poussèrent les feux de la production du Yak 1 alors que la GAZ 292 de Saratov commençait seulement à sortir les premiers Yak 7 de ses chaînes à partir de juillet 1941 – sept mois avant que Litvak ne se retrouvât aux commandes de l'un d'eux.

— On y va, dit le moniteur. Il est à toi, pilote !

C'était vite dit !

Le Yak, elle connaissait, et elle ne connaissait pas.

Elle connaissait parce qu'elle avait passé plusieurs heures dans les simulateurs de vol sommaires – des habitacles reconstitués – qui occupaient un vaste hangar – gelé, entre parenthèses. Sanglée sur son siège usé jusqu'à la trame, elle s'était familiarisée avec chacun des instruments, leur place, leur fonctionnement, apprenant même, parfois, à pallier leurs défaillances souvent mortelles en vol réel. Elle avait répété à l'infini la « check-list » de toutes les vérifications d'avant-décollage, s'était familiarisée avec les procédés mnémotechniques destinés à n'oublier aucune manœuvre.

Ensuite, elle était passée à la phase suivante : rouler sur le sol, seule aux commandes d'un authentique Yak 1. C'était de la « conduite automobile », plaisantaient les élèves. Elles roulaient sur la piste, ne cherchant qu'à maintenir l'appareil en ligne – droite, de préférence. La consigne était ensuite de rouler de plus en plus vite, puis de freiner et de remonter la piste au ralenti pour attendre de nouveau son tour.

L'amorce de décollage constituait la troisième étape. À vitesse définie, il fallait tirer sur le manche. La queue de l'appareil quittait le sol, la visibilité dans l'habitacle s'améliorait car, comme le disait Valeria, « on commençait à dominer le monde ». Il ne fallait pas, alors, appuyer sur la manette des gaz sous peine de voir le chasseur décoller. On autorisa les plus douées à le faire : tiré par la puissance de son moteur, l'avion quittait alors le sol, s'élevait d'un mètre ou deux. L'aspirant-pilote devait alors couper les gaz et l'avion retrouvait le sol.

Elle ne connaissait pas... parce que lorsque arriva le jour du premier vrai vol, comme aujourd'hui, elle avait l'impression de ne plus rien savoir... d'avoir tout oublié, que son esprit était vide... Le désespoir l'étreignit.

— Litvak, vous dormez ? Préparez-vous au décollage !

La sécheresse de la voix avait réenclenché son mécanisme mental. Lily manipula les pompes à main, appuya sur le bouton du démarreur.

L'hélice commença à tourner, lentement d'abord, comme hésitante. Puis dans un bruit de tonnerre, le moteur démarra. Avec de longues flammes qui jaillirent des pots d'échappement et des nuages de fumée noire.

L'appareil, comme un pur-sang bridé par la poigne de son cavalier, trembla, força sur ses cales comme pour bondir. Lily diminua les gaz. Avec dextérité, l'homme de piste la fit sauter et s'écarta, le corps plié en deux.

Le Yak commença à rouler sur le tarmac.

La piste d'envol s'étendait maintenant devant Lily, longue ligne gris pâle dans un paysage uniformément blanc. Depuis l'aube, des équipes de civils, hommes et femmes, la déblayaient de toute la neige tombée pendant la nuit.

— On pourrait peut-être décoller... suggéra l'instructeur.

Le ton était neutre, mais Lily perçut l'ironie de sa voix. Elle n'exclut pas de faire un peu de parano, mais pour ce premier matin du monde, elle se trouvait des circonstances atténuantes.

La crainte, le trac, la tension même s'évaporèrent en elle. Une image s'imposa à son esprit : celle d'une dernière couche d'eau qui s'évanouit du fond d'une casserole brûlante. Elle se sentait bien, détendue. Maîtresse d'elle-même. Elle avait enfin tué les dernières traces de l'adolescence qu'elle traînait encore, il y a quatre mois.

Elle poussa la manette des gaz. L'avion bondit et commença à accélérer.

— Ne donnez pas trop du nez en avant, dit dans les écouteurs la voix calme du moniteur.

Le diamètre de l'hélice était imposant et la garde au sol n'était plus démesurée. Il ne s'agissait pas de tondre le ciment du bout des pales.

De part et d'autre de l'appareil, le paysage défilait à vitesse croissante.

Embardées.

— Maintenez-le droit !

Toujours le même calme dans la voix. Exaspérant, mais rassurant aussi.

Et soudain, le sol qui s'échappait sous les ailes. Le Yak était en l'air.

La piste, loin derrière, vague vision d'un bosquet de bouleaux qui passe en un éclair. Lily avait l'impression que la sueur coulait partout sur son visage. Elle se trompait : quelques gouttes seulement, sur les tempes. Avec application, réussir les premières manœuvres, rentrer le train, refermer la verrière du cockpit, réduire les gaz, ramener l'hélice au pas de croisière. Une pensée de reconnaissance aux heures passées dans les simulateurs. Ses réflexes s'enchaînaient parfaitement.

Et, enfin, elle vola.

Un pur instant de bonheur.

Enchaînant des manœuvres diverses, de plus en plus hardies, selon son inspiration, elle oublia rapidement l'instructeur derrière elle. D'ailleurs, il ne se manifesta pas...

— On rentre !

Quoi ? Déjà ? Lily regarda sa montre. Il y avait cinquante minutes qu'elle volait alors qu'elle avait l'impression d'avoir tout juste décollé.

Atterrir.

« L'atterrissage est une chute contrôlée », on le lui avait assez répété.

Elle coupa les gaz, mit l'hélice au petit pas, ouvrit le cockpit. L'avion perdit de l'altitude, s'engagea dans le dernier virage qui allait l'amener face au vent et au terrain.

La panique gagna brusquement Lily. Soudain, elle ne vit plus rien : l'énorme moteur cachait la piste. Elle ne pouvait sortir la tête à cause de la pression du vent qui la lui maintenait à l'intérieur, se sentait prisonnière, en même temps que l'aérodrome paraissait se précipiter à sa rencontre. Et là, elle ressentit les chocs successifs du train d'atterrissage qui sortait et des volets qu'elle baissait. Jamais elle n'allait parvenir à se poser.

— Manche au ventre, dit « Staline [72] », calmement, derrière elle.

Lily tira désespérément. L'appareil s'enfonça, heurta la piste dans un grand choc métallique, rebondit deux ou trois fois...

La décontraction du moniteur n'était qu'apparente. L'atterrissage étant la phase la plus délicate du vol, attentif à l'extrême, il avait suivi chaque manœuvre, chaque geste de l'élève-pilote. Ses mains s'étaient rapprochées du manche de la double commande, prêtes à reprendre la maîtrise de l'appareil en une fraction de seconde au cas où, le Yak 7 étant précieux, mais cela ne fut pas nécessaire.

L'arrondi de Litvak lors de la prise de piste avait été bon, le Yak à peine secoué quand il avait touché le sol. Les gants du moniteur n'avaient même pas effleuré le manche, juste une petite pression sur le palonnier pour maintenir l'appareil bien en ligne, après le second rebond.

L'instructeur pensa que Litvak n'avait même pas dû s'en apercevoir – ce en quoi il se trompait.

En sautant de l'aile, sur le sol, Lily avait le tournis. Elle s'accrocha à l'aile. Étourdie, elle avait envie d'embrasser tout le monde.

« Staline » étant la seule personne qu'elle avait sous la main, il en profita.

Ils rirent tous les deux. Elle le connaissait très peu mais, pour quelques minutes, elle fut amoureuse de lui.

« Attention, se dit Lily le soir dans son lit, l'avion fait faire n'importe quoi ! »

Demain, elle volera seule.

Chapitre 45

Le général hiver

Réunion du comité d'État à la Défense, le Kremlin, fin mars 1942.

Par ce matin gelé, le général Gheorghi Joukov était un homme partagé. Il était certainement de tous les grands chefs militaires celui qui connaissait le mieux la réalité de la situation sur le terrain. Dès le 23 juin 1941, alors qu'il était le chef de l'état-major général et que sa mission consistait à diriger l'ensemble des armées russes, Staline l'avait envoyé sur le front de Kiev où il croyait qu'Hitler allait faire porter l'essentiel de son offensive. Fin juillet, il l'avait rappelé de Kiev pour lui confier la direction et la mise en place de toute urgence de l'ensemble des forces de réserve. Le 10 septembre, il s'était vu chargé de la défense de Leningrad, encerclée, à la place de Vorochilov défaillant. Quand, en décembre, les Allemands arrivèrent aux portes de Moscou, ce fut à son « pompier » que le Commandant suprême confia la défense, dos au mur, de la capitale. Les généraux Joukov et Hiver, on l'a vu, stoppèrent les blindés allemands à quelques verstes des murs du Kremlin.

En cette froide journée de la fin du mois de mars 1942, une séance capitale du comité d'État à la Défense fut convoquée par Staline afin de procéder à un examen de la situation générale et des possibilités d'actions des troupes soviétiques pour la prochaine campagne d'été.

Participaient à cette réunion les maréchaux Vorochilov, Timochenko, anciens ministres de la défense, Chapochnikov, chef de l'état-major général, les généraux Vasilevsky, l'adjoint de Chapochnikov, Bagramian et Joukov.

Le chef de l'état-major général présenta un rapport circonstancié qui reprenait, pour l'essentiel, – peut-être parce qu'il les avait inspirées – les convictions profondes de Joseph Staline. En cet instant, au milieu de ces militaires, Staline ne nourrissait plus aucun complexe. Autant ses conceptions sur la stratégie militaire étaient faibles et dépassées en juin 1941, marqué qu'il restait par son expérience de la guerre civile de 1917 à 1923, autant, guidé par les conseils avisés de quelques généraux et servi par son intelligence et sa mémoire, il s'était depuis formé aux grands principes de stratégie des guerres modernes. Le maréchal Chapochnikov et le général Joukov, et à un degré moindre le général Vasilevsky avaient été, incontestablement, ses meilleurs maîtres.

Sur les cartes posées sur la grande table de bois ciré, Chapochnikov désigna les zones à problèmes : Leningrad où la situation était gelée, à tous les sens du terme : le saillant de Rjev au nord-ouest de Moscou, qui pointait « comme un canon de fusil sur le cœur de la capitale » ; la région d'Orel/Toula (« Front de Briansk ») et la zone de pénétration de Koursk/Voronej qui offraient à l'ennemi la possibilité d'attaquer Moscou en débordant la capitale par le sud ; l'axe blé-fer-pétrole – Ukraine-Caucase – le long duquel l'Allemand avait fortement progressé puisqu'il avait pris Kiev, Odessa, la majeure partie de la Crimée et s'approchait du Caucase... On était fin mars, et l'âpreté de la bataille pour Moscou marquait encore tous les esprits.

Mais, autour de la table, l'affrontement était ce jour-là russo-russe.

Chapochnikov, dans son exposé, prit en compte la supériorité numérique de l'ennemi et ne crut pas à l'ouverture d'un second front en Europe occidentale, malgré les promesses – timides – de Roosevelt et Churchill. Il en tira des conséquences. Ses préconisations : se borner à une « défense stratégique active » – en clair, se battre où on doit le faire pour conserver toutes les positions d'importance stratégique que l'on tient et pour user l'ennemi autant que faire se peut. Pour le reste, reconstituer les réserves en hommes, matériels, armements et munitions, afin de préparer dans les meilleures conditions les affrontements de l'avenir.

Il est vrai qu'à l'arrière, l'effort était colossal. Effort économique : remontage des entreprises transférées, reconversions de toutes les industries en industries de guerre, emploi massif des femmes dans tous les domaines de l'économie. Effort politico-militaire aussi : mobilisation spéciale des communistes et des membres du Komsomol. À la fin de 1941, les forces armées comptaient 1,3 millions de membres du Parti et des jeunesses communistes, chiffre double de celui du mois de juillet. L'effort était et serait poursuivi.

Au printemps, le Comité central demanda aux conseils militaires des fronts et des armées d'améliorer le travail parmi les soldats et les chefs pour renforcer résolument la discipline, accroître la fermeté et la valeur combative des troupes. À tous les chefs et cadres politiques, il fut prescrit de mener personnellement l'agitation et la propagande parmi les combattants. Bref, une formidable reprise en main de tout le pays après les désastres de 1941.

Pourtant, ce matin-là, la prudence de Chapochnikov ne semblait pas à la mesure de ce gigantesque effort. Elle irrita Staline, qui coupa brutalement la parole au chef de l'état-major général.

— Il ne faut absolument pas nous installer en situation défensive et attendre les bras croisés que les Allemands attaquent les premiers. Il nous faut lancer sur un front étendu une série d'attaques préventives pour tâter les forces ennemies, vérifier leur degré de préparation, les battre là où nous le pouvons !

Joukov saisit la balle au bond. Certes, il était partagé : très conscient des réalités, il abondait dans le sens de Chapochnikov mais, comme premier défenseur de Moscou, il était aussi obsédé par le saillant de Rjev qui lui apparaissait comme une tête de pont idéale pour la reprise d'une offensive allemande d'été de grande envergure, avec pour objectif la prise de la capitale. Il défendit donc avec conviction la « défense stratégique active », assortie d'une puissante offensive sur Rjev pour anéantir le saillant et améliorer la ligne de défense de Moscou.

Staline le renvoya lui aussi dans ses buts :

— Attaquer sur la direction ouest [73] et adopter une attitude défensive sur les autres fronts est une demi-mesure !

Exit l'option Joukov.

Simion Timochenko, ministre de la Défense jusqu'au 10 juillet 1941, date à laquelle il avait cédé son poste à Staline lui-même, prit alors la parole. Patron du front Sud-Ouest (Briansk) que l'état-major général pensait vulnérable à une attaque en force qui tournerait Moscou par le sud-ouest, il pensait que des renforts et une attaque préventive renforceraient la situation défensive de Moscou – et la sienne par la même occasion.

— Les Allemands sont à Koursk, dit-il. Ils menacent à la fois Voronej, plein est, et Kharkov au sud. Nos troupes sont en bon état. La *Stavka* devrait ordonner une attaque préventive puissante qui bouleverserait les plans allemands vers le sud de notre pays. Dans le cas contraire, risquerait de se reproduire ce que nous avons connu au début de la guerre : une percée inarrêtable.

Cherchant des alliés, il ajouta :

— En ce qui concerne une offensive vers l'ouest, j'approuve Joukov !

Le maréchal Vorochilov appuya immédiatement la proposition de Timochenko. Chapochnikov, lui, ne réagit pas. Il savait que Vorochilov votait systématiquement contre ses propres propositions. Joukov, lui, intervint avec vigueur pour réexprimer son opposition au déclenchement de plusieurs opérations offensives. Chapochnikov, soit qu'il connût d'avance les intentions profondes de Staline, soit par exaspération devant l'incompétence stratégique de Vorochilov, soit parce que sa santé commençait à décliner, préféra se taire [74].

Alors Staline trancha :

— Préparer et effectuer immédiatement des opérations partielles en Crimée, sur les directions de Kharkov et de Rjev, soulager Leningrad assiégée...

Maréchaux et généraux se séparèrent pour regagner leurs postes. La guerre entrait dans un nouveau tournant.

Chapitre 46

« Pourquoi les chefs piquent-ils leur chien ? »

Front central, 2 avril 1942.

Le 2 avril 1942, Stepan Kiritchenko, envoyé sur le front central pour écrire quelques « papiers » susceptibles de rendre le moral à la population moscovite toujours inquiète, fut joint par Vassili Karev, qui réussit à entrer en contact avec lui par liaison radio.

— J'ai une information importante à te communiquer. Prends un crayon et note les attendus : il est toujours utile de savoir pourquoi les chefs piquent leur chien. C'est un décret du Politburo. Je te le lis :

« Aux membres et suppléants du comité central du Parti communiste et aux membres de la commission de contrôle du Parti, est porté connaissance le décret du bureau politique du comité central du Parti communiste adopté le 1er avril 1942 sur le travail du camarade Vorochilov :

1. La guerre contre la Finlande en 1939-1940 a mis en évidence la grande incurie et le retard de la direction du commissariat à la Défense. Le camarade Vorochilov, qui était alors commissaire du peuple à la Défense, a été obligé de reconnaître au plénum du comité central de fin mars 1940 les faiblesses de sa direction au commissariat. Le comité a estimé nécessaire de libérer le camarade Vorochilov de son poste de commissaire à la Défense.

2. Au début de la guerre contre l'Allemagne, le camarade Vorochilov a été nommé commandant en chef de l'axe nord-ouest, dont la mission essentielle était de défendre Leningrad. Comme il est apparu par la suite, le camarade Vorochilov n'est pas venu

à bout de la tâche qui lui avait été confiée et n'a pas su organiser la défense de Leningrad. Dans son travail à Leningrad, le camarade Vorochilov a commis de graves erreurs : il a publié un ordre sur l'éligibilité des chefs de bataillon des milices populaires. Cet ordre a été annulé sur instruction du QG comme menant à la désorganisation et à l'affaiblissement de la discipline dans l'Armée rouge ; il a organisé le conseil militaire de défense de Leningrad, sans s'y inclure. Cet ordre a été, lui aussi, annulé par le QG comme incorrect et nuisible, car les ouvriers de Leningrad pouvaient comprendre que le camarade Vorochilov ne s'était pas inclus dans le conseil de défense parce qu'il ne croyait pas qu'on puisse défendre Leningrad. Le camarade Vorochilov a créé des bataillons ouvriers faiblement armés (fusils, piques, poignards, etc.), mais a négligé l'organisation de la défense de Leningrad par l'artillerie.

Considérant tout cela, le comité d'État à la Défense a rappelé le camarade Vorochilov de Leningrad.

3. À la demande du camarade Vorochilov, il a été envoyé en mission en février sur le front du Volkhov en qualité de représentant du QG pour aider le commandement du front et y a passé un mois environ. La présence du camarade Vorochilov sur le front n'a néanmoins pas donné les résultats escomptés. Voulant encore une fois donner au camarade Vorochilov la possibilité d'utiliser son expérience au front, le CC du PC lui a proposé de prendre le commandement direct du front du Volkhov. Mais le camarade Vorochilov a accueilli négativement cette proposition.

Vu tout ce qui a été dit, le comité central du Parti communiste décrète :

Primo : Reconnaître que le camarade Vorochilov ne s'est pas acquitté du travail qui lui avait été confié au front.

Secundo : Envoyer le camarade Vorochilov effectuer un travail militaire à l'arrière.

Le secrétaire du CC du PC. J. Staline. »

— Ton commentaire ?, demanda Kiritchenko, après un moment de silence.

— Ça pendait au nez de ton maréchal, mon vieux. Le ton sarcastique du décret signe qui en est l'auteur[75]. Le Commandant suprême s'est longtemps aveuglé sur les qualités militaires de Klement Ifremovitch. Peut-être parce lui-même ne se sentait pas à l'aise dans les affaires militaires *stricto sensu*. La guerre que Staline connaît, c'est la guerre civile. Elle n'a rien à voir avec celle-ci. Mais depuis le 22 juin, le « Commandant suprême » apprend. Avec la guerre, il apprend. Il a de sacrés professeurs : Chapochnikov, Joukov qui fait un travail colossal. C'est le pompier de Staline. Là où il y a le feu le plus brûlant, la *Stavka* envoie Joukov. Par comparaison, l'incompétence de Vorochilov éclate. Il n'a pas été brillant à Leningrad et son refus d'accepter le commandement du front du Volkhov, moins important que d'autres, est resté en travers de la gorge de Staline qui cherchait à lui sauver la face. D'où sa disgrâce. Il a eu la chance de ne pas être dégradé comme le maréchal Koulik.

— En clair, j'ai perdu un patron !

— Temporairement seulement. Avec le Commandant suprême, c'est soit le peloton d'exécution ou les caves de la Loubianka, soit une claque publique pour faire réfléchir et remettre dans le droit chemin. Le maréchal Chapochnikov – qui n'aime pas Vorochilov – pense que la seconde hypothèse est la bonne. Mais au moins, on s'est débarrassé de lui pendant quelques mois [76].

Chapitre 47

Marina Raskova arbora un visage grave

Engels, 15 avril 1942.

Lors de la réunion quotidienne d'information, Marina Raskova arbora un visage particulièrement grave.

Elle venait d'apprendre par l'état-major que dix jours auparavant, le 5 avril, Hitler avait signé la Directive n° 41 qui fixait les buts de guerre de la Wehrmacht pour l'année 1942. Ses troupes y avaient pour mission de conquérir l'Ukraine, et au-delà, le Caucase, c'est-à-dire tout le sud de l'Union soviétique. En d'autres termes, il s'agissait d'enlever à l'URSS ses régions industrielles et agricoles les plus riches afin de procurer au Reich des ressources économiques supplémentaires et indispensables à la poursuite de la guerre : blé et fer ukrainiens, pétrole du Caucase. Une fois conquises ces positions économico-stratégiques, l'Allemagne serait en mesure de frapper dans d'autres directions : principalement Moscou et Leningrad.

La Directive n° 41 ne prévoyait pas d'efforts particuliers sur Moscou dans un premier temps. Seules seraient conduites des offensives partielles destinées à détruire les troupes soviétiques, qui, à certains endroits, avaient pénétré dans le dispositif allemand.

Marina Raskova en fit une brève synthèse aux élèves-pilotes en soulignant, d'abord, la reprise prochaine de l'offensive allemande, puis le fait qu'elle viserait prioritairement le sud du pays, donc ses régions les plus riches.

Elle conclut que là-bas, dans le Sud, se trouvaient certainement les champs de bataille où elles seraient engagées et qu'étant donné l'importance de l'enjeu, les combats y seraient sans pitié.

Un impressionnant silence marqua la fin de son exposé.

Chapitre 48

Salut les filles

Engels, fin avril 1942.

— Salut les filles ! Y aurait-il une Lily Litvak dans le coin ?

La femme de vingt ans qui venait d'entrer d'un pas vif dans le dortoir à moitié endormi – il était 8 heures du soir – offrait un visage hâlé qui traduisait une vie récente au grand air. Ses joues lisses et pleines tranchaient avec les traits creusés des filles à l'entraînement depuis cinq mois. Elle affichait des épaules larges de sportive et une assurance peu courante chez une fille de son âge.

Une stagiaire assise au pied de son lit, penchée sur la reprise de couture d'un pantalon déchiré, lui indiqua le fond de la salle d'un mouvement du menton. D'autres filles, plus intéressées, levèrent la tête : tout ce qui cassait le train-train habituel des mornes soirées méritait qu'on y prête attention.

— Lily, de la visite, cria Katia Boudenova, dont le lit était situé plus en avant dans le dortoir, mais qui avait entendu la question de la nouvelle venue.

Lily somnolait sur sa couche. L'apostrophe de Katia se fraya un chemin jusqu'à son cerveau. Lentement. De la visite ? À Engels ? À 8 heures du soir ?

Elle se dressa sur son lit, chercha ses pantoufles, fit mouvement vers l'allée centrale.

— Valentina ! Je rêve !

Elle ne rêvait pas. Valentina Petrochenkova lui tomba dans les bras, chair bien vivante.

— Tu es vivante ? ! ?

Exclamation, incrédulité, bonheur.

— Non, je suis morte. Pourquoi ?

Les filles se rassemblèrent autour des deux amies qui s'embrassaient, se contemplaient, prenaient du recul, s'étreignaient de nouveau. Le cirque habituel des copines très chères qui se retrouvent. Larissa Rasanova surgit. Le couple se transforma en pyramide. On s'attendait à en voir surgir le fanion de l'Ippodromo d'avant-guerre à Moscou.

On dit beaucoup de bêtises, on rit, on voulut faire partager sa joie. L'émotion trop souvent brimée par la discipline et la fatigue resurgit, lave froide de nouveau en fusion qui déborde. Larissa pleurait.

— Mon amie Valentina Petrochenkova, dit enfin Lily. On a passé notre brevet ensemble.

Valentina se tailla un succès en racontant à l'assemblée, suspendue à ses lèvres, les huit derniers mois de son existence. Kiev, les combats autour de la ville, son évacuation in extremis. Puis Marioupol et le nouvel exode : pour aboutir sur les rives de la Volga.

Elle déclencha la colère en décrivant tout ce que ses chefs lui avaient fait subir pour faire obstacle à sa volonté de répondre à l'appel de Marina Raskova ; elle remporta un triomphe en ne leur épargnant aucun détail sur son ultime avanie : les faits et méfaits du soixantième parachutiste. Bref, la mauvaise foi sans limite d'un commandant imbu de sa personne qui tenait absolument à l'empêcher de faire son devoir et le zèle administratif d'un adjoint borné qui avait déniché un règlement que personne ne lit jamais, avaient dénié le droit de Valentina à répondre plus tôt à l'appel de la patrie en danger.

Plus prosaïquement, le commandant, brave homme qui avait perdu un fils dans les premiers jours de la guerre, n'avait pas mis trois heures pour mesurer, à réception de l'ordre de transfert de Valentina à Engels, les risques qu'elle allait courir. « Elle part en enfer », avait-il dit à son adjoint, qui avait un faible pour Valentina. Le commandant ayant une fille de l'âge de la monitrice savait, par expérience, que les lubies des gamines ne durent souvent que ce que durent les éphémères. En donnant à Valentina le temps de réfléchir, il espérait qu'elle changerait d'avis. Il avait agi en conséquence. Quant à son adjoint, il n'avait fait que son boulot – certes avec de la maladresse – mais, en cela, avouons-le, il ne différait pas des autres amoureux.

Voilà donc Valentina à bord de l'avion avec le soixantième parachutiste qu'elle devait former comme le prescrivait son contrat.

C'était un garçon de dix-huit ans – un an de moins qu'elle. Jeune mais mignon. Pour elle le dernier saut, mais pour lui le premier. Il bondit dans l'appareil avec l'assurance apparente du guerrier confirmé et blasé. Dès que l'avion roula, un regard flottant montra que son assurance commençait à s'effriter. Avec la montée, elle se liquéfia plus rapidement que la vitesse ascensionnelle de l'appareil. Quand celui-ci se stabilisa à l'altitude de saut, le parachutiste ressemblait à un fœtus assis, tremblant sur la banquette de bois. Pour lui remonter le moral, Valentina feignit de prendre la situation à la blague :

— Allez, militaire, l'heure est venue de plonger pour aller botter le cul du Fritz.

Au terme de « plonger », le brave eut un mouvement de recul significatif. Quand elle lui expliqua que, contrairement à l'entraînement au sol, ici on quittait l'avion, dos tourné au vide, pour ne pas être heurté par la queue de l'appareil, et que seulement alors on tirait sur la poignée du parachute... il la regarda comme s'il avait affaire à une démente.

Sa panique lui donna l'énergie d'un désespoir verbal :

— Je suis prêt à affronter au sol une division blindée fasciste, mais ne comptez pas sur moi pour plonger en arrière.

Elle paria sur son sens de la discipline et lui ordonna de sauter : il ricana, l'air mauvais. Elle lui dit qu'elle allait le pousser. Il répondit qu'à ce jeu, c'était lui qui allait la balancer dehors. Il ajouta méchamment « avec ou sans parachute ».

— J'oubliais de vous dire, précisa Valentina à tout le dortoir d'Engels maintenant rassemblé autour d'elle et suspendu à ses lèvres, que pendant tout ce temps ce con d'équipage se marrait. Pliés en deux, le pilote et le copilote ne regardaient même plus devant eux, et sous prétexte de m'encourager m'accablaient de leurs sarcasmes débiles. Heureusement que dans le coin, la plus haute colline fait trois mètres de haut, sinon on s'en serait empaffé une ! En désespoir de cause, poursuivit-elle, je me suis dit que là où la persuasion et la discipline avaient échoué, le charme marcherait peut-être. Avec mon sourire le plus enjôleur, je proposai donc à mon parachutiste – tu parles d'un parachutiste ! – de l'embrasser sur la bouche s'il se décidait à sauter. Comme une récompense.

« Oui, oui, un baiser ! » hurlaient les deux pilotes.

« Ton baiser, j'en ai rien à foutre ! » me répondit le connard.

Je fis signe au pilote d'aller se poser. Il me fit signe, lui, d'approcher. Naïve, j'y vais.

« Remarquez, me hurla-t-il à l'oreille pour couvrir le bruit des moteurs, vous n'avez rien perdu : avec les turbulences, ça n'aurait pas été terrible comme étreinte. »

Je lui ai lancé alors un regard capable de hanter ses nuits jusqu'à sa mort...

— Et la suite, demanda Larissa qui voulait tout savoir.

— La suite, la suite, reprit le chœur des stagiaires.

Valentina se fit un peu prier, pour le plaisir.

— Très simple. En descendant de l'avion, alors qu'il commençait à reprendre des couleurs, j'ai repris un air aguicheur et lui ai donné rendez-vous, pour le soir même, dans un coin reculé du camp où se trouvait un petit bois. Je me suis d'ailleurs demandé s'il n'aurait pas trop honte, s'il viendrait... Tu parles ! Plutôt deux fois qu'une. Dans l'ombre, il a eu droit au baiser le plus voluptueux de sa vie. Je lui ai dit : « Tu vois que tu es un homme, un vrai ! Mais il faudra le montrer aussi demain... » Le lendemain, il sautait ! Et me voilà !

Dans le dortoir, les filles riaient comme elles ne l'avaient pas fait depuis longtemps.

La suite tint davantage de l'ubuesque.

Arrivée avec un trop grand retard, Valentina ne put intégrer le groupe des jeunes femmes. Elle devait reprendre sa formation militaire depuis le début.

Au grand dam des responsables de la promotion de cinq cents élèves-pilotes hommes appelés en même temps que Petrochenkova, ils durent la garder dans leurs effectifs. Les garçons étaient ravis (« De Dieu, la gonzesse ! »), le capitaine commandant le groupe moins. « Il n'est pas nécessaire d'avoir suivi les cours de l'Académie Frouze pour comprendre qu'une beauté au milieu de plusieurs centaines de mâles, cela mettrait forcément le bordel ! », râlait-il. Il en référa à l'adjoint du commandant de la place qui, du même avis, dit qu'il verrait Petrochenkova.

Quand il la reçut, il lui expliqua qu'il ne voyait vraiment pas où il pourrait la loger. Le centre d'instruction féminin allait bientôt quitter l'ancienne école, d'ores et déjà affectée à une compagnie d'hommes, et tous les autres logements se voyaient occupés.

— Eh bien, s'il le faut, répliqua Valentina, je dormirai dans un dortoir d'hommes[77].

Exaspéré mais touché par l'obstination de la jeune femme, le commandant en second fit appeler le responsable de la nouvelle promotion, et lui déclara dans la grande tradition militaire :

— Démerdez-vous, Je ne veux plus entendre parler de votre problème.

Au ton d'un colonel, un commandant avisé sait ce qu'il a à faire. Il fit installer au bout d'un dortoir un grand rideau derrière lequel un lit fut monté.

— Imaginez, les filles, ce que j'ai pu ressentir le premier soir quand j'ai traversé tout le dortoir pour aller me coucher derrière mon rideau...

— J'aurais bien voulu être à ta place, dit la grande Moldave entrevoyant dans cette situation la chance de toute une vie.

— La morale de l'affaire, déclara, péremptoire Valentina, c'est que les hommes sont moins dangereux en groupe que seuls. Je ne me serais jamais débarrassée d'un compagnon de chambrée unique, qui aurait eu des idées chaque nuit qu'il aurait passée dans la même pièce que moi. Là, dans le dortoir, il y avait deux cents types qui rêvaient sûrement de se glisser dans mon lit, mais aucun d'eux n'a jamais bougé.

Les qualités de Valentina, son nombre important d'heures de vol et son expérience lui valurent en fait une formation abrégée. Elle passa très vite de l'U-2 au Yak et, au final, eut le record total des notes de formation.

— Si j'avais été un homme, j'aurais sûrement été major de promo !

Elle en était fermement convaincue.

— Au milieu de tous ces hommes, est-ce que tu te levais aussi tard, toi la folle de grass'mat ? demanda Lily, trahissant une des faiblesses de son amie.

— Pas de risque. Ils faisaient un tel raffut que même un ourson hibernant au creux de l'hiver n'aurait pas pu roupiller !

Chapitre 49

Une création sans précédent

Centre d'instruction féminin d'Engels, 1er mai 1942.

Le 1er mai, date symbolique, trois régiments féminins d'aviation furent officiellement créés : le 586e Régiment féminin de chasse, et les 587e et 588e Régiments féminins de bombardement.

Le 587e serait équipé des bombardiers légers P-2, le 588e des U-2. Ce dernier serait spécialisé dans les vols de nuit.

Dans son allocution, le commandant Marina Raskova souligna que la création de ces trois unités d'aviation féminines était sans précédent dans l'histoire du monde... à l'exception des Amazones.

Chaque élève reçut sa fiche d'affectation. Le tableau suivant fut affiché.

Centre d'instruction féminin d'Engels.
Promotion général Alexander Souvarov.
Répartition d'effectifs.

586e Régiment féminin de chasse	587e Régiment féminin de bombardement	588e Régiment féminin de bombardement
Olga Yemchekova Galia Boordina, Katia Boudanova, Valeria Khomiakova Liliana Litvak Albina Makariev Ielena Zenkursk	Marina Raskova Antonina Bonderova Katerina Fedotova Galina Jounkovskaïa Valia Matouchina Irina Soodova Maroussia Tjurgan	Yevd Berchanskaïa Marina Chichnova Ira Kacherina Natalia Meklin Ducie Nosal Katia Pabst Larissa Rasanova

Lily trouva que ces tableaux avaient de la gueule.

Chapitre 50

Les cracks de la propagande

Moscou, mai 1942.

— Si l'heure se prêtait à l'humour, déclarait Stepan à Vassili Karev, il y aurait de quoi rire.

Il tendit à son ami deux documents allemands portant exactement la même date. Le premier était le compte rendu d'un correspondant de guerre d'un journal nazi couvrant les combats en Crimée. « Les Russes, écrivait le journaliste, se battent avec un courage inconscient. Leur résistance est désespérée : ils n'hésitent pas à se faire sauter dans les galeries souterraines d'anciennes mines ou littéralement écraser jusqu'au dernier homme. » Le second était un communiqué officiel de la Wehrmacht annonçant la capture de 170 000 prisonniers russes en Crimée.

— C'est un de mes collaborateurs qui me les a apportés ce matin en ricanant, dit-il. « Mon capitaine, selon les Allemands, nos prisonniers se battent jusqu'au dernier mort ». Je lui ai rappelé que certaines plaisanteries envoyaient au front par le premier train. Ça l'a calmé !

— Le rire est peut-être la dernière arme qui nous reste pour remonter le moral des populations, grommela Vassili. Vous allez avoir du boulot, vous les cracks de la propagande !

Depuis le début du mois de mai, Staline, la *Stavka* et l'état-major général vivaient en effet des heures noires. Le plan d'opérations soviétique arrêté en avril avait dénaturé, on l'a vu, la « défense stratégique active » préconisée par Chapochnikov et

Joukov, en lui accolant l'organisation d'opérations destinées à « user l'ennemi et entraver ses intentions offensives ».

Il avait été décidé en avril que le théâtre de ces opérations serait la Crimée, Kharkov, le saillant de Rjev et Leningrad.

En Crimée, le général von Manstein ne laissa pas le général russe Petrov achever ses préparatifs. Le 8 mai 1942, un formidable bombardement auquel participaient les escadres des généraux von Richthofen et Loehr, dont le VIIIe Corps aérien passait pour le meilleur de la Luftwaffe, s'abattit sur les forces russes rassemblées dans la presqu'île de Kertch.

La ville de Kharkov, tombée l'automne précédent, présentait pour les Allemands en raison de sa situation géographique à la frontière russo-ukrainienne, une exceptionnelle base de départ pour les futures offensives du groupe d'armées du général von Bock. Des dépôts de matériel, d'armes, de munitions et de carburant proliférèrent dans la ville et ses environs.

Staline attendait l'offensive générale allemande pour la mi-juin, comme l'avait révélé le plan allemand tombé entre les mains des Russes et que le Commandant suprême avait porté dès avril à la connaissance de ses généraux. Il entendait la contrecarrer chaque fois qu'il était en mesure de le faire. La reprise de Kharkov, tombée l'été dernier, la désorganisation des troupes du groupe von Bock et au moins la destruction des dépôts allemands de la ville s'inscrivaient dans la stratégie arrêtée en avril.

La *Stavka* chargea donc le maréchal Timochenko de mener l'opération. Après un temps de préparation, l'ancien ministre de la Défense passa à l'offensive le 12 mai en lançant une grande manœuvre d'encerclement de la ville par le nord et le sud. Son adjoint, le général Koniev, menait l'aile gauche (sud) de la tenaille.

Surpris, les Allemands cèdèrent d'abord.

Koniev, encouragé par ces premiers combats victorieux, décida de pousser vers Poltava, ville située au sud-ouest de Kharkov, où le Parti et les services spéciaux avaient préparé un soulèvement ouvrier. Son objectif désormais : prendre Kharkov à revers.

Mais von Bock entrevit une possibilité de retourner toute l'affaire à son avantage. Timochenko et Koniev n'avaient pas repéré – ou avaient sous-estimé – à l'extrême sud de leur dispositif, un rassemblement de chars, commandé par le général Schwedler, appartenant à la Ire Armée blindée allemande, réunis pour liquider la poche russe de Lasovaïa. Cette force de frappe encore « secrète », von Bock choisit de l'utiliser à d'autres fins. Il ordonna à sa XVIIe Armée, qui faisait face à l'offensive de Koniev, de battre en retraite pour favoriser la pénétration soviétique. Les Russes « bousculèrent » ainsi cinq divisions allemandes, et le 17 juin, leurs avant-gardes se trouvaient à moins de quarante kilomètres de Poltava. Timochenko se serait satisfait de ces résultats – cinq divisions allemandes apparemment au tapis – mais Koniev passa outre afin d'exploiter son avantage. Or, c'est ce qu'attendait von Bock !

Le 18 mai, ce dernier donna l'ordre à Schwedler de lancer ses Panzer. Les sept divisions blindées allemandes percèrent le flanc-garde trop faible de Koniev et hachèrent l'arrière des forces russes, remontant le Don pendant que la Luftwaffe, avec le VIIIe Corps aérien de Loehr ramené de Crimée, et les escadrilles du général Flusbeil, taillaient les colonnes soviétiques étirées et trop engagées vers l'ouest. Le 27 mai, la jonction sur le Don des chars de Schwedler et de la IVe Armée de von Paulus boucla l'encerclement de trois armées soviétiques.

Quelques unités russes réussirent à sortir du piège mais le bilan fut lourd : 75 000 morts ou disparus et 300 chars détruits selon les communiqués officiels du Kremlin [78] ; 240 000 prisonniers, 1 249 chars et 539 avions détruits, selon l'OKH allemand. La vérité, comme toujours, se situait probablement entre les deux.

Chapitre 51

Départ au combat

Saratov, mai 1942.

L'officier délégué par le commandement de la place était un commandant. Traits taillés au burin, cheveux noirs de jais avec quelques fils argentés, drus, plantés bas. Pas le genre d'homme auquel on a envie de faire du charme, pensa Lily. Elle regarda ses compagnes : elles étaient toutes au garde-à-vous dans leur tête.

D'un débit sec, haché, l'officier indiqua du bout de la règle qu'il tenait à la main le plan de la ville de Saratov accroché au mur. Une grande photo aérienne était punaisée à la même hauteur.

— Cette vue aérienne et ce plan représentent la ville de Saratov et son agglomération. Ici, vous avez la gare de triage et la majorité des bâtiments ferroviaires, là, l'usine d'aviation, là, les usines de munitions. Les Allemands procèdent presque exclusivement par bombardements nocturnes. En majorité des Henkel He 111. Parfois des Dornier Do 17. Votre mission : les empêcher d'atteindre leur but.

Avec votre commandant et compte tenu de votre inexpérience, (« L'indulgence n'est pas ta qualité première, bonhomme », pensa Lily), nous avons décidé qu'une escadrille volerait de nuit, une seconde de jour. La troisième sera tenue en réserve et dispensera un entraînement complémentaire à celles qui en auront besoin. Escadrilles aux effectifs habituels : trois sections de quatre appareils. Vous volerez d'ailleurs par quatre. La nuit, en cas d'alerte, une première patrouille décolle. Une seconde se met immédiatement en position pour la relayer. Comme vous le constatez sur la carte, la ville et ses environs ont été divisés en quatre secteurs. Pour éviter les risques de collision nocturne, chaque appareil d'une patrouille se voit attribuer un secteur. Votre mission est d'y détruire tout avion qui y pénètre. Dans 90 % des cas, c'est un ennemi, puisque vos camarades ne doivent pas sortir de l'espace aérien qui leur a été attribué. Attention tout de même, évitez de vous descendre l'un l'autre. C'est déjà arrivé... Questions ?

— Quand décroche-t-on ? demanda une fille.

— Sur ordre du contrôle aérien. Lorsque l'alerte est terminée, ou en plein combat sur incident, ou quand vous avez épuisé vos munitions ou votre essence. Mais toujours après avoir averti votre leader. Je vous rappelle qu'en principe, c'est toute la patrouille qui rentre puisqu'une autre attend votre retour pour décoller. Le plein d'essence fait, et vos canons rechargés, vous vous remettez immédiatement en alerte décollage pour repartir au combat. Autre question ?

— Les liaisons radio ?

— Mauvaises, comme d'habitude. Vous entendrez la voix du contrôleur, mais il ne peut pas dialoguer avec vous. De nouveaux appareils radio plus perfectionnés sont en cours d'homologation. Leur production devrait bientôt commencer, mais nous ne sommes pas prioritaires. Le meilleur matériel monte directement au front.

Il consulta sa montre.

— Ce sera tout. Bonne chance !

Une amorce de sourire, la seule de la conférence.

Les travaux pratiques arrivèrent très vite.

Dès la nuit suivante, la sirène d'alerte retentit dans la salle des équipages. Les conversations cessèrent instantanément. Les lettres aux parents s'interrompirent.

Les filles se précipitèrent dans la salle d'opérations, se laissant tomber sur les fauteuils. Les cartes, surgissant miraculeusement des poches, furent lissées sur les genoux. Olga Yemchekova, qui commandait l'escadrille, relaya les informations qu'elle recevait par téléphone.

— Vingt Teutons en approche à 1 800 mètres d'altitude. Distance estimée du centre-ville : 30 kilomètres. Cap sud-est.

Les filles griffonnèrent sur les cartes, notant les fréquences radio sur le dos de leur main. Très vite, elles coururent vers les avions. Galia Boordina était n° 2 de la chef de patrouille, Valeria Khomiakova n° 3. Lily, furieuse, n° 2 de la seconde patrouille, devrait patienter.

En vol, Galia Boordina consulta son altimètre : 2 000 m.

La voix du contrôleur résonna sous son casque :

— Bombardiers ennemis même vitesse, même cap.

Les Allemands allaient bientôt surgir quelque part en dessous.

« C'est une question de deux ou trois minutes maintenant », estima Galia, qui enclencha le chronomètre fixé sur sa cuisse.

Elle vérifia sa pression d'huile, la température du moteur, ôta la sécurité des canons, engagea un virage pour mieux voir sous elle.

Là !... Une ombre, puis deux, puis trois. Elle les devina plus qu'elle ne les vit. Du palonnier, elle corrigea sa trajectoire, chercha un angle d'attaque de 30°, respira fort et se lança en piqué à plein régime.

L'accélération, angoissante, lui donna l'impression de tomber littéralement sur le dos des Allemands. Par réflexe, elle ouvrit le feu. Le départ des obus et des balles secoua le Yak. Le bruit – moteurs et canons – terrifiant généra une impression de folie. Elle passa à travers les bombardiers ennemis, frôlant le nez de l'un d'eux. Elle se récupéra 400 mètres plus bas, remonta ensuite en chandelle.

Elle n'avait pas dû faire grand mal à quiconque, car aucun signe, aucune lueur ne laissaient penser qu'un appareil ennemi avait été touché. Pourtant l'attaque avait dû les surprendre puisqu'ils s'étaient égayés. Les premières explosions retentirent au sol, éclairant brièvement des champs ou des arbres. Saratov se trouvait plus loin. Les Allemands n'avaient donc pas attaqué : ils s'étaient délestés de leurs bombes.

Galia partit à leur recherche. Elle avait encore de l'essence et des munitions, mais elle ne trouva rien. Désormais seule dans une nuit noire et un ciel vide, ses cuisses étaient parcourues de tremblements. Putain, quelles sensations !

Elle, la belle brune au visage d'enfant, se surprit à jurer comme un homme.

Chapitre 52

La souris d'Olga Yemchekova

Saratov, mai 1942.

Penchée sur sa carte, masque à oxygène sur le visage en raison de l'altitude – l'altimètre indiquait 3 000 mètres –, le commandant Olga Yemchekova sentit soudain un mouvement à l'intérieur de sa botte droite. L'officier mit d'abord cette sensation sur le compte d'un tic musculaire, d'un début de crampe ou d'une simple illusion, et remua le pied. Le mouvement s'amplifia. Idée absurde : quelque chose semblait bouger dans sa botte. Pour en avoir le cœur net, le pilote tira sur son pantalon en se penchant pour essayer de voir ce qui pouvait bien se passer. C'est alors que son cœur s'arrêta. Et elle hurla.

Dans la radio, Lily entendit son cri retentissant. La voix portait la marque d'une frayeur intense. Surprise, elle crut reconnaître son leader, Olga Yemchekova. D'une glissade, elle rapprocha son Yak de l'avion d'Olga. Les deux appareils volaient maintenant aile dans aile. À l'intérieur de l'habitacle du chasseur voisin, Lily pouvait clairement apercevoir les gestes désordonnés qui agitaient sa chef de patrouille.

Sa première réaction fut de balayer le ciel à 360° à la recherche d'avions ennemis. Rien ! Le ciel, d'un azur pâle, était vide.

Lily reporta son attention sur l'habitacle d'Olga. Les gestes incohérents du pilote semblaient s'être encore amplifiés. Une première embardée secoua même le Yak.

D'un coup brutal de palonnier, Lily écarta son appareil.

— 25 à 15[79], que se passe-t-il ?

Silence radio.

— Bleu 1 à Leader, répondez !

Rien ne vint interrompre le grésillement des écouteurs.

Avec un sentiment d'angoisse, Litvak constata que le Yak d'Olga, comme pris dans des turbulences, semblait à son tour gagné par l'agitation de son pilote.

La tête d'une souris émergeait lentement de la botte d'Olga. Pas une petite souris, une de ces soi-disant « mignonnes » souris blanches apprivoisées que, dans la prime jeunesse de Yemchekova, certaines de ses camarades gardaient dans une cage à la maison ou amenaient à l'école, non, une grosse souris grise, presque obèse, qui, rendue hébétée par l'oxygène raréfié de l'habitacle, remontait lentement le long de sa jambe.

Or s'il y avait quelque chose qu'Olga détestait, c'était justement les souris ! Aussi loin qu'elle plongeait dans ses souvenirs d'enfance, elle en avait toujours eu une peur panique. Sa mère en usait quelquefois pour la ramener à la raison quand elle se montrait odieuse : « La souris va venir te prendre... ». Si la menace calmait instantanément les caprices ou les colères les plus violentes, devenue adulte, courageuse, responsable d'un régiment de chasse, sa phobie n'avait pas changé. Et ce tête-à-tête dans l'habitacle étroit d'un monoplace avec une souris au bord de l'évanouissement par manque d'oxygène lui faisait perdre, pendant quelques secondes, tout contrôle d'elle-même...

Lily Litvak, inquiète, avait de nouveau rapproché son appareil. Elle vit tout à coup la verrière de celui d'Olga s'ouvrir et le visage terrifié de son leader qui, masque enlevé, s'y reprit à deux ou trois fois pour jeter par la fenêtre une masse grise qu'elle n'identifia pas immédiatement. À la seconde tentative, elle n'en crut pas ses yeux : elle aurait juré voir un rat !

La guerre personnelle du commandant Yemchekova avec une souris dans le ciel de Saratov entra dans la légende des ailes soviétiques.

Chapitre 53

Dieu, que la guerre est jolie...

Ciel de Saratov, première victoire du 586e Régiment féminin de chasse, mai 1942.

À Saratov, l'émulation fut la première caractéristique des jeunes femmes au combat. Dieu, que la guerre était jolie : qui serait la première à abattre un avion allemand ? À chaque mission, Lily espérait que ce serait elle. À chaque retour de mission, quand elle avait volé, elle mettait un point d'honneur à cacher sa déception. Et lorsqu'elle ne volait pas, elle éprouvait un plaisir vaguement malsain en apprenant que ses compagnes étaient également rentrées bredouilles.

Au début, elle s'absolvait en se disant que ses concurrentes devaient éprouver, à des degrés divers, un sentiment comparable, mais assez vite elle en vint à se reprocher « cette absence de patriotisme qui faisait passer sa vanité personnelle avant le salut de la patrie ». Elle ne confia néanmoins jamais ses sentiments à qui que ce soit, même pas à ses amies les plus intimes, Valentina Petrochenkova, Wanda Kalinkhova ou, à un degré moindre, Galia Boordina.

— Attention, attention... Bombardiers ennemis. Direction 163. Altitude : 2000 mètres.

La voix du contrôleur aérien crachait dans les haut-parleurs.

Il était plus de minuit. Les pilotes en alerte griffonnèrent les informations sur leur carte avant d'empoigner leur parachute et de se ruer vers leurs appareils. Deux minutes plus tard, les premiers Yak roulaient sur les pistes.

Lily, qui n'était pas de service, sortit pour suivre le décollage.

À 2 500 mètres d'altitude, Valeria Khomiakova, une des principales rivales de Lily dans la course à la première victoire, qui volait en n° 2 dans sa patrouille, commença à relâcher son attention. Jusque-là, alors qu'elle grimpait, toute sa concentration se focalisait pour rester à portée de regard de son leader dans l'obscurité. La nuit était sombre, la lune masquée par les nuages, et toute l'ambition des pilotes se limitait à ne pas perdre de vue l'appareil qui les précédait. Maintenant, chaque fille devait gagner son secteur.

Valeria était en position depuis à peine deux minutes quand elle aperçut une, puis deux, puis trois ombres noires défiler sous ses yeux. Elle alerta le contrôle, alluma son collimateur, fit sauter la sûreté de la détente de tir. Puis, après avoir contrôlé une dernière fois ses instruments, altimètre, badin, pression d'huile, poussant son manche vers l'avant, elle attaqua en piqué.

Presque immédiatement, une énorme masse noire s'inscrivit une fraction de seconde dans son collimateur. Instinctivement, elle écrasa le bouton de tir. Le départ des obus et des balles secoua le Yak. Elle commençait à s'y habituer. Mais les balles traceuses se perdirent derrière l'Allemand qui s'était déjà évanoui dans la nuit.

Valeria vira, découvrant une autre ombre, plus lointaine celle-là. Elle avait retrouvé son sang-froid. Respirant profondément, s'obligeant à se remettre en mémoire ce qu'elle avait appris à l'entraînement, elle se rapprocha progressivement du bombardier allemand, de nouveau tendue à craquer dans l'effort qu'elle faisait pour ne pas le perdre de vue. Mais le JU 88, ne semblant pas conscient du danger qui le menaçait, poursuivait son avance vers l'objectif.

Valeria le vit grossir peu à peu dans son collimateur. Elle se détendit. Quand elle estima qu'elle était à bonne distance, elle ouvrit le feu.

Alors elle vit distinctement l'impact des obus sur la carlingue de l'Allemand. Et s'aperçut que, contrairement aux instructions, elle n'avait pas tiré par rafales courtes mais écrasait encore le bouton de tir.

Le moteur gauche du Junker prit feu, mais Valeria, emportée par la fougue de son attaque, dépassa le bombardier touché. Sur son élan, elle aperçut de nouvelles ombres. Elle remonta en spirale, passa sur le dos et attaqua de nouveau. En vain. Le ciel était à nouveau vide. Elle pensa que les Allemands avaient dû croire qu'ils étaient attaqués par plusieurs chasseurs et s'étaient dispersés. L'éclatement de boules de feu au sol, dans un périmètre assez large, confirma son intuition. Certains Allemands avaient préféré, semblait-il, larguer leurs bombes sans chercher à atteindre leur objectif. Elle lança à la radio :

— Formation ennemie probablement disloquée.

Elle entendit dans un grésillement une voix qu'elle ne reconnut pas :

— Munitions épuisées. Je rentre.

Ce n'était pas du tout l'intention de Valeria. Pensant que les Allemands avaient déjà mis cap à l'ouest, entamant leur retour, elle vira à son tour et plissa les yeux pour mieux sonder l'obscurité. Elle avait encore un rendez-vous.

Soudain, son visage s'éclaira. Dans le lointain, largement en contrebas, elle aperçut une petite lueur jaune qui brillait par intermittence. Elle amorça une descente, perdant de l'altitude mais gagnant de la vitesse. Au fur et à mesure qu'elle se rapprochait, la lueur jaune se transformait, à vue, en un chapelet de flammes plus ou moins puissantes, selon les moments. C'était son bombardier blessé.

Elle eut un regard de loup et poussa à fond la manette des gaz. La puissance du moteur, sollicité à fond, l'amena dans la queue de l'appareil. L'équipage allemand l'aperçut au dernier moment et dégagea, plongeant en virage serré à gauche, vers le sol, repartant en sens inverse du trajet qu'il venait de parcourir. Valeria, surprise par sa dérobade, l'avait largement dépassé. Elle reprit sur-le-champ sa chasse, le JU 88 cherchant son salut dans la fuite. Valeria pensa que son navigateur avait du être tué ou blessé car elle ne voyait pas pourquoi l'Allemand revenait vers Saratov. Les flammes du moteur touché avaient baissé d'intensité mais il brûlait encore suffisamment pour interdire tout espoir au bombardier de disparaître dans la nuit.

Il était très bas quand Valeria revint à distance idéale. Malgré les dernières manœuvres désespérées tentées par le pilote, il ne pouvait plus échapper à la Russe. Elle vit une forme puis une autre sauter de l'appareil, et elle appuya sur la détente.

À la troisième rafale, le second moteur explosa. Le Junker bascula dans la nuit. Une gerbe de feu, quelques secondes plus tard, signa au sol la fin de son agonie.

La tension nerveuse de la jeune femme explosa aussi. Elle tira sur son manche pour reprendre de l'altitude, ferma sa radio et, hurlant tout à loisir sa joie, s'embarqua dans un double tonneau solitaire qui fêtait la première victoire aérienne des « Déesses du ciel ». Seulement alors, elle annonça sa victoire au contrôle aérien de Saratov.

Elle n'eut qu'un seul regret : de nuit les pilotes n'étaient pas autorisés à effectuer au-dessus de la base un tonneau de victoire. Son orgueil en souffrit le temps d'atterrir, de sauter de son avion et de tomber dans les bras de ses compagnes qui la portèrent en triomphe.

Lily fut l'une des premières à la féliciter. Mais de retour dans sa chambre, elle enfouit sa tête dans son oreiller pour étouffer quelques larmes de dépit.

Le lendemain, pourtant, elle se leva plus légère : son conflit intérieur s'apaisait.

Chapitre 54

Ordre 227

Moscou, juin 1942.

Le 28 juin 1942, protégé par 2 000 avions, le groupe d'armées von Bock qui avait pris ses marques de départ sur la ligne Koursk-Kharkhov, se lança vers le Don. Celui-ci fut atteint entre le 5 et le 10 juillet selon les endroits, entre les villes de Voronej et de Rossoc située plus au sud. La résistance acharnée de Vatoutine ne livra pas Voronej mais, au sud du camp retranché, rien n'arrêta les Allemands, en particulier là où le Groupe d'armées von Bock, au grand dam de Joukov, avait fait porter l'essentiel de son effort : dans les collines de l'Oskol.

Cette bataille suscita une double surprise. Celle des Russes, étonnés de voir une telle masse surgir à travers l'Oskol qu'ils avaient négligé de défendre. Celle des Allemands, s'attendant à davantage de résistance de la part d'un adversaire qui, par ailleurs, semblait insaisissable.

Stepan jeta un exemplaire du *Völkisher Beobachter*, l'organe officiel du parti nazi, sur le bureau de Vassili.

— Toi, le germanophone distingué : lis !

« ...Le Russe, qui jusqu'ici a combattu avec acharnement sur chaque kilomètre, qui sacrifie ses hommes par milliers à Voronej, recule ici sans tirer un coup de feu. Notre progression n'est retardée que par des ponts détruits et par l'aviation. Lorsque les arrière-gardes soviétiques subissent trop notre pression, elles choisissent une position qui leur permet de tenir jusqu'à la nuit, pendant laquelle elles s'évanouissent. Nous ne nous préoccupons pas des Russes qui battent en retraite dans les intervalles, quelquefois très larges, jusqu'à vingt kilomètres, qui séparent nos divisions. C'est inquiétant de s'enfoncer dans cette vaste région sans trouver trace de l'ennemi... »

Inquiet de voir la situation continuer à s'aggraver de jour en jour, exaspéré par les lacunes du commandement local – la défaillance dans la transmission des ordres à la 5e Armée blindée lui était restée en travers de la gorge – Staline, s'appuyant sur l'état-major général où Joukov prenait de plus en plus de poids, ordonna des mesures de réorganisation, tout en commençant par sacquer les chefs en place. Le général Goulikov et une partie de son état-major furent limogés. Le front de Briansk fut scindé en deux. Le général d'origine polonaise, K. Rokossovski qui, un an plus tôt, se trouvait encore au goulag pour raison de proximité avec le maréchal Toukhatchevski, exécuté en 1937, se retrouva muté à Briansk muni d'instructions draconiennes. Le général Nicola Vatoutine, on l'a vu, avait pris la direction de celui de Voronej nouvellement créé.

Surtout, Staline signa l'Ordre no 227, qui passa à l'Histoire pour avoir proclamé la loi d'airain des troupes : « *Ni shagu nazad* » (plus un pas en arrière).

Des mesures rigoureuses de lutte contre « les fauteurs de panique » et contre ceux qui « enfreignaient la discipline » furent prises. Les « dispositions d'esprit favorables à la retraite » devaient être impitoyablement sanctionnées.

L'ordre fut renforcé par le redoublement de l'action politique du Parti.

L'onde de Voronej arriva jusqu'à Moscou où la tête du patron de la Direction politique principale de l'armée, L. Mehklis, tomba.

— Je perds mon deuxième patron en deux mois, s'exclama Stepan devant Vassili, avec qui il déjeunait quand il apprit la nouvelle.

Mehklis fut remplacé par A. Tcherbakov, secrétaire du comité central et du comité du Parti à Moscou. Le Parti renforçait sa main de fer sur l'armée.

La violence et l'acharnement des combats autour de Voronej annonçaient la lutte à mort de Stalingrad. L'arrivée de la VIe armée allemande sur le Don lui ouvrait en effet un boulevard vers Stalingrad et, avec la prise de la ville, la possibilité de couper l'URSS en deux, la privant de ses plus riches régions.

Le 12 juillet 1942, Staline et la *Stavka* décidèrent en urgence la création du « front de Stalingrad ». L'Histoire retint cette date comme le début « officiel » de la bataille du même nom. Une des plus sanglantes qui aient jamais été.

Chapitre 55

« La prise de Voronej par les nazis est exclue ! »

Juillet 1942, rapport du colonel-général Alexandre Vasilevsky à la *Stavka* du Commandement suprême.

« En fin de journée, le 2 juillet, la situation sur la direction de Voronej a brusquement empiré. À la charnière des fronts de Briansk et du sud-ouest, la défense a été enfoncée sur une profondeur de 80 kilomètres environ. Les réserves dont les fronts disposaient ont été jetées dans la bataille. La menace d'une percée du groupement de choc ennemi jusqu'au Don et celle de la prise de Voronej se précisent avec évidence...

(...) Pour interdire le franchissement du Don par l'ennemi et arrêter une progression ultérieure de ses troupes, je recommande que la *Stavka* du Commandement suprême prélève sur sa réserve deux armées interarmes au profit du commandant du front, après avoir ordonné de les déployer sur la rive droite du Don dans le secteur Zadonsk-Pavlovsk.

En même temps, la 5e Armée blindée devrait être mise à la disposition de ce front pour contre-attaquer avec des unités blindées dans le flanc et sur les arrières du groupement germano-fasciste attaquant sur Voronej.

Une attaque immédiate et résolue de la 5e Armée blindée peut modifier radicalement la situation en notre faveur... ».

Par suite d'une défaillance de transmission, la 5e Armée blindée ne reçut pas son ordre de mission du commandement du front. Le colonel-général Alexandre Vasilevsky prit sur lui de rejoindre en voiture personnelle un état-major avancé de l'unité pour accélérer son engagement. Il transmit au préalable par télégraphe au commandant de l'Armée et au commandement du front la mission de contre-attaquer et l'ordre de préparer immédiatement cette contre-attaque.

Chapitre 56

Tenir Voronej

Base aérienne de Saratov, 3 juillet 1942, 17 heures.

En l'absence de sa patronne Olga Yemchekova, appelée à Moscou, Vera Ivanova Tikomerova, commissaire politique du 286e Régiment de chasse, se rendit à la réunion convoquée en urgence par le général commandant la Division aérienne de Saratov. Il était 17 heures.

Devant une assemblée d'une vingtaine de personnes, en majorité des responsables d'unité et des membres des états-majors, le général donna la parole à son adjoint. Celui-ci entra immédiatement dans le vif du sujet :

— Je ne vous dirai pas toute l'importance de Voronej. Je vous rappelle simplement que c'est un carrefour routier et un nœud ferroviaire stratégiques, un point de passage sur le Don qu'il nous faut absolument conserver. La ville est l'enjeu, depuis quelques semaines, de combats acharnés et sanglants. Le 28 juin, un groupement blindé allemand parti de Koursk a bousculé quatre armées soviétiques. La VIe Armée allemande de von Paulus a enfoncé profondément les défenses de nos 21e et 28e armées. Voronej est sérieusement menacée.

L'envoi à Voronej des 6e et 60e armées ainsi que l'action de la 5e Armée blindée ont permis de consolider la défense de la ville, sans supprimer le sérieux danger que représente une percée ennemie sur le Don... La prise de la ville par les nazis est exclue. Le général Vatoutine qui commande désormais le front de Voronej va donc recevoir de nouveaux renforts. La région militaire de

Saratov doit participer à la constitution de nouvelles troupes d'appoint.

Voici ce que nous avons décidé.

Chacune des unités représentée à la réunion reçut ses instructions. Les officiers notaient, posaient des questions, faisaient parfois valoir leurs préoccupations. Celles-ci retenaient l'attention du général et de son état-major mais Vera Tikomerova n'eut pas le sentiment qu'elles influenceraient beaucoup les décisions prises.

On en arriva au 286eme de chasse.

— Pour ce qui concerne votre régiment, commandant, indiqua l'orateur en se tournant vers Tikomerova, il devra mettre à la disposition du front une escadrille de douze appareils. Départ sous 48 heures. Le nom et la situation géographique de la base d'accueil vous seront donnés ultérieurement.

Chapitre 57

Le prix du danger

Saratov, 5 juillet 1942.

En fin de matinée, douze Yak-1 décollèrent de Saratov pour rejoindre le front de Voronej. Un treizième, celui de Valentina Petrochenkova, en cours de réparation, retrouverait l'escadrille avec son pilote sous deux jours. Vera Tikomerova s'était vu confier le commandement du groupe.

Les chasseurs amorcèrent une vaste courbe et repassèrent en formation au-dessus de l'aérodrome pour saluer le régiment. Le groupe était composé de trois patrouilles de quatre appareils.

Lily Litvak volait en ailier du commandant, dans la première patrouille. Katia Boudanova occupait la même position de n° 2 dans la patrouille 2.

En altitude, un bombardier P-2 les attendait pour les conduire à leur nouvelle base, Orlovo, située à une trentaine de kilomètres à l'est de Voronej. Trois avions de transport Douglas DC 2 – fournis par les Américains dans le cadre de leur aide – emportaient du personnel et du matériel. Le sergent-chef Ina Pasportkina en faisait partie.

Deuxième partie

La femme cœur

Chapitre 58

Bredouilles et furieuses

Aéroport militaire de campagne d'Orlovo, 5 juillet, 16 h 30.

La guerre n'attend pas.

Les filles à peine arrivées, Vera Tikomerova fut convoquée par le commandant de la base. Valeria Khomiakhova l'accompagna. « Prime à la première victoire aérienne du régiment », pensa Lily avec un brin de jalousie, avant de se reprocher ces réactions infantiles.

L'entretien fut rapide. On ne sentait pas chez l'officier un enthousiasme particulier à recevoir des femmes combattantes, mais rien de désagréable. Sa sécheresse même n'était peut-être qu'un trait de caractère ou le résultat de la tension liée aux événements. Son exposé tint en deux parties : les modalités d'installation de l'escadrille, et la mise à disposition d'un bombardier P-2 pour une première reconnaissance de secteur.

— Immédiatement ? demanda Tikomerova, qui eut l'habileté de ne pas montrer son étonnement.

— Bien évidemment, répondit l'officier, en leur tournant déjà le dos, pris par un autre problème à résoudre.

17 heures. Première reconnaissance de secteur guidée par le P-2. Itinéraire : Usman-Zemljansk-Semiluki. Un quart de Brie au nord-ouest de Voronej. Huit avions y prenaient part.

Lily se dévissait le cou : pour la première fois elle visualisait les combats au sol. Ici, des départs de Katioucha – les « Orgues de Staline » – dont on devinait parfois les plates-formes mobiles.

Là, des explosions d'obus, la fumée des incendies, les ruines de villages détruits. Elle pouvait aussi suivre la progression très lente, vue du ciel, des files de camions, les mouvements de chars, parfois, en arrière du front, le déplacement d'un convoi ferroviaire. Seule la direction permettait quelquefois de distinguer l'ami de l'ennemi. Les Allemands avaient davantage de mouvement et tendaient à progresser vers l'est. Les troupes russes étaient, elles, accrochées à leurs bases défensives, les déplacements de convois militaires se faisant parallèlement au front. Le ciel était étonnament vide.

Le lendemain, nouvelle reconnaissance de secteur, également guidée par un P-2, cette fois en raison de mauvaises conditions météorologiques. Plusieurs filles, dont « Petro », perdirent le P-2 et durent regagner le terrain par leurs propres moyens. Lily colla au bombardier comme une malade. Trop bête de s'égarer et de risquer de « casser du bois » en se posant dans un champ, se dit-elle.

Nouvelle reconnaissance de secteur, plein ouest, sur l'itinéraire Zemljansk-Vercit-Turovo-Novovoronej cette fois. Consigne : garder les yeux grands ouverts, des Focke-Wulf maraudant. Lily était en l'air, Katia Boudanova en alerte au sol en compagnie de Katerina Fedotova, vingt ans, mariée, un enfant. À 10 heures, décollage en urgence : un avion ennemi était signalé à 5000 mètres, à la verticale du terrain. Accrochées à leurs hélices, Katia et Katerina grimpèrent, grimpèrent... sans rien trouver. Bredouilles et furieuses, elles rentrèrent au terrain. Pour ne plus décolérer de la journée.

C'était la première mission de guerre du 586e à Voronej.

Une importante mission de bombardement fut prévue le lendemain pour les P-2 du régiment de bombardiers qui partageait le terrain d'Orlovo avec le 586e : vingt-quatre chasseurs, dont douze appartenant à un régiment de chasse de la Garde, arrivés spécialement la veille au soir d'un terrain proche de Moscou devaient assurer, avec l'escadrille du 586e, la protection des bombardiers. Les garçons avaient le visage creusé par la fatigue mais se montraient ravis et ébahis de trouver des filles.

— Vous pilotez vraiment ? s'enquit l'un d'eux, pince-sans-rire.

Un autre, tendance paternelle, mais qui avait dû s'informer préalablement, ajouta :

— C'est votre première mission de combat, je crois ?

Ielena Zenkursk, toujours prête, à son habitude, à mordre toute main trop caressante ou soupçonnée de complaisance, rétorqua :

— Eh, Ta Suffisance, nos deux mois dans le ciel de Saratov, c'était quoi ? Dis-leur, Petro ? Du vol à voile ?

Valentina, assise confortablement dans un fauteuil et sur ses deux victoires de Saratov, tenait à tout, sauf à être embarquée dans ce combat-là. Elle s'évita donc une réponse agressive, avec un léger sourire et un vague geste de la main.

— Combien de victoires, alors ? poursuivit le pilote, qui avait modérément apprécié l'invective d'Ielena.

Katia Boudanova fut d'abord tentée de sortir ses griffes pour venir à la rescousse de sa copine en assenant « Allez les compter dehors, sur nos avions ! », mais elle se rappela in extremis que le garçon appartenait à un régiment de la Garde et qu'il y aurait peut-être plus de croix gammées peintes sur le seul capot de son Yak que sur tous ceux du 586e réunis. Elle opta donc, avec bon sens, pour un registre conciliant :

— Demain ?... Je ne sais pas... Une ou deux... Et vous ?

Un beau Géorgien, très brun, yeux vert émeraude, sur lequel plusieurs filles avaient déjà louché, intervint d'une voix de basse.

— Je propose que le premier, homme ou femme, qui demain abattra un Fritz, paye un dîner à Moscou pour sa première permission, au partenaire de son choix présent ce soir dans cette salle.

— Mon Dieu, faites que ce soit lui... et que ce soit moi, murmura Katia à l'oreille de Lily.

Le Géorgien avait remarqué le manège et les murmures. Il demanda, son regard de lagon englobant les deux jeunes femmes :

— D'accord ?

— Pourquoi pas, répondit Katia.

— Parfait ! À vos canons, les gars...

Et se tournant de nouveau vers Katia et Lily, il ajouta :

— Au fait, comment t'appelles-tu ?

Seule Katia répondit, alors que Lily n'aurait pas juré que c'était Katia, spécifiquement, que regardait le beau Géorgien.

— Boudanova... Katia.

— Moi, c'est Boris Goubanov, citoyenne Boudanova. Eh bien, cette première victoire de demain, si on l'arrosait dès aujourd'hui ?

Trois bouteilles de vodka jaillirent par magie des vareuses. Et passèrent vite de vie à trépas.

Les filles, en général, évitaient de boire, ou trempaient juste le bout de leurs lèvres...

— Espérons que vous embrassez mieux que vous ne buvez ! ne put s'empêcher de dire un maladroit.

— Puceau ! susurra Ielena Zenkursk, qui était probablement vierge elle aussi.

La saillie suscita un charivari généralisé. Et de nouveaux verres aidèrent à la réconciliation.

Il était temps d'aller se coucher.

Chez les garçons, on le déplora. Notamment de voir Wanda, qui se taillait ses succès habituels dans ce genre d'assemblée, préférer plier bagage. Mais, ce soir, elle était aussi lointaine qu'évanescente. Pourquoi ? Parce que Stepan Kiritchenko, qu'elle avait prévenu de son envoi à Voronej, lui avait promis de venir la voir dès que possible.

— Voronej est tout de même plus près de Moscou qu'Engels, avait-il remarqué. Plus que des Allemands aussi. Fais attention, à toi, mon amour.

Elle avait fondu à ces mots. Alors les autres hommes, ce soir...

Quelques filles, en revanche, se seraient bien attardées, mais la pluie qui tombait dru, empêcha certains couples de s'égarer dans les bosquets. Tant pis pour tout le monde, pensa Lily, en enfouissant son visage dans un traversin rugueux.

Depuis 3 heures du matin, les mécaniciens étaient au travail. La pluie ne cessait de tomber à seaux et la terre s'était transformée en boue. À 5 heures, le personnel technique fut mobilisé pour soulever quelques appareils et dégager leurs roues prises dans une espèce d'argile détrempée. Les buveurs de la veille, déjà debout, ne rechignèrent pas à donner un coup de main. Les pilotes filles émergèrent aussi, certaines bien comateuses. Au fil des minutes, les conditions atmosphériques se dégradèrent. Pluie forte, visibilité faible.

Après quatre heures d'attente, la mission de bombardement fut décommandée.

Lily, qui considérait comme une agression personnelle toute météo défavorable, se mit à bougonner. Katia, hantée par le séduisant Géorgien, ne dit rien et se plongea dans *Servitude amoureuse* de Gorki. Une lecture prémonitoire ?

Chapitre 59

Mission à l'aube

Orlovo, 3 heures du matin.

— 3 heures du matin, mon lieutenant.

La sous-officier de service posa doucement la main sur l'épaule de Lily, la tirant du sommeil.

Dix minutes plus tard, elle était devant un petit déjeuner frugal servi par un caporal mutilé à moitié endormi, qui se réveillait comme par miracle dès qu'il apercevait la jeune femme. Lily l'aimait bien. Il avait perdu un bras dans les combats de Smolensk, en novembre dernier, et dès l'arrivée du 586e à Orlovo, avait élu la jolie pilote comme confidente favorite. Très vite, il ne lui avait pas caché ses craintes. Il croyait en avoir fini avec la guerre, mais sentait aussi très bien dans son bras disparu se rapprocher des orages inquiétants. Lily, sérieuse comme un pope, lui avait expliqué qu'elle n'était pas étonnée, son père ayant déjà prétendu qu'il « sentait » les pannes de sa locomotive avant qu'elles ne surviennent. « Peut-être que certains militaires pressentent dans leurs blessures le déclenchement des combats bien avant qu'ils ne soient engagés », dit-elle un jour en riant. Mais lui, se rengorgeant, avait pris la plaisanterie comme une vérité révélée. Depuis, il tenait Lily en haute estime et sous sa protection : son thé était toujours plus fort et plus chaud que celui des autres.

C'était encore le cas ce matin-là : à la boisson brûlante qu'il lui servait de la main gauche, il ajouta un plateau où étaient déjà posées quelques tranches de pain de seigle noir et deux tranches de jambon non réglementaires.

— Mangez, mon lieutenant. Il ne faut jamais partir au combat le ventre creux.

Lily sourit, amusée par ces petites attentions, sel de la vie militaire, surtout à 3 h 30 du matin.

La jeune femme quitta le mess. Le ciel était encore d'un noir d'encre. Elle entendit le ronflement d'un moteur sur le tarmac. Probablement celui de son Yak ou de celui de Valentina Petrochenkova, que les mécaniciens faisaient chauffer.

Elle se dirigea vers la Zemlienka, la salle d'opérations enterrée où elle venait chercher les dernières instructions concernant sa mission. Lily croyait y trouver Valentina, mais celle-ci, ayant toujours du mal à s'arracher de son lit, n'était pas encore arrivée. Enfin, « Petro » se montra. Les yeux gonflés, mais le regard vif.

Le jeu du jour : chasse libre. À savoir intercepter et liquider les bombardiers ou les chasseurs de nuit nazis qui, pour des raisons diverses, avaient traîné au cours d'une mission nocturne et rentraient tardivement à leur base.

La technique, selon l'heure et la météo, variait : vol à basse altitude pour détecter en hauteur les ombres ennemies, lesquelles deviennent visibles sur un ciel que l'aube éclaircit. Ou, plus tard, voler assez haut pour repérer des formes qui se découpent sur fond de sol ou de nuages. Bref, un sport que les deux jeunes femmes aimaient pratiquer.

Les deux pilotes notèrent sur le dos de leurs mains les fréquences radio et les caps à suivre.

Assise dans son cockpit, Lily apaisa les battements de son cœur à la lecture de ses instruments de bord phosphorescents et aux flammes bleues ponctuées de rouge qui sortaient de ses pots d'échappement.

Le décollage eut lieu aux toutes premières lueurs de l'aube. Les deux Yak se guidèrent sur la rampe électrique qui balisait la piste sur toute sa longueur et qui venait d'être allumée pour le départ de la mission.

Cap au sud, les deux appareils prirent de l'altitude. Sur leur gauche, vers l'est, le ciel commençait à s'éclaircir. Sous leurs ailes, des vallées noires et des traînées grises de brouillard esquissaient un paysage aux formes rares et indistinctes.

Mille mètres d'altitude supplémentaire et le soleil perça l'horizon. Les deux avions baignaient maintenant dans une agréable lumière dorée, vite aveuglante pour les pilotes par contraste avec l'obscurité d'où ils sortaient.

Lily et Valentina battirent à tour de rôle des ailes pour éviter les angles mort et mieux surveiller l'espace sombre qu'elles survolaient. Elles traversèrent le ruban argenté du Don à hauteur de Novoronej.

Le ciel était désespérément vide.

Tout, soudain, se précipita.

— Allô, 25. Contrôle appelle. Donnez votre altitude.

— Allô, Contrôle. Ici 25. Altitude G, comme Gamma [80].

Lily se dit qu'il devait se passer quelque chose pour que le contrôle aérien lui demande de rompre le silence radio obligatoire.

Au même moment, le Yak de Tina s'était porté à sa hauteur. Lily aperçut nettement une échappée d'huile en train de se répandre sur le pare-brise de l'avion.

« Petro » lui fit un signe de la main, qui correspondait à : « Incident technique », puis vira sur l'aile et amorça sa descente. Retour à la base. En principe, Lily devait la suivre, mais Blaireau s'excita à la radio :

— 25, ici Contrôle. Prenez le cap 6-0-6.

Lily comprit qu'il devait y avoir un avion suspect dans le secteur et que le contrôleur cherchait à identifier sans ambiguïté les Yak sur son écran.

Elle commença à se tordre le cou pour balayer le ciel sur 360°.

— 25, attention ! Allemand derrière, à 5 heures. Altitude 5000 mètres.

Lily tourna immédiatement la tête dans la direction indiquée. Éclat de soleil sur une minuscule croix métallique.

C'était suffisant pour le repérer.

Instantanément, ses réflexes jouèrent.

Elle retira la sécurité de la détente de ses canons. Un grand calme l'envahit mais en elle-même, elle jubila.

Pour l'instant, elle était la chassée. Mais en réalité, elle savait être le chasseur.

À chaque seconde, elle surveillait son adversaire en train de se rapprocher peu à peu, 1000 mètres au-dessus d'elle. Lily put même l'identifier : Messerschmitt 109-G. Costaud en altitude, moins à leur niveau.

Comme elle n'avait pas changé de cap, le Boche crut ne pas avoir été repéré. Trois bonnes minutes passèrent. Il était maintenant au-dessus de Lily.

Il commença à battre des ailes, allait attaquer.

Après un dernier coup d'œil sur les indicateurs, Lily mit son hélice au petit pas.

C'était parti !

L'Allemand amorça sa spirale descendante, pour chercher à venir dans la queue du Yak. 1000 mètres... 800 mètres... 600 mètres... Il n'allait pas trop vite, soucieux d'assurer son coup.

Lily enfonça la manette des gaz et bascula simultanément son Yak dans un virage cabré. Surpris, l'Allemand ouvrit le feu, mais c'était trop tard.

Lily tira sur son manche, redressa aux ailerons. Le Messerschmitt chercha à virer à l'intérieur mais ses ailes ne le portèrent pas suffisamment et il décrocha. Puis amorça un début de vrille.

Confiante dans la maniabilité de son Yak, Litvak était déjà en position quand le Messerschmitt sortit de sa vrille. L'Allemand, voyant le danger, entama une série de manœuvres violentes pour se dégager. Sans succès. La Russe avait accumulé de la vitesse et possédait l'avantage de l'altitude.

Désormais à distance de tir, Lily caressa la détente, appuya... Des rafales courtes, précises, efficaces.

L'Allemand, devinant que sa meilleure chance était de semer son poursuivant, poussa son manche à fond vers l'avant. Le Me 109 piqua à la verticale mais Lily passa sur le dos, le suivit et profita de la trajectoire régulière de son ennemi pour commencer à se rapprocher...

— 25, 25. Attention, attention ! Quatre ennemis à 12 heures derrière vous.

Merde !

Lily se retourna. Et vit distinctement quatre Focke-Wulf, ventre bleu et dos argenté, en approche. Ce n'était pas le moment de traîner.

Elle rompit le combat et piqua en virage, ce qui la ramena vers les défenses antiaériennes de Voronej. Les Allemands amorcèrent une manœuvre pour la suivre mais n'insistèrent pas, pas très chauds pour affronter les canons de la DCA regroupés en masse autour de la ville.

Lily se posa étonnamment lasse. Le contrecoup de sa déception à n'en pas douter. Elle en était sûre : sa première victoire venait de lui échapper. Elle donna deux coups de tête dans son pare-brise. Décidément, elle était maudite.

Chapitre 60

Staline fulmine

Moscou, 18 août 1942, état-major des FAS, direction du personnel.

La réunion n'avait pas commencé sous les meilleurs auspices. Les participants se passaient une note que chacun lut avec la plus grande attention.

« Au commandant du front Ouest, le camarade Joukov.

Au membre du conseil militaire du front Ouest, le camarade Boulganine.

Le 17 août 1942, 22 heures.

Selon les rapports de l'état-major du front Ouest, la 387e, la 350e et une partie de la 346e Division de tirailleurs de la 61e Armée continuent de lutter, bien qu'encerclées. Malgré les multiples injonctions du Quartier Général, elles n'ont toujours pas été secourues. Les Allemands n'abandonnent jamais leurs unités encerclées par les troupes soviétiques et s'efforcent de les rejoindre et de les sauver coûte que coûte. Le commandement soviétique doit faire preuve d'un plus grand sens de la camaraderie envers les unités encerclées que le commandement nazi. Il apparaît en fait que le commandement soviétique se soucie moins de ses unités encerclées que le commandement allemand. Cela jette une tache d'infamie sur le commandement soviétique.

J. Staline »

— Je ne me souviens pas d'avoir vu passer un document opérationnel dicté ou signé par Staline où il se souciait de garder en vie ses concitoyens, dit d'un ton neutre le colonel qui présidait la réunion.

L'homme passant, à juste titre, pour quelqu'un de courageux, personne ne fit d'autre commentaire. Mais quelques esquisses de sourire laissèrent penser que l'opinion émise rencontrait quelque écho. Beaucoup pensaient, pour résumer, que c'était bien la première fois que l'on voyait Staline se soucier de la vie des hommes. Donc que quelqu'un avait dû lui dire, à un moment sans doute situé entre 21 heures et 22 heures, le 17 août, que les Allemands n'abandonnaient jamais leurs unités encerclées par les troupes soviétiques, problème que le Commandant suprême, dans sa grande humanité, découvrait pour la première fois. En somme, que sa vraie motivation restait à percer. Agissait-il par cynisme – « je ne me soucie des unités encerclées que parce que l'ennemi le fait » –, par volonté d'humilier les chefs militaires en leur faisant la leçon et en les comparant en leur défaveur aux généraux d'un ennemi honni ? Une dernière hypothèse restait envisageable : le choix de Staline, sur le coup de 22 heures, d'apporter une nouvelle pierre à la construction de son image de chef impeccable dans la perspective du renforcement de son pouvoir dans l'après-guerre et de sa place dans l'Histoire. Quoi qu'il en soit, les *infâmes* camarades Joukov et Boulganine, destinataires de premier rang de cette note déshonorante, avaient dû en apprécier toute la saveur, songeaient tous les présents.

Quelques regards se portèrent furtivement sur un capitaine, invité de dernière heure à la réunion, qui accompagnait les représentants de la direction politique de l'armée. Mais il ne broncha pas. Chacun resta sur ses gardes.

— Au travail, messieurs ! intima le président de séance.

La première question était l'ordre de mutation de deux pilotes femmes, les lieutenants Boudanova et Litvak, appartenant au 586ᵉ régiment féminin de chasse, basé à Saratov, vers le 73ᵉ Régiment de chasse engagé depuis plusieurs semaines sur le front de Stalingrad.

Un capitaine de la direction du personnel fit le point du dossier avec une concision remarquable :

— Une bataille décisive, nous le savons tous, va se jouer dans les semaines qui viennent à Stalingrad, dit-il. Elle est d'ailleurs largement engagée à la date d'aujourd'hui et les événements ne tournent pas en notre faveur. Or la *Stavka* du Commandant suprême est décidée à mobiliser tous les moyens disponibles pour remporter la victoire à Stalingrad. Dans ce cadre, la direction du personnel de l'Armée de l'air a été chargée de faire le recensement dans les plus courts délais de tous les pilotes disponibles. Elle a donc demandé au commandant du 586e régiment de chasse de lui fournir la liste de ses dix meilleurs pilotes. Elle l'a fait ensuite valider par le commandant du centre d'instruction d'Engels. Les noms des lieutenants Boudanova et Litvak ont été retenus dans cette liste. Comme le 73e Régiment de chasse a subi des pertes humaines importantes, son commandant, le colonel Nikolaï Baranov, a fait une demande urgente de renfort en pilotes. Mais, il y a dix jours, deux pilotes femmes ont déjà été affectées au 73e. Le colonel Baranov a refusé de les recevoir et a pris sur lui de les réexpédier d'où elles venaient par le premier avion en partance pour Engels, considérant que l'absence de réponse formelle de la 18e Armée aérienne à sa demande de renvoi équivalait à un accord tacite. Peut-on l'accepter ?

Des sourires apparurent sur certains visages.

Après avoir plongé ses lèvres dans un verre d'eau pour s'éclaicir la voix – ou pour ménager ses effets, ce qui ne peut être exclu, considérant l'intérêt que l'assistance apportait à ses propos – le rapporteur poursuivit :

— L'argumentation du colonel Baranov, formulée sommairement par écrit et plus développée dans un entretien téléphonique avec la direction du personnel, se résume ainsi. Premièrement, la capacité opérationnelle de ces officiers n'est pas prouvée. Le colonel ne semble pas attacher une importance démesurée aux états de service et aux notations des pilotes concernés. Deuxièmement, la présence de femmes au sein d'une unité masculine est préjudiciable à la discipline et mobilise du personnel qui serait plus utile dans d'autres fonctions. Pendant les 24 heures que ces deux premières pilotes femmes ont passé à l'AMC 34, le colonel Baranov a dû affecter une sentinelle à la protection de la maison qui les hébergeait.

Des rires, à peine étouffés, secouaient l'assistance.

— Pour les protéger contre qui ? demanda quelqu'un, avec un sérieux affecté.

— Le colonel n'a pas cru devoir le préciser, répondit l'officier imperturbable, qui continua. Il a également fait valoir l'absence de confiance des autres pilotes ; la moindre résistance physique ; les problèmes d'hygiène ; les problèmes d'indisposition mensuelle, liés à la condition féminine ; la coquetterie en général des femmes – et plus largement, son incompétence personnelle totale en matière de compréhension, d'éducation et de gestion de jeunes filles de vingt ans.

La salle était maintenant pliée en deux, obligeant le colonel qui présidait la réunion à rappeler ses membres à l'ordre.

— Envoyez les filles à Stalingrad et réexpédions Baranov à Engels, proposa quelqu'un, provoquant un nouveau chahut.

— Camarades, un peu de tenue, demanda le colonel. Ce dossier pose un vrai problème, qui dépasse celui de ces deux femmes. Et il nous faut prendre une décision sur cette mutation.

L'affaire était peut-être sérieuse, mais la situation à Stalingrad le fut jugée davantage. Suffisamment, en tout cas, pour que l'institution militaire, au moins dans sa brillante représentation à cette réunion, considère qu'elle avait accordé une attention suffisante aux problèmes du colonel Baranov et de ses pilotes femmes. Si une opinion personnelle fut publiquement exprimée dans la question insidueuse : « Le colonel Baranov sait-il que nous sommes en guerre ? », l'opinion générale, admirablement synthétisée, fut : « Qu'il se démerde avec ses bonnes femmes ! »

C'est donc dans le plus large des consensus que fut prise la décision de muter les lieutenants Boudanova et Litvak au 73e régiment de chasse, basé à l'AMC 34, front de Stalingrad.

En fin de séance, le capitaine Stepan Kiritchenko, représentant de la direction politique de l'Armée, demanda tout de même à voir les portraits des deux jeunes pilotes. Il y eut quelques sourires : il avait la réputation d'aimer les femmes. On le soupçonna, comme le suggéra un participant, « de vouloir s'appesantir sur les photos, dans le simple but de mieux mesurer, à l'aune de la beauté ou du charme des pilotes, l'ampleur des problèmes qu'aurait à affronter l'ami Baranov ». Ce qui était une façon polie de se foutre de lui.

Il surprit pourtant l'assemblée en déclarant :

— Le *Journal des Forces aériennes soviétiques* publiera certainement un article sur les femmes pilotes. Il informera nos commandants de leur existence.

L'article parut bien, trois semaines plus tard.

Chapitre 61

« Tout retard est assimilable à un crime »

Front de Stalingrad, 29 août 1942.

Vassili disait couramment :

— Nous gagnerons si Hitler fait plus de conneries que nous.

Sous-entendu, Staline.

Stalingrad fut la victoire d'une résistance.

Et d'abord, de la résistance de Joukov à Staline.

Le 29 août, le Combattant suprême envoya son général à Stalingrad pour mener la bataille. Il avait pour mission d'attaquer immédiatement. La *Stavka* prévoyait une première offensive dès le 2 septembre, avec comme fer de lance la 1re Armée de la garde commandée par le général Moskalenko.

Quand il arriva sur place, Joukov se vit dire par Moskalenko qu'une attaque à la date prévue était tout simplement impossible : faute de carburant, les troupes ne se trouvaient pas encore en place et les munitions insuffisantes. Il demanda un délai d'au moins vingt-quatre heures. Joukov prit sur lui de le lui accorder.

Rapport de Joukov à la *Stavka* : « Le 2 septembre, la 1re Armée de la garde n'a pas pu passer à l'offensive car ses troupes n'ont pas pu gagner leurs positions de départ ni amener les munitions, le carburant et organiser le combat. Pour éviter que les unités ne soient engagées d'une manière désorganisée et pour ne pas, de ce fait, essuyer de pertes inutiles, j'ai, après une inspection personnelle effectuée sur le terrain, reporté l'offensive au 3 septembre à 5 heures ».

Joukov savait qu'il s'agissait d'une erreur, mais comme tous les autres hauts militaires, il sentait le souffle d'un Staline impatient sur sa nuque.

Télégramme de Joseph Staline à Joukov. « 3 septembre : la situation de Stalingrad a empiré. Les Allemands se trouvent à trois verstes de Stalingrad. Stalingrad peut être prise aujourd'hui ou demain... Aucun retard n'est permis. Tout retard est, dans les circonstances présentes, assimilable à un crime. Engagez toute l'aviation. À Stalingrad même, il y a peu d'aviation. »

Même jour. Entretien téléphonique entre Joukov et Staline :

— Nous pouvons dès demain commencer l'offensive, mais les troupes seront forcées d'entamer le combat presque sans munitions puisque celles-ci ne pourront arriver sur les positions d'artillerie que le 4 septembre au soir. En outre, avant cette même date, nous ne pourrons organiser la coopération entre les unités et l'artillerie, les chars et l'aviation, et sans cette coordination, rien ne sera obtenu.

— Pensez-vous que l'ennemi va attendre que vous vous ébranliez ? tonna Staline. Ieremenko[81] affirme que l'ennemi peut prendre Stalingrad à la première attaque si vous n'attaquez pas immédiatement au nord !

— Je ne partage pas ce point de vue. Je demande l'autorisation de commencer l'offensive le 5 septembre. Quant à l'aviation, je lui donnerai immédiatement l'ordre de bombarder l'ennemi avec tous ses moyens.

— Eh bien, soit ! Mais si l'ennemi déclenche une offensive générale contre la ville, attaquez-le immédiatement sans attendre que les troupes soient complètement prêtes.

Comme Joukov le pensait, il n'y eut pas d'« offensive générale », et même très peu de mouvements furent enregistrés du côté allemand. Toujours dans cette nuit du 3 au 4 septembre, à 3 heures du matin, Staline contacta Malenkov qui représentait le Parti sur place pour avoir des informations sur l'état de préparation des troupes dans la perspective de l'offensive. Il n'avertit pas Joukov de cet appel.

Le 5 septembre à l'aube, débuta la préparation d'artillerie, de mortiers et les attaques de l'aviation. La densité des feux d'artillerie, même sur les axes d'efforts principaux des troupes, restant insuffisante, ne produisit pas l'effet attendu. Après les salves des *Katioucha*, l'attaque commença. Joukov la suivit depuis le poste de commandement, la 1re Armée de la garde. La puissance des feux allemands qui répliqua à l'attaque russe confirma très vite l'inefficacité de la préparation d'artillerie soviétique et qu'il était vain d'attendre une percée significative. Une fois encore, l'impatience et le refus des réalités du terrain avaient été payés par le sang du soldat russe.

Deux heures plus tard, l'affaire était réglée : les Allemands contre-attaquèrent avec de l'infanterie et des chars. Maîtresse du ciel, l'aviation allemande multiplia les bombardements. Les troupes soviétiques furent rejetées sur leurs positions de départ.

Tard dans la soirée, le Commandant suprême appela Joukov :

— Que se passe-t-il à Stalingrad ?

— La progression de nos unités a été insignifiante et dans plusieurs cas, elles n'ont pu déboucher de leurs lignes de départ.

Silence épais à l'autre bout de la ligne.

— Pourquoi ?

— Parce que nos troupes n'ont pas eu suffisamment de temps pour préparer l'offensive, effectuer les reconnaissances d'artillerie nécessaires et obliger l'ennemi à dévoiler son plan de feux. C'est pourquoi nous n'avons pu le neutraliser. Quand nos unités sont passées à l'attaque, l'ennemi les a arrêtées. Son aviation a eu toute la journée la maîtrise du ciel : elle a bombardé continuellement nos troupes.

— Poursuivez les attaques. Votre mission principale est d'alléger la pression nazie sur Stalingrad et d'attirer loin de la ville le maximum de forces ennemies.

Les combats se poursuivirent donc avec violence du 6 au 10 septembre.

Le 10 septembre, après une nouvelle inspection sur le terrain, Joukov arriva à la conclusion qu'il était impossible d'enfoncer le dispositif ennemi avec les forces qu'il avait sous la main. C'était aussi l'opinion de tous les généraux qui l'entouraient.

Rapport Joukov à Staline. 10 septembre.

« (...) Les troupes allemandes se sont sensiblement renforcées avec l'arrivée de nouvelles unités. Les attaquer avec nos moyens actuels serait inutile et nos troupes subiraient inévitablement de grandes pertes. De nouvelles troupes et du temps sont nécessaires pour procéder à une nouvelle articulation de notre offensive. La prochaine attaque doit être plus étoffée et exécutée par l'ensemble des forces de tout le front... »

Staline convoqua Joukov à Moscou « pour exposer personnellement ces problèmes ».

Le 12 septembre, Joukov s'envola pour la capitale.

Après discussion, Staline renforça son aviation : de toute l'URSS, des pilotes furent mutés à Stalingrad.

Le 12 septembre, en fin d'après-midi, Lily Litvak se posa sur le terrain de l'aérodrome militaire de campagne (AMC 34), situé à dix kilomètres à l'est de Stalingrad. Katia Boudanova la rejoignit le lendemain.

Chapitre 62

« Beaucoup de pilotes sont-ils aussi bêtes que celui-là ? »

Front de Stalingrad, aérodrome militaire de campagne n° 34 [82]**, dimanche 13 septembre 1942.**

Il ne fallut pas plus de quinze heures pour que se produise le premier incident lié à la venue des jeunes femmes. Lily était arrivée la veille à 17 heures. Depuis l'aube, Ina Pasportkina travaillait sur le nouveau chasseur de Lily, un Yak 9, dernier modèle, surnommé « Troïka » à cause de son immatriculation.

Vers 8 h 30 du matin, penchée sur le moteur, les mains pleines de graisse, elle procédait à divers réglages après avoir changé une pièce. Le soleil venait de se lever et le capot relevé empêchait les rayons d'éclairer l'intérieur du moteur, ce qui aurait facilité sa tâche.

Mais elle vint quand même à bout du carburateur et se releva.

Un jeune pilote se dirigeait vers elle. Il n'avait guère plus de vingt ou vingt-deux ans. Tout dans son allure indiquait qu'il ne s'était pas levé du bon pied.

— C'est le n° 3 ?

La question surprit Ina. Il suffisait de jeter un coup d'œil sur le numéro inscrit sur la carlingue pour le constater. Il n'aurait pas l'intention de passer sa mauvaise humeur sur elle, par hasard, se demanda Ina. Elle prit donc d'abord le temps de saluer puis, d'un geste, sans un mot, lui indiqua le matricule de l'appareil.

— C'est vous qui l'entretenez ?

— Je suis le sergent-chef Pasportkina. Je suis le mécanicien... L'appareil est prêt à voler.

Sans un mot, l'officier haussa les épaules, et tournant le dos à la jeune femme, marcha d'un pas décidé vers le bunker de commandement.

Lily apprit plus tard ce qui s'était passé. Le lieutenant Yenov, fou de rage, s'était précipité chez son chef d'escadrille, le capitaine Solomaten, et lui avait expliqué n'avoir aucune confiance dans les aptitudes d'une femme mécanicien. Donc, qu'il faudrait que le capitaine lui donne un ordre formel pour qu'il parte en mission sur l'appareil que « cette femme » entretenait.

Solomaten l'avait écouté avec un léger sourire, puis avait appelé le responsable de l'ensemble des services techniques de la base.

— Ami Barsov, le lieutenant Yenov a des problèmes avec le 3. Tu peux voir ça, s'il te plaît ?

Ina vit revenir l'irascible lieutenant accompagné du chef mécanicien qu'elle avait vu descendre, deux minutes auparavant, du véhicule de liaison devant le bunker de commandement.

« L'ingénieur-chef, le capitaine Barsov, m'a demandé si l'appareil pouvait partir en mission », raconta plus tard Ina à Lily.

— Il est prêt à voler, capitaine. Quelque chose ne va pas dans mon travail ?...

« J'avais mis beaucoup de respect dans ma question. »

— Autant que je puisse en juger, non. Je vous ai observée depuis hier. J'ai même, en votre absence, contrôlé personnellement votre travail. Et je n'ai rien trouvé à y redire. Mais le lieutenant Yenov ne veut pas voler sur cet avion parce qu'il a été préparé par une femme.

— C'est le problème du lieutenant, pas le mien.

Ina n'était pas mécontente de sa réplique.

— Cela fait combien de temps que vous êtes mécanicien, intervint brutalement le pilote.

— Dix mois.

— Et que se passera-t-il si le moteur s'arrête ?

— Pourquoi s'arrêterait-il ?...

« Je voyais que Viktor Ioustinovitch Barsov commençait à s'impatienter, raconta Ina à Lily en poursuivant son récit. Il avait l'air très agacé par la situation. Et moi, donc ! Je m'efforçai de garder mon calme, mais j'étais vraiment furieuse. »

Le pilote resta inflexible, n'ajouta pas un mot, salua Barsov sèchement et retourna au bunker du commandement.

« Dès qu'il eut tourné le dos, j'ai oublié toute la discipline qu'on m'avait enseignée. J'ai demandé au chef si beaucoup de pilotes étaient aussi bêtes que celui-là et j'ai craché par terre. L'ingénieur en chef a fait semblant de n'avoir pas vu mon geste, ni entendu ce que j'avais dit. Mais c'était difficile de savoir ce qu'il pensait véritablement. Ma colère tombée, je me suis demandé ce que les grands patrons décideraient à propos du refus du pilote de voler sur Troïka... ».

Ina fut rapidement fixée. Solomaten fut obligé de rendre compte de l'incident au colonel Baranov, commandant du régiment. Lequel haussa les épaules et fit affecter un autre appareil au récalcitrant. Mais l'affaire ne le mit pas de bon poil et surtout ne le disposa pas en faveur des lieutenants Litvak et Boudanova.

— Yenov est un con, mais c'est un bon pilote. Je savais que ces femmes ne me vaudraient que des emmerdements. Elles ne sont même pas arrivées que cela commence !

Il râlait à haute voix. Alexeï Solomaten, assis en face de lui, l'écoutait avec une attention moqueuse.

— Toi, ne me fais pas chier avec ton sourire hypocrite, l'apostropha Baranov. Si tu avais des vues sur l'une d'entre elles, tu peux t'asseoir dessus. Je vais les renvoyer dare-dare à leur expéditeur !

— L'état-major des Forces aériennes soviétiques ? rigola Solomaten.

— Marre-toi !

— Je ne rigole pas. Mais avant que tu piques une crise d'apoplexie ou que tu n'affrontes Golovanov [83], je vais essayer de régler ton problème du jour.

— C'est le « Troïka », sergent ?

« Comme s'il ne le savait pas », pensa Ina.

Alexeï Solomaten fit le tour de l'avion, donna un coup de pied dans un pneu :

— Alors, il paraît que vous effrayez mes pilotes ?

Il demanda alors à la mécanicienne de l'aider à boucler son parachute et grimpa dans l'habitacle.

— Moteur en marche. Je vais faire un tour !

Chapitre 63

« Si nous commençons à vouloir cacher ce qu'il y a de féminin en nous... »

Front de Stalingrad, dimanche 13 septembre 1942.

La même matinée, Katia Boudanova posa à son tour son Yak sur l'AMC 34 pour rejoindre Litvak, conformément à ses ordres. Les deux filles tombèrent dans les bras l'une de l'autre. Lily avait d'abord été tentée de montrer une certaine froideur à sa camarade. Non par absence de sympathie, mais par habileté tactique. Compte tenu de l'accueil qu'on faisait aux femmes dans ce régiment, mieux valait probablement témoigner d'une certaine réserve – en tout cas ne pas tomber dans les bisouilles féminines qui les auraient conduites à gagner leur isba située loin du quartier des hommes sous une double haie de ricanements. Mais comme elle l'expliqua plus tard à Katia, « si nous commençons à vouloir cacher tout ce qu'il y a de féminin en nous, nous ne sommes pas sorties de l'auberge. Merde, on est comme on est, et ils nous prendront comme nous sommes ». Le risque, c'était qu' « ils » – le colonel Baranov en tête – ne les « prennent » pas du tout !

Elles s'embrassèrent donc tout de même mais troquèrent vite les baisers contre une franche accolade de copains de régiment à laquelle nul homme, fût-il « le Russe le plus borné » comme l'écrivit Lily à sa mère, n'aurait trouvé à redire.

Pendant que Katia défaisait son paquetage, elles échangèrent leurs impressions.

Les deux discours n'avaient pas la même tonalité. À l'incertitude de Lily quant à l'accueil reçu répondait l'enthousiasme de

Katia. Celle-ci était impressionnée par ce qu'elle avait vu en arrivant : l'énorme panache de fumée noire au-dessus de Stalingrad ; le ballet macabre d'une quantité innombrable d'avions dans le ciel de la ville ; les combats, qui semblaient d'une violence rare.

— J'apercevais les Stukas qui plongeaient sans interruption vague après vague, sur les zones de combats, mais qu'on ne voit absolument pas à cause de la fumée. Ils réapparaissaient en grimpant quasiment à la verticale, jaillissant du nuage noir comme une bille d'acier. Dans le même temps, des formations entières de Ju 88 lâchaient leurs bombes. Et tout autour, des combats aériens à n'en plus finir ! Je n'ai jamais vu une telle densité d'avions. Comment arrive-t-on à voler dans cette pagaïe ?

— On va probablement le savoir très vite, répondit Lily, philosophe.

— Comment s'est passée ton arrivée ?

— Difficile de te répondre. La seule chose que je puisse affirmer, c'est que tu as manqué quelque chose en n'assistant pas à la scène.

Elle raconta son entrée dans le bunker enterré, l'indifférence des pilotes présents, harassés et réunis pour leur compte rendu de mission, sa recherche du poêle car elle était frigorifiée, les lunettes et les gants ôtés, la parka posée sur le dossier d'une chaise et, bouquet final, le casque enlevé libérant sa chevelure.

— Là, ma vieille : instant grandiose ! Les types figés dans le marbre, bouches ouvertes, yeux exorbités. La vierge de Nijni-Novgorod faisant son apparition. Et moi, très simple : « Bonjour, je suis le lieutenant Litvak... Je viens me battre avec vous ! » ou « Votre nouveau pilote »... bref quelque chose d'approchant, je ne me rappelle plus très bien.

— Dix garçons pour toi toute seule, dont un chef d'escadrille. Quel comité d'accueil !

Comédienne, elle se leva, tourna sur elle-même avec une grâce affectée de danseuse.

— Tu aurais pu aussi dire... voyons... Espiègle : j'adore ces petites croix noires sur vos avions !

Lily, entrant dans le jeu :

— Supérieure : bonjour, il y a désormais un vrai pilote dans ce régiment !

Katia :

— Professionnelle : quelqu'un connaît les performances du Messerschmitt Long-nez ?

Lily :

— Enfantine : où sont les méchants Allemands ? Qui veut me protéger ?

— Perfide : est-ce qu'il y a ici encore un homme qui se rappelle à quoi ressemble une femme ?

— Lesbos : ça manque de femmes, ici !

— Vantarde : Lieutenant Litvak, dix victoires aériennes !

— Vantarde *et* combative : et j'entends bien ne pas en rester là !

Katia :

— Vantarde *et* bonne copine : je sais, je ne suis pas mal, mais attendez de voir le lieutenant Boudanova !

Lily :

— Tu sais ce que le lieutenant Litvak dit au lieutenant Boudanova ? Que quand le lieutenant Litvak est entré dans le bunker, il faisait si sombre que sa seule pensée a été : « Je vais me casser la gueule ! » Qu'il a poussé intérieurement le plus abominable des jurons quand il a cru que le poêle était éteint. Qu'il n'a pas jeté un seul regard sur les hommes de la pièce parce qu'il pensait qu'elle avait les pieds si gelés qu'on allait devoir l'amputer sur-le-champ. Et que, bien sûr, aucun homme ne s'intéresserait jamais plus à elle. Le lieutenant Litvak ne se rappelle plus s'il a enlevé d'abord ses bottes ou ses gants, s'il a gardé sa vareuse ou son blouson, s'il a dit bonjour ou non. La seule chose dont le lieutenant Litvak se souvienne précisément, c'est qu'à un moment, il a rencontré les yeux les plus bleus qui lui ait été donné de voir dans sa courte vie ! Pour le reste, il n'a même pas remarqué quel genre de bonhomme se cachait derrière ce regard d'émeraude.

Propos insignifiants de deux jeunes filles qui se retrouvent et qui babillent... Incongrus, même, dans le contexte des événements. Mais il faut dire à leur décharge qu'elles ignoraient que le jour même, dans la ville martyre toute proche, le combats les plus inexpiables de la Deuxième Guerre mondiale venaient de commencer.

Boris Goubanov, le beau Géorgien croisé à Voronej, fit un saut chez les filles. Peut-être parce qu'il les avait déjà rencontrées, il était le seul à leur montrer une réelle sympathie. Elles, également, furent heureuses d'avoir enfin en face d'elles un homme qui ne leur battait pas froid. Une grande cicatrice, récente, lui traversait la joue gauche et conférait à sa séduction une touche canaille qui n'existait pas à Voronej. Comme là-bas, Katia eut le cœur qui battit un peu plus vite.

Elle l'interrogea.

Il éluda le pourquoi de la cicatrice, mais leur raconta sans se prendre trop au sérieux ses aventures des deux derniers mois.

Après Voronej, son régiment avait été envoyé dans le sud du pays pour participer à la défense des champs pétrolifères du Caucase attaqués par les divisions du maréchal von Kleist.

— Les Allemands avaient pu avancer rapidement, expliqua-t-il, car nos troupes ont été obligées d'évacuer la région fortifiée de Vorochilovgrad, que nous espérions tenir, en raison de l'insurrection de deux régiments de cosaques et de troupes territoriales indigènes – tchétchènes, pour partie – qui ont massacré leurs commissaires politiques. Beria a réglé le problème à sa manière [84] ! Pour ce qui me concerne, je suis tombé sur un Focke Wulf qui a été plus malin que moi et je me suis retrouvé accroché aux suspentes de mon parachute, quelque part au-dessus de Mozdok, pas très loin de Grosny Je m'en suis tiré sans gros bobo.

À voir la taille de sa cicatrice, remarqua intérieurement Katia, on pouvait se demander quand, selon lui, un « bobo » commençait à être gros !

Goubanov avait en fait dû son salut à un clin d'œil du destin : c'était en arrivant aux portes des champs pétrolifères russes que les troupes allemandes avaient commencé à manquer de carburant [85]. Du ciel, il avait donc été contraint d'attaquer des caravanes de chameaux parce que les ennemis les utilisaient pour transporter l'essence nécessaire à leurs chars ! Il ne le faisait pas de gaieté de cœur – probablement un fond de respect des bêtes, et particulièrement des chameaux, hérité de ses ancêtres, et avait d'ailleurs mis son poing dans la gueule d'un pilote estonien qui lui avait demandé s'il dessinait des silhouettes de chameaux sur la carlingue de son avion en signe de victoire.

Les chameaux n'étaient pas rancuniers car ce fut calé entre les deux bosses de l'un d'eux, volé une nuit, qu'il parvint à rejoindre les lignes soviétiques.

Depuis, il avait fait peindre une petite effigie du *Camarade*

Chameau, couché sur un poing d'homme, derrière l'habitacle de son Yak.

Il leur fit ensuite un rapide point de la situation militaire.

Il chercha une feuille de papier blanc puis entreprit de dessiner une carte sommaire sur un coin de table. Là, il traça deux traits en forme de parenthèses inversées.

— À gauche, dit-il, se trouve la boucle du Don. La parenthèse de droite représente le cours de la Volga. Stalingrad est au centre de la parenthèse de droite, à cheval sur les deux rives du fleuve. Notre terrain est là, plein ouest, à cinq minutes de vol.

L'attaque allemande, c'est une fourchette à trois dents, celles de l'extérieur légèrement concentriques. Depuis juillet, les Fritz poussent leur fourchette vers Stalingrad. La dent de gauche longe la rive du Don, au nord. C'est l'aile gauche de la VIe Armée de von Paulus. Dans le même temps, avec le gros de son armée, il a percé plein centre, au cœur de la boucle du Don, que la VIe a traversé à Kalatch – c'est la dent du centre de la fourchette, la plus grosse. Enfin, une troisième armée allemande remonte, elle, la rive sud du Don. C'est la dent de droite de la fourchette. Ces trois forces convergent vers Stalingrad, qu'elles espèrent investir et détruire. Notre boulot, c'est de les empêcher de mettre les pieds sur la rive gauche de la Volga, c'est-à-dire sa rive est, afin de pouvoir continuer à amener dans Stalingrad tous les hommes, les armes et le ravitaillement dont nos troupes ont besoin pour résister aux Allemands.

Stalingrad est la ville de Staline depuis qu'elle porte son nom. Il a fait sa prospérité, donc il ne la lâchera pas, quel que soit le prix à payer. Ce qui réserve de beaux jours aux Allemands... et à nous, par la même occasion. L'agglomération est aujourd'hui totalement détruite par l'artillerie et l'aviation ennemie – qui, pour l'instant, dispose toujours de la supériorité aérienne – et accessoirement par nous, quand nous cognons sur les Allemands. Dans les faubourgs tout ce qui était en bois a flambé ; à l'intérieur de la ville, tout ce qui était en briques ou en béton s'est effondré. Le centre-ville est un amas de ruines, où on meurt pour gagner deux mètres qu'on reperd à la contre-attaque qui suit. Notre défense est arc-boutée sur ce qui reste des trois grandes usines de la partie nord de la ville : la *Djerzinski*, qui produisait des tanks et des chars, la fabrique de canons *Barricade,* et l'usine métallurgique *Octobre Rouge*. Entre ces deux dernières, le mont Mamaïev – une butte, en réalité située à une dizaine de kilomètres de la Volga – est l'objet des combats les plus acharnés car il permet de dominer le champ de bataille. On le prend, on le perd, on le reprend. Il va devenir rapidement le plus grand cimetière du monde de soldats russes et allemands réunis. Le port sur la Volga est vital pour nous : le fleuve ici mesure plus de deux kilomètres de large. Entre les morts, les mourants, les noyés, les réfugiés, les bateaux qui coulent, les avions qui s'abattent, c'est un monument à la souffrance humaine.

Notre mission, c'est donc d'abattre le plus possible de bombardiers allemands et de chasseurs qui les protègent. C'est d'attaquer au sol tout ce qui est fasciste et peut être détruit : les hommes, les trains, les camions, les dépôts de munitions ou de carburant, les bases arrière, les aérodromes qu'ils utilisent... C'est épuisant ! À Stalingrad, on meurt mais on n'a pas de problèmes pour dormir.

— Si on nous laisse voler, grogna Lily.

Il haussa les épaules. L'affaire n'était pas de son ressort, même s'il avait sa petite idée.

En fin d'après-midi, le même jour, Lily assista à une scène qui la laissa pantoise. D'un bunker situé à l'écart des pistes, en bordure extrême de l'aérodrome, elle vit sortir, poussé par des mécaniciens et des hommes de piste, un magnifique Messerschmitt 109. Elle prit ses jumelles : camouflage impeccable, les croix gammées repeintes récemment. Dans le soleil couchant, il brillait comme un bijou. Elle le reconnut sans peine à ses ailes aux extrémités arrondies et à sa casserole d'hélice plus volumineuse : c'était un 109 F, le modèle le plus rapide et le plus maniable, mais qui payait cette légèreté par un armement que beaucoup de pilotes allemands trouvaient insuffisant – on le savait par les interrogatoires des prisonniers – à savoir un seul canon, tirant à travers le moyeu de l'hélice, et deux mitrailleuses de capot. Les as de la chasse allemande, les Günther Lützow, Werner Mölders, Johannes Trautloft, Adolf Galland, s'en accommodaient parfaitement, mais les autres râlaient. Plus d'un pilote soviétique avait eu la vie sauve car touchés par les seules mitrailleuses, ils avaient pu ramener leur appareil à leur base.

Au même moment, Locha Solomaten sortait de la salle d'opérations souterraine, son parachute sous le bras. Lily le vit sauter dans le vieux véhicule de combat déclassé servant aux transports sur la base. Le chauffeur prit la direction du Messerschmitt, dont un mécanicien faisait déjà tourner le moteur. Le soleil était bas sur l'horizon : la nuit tomberait dans moins d'une heure.

Lily devait l'apprendre dans la soirée, le Messerschmitt avait une histoire.

Trois jours plus tôt, en plein midi, par une journée grise avec un plafond nuageux bas, un chasseur allemand s'était présenté en bout de piste, escorté à courte distance par deux Yak du régiment.

Le contrôle avait identifié les deux avions russes : ils étaient pilotés par le lieutenant Boris Goubanov, un Géorgien, chef de la patrouille, et par son ailier, le sergent Dimitri Kassine, un jeune pilote de vingt ans affecté au régiment quinze jours auparavant.

Atterrissage impeccable. Les trois appareils avaient roulé jusqu'à la zone de parking, les deux Yak suivant le Messerschmitt à une vingtaine de mètres d'intervalle.

La nouvelle de l'apparition incongrue se répandant dans tout le camp, les hommes arrivèrent en courant. Le colonel Baranov sortit de son bunker de commandement et se tint debout, impassible, en haut des marches, le seul, sans doute, sur l'aérodrome militaire de campagne, à ne pas courir. L'Allemand, qu'un mécanicien agile comme un chat, déjà sur l'aile, aida à se dessangler, sauta maladroitement sur le sol, visiblement engourdi. Désemparé, il restait à proximité de son avion. Baranov pensa que c'était un gamin, ne lui donnant guère plus de vingt ans.

Le lieutenant Goubanov se débarrassa de son parachute en le jetant à un camarade et vint chercher l'Allemand. Avec un bref sourire d'encouragement, il lui fit signe de le suivre. Rejoints par le second pilote russe, les trois hommes se dirigèrent alors vers le bunker de commandement où Baranov avait été rejoint par le commandant Grigor Dobraje, commissaire politique du régiment, un ancien du NKVD reconverti dans l'aviation. Peut-être un des « yeux » de Beria dans les FAS. À cinq pas du patron, Boris Goubanov se figea :

— Lieutenant Goubanov, au rapport, mon colonel ! Nous ramenons un Messerschmitt prisonnier, déclara-t-il, sur le ton le plus administratif qu'il put prendre.

— Je vois, répondit simplement Baranov, pince-sans-rire.

L'Allemand, ne sachant trop quelle attitude prendre, salua maladroitement en portant sa main droite à son casque de cuir.

— Tu me dois une ration de vodka, glissa entre ses dents le chef mécano Barzov à son adjoint qui, deux secondes plus tôt, avait parié avec lui que le Boche ferait le salut nazi.

— Il s'est dégonflé, grogna l'adjoint, déçu, croyant les Allemands plus fanatisés.

— Tu serais prisonnier des Fritz, est-ce que tu crierais « Vive Staline » ? intervint un pilote, qui avait suivi l'échange.

— Traite-moi tout de suite de dégonflé !

— Pas du tout. Je te laisse le choix : ou tu cries « Vive Staline » et tu es un con car les nazis t'enverraient tout de suite au poteau d'exécution ; ou tu ne dis rien, et comme le Fritz, tu t'es dégonflé... Alors ?

— Je t'emmerde !

— C'est pour ça que tu es mécano, et pas pilote ! rigola l'intervenant.

— C'est aussi parce que tu es pilote que tu as plus de chance de te retrouver dans sa situation que moi, rétorqua l'adjoint, qui n'avait pas l'intention de s'en laisser remontrer par un « jeunot », tout pilote qu'il était. Alors, regarde bien comment tu devras te comporter !

— Je t'emmerde ! se marra l'autre.

Les cinq hommes avaient disparu dans le bunker de commandement, rejoints par les chefs d'escadrille et l'officier en charge des services techniques. Deux policiers militaires, appelés par le commissaire politique, arrivaient également.

Alexeï Solomaten, qui rentrait de mission, n'eut que le temps de donner son parachute et son casque à son mécanicien avant de rejoindre l'état-major en réunion qui commençait. D'un coup d'œil, il appréhenda la scène, dont il ignorait l'ordre du jour, mais se doutant bien qu'elle avait un rapport avec la présence incongrue du Messerschmitt qu'il avait vu sur la zone de parking. Il avait interrogé son mécanicien. Celui-ci lui avait seulement répondu qu'il était attendu en urgence chez le colonel. C'est dévoré de curiosité qu'il avait pris le pas de course.

Nikolaï Baranov était assis sur son bureau. Dobraje avait pris place sur une chaise à ses cotés. Goubanov leur faisait face, debout. Les deux policiers militaires encadraient le prisonnier. Baranov fit asseoir tout le monde et donna la parole à son chef de patrouille.

— Il y a eu une grosse bagarre au-dessus de Kramenskaïa[86].

Un vrai cirque. Ça se croisait dans tous les coins, on se frôlait à qui mieux mieux... Je ne sais pas combien de fois j'ai failli me faire éperonner ! Juste devant moi, j'ai vu un Focke-Wulf traverser à pleine vitesse l'arrière de la carlingue d'un gars du 42ᵉ. Il lui a sectionné complètement la queue. Les deux avions sont partis en feuille morte. Le gars du 42ᵉ a pu sauter, je crois. En tous cas, j'ai vu un parachute se balancer au milieu des combats. Le type, entre parenthèses, devait se faire des cheveux gris : il devait se demander à quel moment il allait se retrouver accroché par sa toile à l'empennage d'un zinc filant à 600 km/h... Bref, on ne savait plus qui tirait sur qui. Je pense que quelques gars ont pris des rafales qui ne leur étaient pas destinées... Un bordel absolu...

Conscient de s'être laissé emporter, Goubanov reprit un ton plus froid :

— J'ignore comment le sergent Kassine et moi-même avons pu nous retrouver. Un coup de chance. Mais ni lui ni moi n'avions plus de munitions et guère plus d'essence. Nous avons alors mis le cap vers la base, cherchant le plus souvent un abri dans les nuages afin d'éviter d'être vus par des chasseurs allemands. Soudain, en débouchant d'un nuage, nous tombons sur un Messerschmitt 109 qui volait plein est – ce qui n'est pas une direction habituelle pour un Fritz. Nous nous trouvions à 800 mètres derrière lui, au-dessus, légèrement sur sa gauche. Compte tenu de notre absence de munitions, nous sommes remontés pour nous coller à la surface inférieure d'un nuage prêt à disparaître s'il lui prenait l'envie de nous engager. Mais rien dans son attitude n'indiquait sa méfiance et encore moins qu'il nous ait aperçus. Il volait lentement et nous avons dû réduire notre vitesse pour ne pas le dépasser. Le sergent Kassine et moi-même étions très intrigués par cette façon de se comporter. D'autant qu'il nous fallait maintenant perdre de l'altitude pour conserver la même distance et le même écart de hauteur avec lui. De toute évidence, il avait entamé une descente.

Nous nous approchions du Camp 13 et lui continuait à perdre tranquillement de l'altitude. Il n'était pas question de le laisser faire. Se préparait-il à attaquer la base en rase-mottes ? Pourtant, son attitude n'était ni méfiante ni agressive. Il volait tranquillement, c'est tout. Le sergent Kassine m'a demandé de l'approcher pour voir tout de même de quoi il retournait. C'est alors que le pilote allemand nous a montré qu'il nous avait vus en battant des ailes, comme pour nous saluer et a continué tout droit son chemin.

Pour ne rien vous cacher, mon colonel, j'étais très ennuyé. Impossible de l'approcher davantage, compte tenu de notre incapacité à combattre. En même temps, il continuait à se diriger droit vers notre terrain, ce qui ne me plaisait pas. J'ai dit au sergent Kassine que nous allions l'encadrer mais que nous devions rester très vigilants pour parer à toute éventualité. Kassine m'a fait remarquer qu'au train où allaient les choses, l'Allemand se poserait avant nous. Je lui ai dit que nous allions resserrer notre dispositif et que je resterai derrière le Me 109, 200 mètres plus haut que lui, de façon à mieux le contrôler. L'Allemand m'a vu exécuter la manœuvre et à simplement battu des ailes, comme pour me faire comprendre que tout était OK pour lui. À 5 kilomètres de la base, je me suis dit que nous avions peut-être fait un prisonnier. Je me suis même demandé si ce serait une victoire homologuée... J'ai alors pris sur moi de vous prévenir afin que la DCA du régiment n'envoie pas notre Schleu au tapis.

Rapport terminé, mon colonel !

Le colonel Baranov et le *politruk* Dobraje procédèrent à l'interrogatoire du prisonnier.

Il s'appelait Manfred Schoenberg et était âgé de vingt et un ans. Il avait combattu jusque-là en France et en Belgique, contre les Anglais. Il comptait quatre victoires aériennes. Lors d'une attaque contre des bombardiers Lancaster de la RAF, au-dessus de la Hollande, il avait été abattu et blessé. On l'avait envoyé se faire soigner en Allemagne. À la fin de sa convalescence, il avait obtenu une semaine de permission. Qu'il avait passée auprès de sa famille.

— Nous habitons dans la région de Munich. À quelques kilomètres de notre maison se trouve la petite ville de Dachau. À proximité, les nazis ont construit un camp de prisonniers, mais ils y enferment surtout des civils, arrêtés dans toute l'Europe. On y a aussi emprisonné des juifs, mais le plus souvent de manière provisoire, ensuite envoyés dans d'autres camps, en Pologne, disait-on.

Le silence régnait dans la pièce.

— Ma mère est juive, poursuivit le prisonnier, vous savez que depuis l'avènement d'Hitler, les persécutions raciales n'ont fait que se développer. Ma mère s'est toujours sentie menacée. Elle avait conservé des contacts avec ses coreligionnaires, dont certains ont été obligés, pour survivre, de passer dans la clandestinité. Par ces contacts, nous avons pris connaissance d'informations abominables sur le sort réservé aux juifs par les autorités nazies. Il se disait que les juifs allemands, mais surtout les juifs des pays d'Europe centrale et orientale conquis par les Allemands, étaient envoyés dans des camps spéciaux et trouvaient la mort dans des conditions affreuses. Ces massacres semblaient soigneusement planifiés. Des trains amenaient les condamnés. Les hommes étaient séparés des femmes et des enfants, mais tous étaient conduits dans de soi-disant salles de douches où, en fait, ils étaient gazés. Les corps étaient ensuite brûlés dans des fours crématoires.

La stupeur se lut sur les visages. Personne ne savait cela. Un froid intense glaça certains.

— Au début, ces informations n'avaient pas été prises au sérieux par la communauté juive de Munich. Moi-même, j'ai d'abord refusé de les croire. C'était, à mon avis, de la propagande mensongère diffusée par les pays ennemis ou même à l'intérieur du Reich. Mais pendant ma permission, j'ai pu rencontrer des camarades juifs du lycée de Munich, qui m'ont présenté des clandestins. J'ai alors vu des documents et surtout des photos. Le document que j'ai vu comportait le terme administratif de « *Solution finale* ». Il y avait aussi une commande de gaz Zyklon B. J'en suis sorti ébranlé et bientôt convaincu : trop d'informations, d'indices, et maintenant de preuves convergeaient pour que le doute puisse subsister dans mon esprit. J'ai refusé de rester aveugle.

C'est à Munich que j'ai décidé de déserter. Je n'avais plus rien à faire avec un système coupable de telles atrocités. Je combattais pour une certaine idée de l'Allemagne mais pas pour gazer des hommes, des femmes et des enfants au nom de théories absurdes dans des camps d'extermination spécialement aménagés. Pour moi cette guerre était terminée : je ne voulais plus rien avoir avec mes chefs, mes dirigeants et ce Führer. J'ai donc soigneusement préparé ma fuite. Il me fallait disparaître dans un accident ou mourir au combat pour ne pas soumettre ma famille à des représailles que je savais désormais impitoyables, surtout en ce qui concernait ma mère. Je pensais rejoindre mon unité basée en France, sur un aérodrome de la région de Saint-Omer, en Normandie. Quand j'ai reçu mon ordre d'affectation, il indiquait la IXe *Luftflotte* (Flotte aérienne), engagée à Stalingrad.

Je suis arrivé il y a quatre jours seulement. J'ai soigneusement attendu l'occasion : un ciel très couvert et une mission de combat, aptes à favoriser une disparition. Ce matin, quand je me suis levé, l'ordre d'opération et la météo m'ont paru présenter un caractère d'opportunité favorable. Chance supplémentaire, mon équipier était un jeune pilote sans grande expérience. Il me serait facile de le semer.

Comme personne ne venait interrompre son récit, après une pause pour constater l'effet de ses paroles, il reprit :

— Depuis mon arrivée d'Allemagne, je n'ai pas abattu un seul appareil soviétique. Je suis toujours rentré de mission avec des soutes à munitions vides, mais je les avais tirées en m'attachant à ne jamais toucher mes cibles.

Aujourd'hui, je me suis jeté dans le combat avec un acharnement réel, mais mes mitrailleuses n'ont jamais tiré. Vous pouvez d'ailleurs facilement le vérifier. Au milieu du *dogfight*[87], j'ai poussé tous les hurlements nécessaires dans ma radio pour faire croire – ce qui n'était pas difficile – à un engagement extrêmement féroce. Au sol, les contrôleurs aériens le voyaient bien. Puis par radio, j'ai signalé que j'étais pris en chasse par des Russes et que j'étais touché. J'ai alors coupé ma radio et j'ai plongé dans les nuages pour disparaître. J'ai ensuite mis cap à l'est. Je suis resté camouflé le temps qui m'a paru nécessaire pour mettre une distance importante dans le lieu des affrontements et mon avion. Puis j'ai décidé de perdre de l'altitude et de me poser sur le premier terrain que j'apercevrais, en espérant ne pas tomber sur des chasseurs soviétiques. La chance était avec moi puisque les deux seuls avions russes que j'ai aperçus n'ont pas cherché à m'abattre, à ma grande surprise, et m'ont vite servi d'escorte pour me ramener sur leur terrain d'aviation... Voilà...

Face à une prise de cette importance et à la présence d'un Messerschmitt en parfait état de marche, les réactions furent diverses. La curiosité fut générale, tous les pilotes inspectèrent l'avion et se glissèrent derrière les commandes. Mais quatre ou cinq seulement d'entre eux demandèrent formellement l'autorisation de piloter l'appareil. L'argument avancé était qu'ils en connaîtraient les performances et qu'ils pourraient d'autant mieux le combattre. Le colonel Baranov n'accorda pas immédiatement l'autorisation. Le service du matériel de l'Aéronautique militaire demanderait inévitablement qu'on lui remette rapidement le Me 109 pour en savoir tous les secrets. Il ne s'agissait pas de le « planter » avant. À force d'insistance, seuls l'adjoint au commandant et les chefs d'escadrille furent autorisés à l'essayer – et encore, sous la condition explicite que ces essais auraient lieu en dehors du temps consacré aux missions de guerre et dans la zone aérienne de l'aérodrome. Locha Solomaten avait usé – et c'était rare – de son amitié avec Baranov pour se faire bombarder chef de la mission de « testeurs ». Il était le seul à pouvoir quitter l'espace aérien de la base.

Voilà pourquoi Lily, trente-six heures après son arrivée, le voyait se diriger allégrement vers le Messerschmitt dont le moteur tournait.

Chapitre 64

Voler sur Messerschmitt

Front de Stalingrad, 15 septembre 1942.

Depuis la veille, une idée trottait dans la tête d'Alexeï Solomaten. L'âpreté des combats qui se déroulaient dans la ville depuis la matinée ne fit que le renforcer dans sa détermination. Il l'avait soigneusement gardée pour lui, car si elle était arrivée à l'oreille de Baranov, ami ou pas, celui-ci l'aurait « foutu au trou » pour au moins une semaine. Mais là, volant vers Stalingrad, il jubilait, tout en sachant qu'il se ferait incendier en rentrant. Mais bon, la vie vaut aussi pour les risques que l'on prend.

Il approchait de la ville attaquée et tous ses sens de chasseur étaient maintenant en alerte.

Enfin, il aperçut ce qu'il cherchait. Un bimoteur volait dans le lointain. Au pif, il paria pour un bombardier Henkel He 111. La proie idéale. Il tira sur la manette des gaz. Le Messerschmitt fit un bond en avant. « C'est vraiment un bon appareil », pensa Solomaten qui, depuis quarante-huit heures, avait eu le temps de le prendre en main.

Il s'approchait du bombardier ennemi – c'était effectivement un Henkel – quand son zèle se refroidit soudain : l'Allemand était couvert par un chasseur, un Focke-Wulf 190, qui devait assurer sa protection.

Solomaten dégagea et grimpa vers les nuages, histoire de se donner le temps de la réflexion.

Mais c'était un jeune homme – il allait seulement vers ses vingt-quatre ans – et, à cet âge, on réfléchit rarement longuement. Un plan germa dans le cerveau du pilote russe.

Il tira sur le manche. Le Messerschmitt, accroché à son hélice, prit rapidement de l'altitude. Puis Solomaten bascula son appareil pour se retrouver dans la direction estimée des deux avions allemands. Ses instruments lui indiquèrent qu'il devait maintenant suivre une route parallèle à la leur, à une altitude supérieure d'environ 800 mètres. Il était temps de vérifier tout ça : il sortit alors de son nuage.

À bonne distance devant lui il découvrit rapidement les deux avions allemands. Dans deux ou trois minutes, ils traverseraient la Volga, laissant la ville en flammes sur leur droite, au nord.

Solomaten se dit que s'il ne voulait pas se retrouver trop à l'intérieur des terres occupées par l'ennemi, il avait intérêt à se grouiller.

Il modifia le pas de son hélice et ôta la sécurité de son armement. Puis il ouvrit les gaz et plongea sur le Focke-Wulf d'escorte. Celui-ci ne vit rien venir – ou ne se méfia pas du Messerschmitt. Solomaten le tira de l'arrière, à très faible distance. Touché de plein fouet, l'Allemand piqua vers le sol et explosa avant même de s'écraser.

Sur sa lancée, Alexeï rattrapa le bombardier qu'emporté, il dépassa involontairement. Instinctivement, il battit des ailes comme pour le saluer, puis dégagea sans hâte faiblement sur sa droite, tout en reprenant de l'altitude. Il s'engagea ensuite dans un virage serré à gauche qui le ramena de trois quarts avant vers le bombardier.

L'appareil grandissait dans le collimateur du Russe. À 800 mètres de distance, Solomaten appuya sur la détente de toutes ses armes, en corrigeant son tir au fur et à mesure qu'il se rapprochait de sa cible. Il eut l'impression d'être un assassin. Un moteur du He 111 s'embrasa. Le Russe vit ensuite distinctement l'impact de ses obus à l'intersection de l'aile et de la carlingue. La verrière avant du Henkel s'envola. Une explosion arracha l'aile de l'avion, qui tomba comme une feuille morte. Le bombardier bascula à son tour. Deux parachutes seulement s'ouvrirent.

Le capitaine Alexeï Solomaten fut mis quatre jours à l'arrêt, sans obligation d'exécution de sa peine. Les caméras de tir furent extraites des ailes du Messerschmitt et visionnées en petit comité. Baranov demanda à Dobraje, le commissaire politique, de garder l'incident pour lui.

Mais il y eut le soir, au foyer, une fête à tout casser.

Lily Litvak, Katia Boudanova et Ina Pasportkina furent invitées. Elles burent modestement, ce qui ne fut pas le cas de tous les pilotes.

— C'est vrai qu'il a de beaux yeux, dit Katia à Lily en souriant à Alexeï quand il proposa de porter un toast « à toutes les femmes qui se battent pour la patrie ».

— Il n'a tout de même pas fauché le Messerschmitt pour nous épater ? glissa Lily, perplexe, à son amie.

— La vanité est la maladie infantile des jeunes communistes, se moqua Katia [88].

— La femme idéale est blonde, camarades, car nous le savons : plus le poil est sombre plus la femme est revêche. Ça doit être une intellectuelle, car le principal organe sexuel, quoique vous en pensiez, tas de brutes, n'est pas le vagin mais le cerveau : un sein caressé vibre plus intensément quand le bulbe cervical s'enflamme, tous les sages vous le diront...

Le verre à la main, les jambes incertaines, la langue épaisse, Solomaten pérorait.

— Je la veux d'un pays, continuait-il, où le climat est doux, la terre riche. Car là seulement la vie est appréciée à sa juste valeur, et qui chante la vie aime l'amour. Enfin, épice des épices, suc du péché, notre belle doit être orthodoxe et pratiquante – j'insiste – ou fille d'Allah et pratiquante, pour ne pas offenser nos camarades musulmans. Car quand une femme se donne, malgré sa certitude de se damner pour l'éternité, en vérité c'est moi, Locha [89], qui vous le dis, officiers, il n'y a rien de meilleur !

— Pince-moi, dit Lily à Katia, je rêve sûrement. C'est bien un retardé mental qui parle ?

— Un retardé mental aux yeux bleus magnifiques, me disait, il n'y a pas si longtemps – tiens, c'était même hier – une amie très chère.

— Elle était daltonienne, ta copine, car moi, ses yeux, je les vois rouges, injectés de sang et d'alcool. Locha, la lapine russe, ouais !

— De quoi te plains-tu ? Il parle très bien, cet homme-là ! Il n'articule pas toujours très clairement, mais je crois avoir compris que tu étais assez proche de la femme parfaite : tu es blonde, tu aimes la vie et donc l'amour... Tu devrais être flattée : c'est ton portrait qu'il dessine.

— Résumerai-je, camarades aviateurs ? continuait le jeune Russe. Si la sœur de l'un d'entre vous est ukrainienne, qu'on crève son cheval sur mille verstes pour venir contempler sa chevelure d'un blond vénitien si pur qu'un Doge se pendit après l'avoir vue ; qu'elle naquit en Crimée un matin de printemps, au cœur des vignes d'Alusta ; qu'un jour mémorable, elle éblouit de ses connaissances les nouveaux docteurs de l'université de Moscou ou ses maîtres de Novgorod ; qu'elle communie avec ferveur chaque matin dans le chœur de l'église de la Déposition de la Robe de Notre-Dame – la bien-nommée – sise dans l'enceinte sacrée du Kremlin...

— Tu as raison, grinça Lily, l'orthodoxe pratiquante ou la musulmane voluptueuse, c'est moi. J'oubliais que Novoslobodskaïa, le doux pays au béton fertile où je suis née, se trouve au cœur des vignes de Crimée, c'est bien connu. Fais-moi penser à te remercier de vouloir faire de moi l'égérie d'un Letton au bulbe rachidien rétréci par l'alcool ! Tu es l'amie que j'aurais choisie entre mille...

— ... Qu'il nous la présente céans !...

— Katia, tu ne me présentes pas ?

Solomaten s'était levé, emporté par son lyrisme, le bras droit tendu vers le ciel, murmurant une phrase totalement incompréhensible. « Pour Dieu ou pour Lénine, prophète de Marx », avaient cru comprendre les plus proches, sans pouvoir le garantir...

— Qu'on nous la présente ! répéta le jeune officier, avec une conviction plus ferme que son élocution.

Et il s'écroula sur le sol, raide comme un boyard moldave.

Abattue, Lily ne l'était pas moins :

— Ce garçon est affligeant ! Ce spectacle est affligeant ! Et je suis moi-même affligeante d'avoir supporté tout cela aussi longtemps ! Oh, Mamouchka, si tu voyais ce qu'est devenue ta fille... Je propose que nous allions chercher dans le sommeil l'oubli de ce spectacle débilitant, suggéra-t-elle, les yeux au ciel, à ses deux amies.

Chapitre 65

Le rapport de Vassili dégageait une odeur de soufre

AMC 34, 16 septembre, 16 h 30.

— Nikolaï ?... Ici Vassili Karev.

— Le héros de Guernica, soi-même ?

— Guernica salue « l'homme qui ne court jamais[90] ». Comment va la vie, camarade colonel ?

— Comme elle peut aller à Stalingrad ! Les Allemands attaquent dur... À propos, puisque je te tiens, félicitations pour ton nouveau galon. Te voilà major !

— À l'ancienneté, à côté de toi !

— Moi, j'ai un oncle qui a créé l'aviation russe, ça aide ! Tandis que toi... Nous te devons, paraît-il, une fière chandelle.

Les deux hommes, en réalité, faisaient assaut de coquetterie. Baranov avait gagné ses galons au combat et Vassili, le sien, quand avait été exhumé un vieux rapport daté de 1938 qu'il avait écrit sur son lit d'hôpital, après sa blessure à Guernica.

Au cours de son séjour en Espagne, il avait rencontré un ingénieur anglais des télécommunications qui se battait dans les Brigades internationales.

La base arrière du bataillon anglais n'était pas très éloignée du terrain d'aviation d'où opérait l'escadrille de Vassili. Les deux hommes avaient ainsi eu l'occasion de se revoir et de sympathiser. Lors de leurs échanges nocturnes, arrosés de xérès, l'Anglais avait confié à Vassili que l'entreprise qui l'employait à Londres travaillait sur un système de radio-détection des avions à distance. Au début, les recherches avaient surtout porté sur un système de radio-destruction à distance, mais elles avaient abouti à une impasse. La radio-détection s'était avérée par contre possible : des expériences conduites à partir de février 1935 avaient montré que des ondes électromagnétiques pouvaient se réfléchir sur les parties métalliques des avions et être lues sur un écran à rayons cathodiques.

Le War Office[91] avait immédiatement vu toutes les conséquences pratiques de la nouvelle invention et avait poussé les travaux. Il s'était trouvé assez vite en situation de pouvoir équiper, dès avant la guerre, le territoire britannique d'un réseau de détection « radar » – c'était le nom du nouveau système – allant des Orcades, au nord de l'Écosse, à l'île de Wight. Outre l'avantage de détecter les intrusions ennemies, le nouveau système permettait également au Fighter Command[92] d'économiser physiquement ses pilotes : au lieu de maintenir des patrouilles d'alerte en vol, les chasseurs pouvaient attendre au sol l'approche de l'ennemi et ne décollaient que le plus tardivement possible. Préservation de la condition physique des pilotes, économie de carburant, multiplication de la force opérationnelle de la chasse, désormais, guidée en vol – autre nouveauté liée au développement du système – par des stations au sol échelonnées à distance régulière et reliées entre elles par un réseau de communication d'une remarquable efficacité, que des avantages en somme. Les contrôleurs aériens restaient désormais aussi en liaison constante avec les pilotes en l'air par une radiotéléphonie à ondes ultracourtes.

Tel était le contenu du rapport rédigé par Vassili Karev à partir des conversations avec ce camarade anglais, dont toute une partie restait prospective – compte tenu de l'époque où il avait été rédigé, le second trimestre 1937.

Mais il indiquait clairement dans quelle direction les Anglais orientaient leurs recherches, dans l'intention de mettre rapidement sur pied un outil opérationnel. Les grandes purges frappant d'ostracisme tout ce qui avait un parfum d'Espagne, le rapport de Vassili dégageait une odeur de souffre. Et il resta dans un tiroir de la bureaucratie militaire soviétique.

Vassili ne se découragea pas et continua de réunir toutes les informations qu'il pouvait obtenir sur le *radar* soit par ses contacts personnels, soit plus tard, dans le cadre de sa mission de renseignement au 4ᵉ Bureau de l'état-major général. Il tira de ses recherches une relative consolation quand il découvrit que la Luftwaffe n'avait pas davantage pris conscience de l'enjeu que les Forces aériennes soviétiques. Et puis, au fil des jours, on comprit la portée de son texte et on essaya de rattraper le temps perdu. En échange, pour s'assurer de sa coopération autant que de sa discrétion, on le gratifia d'une promotion.

Mais le vrai mobile de l'appel de Karev n'était pas là. Il voulait entretenir Nikolaï Baronov des soubresauts engendrés par la présence des femmes, qu'on lui avait rapportés de la base. Et, par la même occasion, s'assurer de la sécurité de Lily.

D'emblée, son interlocuteur ne mâcha pas ses mots :

— Écoute, pour être franc, j'en ai marre et leur venue me paraît pire que tout. Parce qu'ici, c'est le dernier endroit au monde où des femmes doivent se trouver, seraient-elles les meilleures pilotes du monde. Ce n'est pas leur place. Elles n'ont rien à foutre dans cette bataille horrible. Je n'ai rien contre Litvak ou Boudanova, je peux te rassurer : elles ne le savent pas, je les trouve même sympathiques et très mignonnes, mais qu'elles retournent sur une partie du front où elles seront utiles sans être condamnées. On peut défendre l'idée de quelques régiments féminins, mais bon Dieu, qu'on ne les engage pas dans cette boucherie. Les femmes ne sont pas faites pour ces massacres. Et je ne te parle même pas des problèmes naturels que la présence de pilotes femmes pose dans un régiment comme le mien. Où les loger, l'hygiène, les réactions des hommes... Je t'épargne les détails. L'autre jour, j'ai reçu un de mes pilotes – pas le plus nul : il m'a froidement annoncé qu'il ne prendrait pas les commandes d'un Yak dont la maintenance est assurée par une mécanicienne.

— Beaucoup réagissent comme lui ?

— La direction des personnels m'avait déjà envoyé deux femmes, il y a un mois. Je les ai réexpédiées d'où elles venaient sans même leur laisser le temps de défaire leur paquetage. Elles ne sont restées que vingt-quatre heures, ce qui n'a pas laissé de temps à mes gars de se faire des idées. Il valait mieux ! D'abord, tu as tous les mecs qui n'ont pas vu une femme depuis six mois et qui se disent qu'avec un peu de chance, ils vont pouvoir en allonger une. Il y a les cœurs d'artichaut qui vont se découvrir amoureux et que cela va distraire de tuer du Boche. Il y a ceux qui ne comprennent pas ce qu'elles font ici et qui ironisent sur le thème : « Ce n'est plus l'Armée rouge, c'est l'Armée rose ». Il y a aussi ceux qui proposent de les garder à la cuisine, ceux qui vont refuser de partir au combat avec elles parce qu'ils ne veulent pas d'une *baba*[93] comme équipière... Je me voyais bouffer la moitié de mon temps à résoudre des problèmes dont je n'ai rien à branler. Pour les premières, quand j'ai appelé l'état-major à Moscou, ils m'ont répondu : « Vous n'avez qu'à les traiter comme des hommes ! ». Mais bordel, ce ne sont pas des hommes, c'est tout le problème !

— Ne te fâche pas ! Je me mets à ta place. De plus, je suis d'accord avec toi à 90 %. Jouons cartes sur table : Lily Litvak est une de mes amies. J'ai été son instructeur à l'Osoaviakhim quand ils m'ont envoyé diriger le CSKA Moscou avec ma jambe en capilotade. J'ai tout fait pour la dissuader de s'enrôler mais elle est têtue comme une mule du Caucase. Donc, si tu m'autorises à te donner un conseil : demande leur mutation dans une autre unité, moins exposée, en insistant fortement sur les réactions des hommes. C'est ce qui a le plus de chance, à mon avis, de bouger nos apparatchiks. De mon côté, je ferai tout ce qui est en mon pouvoir pour appuyer ta démarche. On va essayer de la sortir de là ! Mais ce sera contre elle, je la connais.

En attendant, veille sur elle : tu sais comme moi qu'il faut du temps pour bouger notre administration. Mets-la comme équipière entre les mains d'un homme en qui tu auras vraiment confiance et pas dans celles d'un petit con qui voudra l'impressionner. Ce n'est pas à toi que je vais l'apprendre : ce sont les premiers combats qui vont être les plus dangereux.

— En somme, tu me la confies ?

— Eh oui. Allez, et surtout, prends bien soin de toi ! Le Commandant suprême ne lâchera rien à Stalingrad même si pour vaincre, il doit y engloutir toute l'Armée rouge. Avec ton régiment tu vas vivre des mois éprouvants. Je t'embrasse...

Chapitre 66

Elle se sentait rejetée, pis : humiliée

Mardi 15 septembre, 7 heures du matin.

Dès le réveil, Lily entreprit Katia.

— On ne peut pas laisser cette situation s'éterniser. Ils nous ignorent ? Eh bien, ils vont apprendre à nous connaître. On va leur montrer qu'on peut être encore plus teigneuses qu'eux. Secoue-toi, on va aller mettre le siège devant le bureau du colonel. Il faudra bien qu'il nous reçoive.

En s'approchant à grands pas de l'aire de stationnement, elles connurent un moment d'espoir. Le Troïka de Lily et le Yak de Katia étaient parqués l'un à côté de l'autre avec d'autres chasseurs. Une distance de cinquante mètres séparaient chaque appareil afin qu'en cas d'attaque surprise, l'explosion de l'un n'entraîne pas immédiatement la destruction de son voisin. Une agitation de ruche régnait autour des Yak.

— Cela sent la mission collective, remarqua Katia.

— Ça doit être la protection des bombardiers Stormovik et P-2 qui attaquent ce matin Sovetzkii... Ina nous en a parlé hier soir, avança Lily.

— Avec un peu de chance, nous allons en être... En tout cas, nos avions en sont.

Katia venait de remarquer qu'un chariot de munitions était dirigé vers son Yak, et qu'un mécanicien grimpait sur l'aile.

— Mais où est donc Ina ? demanda Lily. J'aurais été plus tranquille si c'était elle qui s'occupait de nos avions. La présence d'un mécanicien homme autour du tien ne me dit rien qui vaille.

— Tu vois : tu réagis comme un homme.

Elles approchaient de la salle d'opérations. En son for intérieur, Lily ne partageait pas l'optimisme de Katia. Elle se disait que si elles avaient dû participer à la mission, elles auraient déjà été convoquées, participé à la réunion préparatoire, reçu les dernières informations de l'officier de renseignement... Tout cela prenait du temps et l'activité qui régnait sur les pistes laissait penser que l'envol des appareils devait être proche.

Elles se trouvaient à vingt mètres environ de l'entrée du bunker quand des hommes en sortirent. Le colonel Baranov marchait en tête. Comme ses pilotes, il tenait à la main ses documents et des cartes. Il avait jeté sur son épaule gauche le sac de son parachute. Un autre pilote l'accompagnait. Les deux hommes poursuivaient une discussion animée visiblement commencée en « salle d'op ».

Solomaten apparut au milieu d'un groupe de pilotes. Des regards se tournèrent vers les deux filles. Quelqu'un prononça une phrase qu'elles n'entendirent pas. Une plaisanterie, sans doute, car plusieurs rires éclatèrent. Ni Baranov, ni Solomaten n'avait jeté un œil en direction des jeunes femmes.

Celles-ci suivirent le groupe, à distance, jusqu'aux avions. Elles se sentaient ignorées, pis : rejetées, humiliées.

Visages fermés, elles regardèrent les hommes prendre place dans les chasseurs, dans leurs propres appareils compris, ajuster leurs parachutes, passer leur casque, descendre leurs lunettes sur leurs yeux.

Elles virent les hélices se mettre à tourner, les moteurs démarrer dans une pétarade qui leur parut insupportable, les Yak commencer à se mouvoir et à s'aligner, par groupes de deux, en bout de piste...

La bouche pincée, l'intérieur des joues mordu au sang pour ne pas laisser apparaître leur déception, elles assistèrent au décollage. Puis, sans dire un mot, retournèrent à leur isba.

La crise de larmes s'abattit sur Lily avec la même violence que celle qui l'avait jetée sur son lit à Engels. Il y avait longtemps qu'elle n'avait pas pleuré ainsi ! Elle se revoyait en sanglots, quelques jours après son arrivée au centre d'instruction. Mais alors, elle sortait des jupes de sa mère ; maintenant, elle était une combattante confirmée, au front depuis plusieurs mois.

Elle était absolument furieuse contre elle-même – quelle soldate elle faisait ! Mais en même temps, tout lui remontait au cœur. L'exaspération : 48 heures de présence dans son nouveau régiment sans être reçue par le moindre commandant. Le mépris dans lequel elle avait l'impression d'être tenue : l'autre con, avec ses « convoyeuses » ; le taré, qui ne voulait pas embarquer dans un avion préparé par une femme ; sa vanité de jeune fille avec tous ses regards qui croisaient le sien sans jamais sembler la voir, ou, quand ils la regardaient... elle aimait mieux ne pas en parler. L'angoisse : ce monstrueux nuage de fumée noire qui écrasait l'horizon au-dessus d'une ville autrefois vivante qu'on n'imaginait même plus. L'épuisement, les yeux dévorés de fatigue des pilotes, les mouvements comme machinaux des personnels au sol travaillant de 4 heures du matin à minuit et qu'elle avait vus, vieilles femmes et hommes en guenilles, tomber au pied d'un arbre pour voler aux chefs d'équipe quelques minutes d'un sommeil abruti. La frustration de ne même pas trouver le réconfort dans la lettre d'un être cher : avec ses mutations successives, Saratov, Voronej, maintenant Stalingrad, la poste aux armées semblait avoir perdu sa trace. Frustration, aussi, de ne pas voler, cette seconde vie, depuis des mois. Colère, rage, révolte : tombés sur elles en vagues successives ou concomitantes, tous ces sentiments la noyaient. Larmes lourdes, inépuisables, inconsolables, qui laissaient Katia pantoise et maladroite, inquiète et incertaine devant l'effondrement inattendu de son amie...

Le torrent finit tout de même par s'assécher. Un vague sourire s'esquissa.

— Qu'est-ce que je vais faire de ces yeux rouges ?

— Va les montrer au colonel, ils l'attendriront peut-être !

— S'il ne voit que le quart d'un demi-œil, ma carrière militaire s'achève dans l'instant.

— Essaye alors de dormir : en face d'un officier, il vaut mieux des yeux gonflés que des yeux rouges.

— C'est la sagesse qui parle par ta bouche, ma chérie, dit Lily en écartant son oreiller trempé et en le remplaçant pas sa vareuse pliée en quatre. Puis, tournant le dos à son amie, elle suivit son conseil.

Avant de s'endormir, elle eut le temps de se jurer : « Toi, ma fille, tu ne pleureras plus comme ça avant longtemps ! ».

Chapitre 67

« Inutile de discuter, d'essayer de me faire changer d'avis »

Même jour, 17 heures, AMC 34, bunker de commandement.

Le colonel Nikolaï Baranov, trente-quatre ans, 1,83 m, 85 kilos, nez cassé de boxeur, avait le caractère de son physique : ce n'était pas un tendre. Basé à Grodno, à l'extrême ouest de la Biélorussie, depuis la fin de 1940, Baranov, alors capitaine, était en alerte la nuit du 21 au 22 juin 1941, attendant au chaud, dans la cantine de son unité, la relève des pilotes de garde prévue pour 4 heures du matin. Son Illyouchine I-153, un biplan vieux d'une vingtaine d'années, se trouvait parqué à quarante mètres de la cantine et son mécanicien venait de faire tourner le moteur pour le garder en température. Il coupait le contact quand la sirène d'alarme retentit.

Baranov n'eut que le temps de finir sa tasse de thé – en se brûlant – et de se diriger à grands pas vers son avion. C'était un genre qu'il avait adopté : ne jamais courir même dans les circonstances les plus tragiques. Adolescent, il n'avait pas oublié l'anecdote que lui avait rapportée son oncle Boris Baranov, l'un des pionniers de l'aviation soviétique, qui la tenait d'un témoin : en novembre 1923 lors de la tentative de putsch à Munich [94] alors que la police bavaroise tirait sur les manifestants, Hitler s'était jeté à plat ventre sur le sol et avait disparu en rampant. Il avait fallu le chercher partout. Personne, d'ailleurs, n'a jamais su où il s'était caché. Dans le même temps, Ludendorff, indifférent aux balles qui sifflaient autour de lui, continuait à marcher droit, face aux tireurs. L'oncle ajoutait en riant qu'il tenait de la même source, très fiable, qu'au cours des trois heures qui avaient précédé la fusillade, Hitler avait changé six fois de chapeau – tous les modèles y passant, du feutre bavarois à plume au casque d'acier – afin que son signalement ne puisse aider d'éventuels assassins qu'il imaginait lancés sur ses traces.

Le jeune Nikolaï avait fait son miel des deux anecdotes : il gardait longtemps ses coiffes, au point qu'elles en devenaient informes, et il ne courait jamais, quel que soit le danger – ce qui lui valut un certain prestige auprès des camarades plus prudents.

Le 22 juin 1941, malgré ses trente-cinq secondes aux quarante mètres, Nikolaï Baranov avait pu décoller moins d'une minute avant l'arrivée des chasseurs et bombardiers nazis qui avaient détruit la quasi-intégralité de son régiment au sol par des tapis de bombes et des attaques répétées au canon ou à la mitrailleuse. Avec une témérité inconsciente, Baranov s'était jeté dans la bataille. Qu'il s'en soit sorti vivant tenait simplement du miracle.

En seize mois de guerre, il avait perdu pratiquement tous ses camarades pilotes et, conséquence directe, pris personnellement du galon. Trois mois plus tôt, fin mai, l'état-major des FAS l'avait sorti des galeries souterraines de Sébastopol, où les Russes protégeaient leur aviation entre les combats, lui avait conféré un galon de plus – le deuxième en un an – et lui avait donné le commandement du 73e Régiment de chasse, qui avait été pratiquement rayé des effectifs lors des combats de Kharkov en mai.

Après trois semaines de reconstitution relative, le 73e avait été envoyé sur le front de Stalingrad.

Patron d'un régiment en sous-effectif qui pleurait après du personnel naviguant, Nikolaï Baranov se voyait expédier deux femmes. Sa mauvaise humeur se comprenait.

Elle ne suffisait d'ailleurs pas à le rendre aveugle aux états de service des pilotes qu'on lui envoyait. Les documents qui s'étalaient sous ses yeux témoignaient des faits d'armes des régiments féminins – le 586e Régiment de chasse dans la défense aérienne des usines et des carrefours de communication de Saratov, le 588e Bombardiers de nuit dans le Kouban lors des combats de l'été.

Quant au 587e Régiment de bombardiers de jour, ses P-2 étaient annoncés incessamment à Stalingrad, dans une base située à une cinquantaine de kilomètres au nord du terrain du 63e. Avec un peu de chance, il ferait la connaissance de son commandant, la prestigieuse Marina Raskova. Mais d'après ce qu'il savait, ce serait pour les filles de Raskova le baptême du feu. À son avis, cette première expérience, il aurait mieux valu, pour elles, la faire partout ailleurs qu'à Stalingrad[95].

Baranov regardait les deux jeunes femmes assises en face de lui. Leurs papiers indiquaient qu'elles étaient âgées de vingt ans et quelques mois. Katia Boudanova portait des cheveux très courts et la première fois que Baranov l'avait vue, de loin, il l'avait prise pour un jeune garçon. De près, cette fois, son visage traduisait une certaine vulnérabilité. On lui envoyait vraiment des gosses, se dit-il. Pourtant, ses notes indiquaient un caractère assez sûre d'elle. Elle était « courageuse et témoignait d'un sang-froid remarquable ». Baranov prit acte.

Litvak faisait plus mûre, plus femme. Ainsi, c'était la protégée de Vassili Karev ! Il avait la réputation d'avoir bon goût en matière de femmes. Celle-ci ne l'infirmait pas. Des yeux superbes, étirés vers les tempes, à l'égytienne, qui ne baissaient pas quand vous les affrontiez. Belle bouche, belles mains, même si les ongles avaient souffert – mais on sentait qu'ils étaient entretenus. Des formes, aussi, même peu mises en valeur par la vareuse et le baudrier. Les hommes allaient rêver... « Grande habileté au tir air-air » disaient ses notes. « Peut-être la meilleure de la promo », avait griffonné en marge une main anonyme... Marina Raskova ? s'interrogea Baranov.

La lassitude s'empara soudain du commandant du régiment. Il voyait en face de lui deux jeunes filles dans le printemps de leur vie, à l'apogée de leur beauté. Elles ne semblaient pas se rendre compte que c'était avec la mort qu'elles souhaitaient prendre rendez-vous. Les statistiques de l'état-major des FAS livraient une vérité terrifiante : à ce moment de la guerre, l'espérance de vie d'un pilote soviétique était de trente-cinq heures de vol. La moyenne ! Ce qui signifiait que pour un pilote qui vivait au-delà, un autre n'atteignait jamais ce chiffre. Trente-cinq heures de vol, au rythme actuel des missions, cela signifiait entre cinq jours et un mois... tout dépendait de la météo ! Ce serait bientôt l'hiver, le terrible hiver russe. On volerait sûrement moins. Mais si ces deux-là survivaient aux cinq semaines qui commençaient, leur chance – leur chance à tous, d'ailleurs – de voir le prochain été était presque nulle.

Pouvait-il le leur dire ? Non, bien sûr !

La lassitude qui l'avait gagné, c'était le poids de la fatalité et celui de son refus de formuler cette tragédie attendue.

En les mutant ailleurs, il allait les blesser, certes, et douloureusement. Elles le haïraient sûrement. Mais à tout prendre c'était mieux que de les condamner.

Il fallait trancher.

Il durcit volontairement son regard et sa voix.

— Camarades, ne me parlez pas de votre déception. Comme vous, je suis aviateur, patriote, et j'aime mon pays. Je sais que vous avez envie de vous battre, de chasser l'Allemand, de protéger ceux qui vous sont chers... (Il laissa passer deux ou trois secondes, ne les quittant pas des yeux...) Je ne mets en doute ni vos capacités de pilote ni votre courage personnel. Mais ma décision est prise. Il n'est pas question que vous restiez au régiment. Votre demande de mutation est déjà partie. (Ce en quoi il mentait.) Il est donc inutile de discuter, d'essayer de me faire changer d'avis..

Là, sa voix s'adoucit enfin :

— Allez les filles, rompez... Et commencez à préparer votre paquetage. Un jour, je l'espère, vous me remercierez.

Nikolaï Baranov avait sous-estimé les lenteurs de l'administration militaire qui, par ailleurs, avait d'autres chats à fouetter, en particulier à Stalingrad. Durant une bonne semaine, l'état-major de la 16e Armée aérienne fit le mort. La demande de mutation de Boudanova et Litvak resta enfouie, avec d'autres documents, dans une corbeille à courrier du bureau du personnel.

Pendant ce temps, Lily et Katia traînaient leur ennui, le cœur serré chaque fois qu'un groupe partait en mission. Elles avaient pris connaissance des directives récentes de l'état-major général sur de nouvelles techniques de combat : les patrouilles de chasse libre, vols en formation de huit appareils s'articulant en patrouilles de deux, à la recherche d'objectifs d'opportunités. Leur mission était d'abattre prioritairement les bombardiers et avions de transport allemands.

Lily et Katia considéraient que c'était le sport pour lequel elles étaient faites. Leur frustration en était d'autant plus intense. Cela se voyait sur leur visage.

« Elles vont foutre le bourdon à toute l'armée », grogna Baranov, à qui on rapportait les humeurs de ses « protégées ».

Le temps qui passait incitait Lily à penser que leur renvoi ne se faisait probablement pas aussi facilement que le colonel Baranov le souhaitait. Elle sentit qu'elle avait peut-être encore une carte à jouer. Mais elle était persuadée qu'il lui fallait la jouer seule.

Elle prévint Katia qu'elle allait s'arranger pour être reçue en tête à tête par Nicolaï Baranov et « qu'elle allait lui dire son fait ! ». Katia avala l'hameçon avec d'autant plus de facilité qu'elle était aussi furieuse que son amie et se sentait toute aptitude pour attaquer un Messerschmitt de front mais certainement pas un colonel de l'armée soviétique. Elle laissa donc faire son amie, la regardant avec intérêt attacher une rose sauvage sur son calot.

Lily surveilla les retours de mission du chef de régiment à partir de 3 heures de l'après-midi. Vers 5 heures, pour sa dernière sortie, il ramena enfin son appareil passablement endommagé : il avait été touché à l'avant. Son mécanicien dit à Lily que « le colonel avait eu de la chance de pouvoir rentrer car son moteur n'avait cessé de perdre de la puissance. » Il lui montra le pare-brise aspergé d'huile et les éclats d'obus qui l'avaient percé à plusieurs endroits.

Lily jugea que Baranov devait être en « état de vulnérabilité » et que le moment était arrivé de forcer sa porte. Elle frappa et entra.

Il semblait de meilleure humeur que ne le prévoyait la jeune pilote. Il plaisantait avec un autre officier et les deux hommes vidaient un verre de vodka tout en regardant la jeune femme pénétrer dans le bureau. Elle s'excusa avec légèreté.

Le visage du colonel était encore taché d'huile et il enlevait son étui de pistolet pour le poser sur son bureau.

— Litvak... qu'est-ce que vous me voulez encore ?

L'autre officier ne se crut pas tenu de rester. Il salua et s'éclipsa. Baranov s'enfonça dans son siège, alluma une cigarette et regarda la jeune femme d'un air interrogateur. Il semblait fasciné par la coiffe de son interlocutrice.

— Je veux voler, dit-elle, en déposant son béret à la rose sur le bureau de son supérieur. Katia Boudanova et moi sommes venues pour combattre. Il y a presque une semaine que nous sommes ici et nous aurions certainement déjà abattu un avion allemand, elle ou moi.

— Vous ne doutez de rien.

— Pourquoi douterions-nous ? On nous a dit que les Allemands sont beaucoup plus nombreux que nous. C'est du gâchis que de nous laisser ici.

— Mais Litvak, vous savez très bien que je n'ai même pas assez d'avions pour faire voler tous mes hommes. J'ai été obligé de donner le vôtre à un de mes pilotes. Cette conversation n'a pas de sens. Je vous ai déjà dit que ma décision était prise.

— Vous nous avez même dit que vous aviez demandé notre retour à notre régiment. Mais je suis sûre que vous n'avez pas eu encore de réponse, sinon, nous serions déjà reparties. En attendant la décision de l'état-major, laissez-nous voler, mon colonel !... supplia-t-elle.

« Elle ne manque pas de culot », pensa Baranov, avec un sourire intérieur qu'il veilla à ne pas laisser transparaître.

Lily décida alors de changer de registre. Passant de la supplique à l'angélisme, elle joua son sort à pile ou face.

— En toute franchise, mon colonel, ce que je veux – pardon, ce que nous voulons – c'est voler avec vous. Je ferai votre siège jusqu'à ce que vous m'en donniez l'autorisation... ou que l'état-major nous renvoie.

— Je crains que vous ne vous lassiez avant moi... dit-il en souriant.

— Peut-être... Peut-être pas... l'état-major peut aussi vous trahir et nous laisser ici ! De toute façon, qu'est-ce que vous risquez ?

— De vous perdre, lieutenant. Et ce serait dommage.

Là, on commençait à entrer sur un terrain qui était familier à Lily.

— Je ne sais pas comment je dois prendre votre remarque. Je choisis de la considérer comme un compliment. On m'a d'ailleurs dit que vous en étiez avare. Mais pour ce qui concerne le risque, je l'ai pris en m'engageant, en choisissant la chasse, en montant pour la première fois dans un Yak. C'est mon destin, et j'en suis seule responsable.

Nicolaï Baranov ne le montra pas mais pour la première fois il éprouva une certaine admiration pour cette femme.

Quand Lily eut pris congé, il hurla en direction de son adjudant de jour :

— Toujours rien sur l'affectation de Litvak et Boudanova ?

— Toujours rien, mon colonel, répondit le sous-officier en rentrant la tête dans les épaules.

Chapitre 68

Une sentinelle devant l'isba

AMC 34, samedi 19 septembre 1942.

Le temps était mauvais. Pluie, ciel couvert. Depuis midi, les avions ne volaient plus. Les pilotes descendaient au village proche boire un verre et jouer aux cartes. Tranquillité oubliée depuis longtemps. Les filles étaient restées dans leur cabane en rondins sous les arbres, à mi-chemin entre le terrain et le hameau. En début d'après-midi, elles virent passer, encadrés par des cavaliers russes armés, des collaborateurs et autres traîtres habillés en *feldgrau*.

— Leur sort va être vite réglé, leur dit un cavalier qu'elles interrogèrent.

Dans le bunker de commandement, Baranov et Solomaten parlaient des derniers développements de la guerre. Solomaten revenait de l'hôpital de campagne de Kamyzin, au nord de Stalingrad, en remontant la Volga, où il avait emmené en U-2 un mécanicien malade. La description qu'il fit de l'hôpital assombrit son supérieur.

— Si notre mécano revient guéri, il rentrera dépressif, pronostiqua, caustique, Solomaten. Moi-même qui n'y suis resté qu'une demi-heure, j'ai failli me jeter dans la Volga au retour.

Il arracha un vague sourire à son supérieur.

Celui-ci rentrait d'une réunion à l'état-major du général Rudenko, l'un des deux patrons de l'aviation à Stalingrad. Il y avait été fait un bilan des combats du début de la semaine. Le mot d'« échec » de l'offensive avait été soigneusement évité, mais les pertes, notamment en pilotes, avaient été lourdes, la présence de la Luftwaffe dans le ciel quasi permanente et, au sol, l'offensive n'avait débouché sur aucun résultat concret. L'avenir paraissait sombre.

La touche la moins noire venait de l'interrogatoire d'un officier allemand fait prisonnier. Le tableau qu'il dressait de l'état des troupes nazies était encore plus noir. « Les unités de notre corps d'armée ont subi des pertes énormes en repoussant les attaques furieuses de l'ennemi, venu du Nord[96], avait-il raconté. Les divisions qui étaient dans ce secteur sont à bout de forces. Dans chaque compagnie, il ne reste, en général, que trente à quarante hommes. » Apparemment, si la situation était difficile pour les Russes, elle ne l'était pas moins pour les Allemands.

— La météo prévoit quelques éclaircies en fin de journée, dit alors Solomaten à son ami. Si on faisait voler les filles ? Ça les occuperait, leur rendrait du moral et au moins, on saurait ce qu'elles valent.

— Occupe-t-en, si ça te chante. J'ai d'autres problèmes.

— Ton enthousiasme fait plaisir à voir.

— Ramène-les entières, c'est tout ce que je te demande, précisa-t-il sur ton adouci.

La sentinelle placée devant l'isba des filles « pour les protéger », avait dit Baranov, était le prisonnier polonais Jan Brückner. Il en profitait pour passer un coup de balai devant la porte. Il salua maladroitement Alexeï.

— Jan, que fais-tu là ?

— Je monte la garde, mon capitaine.

— Avec mon balai ?

— Ça me permet de nettoyer en même temps. Avec un fusil, je ne pourrais pas.

— Brückner, arrête de te foutre de ma gueule !

Il frappa ensuite à la porte avec une certaine retenue. Quelques secondes d'attente et une voix cria :

— Entrez !

« Deux roubles contre un, pensa intérieurement l'officier, qu'il s'agit de la voix de Litvak. »

— Bonjour, camarades.

Les deux filles sautèrent sur leurs pieds, se mirent au garde-à-vous. Intérieurement, Solomaten trouvait la scène réjouissante. La hiérarchie militaire avait parfois du bon.

— On vous a mis un gardien ?

— C'est la seule personne aimable que nous ayons rencontrée jusqu'ici dans cette base.

Nouvelle perfidie.

— À part le lieutenant Goubanov, je crois, rétorqua Solomaten.

« Les nouvelles vont vite », pensa Lily.

Katia vint à sa rescousse :

— À part le lieutenant Goubanov, c'est vrai.

Lily pensa que la conversation s'embarquait mal. Elle revint à un sujet plus neutre.

— Cet homme devant la porte, c'est qui ? Un gardien ? Une ordonnance ?

— Votre « sentinelle » ? Brückner est un Polonais d'origine allemande, ou un Allemand d'origine polonaise, on ne sait pas trop. Je ne suis pas certain qu'il le sache lui-même. Il a été fait prisonnier à Stalingrad. Le commandant de régiment qui l'a capturé l'a envoyé à notre colonel avec un écriteau passé autour du cou : « C'est un excellent cuisiner. Il parle quatre langues. Tu en auras davantage l'usage que moi ici ! Amitiés. » Jan Brückner est l'homme à tout faire du colonel Baranov. Et c'est vrai que c'est un remarquable cuistot. Tel que je le vois parti, il va vous chouchouter.

Parcourant la pièce du regard, Solomaten poursuivit :

— Repos. C'est une visite amicale.

— Amicale ? Vous lisez la surprise sur mon visage, capitaine, lança Lily d'un ton grinçant.

Katia lui envoya moralement un coup de coude dans les côtes.

— C'est agréable chez vous...

— Si la météo s'améliore, j'ai mission d'emmener l'une d'entre vous voler. L'autre devra sans doute attendre demain.

— Comme c'est aimable à vous, capitaine, continua d'ironiser Lily. On emmène une jeune fille faire une promenade ?

Le ton provocant de son amie irrita passablement Katia, qui était déjà de mauvais poil : elle était patraque et son humeur s'en ressentait. En plus, son état ne l'arrangeait pas : elle n'était pas dans la meilleure forme pour aller montrer ses talents aux commandes d'un Yak. Bien sa veine.

— Qui est volontaire ?

Lily interrogea Katia du regard.

— Je suis certaine que le lieutenant Litvak appréciera comme il se doit l'honneur qui lui est fait. Pour ma part, si vous n'y voyez pas d'inconvénient, capitaine, j'attendrai de voir dans quel état vous nous la ramènerez avant d'accepter votre proposition.

Katia était assez fière de sa réponse : elle s'était donné avec élégance un répit de 24 heures, qui, l'espérait-elle, lui permettrait de mieux affronter l'épreuve le lendemain.

— Très bien, lieutenant Litvak. Sauf contrordre, rendez-vous à la salle d'opérations à 16 h 30.

— Nous verrons si le ciel est avec vous, capitaine.

« Qu'a-t-elle au juste voulu dire ? » se demanda l'officier en refermant la porte derrière lui.

— Tu as voulu dire quoi, au juste ? demanda Katia à Lily.

— Chacun interprète comme il l'entend. Moi, je me comprends.

— Tu as de la chance, marmonna Katia, perplexe.

Chapitre 69

Un vol à deux

Même jour, 16 h 40.

— Vous me prêtez le Troïka ?

— Il n'en est pas question, capitaine... Sauf si vous me donnez une bonne raison.

— J'en ai mille ! C'est d'abord la preuve que, contrairement à certains de mes collègues, j'ai confiance dans un avion entretenu et utilisé par des femmes.

— C'en est une... acceptable. Les 999 autres ?

— À titre de remerciement : j'ai plaidé votre cause auprès du colonel.

— Est-ce vrai, ou est-ce une grosse blague ? Le colonel ne vous a probablement pas laissé le choix... C'est peut-être lui que je devrais remercier directement.

Alexeï Solomaten s'arrêta et, mains sur les hanches, jeta un regard narquois sur Lily :

— Vous ne laissez vraiment rien passer ! Vous auriez pu... je ne sais pas... m'accorder le bénéfice du doute, par exemple.

— Capitaine, j'ai jusqu'ici connu plus de doutes que de bénéfices à l'AMC 34. Comprenez ma prudence. Allez, *monsieur*, encore une seule bonne raison, et vous volerez sur Troïka.

— Je suis votre supérieur hiérarchique, je le prends.

— Nous y voilà ! Il y a dix mille ans, vous auriez tapé des deux poings sur votre poitrine, m'auriez donné un grand coup dans l'épaule et auriez rugi : « Matraque pour moi ! Pas toucher ! ». Rien n'a vraiment changé. Grattez un peu, et on retrouve vite la brute scythe[97].

Solomaten, in crâno : « À mater, mais drôle ». À haute voix :

— Gardez-le, votre avion ! Je vais demander à Baranov de vous conserver au 34. Vous avez tellement mauvais caractère que votre seule présence à Stalingrad, quand elle sera connue des Allemands, suffira à les faire battre en retraite.

Lily ne trouva pas de réplique brillante. Elle se tut. Mauvais caractère, mais pas idiote.

— Le plafond s'est un peu levé. Vous n'avez rien d'autre à faire que de me suivre. Si vous me perdez, ne vous occupez pas de moi. Rentrez au terrain.

« Le perdre ? Et puis quoi encore ? »

Lily tendit la main à Ina Pasportkina pour qu'elle l'aide à monter dans l'aile de l'avion.

— Il voulait me piquer Troïka, dit-elle en se penchant en confidence vers la mécanicienne.

— Je n'en crois pas un mot. Il t'a simplement fait marcher.

— Tu rigoles.

Juché sur l'aile de l'avion de son chef, le mécanicien de Solomaten hurlait, mains en porte-voix autour de sa bouche :

— Camarades, le capitaine me charge de vous dire que vous avez toute la nuit pour discuter.

— Ne me raconte pas d'histoires, continua mezzo voce Ina. Je mentais déjà à toute ma famille avant que tu ne sois née ! Je te connais mieux que ta mère maintenant : tu essayes de te rassurer. Il t'impressionne. Est-ce que tu aurais peur de ne pas être à la hauteur ?

— Inochka, je n'ai pas peur des Allemands, ce n'est pas un bouffeur de *kacha*[98] de vingt-trois ans qui va m'impressionner. Mets ce moteur en marche, qu'on montre au camarade ce que les Moscovites ont dans le ventre.

Virage à droite.

Elle suivit : virage à droite...

Renversement sur la gauche.

Lily bascula sans peine.

Piqué.

Elle poussa sur le manche. La vitesse montait, montait. Et la terre vint à sa rencontre.

Le Yak de Solomaten sembla rebondir et grimper jusqu'à la verticale. Lily tira sur son manche, à fond. Alors, elle se sentit écrasée sur son siège, mais Troïka fusa, lui aussi, vers le ciel, accroché à son hélice et à l'appareil qui le précédait.

L'exaltation gagna la jeune femme. Elle avait l'impression d'être à Engels, mais elle se trouvait en terre de combat maintenant. Plus rien ne l'impressionnait.

Tonneaux en série : elle s'amusa.

Soudain, chocs en cascade : Solomaten tourna, volta, virevolta. Plus costaud, cette fois !

« Concentrée, ma fille, encore plus de concentration ! ». Elle se pencha vers l'avant.

Gaz : réduire à fond. « Locha » s'était engagé dans un virage extraordinairement serré.

Lily s'accrochait, s'accrochait : ça allait passer... Voile noir devant les yeux... Merde, c'était foutu...

Non, le brave Troïka avait encore fait son boulot : le Yak de l'officier était toujours devant.

Remontée en spirale, pleins gaz.

De vrais tours de manège... dans tous les sens.

Elle était en nage...

Mais Solomaten était toujours devant.

Palier.

Ouf...

Vingt minutes à sa montre.

— On rentre, dit la voix du capitaine dans la radio.

Lily avait l'impression qu'il y avait mille ans qu'on ne lui avait pas adressé la parole.

Ou peut-être trois secondes.

Ina l'aida à retirer son parachute. Solomaten avait déjà sauté hors de son avion. Il s'approcha d'elle. Il marchait tête baissée, l'esprit, semble-t-il, ailleurs. Arrivé à sa hauteur, il releva la tête :

— C'était très bien, lieutenant Litvak. Vraiment très bien.

Et il poursuivit son chemin, se dirigeant vers le bureau de Nikolaï Baranov.

Elle ne lui avait jamais vu l'air aussi sérieux.

Chapitre 70

Les deux chasseurs se heurtèrent de plein fouet

Ciel de Stalingrad, dimanche 20 septembre.

Depuis le début de la matinée, Lily et Katia entendaient le roulement continu de tirs d'artillerie, porté par le vent d'ouest. Des P-2 et des Stormoviks passaient en vagues imposantes au-dessus de leur tête. La bataille faisait rage dans le « chaudron » de Stalingrad.

Le 73ᵉ était en alerte. Dès l'aube, les premiers Yak avaient décollé pour accompagner et protéger les bombardiers d'assaut qui attaquaient au sol les concentrations ennemies.

Bientôt Lily et Katia partirent en patrouille. Le commandant du régiment leur avait – enfin – donné le feu vert.

8 h 30 du matin. Solomaten venait juste de rentrer de mission. Rapide debriefing des pilotes dans la « salle d'op ». Sur le mur, le tableau métallique où allaient être accrochées les petites silhouettes découpées dans la tôle correspondant à chacun des appareils du régiment, avec son matricule.

Un planton de service s'en approcha. Il tenait une liste dans une main et dans l'autre les morceaux de tôle figurant les avions participant à la prochaine mission.

Quatre figurines métalliques étaient accrochées l'une après l'autre. Lily vit celle du « Troïka ». Elle allait voler en ailier de Solomaten.

Elle allait partir pour sa première mission de guerre.

La météo était très bonne. Avec la lente montée du soleil sur l'horizon, les derniers nuages se fondirent dans le ciel. Avantage : une visibilité exceptionnelle. Inconvénient : pas de cache dans l'immensité bleue.

9 heures. Le décollage était imminent. Ina briqua le pare-brise du Troïka jusqu'à lui donner une transparence de cristal. Pour travailler, elle s'était assise dans l'habitacle. La beauté du moment lui donna envie de se mettre aux commandes.

Les quatre pilotes sortirent du bunker. Ils voleraient en deux groupes de deux. Mission de chasse libre dans le secteur de Ivanovka-Plocovitoïe, au sud-ouest de Stalingrad. Lily marchait à côté de Solomaten. Elle était son n° 2. Boris Goubanov conduirait l'autre patrouille. Ina nota que Lily était pâle et qu'elle semblait anxieuse. Elle écouta Solomaten mais ne dit rien. Même le sourire qu'elle lança à Ina parut crispé à la mécanicienne. Celle-ci nota aussi qu'en s'adressant à son équipière, le capitaine avait gommé la sécheresse habituelle de son ton de départ en mission.

— Pas d'inquiétude, dit-il à Lily. Contentez-vous simplement de me suivre et ne vous occupez de rien d'autre. Vous verrez, tout se passera très bien.

Assise dans le poste de pilotage, Lily répéta sa check-list : vérification des gouvernes, fréquences radio, masque à oxygène...

Démarrage du moteur. Vérification des pressions. Elle passa en revue les instruments de bord.

Une fusée verte monta dans le ciel : le décollage était autorisé.

Alexeï Solomaten leva le bras, puis l'abaissa, signe du départ. Les moteurs grondèrent, les avions prirent de la vitesse... Le ciel. Lily jeta un coup d'œil derrière elle : l'autre patrouille roulait déjà sur la piste. Bientôt les quatre appareils voleraient aile dans aile.

Stalingrad, en flammes et fumées, défilait à droite, 2000 mètres sous eux...

Sur la base, Katia attendait son tour. Elle aussi devait voler aujourd'hui, en équipe avec le commandant du régiment lui-même. Qui en était déjà à sa seconde mission du jour.

Au moment où Baranov et son équipier, le lieutenant Yenov – celui-là même qui avait refusé, une semaine plus tôt, de monter dans le Yak de Lily – annonçaient leur approche du terrain, deux Messerschmitt surgirent en rase-mottes du bout des pistes et prirent le terrain en enfilade, ouvrant le feu. Les balles des mitrailleuses frappèrent le sol à une vitesse phénoménale, dessinant une trajectoire rectiligne qui donna l'impression à Katia qu'elle se dirigeait directement vers elle. La jeune femme plongea à terre, se faisant la plus petite possible. Ce fut le Yak situé derrière elle, à une trentaine de mètres, qui reçut toute la rafale. Malgré les sacs de sable qui protégeaient l'alvéole où il était parqué, un réservoir fut atteint et explosa immédiatement. Mort d'une vaillante machine.

Le vacarme des pièces de défense antiaérienne du régiment qui se déchaînèrent assourdit Katia. Pourtant, pendant une fraction de seconde, un sifflement couvrit le bruit. Une grosse plaque métallique brûlante, arrachée du Yak par l'explosion, fusa, sectionnant la base du tronc d'un petit bouleau avec une précision de lame de rasoir. L'arbre s'abattit lentement sur Katia. Bizarrement, recouverte par les feuilles, elle se sentit protégée.

Puis, regardant la plaque qui brûlait l'herbe, elle se dit qu'elle s'en tirait bien ! Malgré elle, sous le choc nerveux, une de ses jambes trembla. Elle ne put s'empêcher de penser qu'elle ferait un mauvais fantassin.

Les deux avions allemands terminèrent le virage qui les préparait pour un second passage. Mais, du ciel, tombèrent deux ombres grises. Katia reconnut des Yak. Probablement Baranov et Yenov. Elle écarta les feuilles pour s'asseoir et observer la suite. Elle nota avec bonheur que sa jambe ne tremblait plus.

Les quatre appareils luttaient en attaque frontale, fonçant l'un vers l'autre à 500 kilomètres-heure chacun. Elle l'avait lu dans les manuels – et l'avait expérimenté, timidement à l'entraînement –, dans ces attaques frontales celui qui rompt le premier est mort : la vitesse engrangée par celui qui a les nerfs les plus solides lui confère un avantage déterminant pour la suite du combat.

Le spectacle de ces quatre avions fonçant par paire les uns sur les autres était terrifiant. À 100 mètres peut-être, l'adversaire de Baranov rompit le premier...

Mais des deux autres équipiers, aucun ne voulut céder. À 1000 kilomètres-heure[99] les deux avions, l'allemand et le russe, se heurtèrent de plein fouet, à 300 mètres de Katia, debout maintenant et pétrifiée sur place. Le visage de Yenov – qu'elle avait peu vu, il est vrai – s'effaça totalement de sa mémoire. Jamais elle n'arriverait à reconstituer ses traits.

Baranov, qui avait réglé le compte de son Allemand avant

même que Katia ne se soit arrachée au choc de la tragédie qui venait de se dérouler sous ses yeux, posa assez brutalement son Yak, signe de l'état de nerfs dans lequel il devait se trouver... Il sauta dans un véhicule et se précipita sur les lieux de l'accident.

Katia se dit que ce n'était pas encore aujourd'hui qu'elle allait voler.

Mais, franchement, elle n'en avait aucune envie.

Au même instant, à 40 kilomètres de là, Lily était entraînée dans un maelström dont elle n'imaginait même pas comment sortir. Elle patrouillait non loin de Stalingrad quand Solomaten lui avait dit brutalement à la radio : « Suis-moi ! » Et son Yak avait basculé, se lançant dans un piqué. Manche à fond à gauche, Litvak le suivit, poussant son moteur à plein régime. Elle était derrière lui, si près qu'elle avait l'impression de bientôt le heurter. Mais si elle réduisait tant soit peu sa vitesse, elle le perdrait. Alors sa main resta bloquée sur la manette des gaz. Elle ne pensait qu'à une chose : « Lui filer le train. Il faut lui filer le train ».

Dans les instants qui suivirent, elle eut le sentiment de tester à peu près toutes les figures possibles de la voltige aérienne. Elle s'accrocha, serra les dents, s'encouragea : pas question de caler aujourd'hui.

Et puis soudain, tout s'arrêta... Son altimètre lui indiqua qu'elle avait perdu la moitié de son altitude. Un tour de tête vers la droite lui fit constater que l'autre patrouille les avait rejoints.

Quand ils se posèrent sur la base, celle-ci pansait déjà les blessures du drame qui venait de s'y dérouler. Lily vit du ciel la grande tache noire où s'éparpillaient les restes des deux appareils encastrés l'un dans l'autre dont on ne distinguait plus que des débris répartis sur un cercle de 200 mètres de diamètre. Ce que l'on retrouva des corps des deux pilotes tenait dans un seul drapeau. Deux tombes furent creusées plus pour le principe que par nécessité. Et le rapide service funèbre rendu par l'aumônier orthodoxe du régiment en fin de journée fut le seul hommage aux deux jeunes hommes volatilisés dans l'ultime manifestation d'un courage insensé.

Mais parce que la vie continuait, le debriefing de la mission matinale à laquelle avait participé Lily se tint assez vite.

Étonnée, la jeune pilote écouta le compte rendu d'un combat

auquel elle ne comprenait rien : un Messerschmitt attaqué sous deux angles et qui avait fini sa carrière en torche dans le ciel de Stalingrad. À sa stupéfaction la plus totale, elle s'entendit interpeller par Alexeï Solomaten :

— Alors, lieutenant Litvak, à qui attribuons-nous ce Messerschmitt : au lieutenant Goubanov ou à nous-même ?

— Quel Messerschmitt ? bafouilla Lily.

Les trois hommes sourirent.

Lily Litvak ne s'était pas aperçue qu'elle avait participé à son premier combat aérien.

Chapitre 71

« Attention, derrière toi ! Dégage vite ! »

Ciel de Stalingrad, début octobre 1942.

Son parachute sur le dos, Lily entra dans la salle d'opérations. Sur la plaque métallique étaient accrochées les figurines de tôle du dispositif de la première mission du jour – chasse libre. Elle était encore n° 2 de Solomaten. Son cœur battit un peu plus vite. Celui de la guerrière, pas de la femme. Elle était sensible à la virtuosité du pilote, aimait l'autorité du chef, mais le chef préférait les brunes. Après tout, c'était son problème. Elle, elle était ici pour faire la guerre, pour apprendre. Alors, avec lui ou un autre... Un peu de mauvaise foi ?

— Stalingrad ! Sous tes ailes.

Solomaten volait 200 mètres devant Lily et ils passaient au-dessus de la ville, direction plein ouest. En salle d'opérations, il l'avait prise en tête à tête pour lui répéter le *modus operandi* du jour, qui se répéterait souvent : c'était une des techniques d'attaque en chasse libre.

On se positionnait à l'ouest de la ville au-dessus des territoires occupés par les Allemands, et on attendait. Les bombardiers à la croix gammée – et les chasseurs qui les couvraient – opéraient la plupart du temps de la même façon : direction plein est pour arriver sur Stalingrad et bombarder. Ils étaient en général pris violemment à parti par la DCA très dense installée sur la rive gauche de la Volga, contrôlée par les Soviétiques.

L'artillerie était l'arme russe par excellence, tradition qui remonte quasiment à l'invention de la poudre. Leur défense antiaérienne était efficace, les formations allemandes n'aimaient pas trop s'attarder dans le secteur. En bloc ou formations disloquées, elles mettaient immédiatement cap à l'ouest, une fois leurs bombes lâchées...

C'est alors que les chasseurs soviétiques les attendaient.

Locha appliqua le plan à la lettre. Il entraîna Lily assez profondément en territoire ennemi. Maintenant, haut dans le ciel, en se dissimulant dans les nuages, ils suivirent l'itinéraire habituel des bombardiers allemands se dirigeant vers Stalingrad. Il s'agissait simplement d'en trouver.

Ils étaient là ! Lily les avait vus. Sur la gauche, assez largement sous eux.

— Troïka à 10 : bombardiers à 10 heures.

— As-tu vu aussi les Messerschmitt qui les accompagnent ?

— Affirmatif... J'en compte trois.

— OK. On garde les yeux ouverts.

Dix minutes de balade accompagnée, en jouant à cache-cache avec les nuages pour ne pas être repérés. Les bombardiers accomplirent leur tâche : après avoir essuyé le tir déchaîné de l'artillerie antiaérienne soviétique, ils lâchèrent leurs bombes sur le mont Mamaïev et l'usine métallurgique Octobre Rouge, puis reprirent en formation plus ou moins disloquée le chemin du retour.

— On y va..., annonça la voix de Locha dans les écouteurs, sa « voix de boulot » disaient ses pilotes, si calme qu'elle rassurait et exaspérait Lily à la fois. Ce type était-il capable de ressentir une émotion ?

— ...Suis-moi !

Ils plongèrent dans le groupe de bombardiers. Lily nota en passant qu'elle n'avait pas la moindre idée de l'endroit où pouvaient se trouver les Messerschmitt de protection. « Pas dans son dos », espéra-t-elle.

Elle suivit son leader. Il ajusta posément un premier bombardier qui essayait désespérément de lui échapper. Fascinée, elle vit les obus de Solomaten exploser sur un moteur, vite en feu. Ils se rapprochaient tellement que Lily dut faire une embardée pour éviter la queue du Henkel. Elle perdit Locha. Où était-il passé ? Une manœuvre la ramena en direction des bombardiers allemands.

— Troïka... Derrière toi ! Dégage vite !...

Voix d'urgence. Voix moins calme que d'habitude.

Elle abattit, tout en regardant dans son rétroviseur. Un Messerschmitt s'aligna derrière elle, en fin de piqué.

Elle vira serré.

Le Messerschmitt était toujours là.

Demi-tonneau. Elle vit le départ des coups sur ses ailes mais ne sentit aucun impact. Manqué ! Elle durcit ses manœuvres, secouant Troïka comme il ne l'avait encore jamais été.

Rétroviseur encore : le Messerschmitt soudain transformé en boule de feu. Un avion à étoile rouge avait dû passer par là... Solomaten, elle en était sûre.

Elle se détendit, le retrouva plus loin, plus haut, qui l'attendait.

Elle reprit la position de combat derrière lui. Le ciel était vide.

Presque. Un retardataire qui retournait dare-dare vers ses lignes et n'avait pas l'air couvert par un chasseur.

Les deux Yak piquèrent, se glissèrent sous le Henkel, dans l'angle mort où ses mitrailleuses étaient impuissantes.

— À toi d'attaquer, ordonna Solomaten dans les écouteurs.

Elle frémit. C'était son jour. Elle avait peine à calmer son exaltation et était maintenant si proche du bombardier qu'il ne pouvait lui échapper. Elle appuya sur la détente pendant dix longues secondes. Dirigea son tir sur le moteur de gauche, puis sur celui de droite, malgré la manœuvre désespérée de l'Allemand pour lui échapper. Il amorça un piqué. Les deux Yak le suivirent. Et il explosa dans un champ.

Lily tremblait de bonheur, mais elle se maîtrisa. Peut-être pas un combat comme elle en avait rêvé : seule à seul, poursuivant-poursuivi, le plus adroit, le plus chanceux... Mais, en plein ciel, au grand étonnement d'Alexeï Solomaten, Liliana Litvak s'offrit son premier tonneau de victoire.

Les yeux humides, elle le dédia à son père.

Dans l'isba, Lily exultait. Elle dansait même sur place. Elle se regarda dans le miroir ébréché : elle se trouva belle – ce qui n'était pas si fréquent.

Elle la tenait enfin, sa première victoire.

Finalement, ce Solomaten n'était pas si mal.

Il ne faudrait pas trop la pousser pour qu'elle le trouve même formidable.

Alexeï, de son côté :

— Mais, qu'est-ce qui m'a pris de lui laisser ce bombardier ? Je pouvais compter une victoire de plus ce matin. Il y a des jours, comme ça, où on fait n'importe quoi ! Remarque, il faut bien que les jeunes apprennent, eux aussi... Allez, Locha, pas de regret : tu as fait ta bonne action du jour.

Sous la verrière de l'habitacle, Ina peignait avec application une petite croix gammée symbolisant la première victoire de Lily quand celle-ci la surprit en train de terminer son chef-d'œuvre.

— Quelle horreur ! Tu défigures Troïka ! Ina, sois gentille, efface-moi ça ! En revanche, tu vas me dessiner une belle petite rose blanche sur le cône de l'hélice. Exactement la même que celle que tu avais peinte sur l'U-2 de Dobkin...

L'U-2 de Dobkin leur parut si loin, à toutes les deux.

Chapitre 72

Katia faisait les yeux doux au Géorgien

AMC 34, deuxième quinzaine d'octobre.

Le temps était si mauvais que même les U-2 du régiment étaient restés dans leurs alvéoles, camouflés dans le bois. Allongé sur son lit, Solomaten laissait son esprit vagabonder. Il aimait bien rester seul. Cela lui permettait de rêver tout éveillé. Ce n'était pas l'idée qu'il se faisait d'un officier d'aviation très mature, mais il faisait avec. En cet instant, à son grand déplaisir, ses pensées se focalisaient sur le lieutenant Litvak, ce qui, franchement, n'était pas très malin.

Au fond, se disait Locha, le premier sentiment qu'il avait éprouvé vis-à-vis de Lily relevait de la curiosité intéressée. « 75 % de curiosité, 25 % d'intérêt ». Pas de quoi envoyer des brassées de roses rouges.

Pour une raison simple : Litvak n'était pas son type, pas du tout.

Ses préférences, tout le monde les connaissait : une belle Géorgienne languissante, aux cheveux noirs et aux yeux verts, taille fine et jambes interminables. Qui, si possible, te regarde avec adoration... Qui avait proclamé officiellement ses canons de la beauté, un soir de beuverie ? Ce n'était pas une preuve, ça ? La contradiction entre la femme idéale qu'il avait définie – blonde – et sa Géorgienne, brune, ne lui sauta pas aux yeux. Certains hommes s'accommodent assez bien de leurs contradictions.

D'un autre côté, il admettait que Lily avait une jolie bouche et était plutôt bien foutue.

On l'aura compris, la Moscovite était tout de même à moitié son type.

Tout cela précisé, il devait reconnaître que le « Bonjour ! Je suis le lieutenant Litvak, votre nouveau pilote », avec en accompagnement un sourire éblouissant relevé d'une touche d'ironie – sourire à rester gravé dans les mémoires – avait vraiment de la gueule ! Une entrée en scène digne d'une comédienne au sommet de son art.

Or ça, c'était justement son genre de femme.

Il essayait d'ailleurs de se remémorer avec précision la première image précise d'elle qu'il gardait à l'esprit. Il se demandait si c'était sa silhouette, un geste, ses yeux gris, un regard ou le léger sourire troublant dont elle usait parfois.

Il pesta contre sa mémoire : il aurait voulu préserver, conserver, sauver ce moment-là. Il regretta l'époque de ses douze ans où il tenait soigneusement chaque soir un journal naïf mais détaillé. Il opta finalement pour la coexistence, saugrenue, dans le bunker, ce premier jour, d'une chevelure blonde et d'un grade de lieutenant sur tenue d'aviateur.

Oui, tout bien pesé, c'était ce qui restait de plus fort, de plus clair, de plus marquant, de plus instantané : cette surprise. L'émotion était venue plus tard.

Ensuite, il avait été touché... Oh ! Pas immédiatement. Les deux ou trois premiers jours, quand avec son amie elle traînait comme une âme en peine, il avait trouvé la situation plutôt cocasse et les deux filles bien naïves avec leur obstination frôlant l'inconscience. C'est vrai qu'elles s'étaient déjà battues et que les missions de nuit, contre les bombardiers allemands dans le ciel de Saratov, ne devaient pas toujours être des parties de plaisir. Mais, bon, à quelques centaines de kilomètres du vrai front, la tension et le risque étaient tout de même moins grands.

À Voronej, elles avaient certainement gravi une marche plus rude. Boris Goubanov, qui les avait rencontrées là-bas, lui avait dit qu'au début, lui et ses copains du régiment de la Garde ne les avaient pas trop prises au sérieux. Pour tout dire, beaucoup de pilotes cherchaient surtout l'occasion de les coincer dans un buisson. Certaines, paraît-il, n'avaient pas dit non. Mais en matière de femmes, Boris n'était pas crédible : comme, à lui, les femmes ne refusaient jamais rien, il imaginait que pour tout le monde, c'était la même chose. Or, tout le monde le sait, les filles disent longtemps oui et, souvent, au dernier moment, non. C'est pour cela – enfin, c'était son avis – qu'il y avait tant de vantards chez les hommes : quand tout le monde croit qu'elles ont dit oui et qu'au dernier moment, elles refusent, on a l'air très con. Alors les hommes racontent des craques... pour ne pas perdre la face. Même ici, où la Katia faisait volontiers les yeux doux au Géorgien, il n'était pas sûr que mise au pied du mur... Enfin, c'était leur problème !

Peut-être était-ce aussi celui de Niko, d'ailleurs. Ces filles dont il ne voulait pas entendre parler, il les avait prises maintenant sous son aile. Genre « père et ses filles », bien sûr, mais avec ses trente-trois ans, cela lui allait comme un gant à un chat. Qui croyait-il tromper – à part lui, bien sûr ? Surtout, la petite Boudanova, avec ses airs de chatte doucereuse ou de garçon manqué, selon l'humeur...

Litvak, c'était tout de même autre chose.

Alexeï se dit aussi qu'il n'oublierait jamais le premier vol de Lily. Elle s'était montrée impressionnante. Il n'avait pas pu s'empêcher de penser que s'il avait été allemand, ce jour-là, il serait probablement mort ! Même Goubanov, qui avait sorti son sourire « blancheur neiges éternelles des dents » pour la féliciter après l'atterrissage, avait oublié que le premier jour lui l'avait largué au bout de trente secondes et demie, tout chasseur de la Garde qu'il était. Il se souvenait de la tête de Baranov quand il était entré dans son bureau pour lui dire, sans fioriture :

— Niko, tu agis comme tu veux, mais je te le dis sans blaguer, ce que Litvak a fait aujourd'hui, peu de pilotes au régiment en auraient été capables. Comme, à mon avis, la direction du personnel ne te laissera pas lui faire deux fois le coup du renvoi à Engels, préparons-nous à les garder, emmerdes ou pas. Faisons-leur bonne figure : tu verras que nous n'aurons qu'à nous en féliciter.

— Toi, tu t'es fait embobiner, avait ricané Baranov.

— Par le pilote, oui... pour la femme, je réserve mon opinion.

Ce que Solomaten n'avouerait jamais, c'est que de ce jour-là, il ne s'était fixé qu'un objectif : protéger Lily chaque jour, afin qu'elle acquière le minimum d'expérience pour survivre à ses premières semaines de combats. Ces semaines les plus terribles, les plus impitoyables et le plus souvent fatales, pour les jeunes pilotes frais émoulus des écoles, même si ce n'était plus tout à fait le cas de Lily Litvak. De ce jour donc, il s'était arrangé pour voler le plus souvent avec elle. Pour la laisser le moins possible seule. À tort ou à raison, il pensait que personne ne remplirait mieux cette tâche que lui.

Le long hurlement d'une sirène retentit.

— Alerte !

Alexeï sauta de son lit, prit son parachute et courut jusqu'à l'aire d'envol.

Instantanément toute pensée parasite disparut de son esprit.

La guerre l'attendait.

Chapitre 73

« Ce soir, on ne dînera pas chez Pluton »

Attaque des bases aériennes allemandes de Morozovsk et Tatsinkaïa, mi-octobre 1942.

Solomaten avait mâché à Lily sa première victoire.

Katia Boudanova ne vola pas la sienne.

L'état-major de la 18e Armée aérienne soviétique avait planifié une attaque lourde de bombardiers Stormovik et P-2 sur les deux principales bases de la Luftwaffe qui « couvraient » Stalingrad, Morozovsk et Tatsinkaïa.

Baranov s'était vu confier le commandement d'un groupe de protection des bombardiers et on lui avait adjoint six Yak d'un régiment de la Garde pour accompagner les six appareils que le 73e engageait lui-même dans l'opération. Katia volait en no 2 de Boris Goubanov, chef d'une des deux patrouilles du 73e. Le rendez-vous avec les bombardiers à accompagner était fixé au-dessus de Krasnoslobosk à l'est de Stalingrad, à 7 h 30 du matin. Les Russes devaient attaquer simultanément de quatre directions. Environ cinq cents appareils participaient à la manœuvre.

7 h 15. Les moteurs démarrèrent les uns après les autres. Quelques minutes plus tard, les contrôleurs aériens annoncèrent que les bombardiers étaient en avance et tournaient au-dessus de Krasno.

Si l'état-major de la 18e A.A. [100] comptait sur la surprise, c'était foutu.

À peine Stalingrad dépassé, le contrôle aérien annonça des Boches un peu partout.

— Trente au-dessus de Sovetski.

— Vingt au-dessus de Kalatch.

— Allemands au-dessus de Blinaïa Perekovka.

« Toute la Luftwaffe est en l'air », pensa Katia.

— Fritz à 14 heures, avertit la voix tranquille de Baranov.

Katia tourna la tête. Elle les aperçut : une vingtaine de Focke-Wulf, cinq ou six cents mètres au-dessus des bombardiers qui volaient à droite. Les Allemands s'alignèrent en file indienne et commencèrent à piquer. Katia débloqua sa sécurité de tir et attendit les ordres.

Baranov, de la même voix calme, ordonna d'attaquer.

— Attention, Boches derrière ! hurla une voix hystérique.

En une seconde, le monde changea. Sans avoir été repéré, un groupe de Focke-Wulf, surgi des nuages, leur tomba sur le dos et ouvrit immédiatement le feu. Un Yak de la Garde explosa. Des balles traçantes encadrèrent Katia, des croix noires la frôlèrent. Vent de panique général : tout le monde dégagea. Adieu l'impeccable formation de combat ! Chacun essayait de sauver sa peau. Katia, elle, n'eut plus le temps d'avoir le trac. Elle croisa à moins de dix mètres l'aile arrachée d'un Allemand, qui tomba en feuille morte. Ce qui lui mit du baume au cœur.

Elle perdit Goubanov et se dit qu'elle n'avait aucune chance de le retrouver. Dix fois, elle pensa qu'elle allait percuter ou être percutée. Soudain, un Focke-Wulf la tira par-derrière mais tout en la manquant. Emporté par sa vitesse, il la dépassa.

Ce fut la chance de Katia, sa malchance à lui.

La jeune femme réussit à accrocher sa trajectoire et l'Allemeand ne put s'en défaire. En moins d'une minute, le moteur crevé d'obus, il plongea vers le sol, étirant derrière lui un méchant panache de fumée noire. Un panache de deuil, car il n'avait pas de parachute.

À court d'essence, Katia prit le chemin du retour.

Au-dessus du « 34 », elle ne put s'empêcher de faire le tonneau de la victoire.

Baranov allait hurler. Sauf, si avec un peu de chance, il n'était pas rentré.

Le double sens de cette pensée la fit frissonner.

Baranov rentra. Goubanov aussi.

— Alors, on m'a abandonné ? lui dit-il en riant. Rude baptême du feu à Stalingrad, lieutenant ! Ce soir, on ne dînera pas chez Pluton[101].

« Qu'a-t-il voulu dire au juste ? » se demanda Katia.

Chapitre 74

Un « boche » en sursis

Ciel de Stalingrad, après-midi du même jour.

Le leader de Lily, le lieutenant Oleg Simonov, fut le premier à repérer l'avion allemand. C'était un FW-189, un bimoteur de reconnaissance, en train de longer le front à environ 3000 mètres d'altitude. Les deux Russes grimpèrent sans avoir été vus et se préparèrent à placer une attaque en ciseaux. Mais le Focke-Wulf les découvrit à son tour et vira vers ses lignes, ce qui favorisait le leader de la patrouille russe dont il se rapprocha. Simonov se lança dans le combat. Mais au cours de l'attaque, ses armes s'enrayèrent, laissant Lily seule aux prises avec l'Allemand. Une attaque classique en tiroir, avec la nuance qu'un des tiroirs, en la circonstance, était resté coincé, inopérant.

Lily, méticuleusement, se rapprocha, cadra l'ennemi dans son collimateur, et tira à plusieurs reprises. Elle le toucha mais sans faire trop de dégâts apparents. Elle ne réussit pas, en tout cas, à entraver sa fuite.

Les trois appareils s'étaient maintenant enfoncés d'une vingtaine de kilomètres à l'intérieur des lignes allemandes, à très basse altitude. Les deux avions russes essuyèrent d'ailleurs des tirs d'armes automatiques venus du sol. Un nuage noir s'échappa soudain du moteur gauche du FW, dont l'hélice se mit en croix.

Lily s'apprêtait à l'achever quand ses mitrailleuses claquèrent dans le vide : les magasins de munitions de Troïka étaient épuisés. Bénéficiant de ce sursis inespéré, l'Allemand chercha à se poser.

La rage au cœur, les deux pilotes russes rompirent le combat et rentrèrent à leur base.

Lily refit le plein d'essence, rechargea ses munitions et obtint l'autorisation de décoller avec une patrouille qui s'apprêtait à partir en chasse libre.

Les trois appareils se mirent à la recherche des traces de l'avion ennemi.

Ils le retrouvèrent, brûlé, dans un champ, non loin de l'endroit où Lily l'avait vu pour la dernière fois. De la fumée s'échappait encore de la carcasse calcinée.

Une deuxième rose vint fleurir l'hélice de Troïka.

Grande journée pour les filles ! La vodka, le soir, les intronise « Chasseurs ». Et c'est proclamé par les hommes.

— On ne vous a pas attendus pour être chasseurs, se rebiffa Katia avec virulence.

— Je ne savais pas que tu avais l'alcool mauvais, gloussa Lily, un peu partie.

Deux Boches ! Elle n'était pas mécontente d'elle !

Elle s'aperçut qu'autour d'elle, tous les hommes avaient levé leur verre.

— Deux boches, répétèrent-ils, avec un bel ensemble.

Zut : elle avait parlé à haute voix.

Elle ne put éviter le toast. Cul sec, comme l'exigea l'assemblée.

Le lendemain matin, elle ne se rappelait plus de rien. Katia non plus.

Chapitre 75

« Toi, tu viens avec moi en enfer ! »

Front de Stalingrad, début novembre 1942.

Joukov était en train de gagner la guerre de persuasion qu'il menait au quotidien contre Staline. Confronté aux faits – l'Armée rouge n'était pas, pour l'instant, capable de mener une bataille d'envergure décisive contre les Allemands à Stalingrad – le Commandant suprême avait accordé le délai de quarante-cinq jours que les chefs militaires lui demandaient. Ce qui avait renvoyé la grande offensive contre les Hitlériens, qui n'étaient toujours pas parvenus à prendre Stalingrad au début du mois de novembre.

Ce délai ne réjouissait évidemment pas l'impatience de Staline, toujours inquiet de voir un coup de boutoir allemand emporter la ville, mais il apprit à attendre. De fait, il avait sous les yeux les chiffres : si l'URSS approchait de la parité, elle était encore loin de la supériorité. Au début du mois de novembre 1942, Joukov en avait fait la démonstration, l'Allemagne alignait sur l'ensemble du front de l'Est 266 divisions, représentant 6,2 millions d'hommes. Ils étaient appuyés par 70 000 canons et mortiers, 6 600 chars et canons d'assaut, 3 500 avions de combat et même 194 navires de guerre. Et l'URSS lui opposait 6,1 millions d'hommes, 7 250 pièces de mortier, 6 014 chars et canons automoteurs, 3 100 avions de combat. Autour de Stalingrad, le rapport de force était à peu près le même [102].

Chaque jour qui passait, Joukov et Vasilevsky, les vrais n°1 et 2 de l'Armée rouge – même s'ils n'étaient pas maréchaux – renforçaient en fait leur dispositif. Du 1er au 19 novembre,

160 000 hommes, 430 chars, 600 canons, 14 000 véhicules et même 10 000 chevaux arrivèrent et prirent position autour de Stalingrad.

Le travail de persuasion et de formation militaire que Joukov menait auprès de Staline se lisait dans les rapports ou les messages que les deux hommes échangeaient. Staline céda : la date du 5 novembre, primitivement retenue, fut abandonnée.

Le 11 novembre, Konstantinov – nom de code de Joukov – communiquait par *Baudot* à Vassiliev – celui de Staline – un compte rendu circonstancié :

« Des troupes attendues ne sont pas encore là... Le ravitaillement fonctionne mal, ainsi que l'approvisionnement en munitions. Il y a très peu d'obus dans les troupes en prévision d'*Ouran* », le nom de code de la grande offensive. Conclusion : « L'opération ne sera pas prête pour la date fixée. J'ai donné l'ordre de la tenir prête pour le 15 novembre. » Et d'ajouter : « Il faut immédiatement envoyer 100 tonnes d'antigel à Ieremenko [103], sinon il sera impossible de porter en avant les unités mécanisées ».

La délivrance de 100 tonnes d'antigel n'exigeait probablement pas une intervention du chef de l'État, mais elle présentait un double avantage au yeux de Joukov : la formation permanente de Staline aux réalités stratégiques et tactiques, même les plus triviales ; et la certitude que Ieremenko obtiendrait bien le fameux antigel.

La victoire de la patience – et donc de la sagesse – fut consacrée le 15 novembre 1942, quand Staline envoya à Joukov le télégramme suivant :

« Au camarade Konstantinov,

Personnel.

Je laisse à votre appréciation le soin de fixer le jour de la migration de Fedorov et d'Ivanov. (Lire : l'offensive des deux principaux généraux de Stalingrad). Vous m'en rendrez compte en venant à Moscou. Si vous estimez que l'un d'eux doit avancer ou retarder d'un jour ou deux, vous avez pleins pouvoirs pour prendre cette décision à votre convenance.

Vassiliev. 13 h 10, 15/11/42. »

Le 19 novembre 1942, l'opération « Ouran » fut donc déclenchée. Toutes les forces russes mobilisées se jetèrent dans la grande offensive d'encerclement de la VIe armée allemande qui attaquait Stalingrad. Pour les Allemands, la violence de l'assaut, l'importance des moyens mis en œuvre constituèrent une surprise totale.

Au 73e Régiment de chasse, les missions se succédèrent sans interruption de l'aube jusqu'au crépuscule. Les combats aériens comptèrent parmi les plus acharnés de la bataille de Stalingrad. Lily Litvak remporta sa troisième, puis sa quatrième – son premier chasseur allemand abattu – victoire mais le régiment perdit trois pilotes.

Lily, elle, perdit un ami.

Le pilote géorgien Boris Goubanov et son équipier accompagnaient Alexeï et Lily dans une attaque de bombardiers allemands.

Soudain, les obus d'un Focke Wulf surgi du néant frappèrent de plein fouet le Yak de Goubanov. Le moteur hoqueta. Un nuage de fumée s'échappa.

Les flammes atteignirent l'habitacle et, très vite, la chaleur déforma la verrière au point que le pilote, emprisonné, ne put sauter en parachute. Ses amis entendirent les cris du jeune homme. Dans son désespoir, comme il continuait à appuyer sur le bouton de transmission de sa radio, ils l'entendirent se parler à lui-même et comprirent ce qu'il avait décidé de faire.

Ils le virent ainsi changer de direction, se diriger vers un Junker puis hurler :

— Toi, tu viens avec moi en enfer !

Le Yak frappa le bombardier allemand de plein fouet, s'encastrant dans son fuselage. Les deux avions tombèrent, comme entrelacés, puis explosèrent en vol [104].

Solomaten fut profondément affecté par la mort de Goubanov. Il s'isola longuement puis, plus tard, confia à Lily :

— Perdre un ami au combat, c'est toujours très dur. Mais entendre les cris de Boris alors qu'il était en train de brûler vif, je ne l'oublierai jamais.

Katia, apprenant la nouvelle, alla s'enfermer dans la datcha, et en interdit l'entrée à Lily :

— Je t'en conjure, laisse-moi seule.

Lily n'insista pas. Ina venait de lui dire, en confidence :

— Lily, tu sais que c'est toi qu'il aimait [105].

Elle se sentit coupable de ne pas avoir davantage rendu son amitié au séduisant Géorgien.

Locha, décidément, commençait à peser très lourd dans sa vie.

Chapitre 76

Ramener son homme vivant à la maison

Ciel de Stalingrad, 19 au 24 novembre 1942.

« Depuis l'aube, les Russes ont déclenché un ouragan de feu sur le flanc gauche de la 5e Division. Je nai jamais vu un barrage d'artillerie aussi violent... »

Ce 19 novembre 1942, très tôt, la voix de l'officier roumain résonnait avec une étonnante clarté à travers le grésillement de la radio. Ce message de première ligne devait être destiné à son état-major, basé plus en retrait.

« ...La terre tremble sous la canonnade, les vitres ont volé en éclats... Sur la cote 163, les chars ennemis ont fait leur apparition et ils tiennent la route qui mène à Raspopinskaïa... Attention, on m'informe à l'instant qu'ils traversent à toute allure nos position et font irruption dans le village. Des chars lourds de 52 tonnes... à vitesse maxima... Leur blindage est très épais, nos obus ne les transpercent pas... »

Le message s'interrompit.

La grande contre-offensive russe avait commencé. Le 13 septembre précédent, Staline avait convoqué Joukov et Vasilevsky. Et les reçut de méchante humeur, indigné :

— Des dizaines, des centaines de milliers d'hommes soviétiques donnent leur vie en luttant contre le fascisme et Churchill marchande pour deux douzaines de Hurricanes [106] ! Mais leurs Hurricanes, c'est de la saleté. Nos aviateurs n'aiment pas cet appareil...

Puis d'un ton parfaitement calme, il poursuivit, s'approchant de la carte que les deux généraux avaient posée sur la table :

— Qu'est-ce que vous avez là ?

— Ce sont les grandes lignes d'un plan de contre-offensive dans la région de Stalingrad.

La séance de travail dura plus d'une heure. Staline la conclut :

— Ce que nous avons examiné ici entre nous trois, personne n'en doit rien savoir.

C'est ce plan, l'opération « Ouran », qui, ce jeudi 19 novembre, commençait à broyer la VIe Armée du général von Paulus.

Deux jours auparavant, le mardi 17, Staline avait rappelé Joukov à Moscou pour le mettre sur un nouveau chantier : desserrer l'étreinte allemande autour de Moscou, liquider le saillant de Rjev.

Le premier de tous les pilotes, Alexeï avait accordé très vite une grande confiance à Lily comme équipière. Cette relation « professionnelle » se forgea progressivement, mais se scella véritablement à deux moments précis.

Elle naquit le jour de la première victoire aérienne de Lily.

Avant qu'elle n'abatte son bombardier, le ciel avait été assez chahuté : on s'y battait dans tous les coins, ce matin-là. Les Allemands disposaient d'une grosse suprématie aérienne. Un Messerschmitt s'était glissé derrière elle. Un : « Troïka ! Derrière toi ! » hurlé, l'avait alertée. Ce n'était pas la voix de Solomaten, plutôt celle du défunt Goubanov. Le Me 109, en fin de virage, était en train de se mettre en position de tir dans son sillage et elle avait dégagé brutalement. Mais, pendant un temps qui lui parut très long, elle n'était pas arrivée à s'en débarrasser. Elle sentait la fatigue la gagner quand soudain, dans son rétroviseur, une énorme boule orange avait éclaté : le Messerschmitt s'était désintégré. Elle ne sut pas pourquoi, mais elle fut certaine que Solomaten venait de la sauver. Une immense gratitude la submergea alors. Des mois plus tard, elle gardait encore ce sentiment vivant en elle avec une incroyable intensité. Et de cet instant, peut-être inconsciemment, elle se mit à le regarder différemment.

Le seconde fois datait de deux heures.

Dans la nuit du 23 novembre, l'avant-garde du 26e Corps blindé soviétique, commandée par le lieutenant-colonel Filipov, s'empara, à la suite d'un raid d'une rare audace dans la profondeur du territoire contrôlé par les Allemands et leurs alliés roumains, d'un pont sur le Don. La garde allemande, ne se doutant de rien, attendait tranquillement la relève en regardant couler le fleuve. En fait de relève, elle vit arriver les premiers chars de Filipov. Prenant leurs désirs pour des réalités, au lieu de mettre leurs canons en batterie, les soldats allemands imaginèrent qu'il s'agissait de l'une des unités d'instruction de leur propre armée, dotée de chars pris aux Russes. Malheureusement pour eux, ces Russes étaient tout ce qu'il y avait d'authentique et le leur firent bien sentir, à coups de baïonnette dans le ventre – pour le bruit – et de mitraillettes.

Le corps à corps dura peu et le pont tomba entre les mains des Russes. Un peu plus tard dans la nuit, un détachement de chars, sous les ordres d'un presque homonyme, le lieutenant colonel Filipenko, rejoignit les vainqueurs du pont. Une nuit si bien commencée ne pouvait s'achever ainsi : les deux hommes décidèrent de s'attaquer à la petite ville de Kalatch, elle aussi passage sur le Don, mais morceau d'un tout autre calibre. Or, conduits par leurs deux intrépides chefs, les chars russes roulèrent vers Kalatch. Les combats furent particulièrement violents, la résistance allemande acharnée, mais l'arrivée en renfort d'autres blindés du 26e Corps mit fin aux combats – faute de combattants allemands, liquidés les uns après les autres [107].

Le 24 au matin, la Luftwaffe engagea contre les chars russes un nouveau type d'avions apparus depuis très peu de temps dans le ciel de Stalingrad : le Henschel 129, dit « Tueur de chars ». Afin de protéger cette sortie – pratiquement expérimentale, car la Geschwader 4 [108] avait connu avec lui une déconvenue sanglante dans le Caucase, au cours de l'été – la Luftwaffe avait mobilisé tout son 8e Corps aérien. C'est du moins l'impression que Lily retira des combats qui suivirent.

Mais de la bataille, Lily n'avait pas aperçu grand-chose.

Comme elle le raconta à Katia le soir même :

— Je n'ai vu que la queue de Solomaten.

— Pardon ?

Sans remarquer le sarcasme dans l'interruption de son amie, Lily repéta :

— Je n'ai vu que la queue du Yak de Solomaten ! Je ne m'en suis jamais éloignée de plus de 100 mètres. Je vais poser ma candidature à la médaille du « Meilleur équipier des FAS ». Les Allemands pouvaient passer à gauche, à droite, au-dessus, en dessous, marcher sur les trottoirs, rien, je ne bougeais pas. Si l'un d'eux espérait pouvoir se glisser entre Locha et moi, il doit encore voler. Je suis rentrée à la base avec les globes oculaires absolument épuisés d'avoir fait mille fois le mouvement : queue du Yak/regard périphérique... queue du Yak/regard périphérique... au rythme d'un essuie-glace par temps de grosse pluie. Après m'être posée, mes yeux ont continué à faire : queue du Yak/regard périphérique... pendant à peu près deux heures et demie.

Tout en blaguant, Lily avait du mal à cacher sa fierté : au cours du combat, Alexeï, « sûr de ses arrières » – c'est lui qui le dit à Lily –, réussit à abattre deux Henschel 129. Et fut immédiatement surnommé : « le Tueur d'avions tueurs de chars ». De ce jour, il accorda une confiance sans limite à Lily comme équipière.

Petit à petit s'installa entre ces deux jeunes gens une relation probablement sans précédent dans l'histoire du monde. Il la protégea avec un acharnement de tous les instants dans ses débuts de pilote de chasse dans le ciel sans pitié de Stalingrad. Puis lui apprit, jour après jour, son métier et toutes ses ficelles. Autrement dit la meilleure façon de survivre. Dès lors, il en fit une combattante redoutable et bientôt une héroïne de son pays. De son côté, elle menait dans la bataille sa guerre particulière : « ramener, à tout prix, son homme vivant à la maison ».

Chapitre 77

Litvak et Boudanova, deux excellents sujets d'articles

AMC 34, 5 décembre 1942.

Le commandant Dobraje intercepta Nikolaï Baranov au retour d'une mission.

— Moscou a essayé de te joindre. La direction politique de l'armée. Un capitaine Kiritchenko... Il te demande de le rappeler.

— Capitaine Kiritchenko. Baranov à l'appareil.

— Merci de me rappeler, mon colonel... Il paraît que vous avez parmi vos pilotes un lieutenant Litvak, dont on commence à parler ici.

— Effectivement.

— Lily Litvak ?

— Liliana Litvak.

— Excusez-moi, mon colonel. On nous dit qu'elle compte plusieurs victoires aériennes.

— C'est exact... Cinq ou six. À vérifier.

— Nous pensons, mon colonel, que le lieutenant Litvak, qui est une femme...

— Votre perspicacité vous honore, capitaine.

« Toi, tu commences à me chauffer les oreilles », pensa très fortement Stepan Kiritchenko, qui changea de ton :

— Mon colonel, les services d'information de l'armée considèrent que les lieutenants Litvak et Boudanova constituent d'excellents sujets d'articles, y compris pour les quotidiens nationaux du Parti. Ces articles paraîtront à l'occasion des fêtes de Noël et du

Nouvel An. Nous vous enverrons très prochainement un journaliste et un photographe. Nous sommes certains que vous leur réserverez le meilleur accueil et que vous leur apporterez tout l'appui dont ils ont besoin pour remplir leur mission. Puis-je répondre à vos questions, mon colonel ?

— Non. Envoyez moi vos sbires.

— Prévoyez leur arrivée pour après-demain.

— Si tard ? Au revoir, capitaine.

— As-tu eu Moscou ? demanda Dobraje, qui entrait à cet instant dans le bureau de Baranov.

— Non, c'était juste Goebbels au téléphone ! Oui, j'ai eu Moscou. L'Agit-Prop [109] s'excite sur Litvak.

— Ils ne sont pas les seuls.

— Très drôle. Mais ce sont les seuls qui envoient un journaliste et un photographe. Tu te charges de les accueillir, ça te rappellera ton ancien métier. Moi, je ne veux pas les voir.

« Cette affaire sent son Karev à plein nez ! », subodora Baranov quand, la nuit bien avancée, allongé sur sa couchette avant de s'endormir, il balaya de l'esprit les affaires du jour et du lendemain. Litvak dans la *Pravda*... Dans le fond, pas si mal pour l'image du régiment ! On attirait l'attention en haut lieu comme on pouvait ! Il en reparlerait demain avec Dobraje.

— Dobraje, tu me fais un point sur le dossier Litvak, s'il te plaît. Le journaliste et le photographe arrivent demain...

Il donna les noms, les horaires, les dispositions prises pour recevoir les deux envoyés de Moscou.

— Parfait.

— Votre sentiment ?

— Très simple. Ce qu'ils ont dit. Utiliser Litvak comme modèle national. Ce qu'ils sont en train de faire avec Zaïtzev, le tireur d'élite de la 64e Armée, dont on commence à voir partout le portrait.

— Je vois. Risque pour elle et pour le régiment ?

— Pour le régiment, aucun. Sinon celui de nous faire chambrer par nos collègues, sur le thème des « pères à fifilles », de « nounous d'héroïnes » et autres plaisanteries grasses de militaires. Pour elle ? Je ne sais pas. Que ça lui monte à la tête, qu'elle ne soit plus totalement à son boulot en mission et qu'un chasseur fritz en profite. Elle a un protecteur, à Moscou, si mes informations sont bonnes, un type du 4e Bureau de l'état-major général. Le maréchal Chapochnikov l'aime bien, dit-on. Et comme le Combattant suprême aime bien Chapochnikov – moins que Joukov maintenant, notre homme a du pouvoir.

— Et aussi un intérêt personnel pour elle ?

— Je ne sais pas, mais cela risque de créer quelques ennuis. Première possibilité, le « protecteur » sait pour Solomaten. Alors il a peut-être envie de sortir Lily du 73e pour qu'elle ne prenne pas de mauvaises habitudes avec son nouvel admirateur. Et s'il ne sait pas, il souhaite peut-être la sortir pour la garder en vie. La manœuvre pourrait être habile. Primo, en faisant de Litvak une icône du genre « femme héroïque, sens du devoir, héroïne exemplaire, trésor national », impossible d'y toucher. Secundo : s'il raffine, à sa dixième victoire aérienne – surtout si elle est la première de toutes les femmes pilotes à atteindre ce score –, il bouge son maréchal et tous les deux offrent une grosse médaille à Litvak pour en faire un Héros de l'Union soviétique. Troisième et dernière étape : on la sort du front pour la montrer et l'offrir en exemple à toutes les femmes d'URSS. Bref c'est bon pour Litvak et bon pour le régiment.

— Vous, les politiques, vous êtes vraiment des types tordus. Les rois du billard à douze bandes.

— Pas du tout, mon cher colonel : de simple joueurs d'échecs. Comme toi... et, disons, Joseph Staline... À propos, tu savais que Kiritchenko, le type de Moscou que tu as eu au téléphone, passe pour être le meilleur copain du protecteur de Litvak. Lui, c'est un homme de Vorochilov. Comme quoi, on peut appartenir à deux pontes qui se haïssent et s'entendre parfaitement. À Moscou, ça marche quelquefois.

Chapitre 78

« Achtung... Litvak ! »

AMC 34, décembre 1942.

Suivi d'un journaliste en tenue de capitaine, Nikolaï Baranov poussa la porte du bunker de Lily et la présenta :

— Nous sommes très fiers de Lily. C'est à elle que vous devez parler.

— Cela commença plutôt mal, raconta peu après Ina Pasportkina. Lily venait de se coiffer et Katia lui avait posé des bigoudis en papier. Elle ignorait quoi faire ou dire dans une interview et gardait des leçons de Vassili une méfiance à l'égard de tout ce qui pouvait être écrit, surtout si c'était mis dans sa bouche. Gênée, elle se retourna et tenta de mettre son casque d'aviatrice sur ses bigoudis. Mais la masse était trop importante. Tournant le dos au reporter, elle sortit une écharpe de soie bleue de son sac et la noua autour de la tête et du menton. Le reporter la regarda. En dépit de sa coiffure peu seyante, il était évident qu'il était impressionné. Il remarqua : « C'est incroyable. Une jolie fille comme vous... pilote de chasse... » Ce qui était vraiment la dernière des choses à dire. Lily eut le sentiment qu'il la traitait avec condescendance et en fut offensée. Mais cela lui donna l'occasion qu'elle espérait secrètement : échapper à l'interview. Elle disparut du bunker pendant quelques instants et revint en me tirant par la manche. Je venais de finir de travailler sur le moteur d'un Yak et j'avait juste eu le temps de me nettoyer le visage et les mains. Lily dit alors au reporter : « Je vous présente Ina Pasportnikova.

Elle est bien plus intéressante que moi et elle sait tout sur tout le monde ». Puis elle mit sa veste et ses gants et quitta le bunker.

Le photographe prit quelques photos auxquelles Lily ne put se soustraire. Mais la jeune femme se montra plus avenante – les bigoudis avaient été enlevés – et, aux dires des témoins, elle était vraiment ravissante. Le reporter repartit très satisfait et quelques jours plus tard un long article sur ce pilote de chasse féminin fut publié dans l'un des grands quotidiens nationaux.

Instantanément, Lily Litvak devint célèbre, ce qui la laissa de marbre.

Ina et Katia en revanche n'osèrent jamais lui dire que c'étaient elles qui avaient fourni la plupart des détails au journaliste.

La population soviétique ne fut pas la seule à prendre connaissance de ses exploits. Les Allemands trouvèrent différents journaux qui l'évoquaient dans les ruines des villes ou villages abandonnés par les Russes en retraite. Et l'anecdote des petites roses blanches peintes sur le cône de son hélice fit le tour de toutes les bases nazies. Où, là aussi, son surnom de « Rose de Stalingrad » devint fameux et symbolique. Celui d'une femme pilote à abattre.

Chapitre 79

Le Sibérien

Front de Stalingrad, décembre 1942.

Un nouveau pilote arriva pour remplacer Boris Goubanov : le capitaine Igor Korneïtchouk, dont le frère était un poète assez renommé. Cheveux châtain foncé, épais, rebelles, assortis à la large cicatrice qui lui barrait la joue gauche, il ne manquait pas de charme. Sur les origines de sa balafre, le nouveau venu ne s'exprimait jamais. « Rien, une bagatelle ! », éludait-il quand on lui posait la question. Les yeux jaunes étirés vers les tempes, le nez busqué, mais surtout son regard froid, direct, aigu, un regard de « buzzard de l'Oural » disait Alexeï, n'incitant pas les interlocuteurs à insister.

Il présenta à Baranov sa feuille de route. Vingt-quatre heures plus tard, ses états de service expédiés par l'état-major de la division suivaient. Du lourd : trente et une victoires aériennes, les dix-huit dernières acquises au cours des quatre derniers mois. Avec une particularité : douze d'entre elles avaient été remportées contre des avions de chasse allemands. Lui disait « Hasard », en haussant les épaules. Il ne trompait personne : ses missions, il les conduisait d'abord en rapace, fondant sur les Messerschmitt ou les Focke-Wulf ennemis. « Chasseur de chasseurs » : tel était le surnom que lui donnèrent vite les mécaniciens.

Aux états de services était jointe une note estampillée « Confidentiel », sans copie, émanant de la direction politique de l'armée, destinée exclusivement au *politruk* du régiment, le commandant

Dobraje... L'ex-*politruk*, en réalité : le 9 octobre 1942, le comité d'État à la défense, dans sa politique de renforcement de l'autorité du commandement, avait décidé la suppression des commissaires politiques. Comme ceux-ci avaient fait le dur apprentissage de la guerre, l'état-major ne voulait pas perdre ces compétences : deux cents d'entre eux furent nommés à la tête de régiments, six cents autres de bataillons. On maintint cependant des « députés commissaires aux Affaires politiques ». Dans les unités, on continua donc à les appeler les *politruks*. Au 73e Régiment de chasse, le commandant Dobraje fut nommé adjoint du colonel Nokolaï Baranov.

Le contenu des documents ne fut pas divulgué par Dobraje, mais à l'armée des choses finissent souvent par se savoir. Sans qu'on en connût les raisons, quelqu'un appela un jour Igor Korneïtchouk, « le Sibérien ». Un surnom qui lui resta.

Dès le premier contact, l'homme inspira à Lily des sentiments contrastés. D'abord, il paraissait plus âgé que la majorité des officiers de l'unité : elle lui donna « presque quarante ans » mais Ina se moqua d'elle : « Quand on a vingt-deux ans, tous les hommes de plus de trente ans vous paraissent en avoir quarante ». Ensuite, et un peu à son corps défendant, elle était sensible à sa démarche légèrement chaloupée, son allure, sa « dégaine plutôt », pensait-elle, qui tenait davantage de l'aventurier que de l'officier d'aviation. Elle aimait aussi sa haute taille mais, dans le même temps, était touchée par sa maladresse quand elle le regardait glisser sa grande carcasse dans l'étroit habitacle du Yak 9. D'un autre côté, ses périodes fréquentes de long mutisme, son air de se moquer de tous et de tout, son ironie souvent mordante l'irritaient. Enfin et surtout, sa désinvolture vis-à-vis des dogmes de l'armée et du communisme qui, en d'autres temps, l'aurait rapidement expédié à Vorkuta ou Kolyma [110], la mettait franchement mal à l'aise.

— Avec ses conneries, il me fout carrément les jetons, confia-t-elle un soir à Katia. Un jour, il va se retrouver face à un peloton d'exécution du NKGB, avec, pour faire bonne mesure et plaisir au camarade Qui tu sais [111], quelques gars qui auront ri un peu trop fort de ses fines plaisanteries...

— Tout le monde sait qu'il n'y a pas d'Izvestia dans la *Pravda* (la Vérité) et pas de *Pravda* dans les *Izvestia* ! (Nouvelles).

— Tu parles !...

Et elle conclut, péremptoire :

— À ne pas fréquenter de trop près !

— Il y a pourtant beaucoup à apprendre de ce pilote, rétorqua Lily.

Ce fut lui qui l'entreprit, un soir.

— Vous tenez beaucoup à vos roses sur le nez de votre hélice ?

Il n'y avait pas eu d'entrée en matière.

— Oui. Beaucoup. Pourquoi ?

— Parce que ça signe votre avion !

— Et alors ?

— Si les Russes le savent, les Allemands le savent.

— Des Russes le savent... ouais, ici, dans ce régiment.

— Je ne parle pas d'ici ! Ailleurs.

— Ailleurs où ?

— Dans les autres unités.

— Tu me fais beaucoup d'honneur !

— Je ne te fais pas d'honneur. Je t'informe. Le Yak au nez blanc, c'est Lily Litvak.

— D'abord, ce n'est pas toujours Lily Litvak. D'autres pilotes se servent de Troïka !

— Mais le nez blanc, plus une certaine façon de voler, c'est Litvak.

Il réfléchit quelques secondes :

— Lundi dernier, midi, au-dessus de Ierchovka, c'était toi ! Avant-hier, à la verticale d'Abganerovo, ce n'était pas toi.

Sans ajouter un mot, il tourna le dos et se dirigea vers le bunker.

Secouée, Lily resta là quelques minutes, la mine soucieuse.

Chapitre 80

L'Enfer

Front de Stalingrad, AMC 34, nuit de la Saint-Sylvestre.

Le 31 décembre, vers 10 heures du matin, Alexeï avertit Lily qu'ils exécuteraient tous les deux une mission de nuit. Elle voulut en savoir plus, mais il éluda ses questions. Elle insista.

— Nous attendons confirmation de l'état-major. De toute façon, elle doit rester confidentielle. Toi et moi, nous en saurons plus ce soir, en temps utile !

Comme il n'avait pas l'air de vouloir s'étendre sur le sujet, et que son ton était sans appel, elle se le tint pour dit, mais subodora une affaire pas très orthodoxe.

À la tombée de la nuit, tout le régiment se mit à l'heure de la Saint-Sylvestre. Les cuisines avaient préparé avec soin ce qu'elles avaient mis de côté depuis un mois, en particulier des sardines à l'huile *Made in USA*. Un Tupolev TU-2, un type d'avion qui effectuait alors ses toutes premières sorties, s'était posé le matin même sur le terrain pour une courte escale. Tout le personnel de la base s'était précipité pour contempler cette curiosité. Cela ne facilita pas la sortie discrète de trois passagers clandestins : des porcelets roses et dodus, qui, selon le mot du trouffion qui aida à les débarquer, « n'avaient pas souffert des restrictions alimentaires imposées aux cochons à deux pattes ». Ceux qui les entr'aperçurent pronostiquèrent, non sans raison, que « les camarades cochons ne passeraient pas la nuit ».

La salle d'opérations se transforma en quartier général des

agapes. Un sapin étriqué avait été ramené d'un bois environnant. Un fil d'argent avait été posé sur ses branches. Un mécanicien l'avait « tissé » pendant quarante-huit heures à partir du papier d'étain des paquets de cigarettes collectés avec obstination depuis le début du mois de décembre.

Dès les premières bouteilles de vodka émergea le souvenir des anciennes fêtes mais dans l'esprit de chacun, elles semblaient appartenir à une époque révolue depuis si longtemps qu'on s'étonnait de voir réapparaître avec une telle précision des détails mineurs qu'on aurait juré gommés à jamais des mémoires.

L'intendant du régiment ayant reçu consigne d'être généreux avec l'alcool, mais pingre sur le tabac, plus rare, les souvenirs du passé se changèrent en chants russes nostalgiques entonnés en chœur sous la baguette alternative du responsable de la chorale du régiment ou des militaires plus ou moins ivres.

Vers 23 heures, Alexeï fit signe à Lily qu'il était temps d'aller se préparer. Ils quittèrent le bunker sans trop vaciller : ils avaient fait attention à ce qu'ils buvaient.

Marchant vers les avions, Alexeï prit la main de Lily. Elle fut émue jusqu'au plus profond d'elle-même. Mais le romantisme qui la submergeait fut bloqué net par une boutade de Locha :

— Nous faisons deux drôles de pilotes de guerre. Si Hitler nous voyait, il mourrait certainement de peur.

Elle eut envie de le battre, elle lui serra très fort la main.

La nuit était profonde, glaciale et belle. Le plafond était haut, le thermomètre très bas. Moins 35° sûrement, estima Locha. Sous les deux Yak, les mécaniciens faisaient brûler de l'essence dans des grands bacs plats pour empêcher l'huile de geler dans les moteurs.

À 23 h 45, une fusée verte donna aux deux appareils l'autorisation de décoller. « Si le terrain est bombardé dans les cinq minutes qui suivent, pensa sérieusement Locha, je passe en conseil de guerre et je suis fusillé ».

— Cette fusée, totalement interdite par le règlement de sécurité, est pour vous, lieutenant Litvak, dit-il.

Ils mirent d'abord le cap au sud, puis Alexeï vira sur sa droite plein ouest. Stalingrad devait se trouver devant eux, mais Lily ne voyait rien. Le front était calme, ce soir. « La trêve du Nouvel An, pensa-t-elle, paix aux hommes de bonne volonté... Façon de parler ! ». Locha avait imposé le silence radio mais bizarrement, Lily ne ressentait aucune tension autour de cette mission. Elle se sentait bien, et commençait à se convaincre que Solomaten – dans un accès de romantisme balte – avait décidé de lui offrir un somptueux cadeau : basculer d'année dans la paix infinie d'un ciel vide à 3000 mètres d'altitude. Une bouffée de tendresse la chavira de nouveau. Heureusement que le silence radio interdisait à Locha la sale blague d'homme qui gâcherait tout. Elle eut les larmes aux yeux de reconnaissance, son cœur battit plus vite. Elle se sentait bien et commençait à se convaincre que la vie entière leur appartenait...

Cette merveilleuse balade sous la lune – sans trop de lune dut-elle convenir – avait arrêté le temps. Elle consulta sa montre : il était presque minuit. Elle eut un geste d'amoureuse : elle se rapprocha de Locha. Pas trop, quand même : ils volaient à quatre cents kilomètres-heure et à 2000 mètres d'altitude, paramètres à prendre en compte, même dans le plus grand élan de tendresse amoureuse.

Elle se porta tout de même à sa hauteur. Malgré la nuit, elle le distinguait parfaitement dans son habitacle. Il était vraiment très beau... Dieu, qu'elle l'aimait ! Et dire qu'il n'était même pas son amant. Toutes ses bonnes résolutions : ne pas s'engager ; ne jamais tomber amoureuse ; fuir ses propres élans... Mais comment avait-elle pu faire de ces grands principes son évangile de vie depuis un an ! Elle était tout simplement folle ! Il fallait au contraire profiter pleinement de la vie, de chaque minute qui passait, même si elles vous étaient comptées, surtout si elles vous étaient comptées... Elle décida de se reprendre en main : elle était quand même en mission de guerre. Si un chasseur de nuit allemand s'était glissé derrière elle à ce moment-là, elle aurait rejoint le paradis des aviateurs sans même s'en rendre compte. Le camarade Saint-Piotr lui aurait peut-être simplement demandé la raison du sourire extatique qu'elle avait sur les lèvres.

L'avion de Locha n'était qu'à une trentaine de mètres du sien. Elle le vit alors distinctement lâcher son palonnier et mettre ses deux mains contre la vitre, puis faire disparaître chacun de ses doigts, l'un après l'autre, un à un. Machinalement, elle compta... huit, sept, six... il n'y avait plus qu'une main... quatre... trois... deux... un... zéro... zéro... zéro...

Et soudain, ce fut comme un énorme feu d'artifice...

Devant eux, presque sous eux, Stalingrad s'était embrasée. Des centaines de projecteurs de défense antiaérienne s'étaient allumés avec un ensemble parfait, enserrant la ville martyre dans une cage lumineuse parfaite. Des milliers de canons chargés d'obus traceurs ou éclairants tiraient sans interruption. Les lignes entières de feux des mitrailleuse à balles traçantes se croisaient, s'entrecoupaient. Des fusées éclairantes se balançaient lentement en descendant, freinées par leur parachute.

Un spectacle grandiose... Une représentation moderne de *l'Enfer* de Dante, pensa Lily. Elle avait lu quelques passages du livre offert par Vassili, pour qui elle eut une pensée, tout en ayant le sentiment de faire une infidélité, oh ! toute petite, à Alexeï.

Dans son avion, celui-ci était littéralement fasciné par ce qu'il voyait. Quelques secondes avant minuit, il avait enclenché les caméras spéciales, amenées le matin même par le Tupolev, avec une instruction comminatoire des services d'information de l'armée de les installer sur un Yak 9, afin de filmer la « colossale illumination, qui annoncerait au monde entier la victoire éclatante prochaine des troupes soviétiques à Stalingrad et la chute annoncée des barbares fascistes ».

Solomaten n'avait pas laissé à Baranov le temps de désigner quelqu'un pour la mission : il s'était immédiatement porté volontaire « avec Lily comme ailier ».

Partout, autour de la ville assiégée, pensait-il en cet instant, les équipes de propagande soviétiques étaient en action. Staline lui-même avait eu, paraît-il, l'idée de cette mise en scène. Les services secrets planchaient sur le meilleur moyen de faire parvenir une bobine du montage « au chancelier du Reich de mille ans » – Staline dixit.

Le problème n'était pas tant de faire passer la bobine aux Allemands, mais de s'assurer qu'elle arriverait bien dans les mains d'Hitler. La haute administration du parti nazi et de la Wehrmacht ferait sans doute tout pour s'y opposer. Quand on lui signala ce problème, Staline eut l'air songeur et laissa peser, semble-t-il, sur ses collaborateurs un regard lourd.

— Bonne année à toi, mon amour, dit Locha, d'une voix neutre, donnant à sa déclaration un ton de message codé.

Lily ne sut pas s'il s'amusait ou s'il était sérieux. Elle répondit, sur le même ton :

— Le voyage de noces est beau. Je répète : le voyage de noces est beau. Répondez.

— Il faut rentrer : le cochon n'attend pas. Je répète : le cochon n'attend pas...

« Le cochon n'attend pas » devint une de leurs devises favorites, à l'étonnement de certains de leurs interlocuteurs, perplexes. Il n'attendit pas, en effet. Ce soir-là, Katia fut priée d'aller coucher ailleurs, où elle voulait – elle opta pour le vieux fauteuil de la pièce de commandement de Niko Baranov.

Le lendemain matin, à l'aube, pour leur première mission, Lily fit remarquer qu'il ne pouvait, décidément, rien faire comme les autres : la nuit de noces après le voyage de noces, il n'y avait qu'un gars de Kalouga [112] pour avoir une idée pareille.

Chapitre 81

« Un Héros ne se tue pas pour une erreur de navigation. »

Front de Stalingrad, poste de commandement du 587e Régiment féminin de bombardement, janvier 1943.

Le 6 janvier 1943 fut un jour de deuil pour le 587e Régiment. Il venait de perdre son commandant.

Le 8 janvier 1943 au matin, Ina Pasportkina apprit de la bouche de Baranov la mort de Marina Raskova. Il l'autorisa à appeler le PC du régiment féminin pour avoir des informations complémentaires.

La base du régiment était située à une trentaine de kilomètres au nord de leur propre terrain. Elle eut très vite la communication. On lui promit qu'on la rappellerait sous peu.

Dans l'après-midi, elle eut sa grande amie Maroussia Tjurgan, la géante kazakh, au bout du fil.

— Non, Marina Raskova n'est pas morte à Stalingrad. Elle avait été envoyée quelques jours plus tôt dans la région du Kouban, proche de la Crimée, pour une opération spéciale. Je pilotais un des deux autres avions qui l'accompagnaient.

Notre retour était prévu pour le 6 janvier. Nous devions arriver à Stalingrad dans l'après-midi. Notre vol a failli être annulé : on nous avait prévenues qu'à l'arrivée le temps serait complètement bouché et qu'il neigerait. Et puis, il y a eu une accalmie et nous avons décollé... Je ne sais pas où était l'accalmie, mais en vol les conditions météo se sont abominablement dégradées. C'était du pilotage sans aucune visibilité, dans la tempête. Tout le monde était tendu. Pour nous décrisper, j'ai demandé à Marina si cela lui rappelait son record, en Sibérie. Elle m'a répondu que compte tenu de mon poids, je serais celle qui sauterait la première dans le vide pour alléger l'appareil. Tout le monde a ri. Même moi.

Comme leader, c'était Marina qui nous guidait. Erreur de navigation ? Mauvaise estimation de notre altitude ? Toujours est-il que nous étions plus bas que ce qu'elle estimait. Son avion a percuté le sommet d'une colline. Nous étions légèrement plus haut qu'elle. J'ai aperçu la colline au dernier moment. Il y a eu deux minutes de sport mais une ultime manœuvre m'a permis d'éviter le choc frontal. L'autre P-2 a accroché les sapins. La neige a amorti le choc et les deux équipages s'en sont sortis sans blessures graves. Quand on a retrouvé Marina, on a découvert qu'elle avait été éjectée et qu'elle était morte sur le coup. Nous avons eu la chance de nous en sortir... Beaucoup de chance !

Au 587ᵉ Régiment de bombardement, les filles qui chaque fois que la porte du bunker s'ouvrait, s'attendaient à voir leur commandant, prirent un gros coup au moral. Mais pas seulement au 587ᵉ. Marina représentait, pour toutes les volontaires de l'Académie Jouvkovski et d'Engels, l'héroïne des premiers jours, celle qui leur avait donné envie de piloter. Elle avait été le drapeau qui s'était levé pour elles quand le pays les avait appelées.

— Ce qui était formidable avec elle, confia encore la Kazakh à Ina, c'est que les honneurs ne lui sont jamais montés à la tête. La vénération dont nous l'entourions avait tendance à l'embarrasser. Tu diras à Lily que Marina nous avait confié un soir qu'elle l'aimait beaucoup. Elle disait qu'elle était probablement « la plus professionnelle de nous toutes ». Elle la citait en exemple, assurant que ce grand professionnalisme était la meilleure garantie qu'il ne lui arriverait rien, et certainement pas à cause d'une erreur stupide. Ce qui est triste, c'est qu'elle a trouvé la mort pour une erreur stupide, une erreur de navigation !

Ina rapporta la conversation à Lily, que la mort de Marina bouleversa, mais qui, pas une seconde, ne se laissa aller à une émotion trop visible. Ina pensa que la guerre avait vraiment endurci son amie.

— Confidence pour confidence, dit Lily, Raskova m'a déclaré le dernier jour à Engels que nous, les pilotes, nous nous lancions dans une aventure extrêmement dangereuse. Mais qu'une fille comme toi, avec ton intelligence, tes qualités, tes diplômes, serait très précieuse pour le pays après la guerre. En somme, qu'il ne fallait pas te faire prendre trop de risques. Elle m'avait aussi demandé de tenir cette confidence secrète.

— Les voix du Seigneur, et des chefs, sont impénétrables, dit la mécanicienne d'une voix sentencieuse.

La presse rendit publique la mort de Marina Raskova sans s'y attarder. Quelqu'un, en haut lieu, aurait murmuré : « Un Héros de l'Union soviétique ne se tue pas pour une erreur de navigation ».

Chapitre 82

Portés disparus

Ciel de Stalingrad, même jour.

Un autre drame secoua au même moment le 73e régiment de chasse. Le commandant en second Grigor Dobraje et le capitaine Igor Korneïtchouk furent portés disparus dans la nuit.

Ils participaient à une mission particulière. Le régiment devait larguer au-dessus des forces allemandes encerclées des piles de tracts livrés par avions spéciaux à quelques-uns des soixantes aérodromes militaires de campagnes construits par les Soviétiques dans les environs de Stalingrad.

Le contenu des tracts était imprimé en bon allemand. Tous les U-2 des différentes unités, « ces machines à coudre qui ronronnent au-dessus de nos têtes, juste pour nous troubler » disaient les Allemands, avaient été mobilisés pour cette promenade nocturne.

Il s'agissait d'une offre de capitulation honorable faite aux troupes ennemies assiégées par le commandement en chef soviétique. Le document s'adressait au général von Paulus, récemment promu maréchal, et à l'ensemble des soldats combattant à Stalingrad. Il était signé par le représentant du Quartier général du commandement en chef de l'Armée rouge, le colonel général Voronov, qui commandait toute l'artillerie du front de Stalingrad, et par le lieutenant général Rokossovski, sous les ordres desquels était placée la majeure partie des forces soviétiques qui encerclaient la ville.

Tout l'état-major et les pilotes du régiment de Baranov avaient lu le document avec la plus grande attention.

L'offre de capitulation commençait par une brève appréciation de la situation, objective et pertinente. On y insistait spécialement sur l'état catastrophique du ravitaillement, sur les troupes souffrant de la faim, du froid et de la maladie, sur le manque de vêtements d'hiver et les mauvaises conditions sanitaires. Il y était dit que les forces allemandes n'avaient plus de possibilités réelles de rompre l'encerclement, que continuer à résister dans une situation aussi désespérée n'avait plus de sens. En conséquence, le commandement supérieur de l'Armée rouge proposait toute une série de conditions de capitulation afin d'éviter de verser le sang inutilement.

Ces exigences étaient principalement de cesser la résistance et de remettre à l'autorité soviétique la totalité des effectifs en hommes, armes et matériels de l'armée allemande. La vie, la sécurité, une nourriture normale immédiate et des soins médicaux étaient promis aux soldats qui capituleraient.

Le délai de réponse à l'offre de capitulation était fixé au 9 janvier 1943 à 10 heures, heure de Moscou. La réponse écrite devait être remise à un point très exactement décrit de la position-verrou du nord par un parlementaire couvert par le drapeau blanc.

Le document s'adressait en conclusion au général commandant l'armée battue en l'avisant qu'en cas de refus de la proposition, les troupes de l'Armée rouge et son aviation seraient contraintes d'anéantir la place assiégée. Ce serait alors lui, le colonel général Paulus, qui devrait en porter la responsabilité.

De minuit à 4 heures du matin, les U-2 se relayèrent pour déverser des tombereaux de tracts sur toute la zone assiégée. La Flak allemande ne se manifesta que pour le principe et sans beaucoup de conviction dès qu'elle prit conscience que les « machines à coudre » ne bombardaient les positions qu'avec du papier.

Pourtant deux U-2 ne rentrèrent pas : ceux de Dobraje et du Sibérien.

Pour une raison simple, le Sibérien avait volontairement éperonné dans la nuit l'avion de l'ancien *politruk*.

Un vieux compte antérieur à la guerre venait de se régler.

Le Sibérien réapparut trois jours plus tard, amaigri mais en bonne forme, ramené par le véhicule de liaison d'un régiment du front. Il avait été abattu par la Flak, déclara-t-il. Il avait pu sauter en parachute et échapper de justesse, à la faveur de la nuit, aux patrouilles allemandes. Il se cachait le jour, se déplaçait dès que l'obscurité tombait, à l'en croire. Il avait survécu en pénétrant de nuit dans un bunker allemand et en tuant, au couteau, ses trois occupants.

Il ne dit pas que pour s'assurer un bon accueil des premières lignes soviétiques, vers lesquelles il se dirigeait prudemment chaque nuit, il avait coupé la tête de l'officier allemand tué dans le bunker, avait ramassé soigneusement ses papiers militaires, avait emballé la tête et glissé le tout dans son sac. L'ensemble, estimait-il, constituait le meilleur viatique pour rentrer dans les lignes russes. Où il était certain qu'on lui ferait bon accueil. Encore fallait-il ne pas se faire prendre par les Allemands d'abord, sous peine de voir son sac devenir alors un passeport garanti pour l'enfer, avec passage douloureux du Styx.

Mais il était homme à tenter ce genre de pari. Et il réussit. La tête et les papiers d'identités de l'officier allemand lui valurent un nombre incommensurable de toasts dans le PC du régiment qui l'accueillit et une monumentale gueule de bois le lendemain matin. Il dormit toute la journée.

— ...Et me voilà, mon colonel !

On l'interrogea...

— L'avion du commandant Dobraje ?

— Le commandant n'était pas rentré ?...

Non, il n'avait rien vu ! Le Sibérien, il faut le dire, faisait un innocent de premier ordre.

Baranov flairait néanmoins quelque chose de louche. Mais comme il avait d'autres chats à fouetter et, par ailleurs, aucune envie de voir le NKVD débarquer en force sur son aérodrome, il ne broncha pas. Et, ainsi qu'Igor Korneïtchouk l'avait prévu, le dossier fut classé.

De ce jour, Baranov affecta souvent le Sibérien aux missions les plus dangereuses. Mais Igor croisait le regard de Nikolaï souriant : ces risques n'étaient pas pour lui déplaire.

Lily resta perplexe devant les relations qui semblaient désormais régner entre les deux hommes. Elle s'en ouvrit à Solomaten, qui fit celui qui ne comprenait rien à la question de sa pilote préférée.

Le 1er février 1943, la garnison allemande de Stalingrad assiégée – ou du moins ce qu'il en restait – capitula.

Le maréchal von Paulus[113] entra dans l'Histoire par la petite porte : celle du premier maréchal allemand de tous les temps à avoir été fait prisonnier par l'ennemi.

Le général Vasilevsky dressa devant Staline le tableau des pertes allemandes pendant la bataille :

— 1,5 million d'hommes, environ 3 500 chars et canons d'assaut, 12 000 pièces d'artillerie et mortiers, environ 3 000 avions et une grande quantité d'autres matériels[114]...

Joukov en souligna les conséquences :

— Ces pertes en hommes et en matériels se répercuteront dramatiquement sur la situation stratégique générale du Reich. Ce sont les fondements même de toute la machine de guerre de l'Allemagne hitlérienne qui sont ébranlés.

Selon lui, la guerre serait gagnée, cela ne faisait plus de doute. Mais dans encore beaucoup de temps.

Troisième partie

La femme tueur

Chapitre 83

« Stalingrad va laver Staline de tous les crimes passés du régime »

Moscou, 1er février 1943.

Vassili Karev et son chef, le commandant Ramoudine, longeaient les murs du Kremlin sans presser le pas en dépit du froid glacial. Ils venaient de rendre visite au maréchal Chapochnikov dans sa datcha du bois d'Argent, où ses médecins lui avaient imposé une trop courte convalescence après une forte grippe qui révélait le lent délabrement de ses poumons. Ils étaient venus chercher des instructions, mais comme toujours, c'étaient les conversations « d'après travail » autour d'un verre de vin ou de vodka qui constituaient le sel de leurs rencontres.

Au mois d'octobre précédent, le maréchal avait reçu des mains de Staline son deuxième « Ordre de Lénine » à l'occasion de son soixantième anniversaire. Sa santé incertaine [115] lui avait valu de céder son poste de chef de l'état-major général à Vasilevsky, mais Staline l'avait conservé comme commissaire adjoint [116] à la Défense, le commissaire étant Staline lui-même. On parlait aussi de lui comme du prochain patron de l'Académie militaire Vorochilov, ce qui, compte tenu de ses relations exécrables avec Vorochilov, ne manquait pas de piquant. Il ne pouvait s'empêcher d'y voir, à juste titre d'ailleurs, la patte de Staline. Sa faveur, tant qu'il y avait faveur – et Staline avait la faveur utilitaire – limitait moins sa liberté de parole que sa prudence et son respect des règles du jeu imposées par le Commandant suprême.

Ramoudine, collaborateur très proche, ne dédaignait pas de se faire l'exégète de la pensée de son maître. Ces conversations séduisaient toujours Vassili, même s'il se méfiait un peu de la virtuosité verbale de Ramoudine, qui s'écoutait volontiers parler. Les deux hommes avaient demandé à leur chauffeur de les déposer à quelques centaines de mètres du Kremlin afin de se dégourdir les jambes... et de parler plus aisément.

— Stalingrad va laver Staline de tous les crimes passés du régime, disait avec conviction Ramoudine. Seront oubliés les famines, les purges, l'impréparation à la guerre, l'aveuglement de notre diplomatie internationale. Cette victoire va lui donner une légitimité nouvelle dans le pays et hors des frontières. Il va incarner la résistance à l'ennemi, il va avoir le visage du sacrifice victorieux. Il aura une adhésion politique et un consensus social sans précédent dans sa carrière politique.

— Cela va changer quoi ? demanda Vassili.

— Beaucoup de choses. Car le Staline d'après la victoire sera exactement celui des années 1935-1941. En pire, pour deux raisons. La première, c'est que son statut de vainqueur d'Hitler fera sauter toutes les barrières, tous les freins qui pouvaient limiter encore son pouvoir. La seconde, c'est qu'aucun homme ne s'améliore en vieillissant. Joseph Vissiaronovitch est âgé de soixante-trois ans. Ses traits de caractère s'amplifieront, ses méthodes ne changeront pas. Notre pays, et peut-être le monde, vont connaître des heures terribles. La seule limite à ses débordements sera la masse de souffrance que notre peuple a endurée et qu'il ne pourrait probablement pas supporter une seconde fois... Comme la France de 1940, qui ne s'est jamais remise de la saignée de 14-18 – ce que Chapochnikov, entre parenthèses, avait sous-estimé.

Vassili pensa que si Ramoudine avait raison – plaise au ciel que non –, ce genre de conversation serait difficile à tenir après la guerre.

Chapitre 84

Une deuxième serrure sur la porte

AMC 34, 4 février 1943.

Ina entra en coup de vent dans l'isba des filles.

— C'est une épidémie ! On nous envoie un second coupeur de têtes.

Lily sauta de son lit, Katia interrompit la lettre qu'elle écrivait. Depuis la chute de Stalingrad, elles avaient l'impression d'être en vacances. « Je vais peut-être demander ma démobilisation », avait raillé Katia.

— Un député aux Affaires politiques arriverait demain. En clair, sous un autre nom, c'est le *politruk* qui remplace Dobraje. Il paraît que dans toutes les FAS on l'appelle « le coupeur de têtes ».

— Le Sibérien, réveille-toi, un concurrent arrive, hurla Katia.

— Pourquoi ce surnom ? demanda plus prosaïquement Lily.

— Rapport à une opération qu'il aurait menée quand il a rejoint les partisans, en Biélorussie, après que son avion a été abattu. C'est un capitaine, il s'appelle Kola Kamyhkov. Il devrait-être là demain ou après-demain.

— Rapport à... l'interrompit Lily, avec une mine dégoûtée. Ina, tu devrais arrêter de fréquenter les mécaniciens : tu te mets à parler comme eux. Je te rappelle que tu es ingénieur.

— Avez-vous déjà coupé une tête, les filles ? demanda Katia, rêveuse. Je me demande quel effet ça fait.

— Tu n'as qu'à proposer le sujet pour un prochain cours

d'éducation politique, suggéra Lily. Après tout, c'est de la compétence de Kola Machintruc. Qui mieux que lui peut en parler ?

— Igor, proposa Ina.

— Vous n'allez pas commencer à les mettre en concurrence sur le sujet, protesta Lily. Mettez deux coqs en concurrence et vous verrez l'état de la basse-cour, comme on dit chez moi.

— Dans ta ferme de Novosloboskaïa à Moscou ? demanda, perfide, Katia. Cela dit, dans ta grande sagesse paysanne, tu n'as pas tort. Ina, aurais-tu la gentillesse de poser une deuxième serrure sur la porte. Une grosse, de préférence. Et peut-être aussi sur la fenêtre. Il faut admettre que cette base attire des types bizarres.

Le surlendemain, après le lever des couleurs, le colonel Baranov présenta le capitaine Kola Kamyhkov au personnel, rassemblé devant le bunker de commandement. Dès qu'elle vit l'officier, Lily se pencha vers Katia et murmura entre ses dents :

— Merde, mais je le connais. C'est mon *politruk* du bombardement de Moscou, celui que Vassili appelait l'Ogre.

— Nous voilà bien, dit Katia sans bouger les lèvres, un ogre coupeur de têtes. Je demande immédiatement ma mutation.

Baranov fit les présentations.

— Lieutenant Liliana Litvak. Huit victoires aériennes.

— Nous nous connaissons. Nous avons fréquenté les mêmes abris à Moscou.

— Vous m'avez reconnue, mon capitaine ? Mes félicitations. J'avais pourtant mis mon maquillage de poussière ce jour-là.

— Vous aviez surtout, si je m'en souviens bien, fait preuve d'une très grande modestie. Je garde en mémoire un « Je pilote » qui sonnait comme un défi mais que je n'avais pas pris très au sérieux, je le confesse. Je m'aperçois que j'avais tort. Mais je le sais depuis longtemps : j'ai lu vos exploits dans les journaux.

— J'ai entendu aussi parler des vôtres.

Kola Kamyhkov éclata d'un grand rire :

— Ah, non... ! Pas vous, pas ici !

Katia trépignait sur place, étouffée par ses rires :

— Ina, tu as manqué le théâtre aux Armées le plus grandiose de la bataille de Stalingrad... « Mon capitaine, quel plaisir de vous retrouver ! » « Moi de même, très chère, mais je suivais tous vos récitals grâce aux journaux... » « Est-ce vrai ? Je le vois bien, vous me flattez. Au fait, comment trouvez-vous mon maquillage ? » « Parfait, bien sûr ! Un peu couleur de poussière, peut-être... Mais rien ne m'aurait empêché de vous reconnaître. » « Faites-moi rire, capitaine, coupez-vous toujours des têtes ? « Pas un mot de plus, mon cher lieutenant, vous outragez ma modestie... ». En plus, il fallait voir la tête de Baranov ! Mongolien ! Les yeux exorbités, essayant de comprendre un mot de ce qui se disait, le regard allant de l'un à l'autre : il vivait un cauchemar, en espérant désespérément se réveiller. Ma vieille, c'est simple : c'était le hall du Bolchoï, transplanté à Ploucgrad, au moment de l'entracte, uniformes compris.

Un polochon traversa l'isba.

Chapitre 85

Le Boche à la rose

AMC 34, 10 février 1943.

— C'est un défi, s'exclama Lily.
— C'est un amoureux, gronda Locha.

« Qu'est-ce que c'est que ce con ? » se demanda plutôt Nikolaï Baranov. Il pensait : « Ce n'est pas vrai, dites-moi que je rêve : à midi, alors que l'on sort d'une bataille qui a fait près d'un million de morts, par une météo à ne pas mettre un U-2 [117] en l'air, entre deux tempêtes de neige, un Messerschmitt fasciste surgi de nulle part vient se balader au-dessus de ma base – sans, entre parenthèses, que ma DCA ne tire un obus – et, à son deuxième passage, verrière ouverte, jette une rose devant mon bunker comme si c'était au-dessus de la haie de mon jardin ! Je ne rêve pas, c'est un cauchemar ! J'en suis sûr : c'est un coup de Litvak !... » Il se reprit : « C'est un coup *à cause* de Litvak. Je vais leur raconter l'histoire, à la direction du personnel ! On verra si je n'avais pas raison de leur "casser les pieds avec mes histoires de *babas* !" ».

À la réflexion, il se dit qu'il ferait mieux de la boucler s'il ne voulait pas entendre parler toute sa carrière du Messerschmitt à la rose – on dirait un titre d'opéra. Sans compter que l'anecdote ferait le tour des ministères et pourrait remonter jusqu'à Staline : on le savait friand de ces ragots, le Petit Père des peuples, quand il avait multiplié les toasts.

Furieux, il hurla :

— Solomaten, règle son compte à cet abruti !

Le capitaine n'attendait que cet ordre, lui qui grattait quasiment du sabot devant le bunker. Il ramassa son parachute à la volée, mit quarante mètres dans la vue à son mécanicien pour arriver le premier au seul Yak en alerte, sauta sur l'aile...

Le personnel de la base était au spectacle.

— Un type suicidaire, proposait l'un, perplexe, ça existe.

— Tu rigoles, lui répondit son voisin, un grand mécanicien, en chassant de ses yeux l'épi blond qui risquait de lui faire perdre une miette de l'affaire. L'Aryen en avait marre de lire ou d'entendre toujours « Et Litvak par-ci... et la rose de Stalingrad, par-là », alors il a cramé sa bobine [118] et décidé qu'il allait se la faire, la chérie de papa Staline !

— Pas du tout, c'est son amoureux allemand. Il a collé sa photo, prise dans la *Pravda*, sur son altimètre et vient lui déclarer sa flamme. C'est le vol nuptial du hibou du Pripet.

— Faire le coq pour séduire une baba dont tes copains ont probablement tué la moitié de la famille, il bouillonne sous son casque à pointe, le Fritz.

— Moi, je le comprends, dit un autre.

— C'est pas toi qui te balades avec une photo d'elle dans ta poche intérieure, par hasard ?

— Il dit que c'est son porte-bonheur ! balança un troisième, peu charitable.

— Si Solomaten l'apprend, il te flingue dans la foulée de l'autre là-haut.

Un jeune artilleur, que le régiment avait récupéré à son retour de blessure et qui n'avait pas trop bonne mine, proposa d'une voix lasse une autre explication :

— Peut-être qu'il est comme nous, qu'il en a marre de cette guerre, de ces massacres, de voler pour tuer ou être tué...

— Un type qui a ses nerfs, quoi, ironisa un balourd.

— ...Alors mourir pour mourir, il a peut-être choisi de se foutre en l'air en beauté. Mourir – ou pas mourir d'ailleurs – pour les yeux d'une belle blonde, c'est pas mal. Au Moyen Âge, les boyards portaient les écharpes de leur belle à leur bras, quand ils disputaient des tournois. La rose, c'est l'écharpe de Lily !

Tout le monde le regarda comme s'il n'était pas près de guérir.

— Tu ne devrais pas rester aussi longtemps assis sur la culasse de ton canon, lui conseilla le grand mécanicien blond : se brûler les fesses, ça finit par brouiller le cerveau.

L'objet du débat s'était fait porter pâle : le cœur serré par l'inquiétude, l'esprit brouillé par la découverte d'un Locha si différent du combattant calme qu'elle connaissait – mais au fond d'elle-même, secrètement flattée de cette manifestation soudaine et aveuglante de la jalousie de « son homme » –, Lily s'était enfuie dans la salle d'opérations pour rester seule et ne rien voir du combat.

— La reine du tournoi se débine, remarqua une voix gouailleuse qui avait surpris sa fuite.

— Solomaten, à deux contre un, en moins de trois minutes, répondit en écho une voix forte.

Il ne fallut en effet que deux minutes à Locha pour offrir à sa belle, au milieu de la piste, le brasier d'un sacrifice humain digne des rois scythes.

Chapitre 86

Planer jusqu'aux lignes

Région de Rostov-sur-le-Don, aérodrome militaire de campagne n° 7, fin février 1943.

Le Henkel était condamné. Couverte par Locha, Lily s'était glissée derrière lui et ajustait ses courtes rafales. Elle pensa avoir tué à son premier passage le mitrailleur dorsal dont l'arme, une mitrailleuse MG 15 de 7,9 millimètres, pendait à l'extérieur de l'appareil, prise dans les remous du vent.

Elle s'approcha encore davantage pour viser le moteur de l'aile droite, quand une turbulence de sillage la fit sortir de l'angle mort. Et là, la mitrailleuse latérale du Henkel ouvrit le feu. La rafale atteignit le moteur du Yak, qui stoppa net. Une balle atteignit Lily à la jambe.

Son Yak piquant du nez, elle prévint Locha, qui se porta à sa hauteur. Elle ne lui dit pas qu'elle était blessée, malgré la douleur qui devenait de plus en plus forte.

— Tu veux sauter ? lui demanda-il.

Elle perçut une pointe d'inquiétude dans sa voix, mais peut-être, après tout, n'était-ce que le fruit de son imagination. Il calquait son vol sur le sien, à une trentaine de mètres sur sa droite. Une minute avant, il avait tourné autour d'elle pour inspecter l'appareil touché.

— J'aimerais mieux pas. En dessous, ce sont les Allemands, non ?

— Je le crains. Mais nos lignes ne sont pas très loin, tu devrais pouvoir planer jusqu'à elles.

Ils avaient trop d'expérience tous les deux pour ne pas imaginer en même temps le dilemme tragique auquel ils devaient faire face. Soit Lily sautait maintenant en parachute pour sauver sa vie, mais avec le risque de se faire tuer ou de finir la guerre dans un *Oflag*[119] en Allemagne. Soit elle essayait d'atteindre les lignes russes en vol plané mais, selon toute probabilité, ne disposerait plus à l'arrivée d'altitude suffisante pour permettre à son parachute de s'ouvrir. Il lui faudrait alors courir le danger d'un atterrissage en catastrophe, train rentré, sur le ventre.

Lily s'interdit de trop réfléchir. D'ailleurs, sa décision était prise. Elle ne tomberait pas aux mains des Allemands.

— J'ai fait du planeur à l'Ippodromo. Il doit bien m'en rester quelque chose, plaisanta-t-elle sans être sûre que sa voix respire vraiment la gaieté qu'elle feignait d'afficher.

— Tout le problème, c'est de garder une ligne de pente suffisamment forte pour conserver une vitesse qui te permette de planer en toute sécurité mais pas trop marquée pour que tu puisses attendre les lignes amies... Mais je suis tranquille, c'est un problème que nous allons résoudre.

— À t'entendre, j'ai l'impression que tu es assis que le siège arrière.

— Mais c'est exactement ça, lieutenant – il avait failli dire « ma chérie » – et nous allons nous en tirer.

Sa voix reflétait son sang-froid habituel et confortait Lily dans son propre calme. Elle se dit qu'elle tiendrait le coup même si elle ressentait par moment des accès de faiblesse dont elle ne savait pas s'il fallait les imputer à une angoisse latente ou aux premiers effets de sa blessure. « J'ai de la chance », se répétat-elle à plusieurs reprises pour se donner du courage.

— Ça va ? demanda la voix tranquille de Locha.

« Comme je l'aime, pensa-t-elle. Bon, ce n'était peut-être pas trop le moment ! »

Elle consulta son altimètre : moins de 1000 mètres d'altitude. Son inquiétude s'accrut. Elle eut envie de lui dire qu'elle était blessée.

Elle sentait son sang se répandre à l'intérieur de sa botte. Inquiète, elle avait besoin d'être rassurée, peut-être une envie indigne de se faire plaindre aussi... Elle haït une seconde la fillette qui renaissait en elle. Elle se reprit, tut sa blessure : elle ne ferait rien qui puisse l'inquiéter davantage. « Encore qu'une brute pareille, pour l'attendrir... » Elle débordait de tendresse. Et puis, elle avait besoin qu'il soit en pleine possession de ses moyens, à côté d'elle, pour les ramener à la maison.

Ils ne volaient plus qu'à deux cents mètres d'altitude quand ils virent les premiers signes annonçant la ligne de front : bunkers enterrés, postes de tir protégés par des sacs de sable, lignes barbelées.

— On y est, camarade ! (La voix de Locha à la radio était joyeuse.) Vous êtes un brave petit soldat.

Une minute plus tard, Lily aperçut un convoi de camions russes. Elle était enfin chez elle.

— Derrière la forêt, deux kilomètres devant, à 13 heures, j'aperçois des champs. Ils te plaisent ?

Lily tendit la tête dans la direction indiquée. Elle distingua un espace plat, recouvert de neige. Elle l'espéra épaisse, amortir le choc et réduire les risques d'incendie.

— C'est l'aérodrome central de Moscou, ironisa-t-elle.

— Tire légèrement vers ta droite et ne t'en fais pas.

Il faillit ajouter : « C'est un atterrissage comme un autre. » Ce qui était à la fois vrai et totalement faux. Inutile d'en rajouter. C'était une grande fille... Pas si sûr, d'ailleurs.

Elle regardait dans sa direction. Il lui envoya un baiser, et du pouce, lui fit signe d'y aller.

Une sueur glaciale collait dans le dos de Lily.

Comment sans se tuer, ralentir suffisamment un avion sans moteur, difficilement contrôlable, qui va arriver au sol avec 50 kilomètres à l'heure – au bas mot – de plus que pour un atterrissage normal ?

Comment résister physiquement au formidable ralentissement qui, en l'espace d'une seconde et de 50 mètres, va l'amener de 200 kilomètres à l'heure à l'immobilité totale ?

Comment protéger sa jambe blessée ?

Elle serra les courroies de son harnais pour être encore plus étroitement liée à son siège par les épaules et la ceinture. Elle baissa son siège afin de protéger sa tête si l'avion basculait sur le dos. Elle fit glisser vers l'arrière la verrière du cockpit en prenant soin de le verrouiller.

Parachute débouclé, tube à oxygène défait, elle enleva sa prise de radio après un ultime : « À bientôt » à l'intention de Locha.

Elle ne respira plus, vit la neige défiler à toute allure sous ses ailes, tira sur le manche progressivement, encore, encore... Et brutalement, le manche au ventre céda.

Un bruit effroyable de tôles déchirées, de pales d'hélice brisées, de terre, de neige, de pierres qui volent et s'écrasent sur le pare-brise lui déchira les tympans.

Une douleur intolérable dans les épaules cisaillées par les courroies du harnais lui fit pousser un cri.

Et le silence, soudain, devint absolu.

Il ne dura pas. Alexeï passa au-dessus d'elle, à vitesse réduite. Elle le devinait penché. Elle agita la main. Un signe de vie.

Elle retira son harnais, s'extirpa avec difficulté de l'habitacle, meurtrie de partout. Dans le cou, les épaules, à hauteur de ceinture. La douleur dans sa jambe réapparut infiniment plus forte qu'avant.

Elle tituba jusqu'à un chemin proche, agita les deux bras quand Solomaten repassa au-dessus d'elle.

Son pantalon et sa botte droite, rouge de sang, l'effrayèrent. Elle s'assit au bord du chemin, ôta son écharpe qu'elle déchira pour s'en faire un garrot et un pansement.

Locha, moteur à fond, rentra à la base.

Sur le bord du chemin, Lily s'évanouit.

Les hôpitaux de campagne se trouvaient en général à deux ou trois kilomètres de la ligne de feu. Appendice d'une armée, d'une division ou d'un régiment, ils étaient liés au mouvement de l'unité dont ils dépendaient. Il n'était pas rare de les voir se déplacer de plusieurs kilomètres dans une journée. Souvent aussi, les blessés qui avaient besoin de soins devaient parcourir des distances de trente à cinquante kilomètres, à pied, en *valenkis*, par des températures qui pouvaient aller jusqu'à – 40°. Et beaucoup n'y arrivaient jamais. L'autre façon de s'y rendre était le « camion-stop ».

Petit hôpital de campagne de 50 lits, l'E.G. 939 [120] était prévu pour les blessés graves et très graves. Son installation n'avait présenté aucune difficulté car toutes les maisons du village qu'il avait occupées étaient vides. Le chef de l'hôpital n'avait eu que l'embarras du choix. Plusieurs chirurgiens opéraient, aidés d'une douzaine d'infirmières et d'infirmiers brancardiers.

Quand Lily y fut déposée par un camion militaire, elle n'eut pas trop à attendre avant d'être prise en main. Une femme lieutenant en tenue d'aviateur ne pouvait que retenir l'attention d'une équipe médicale pourtant surchargée. La balle dans sa jambe fut extraite sans difficulté. Le chirurgien lui tendit un morceau de métal déformé, partie de la balle restée dans sa jambe.

— Cela vous rappelera peut-être, à l'avenir, d'éviter ce genre d'ennui.

La période post-opératoire préoccupait le chirurgien qui l'avait opérée : Lily avait perdu beaucoup de sang. Ce qui l'inquiétait, c'était la chute brutale de la température enregistrée depuis la veille : en ce début du moins de mars, elle venait de tomber à – 40°, et l'hôpital d'évacuation ne disposait pratiquement plus de moyens de chauffage. Tous les stocks de bois avaient été brûlés, le charbon était épuisé, les poêles en carreau de faïence froids et les services arrière du front du Don n'avaient rien envoyé.

— Le bois de chauffage ne figure pas sur la liste des produits nécessaires, expliqua le médecin chef à Lily, pâle et frigorifiée.

Claquant des dents, elle n'était pas en état de juger s'il plaisantait ou parlait sérieusement. C'est lui qui fit des pieds et des mains pour obtenir une liaison par radio avec le terrain du 73e : il ne voulait pas la laisser longtemps dans ce frigorifique.

De violents combats se déroulaient dans la région. Entre la salle d'opération et la chambre où on avait logé la jeune femme avec d'autres blessés, elle eut des visions d'horreur et elle, qui se croyait pourtant blindée, se sentit mal à plusieurs reprises. Des hommes avaient été brûlés au lance-flammes, paquets de viande boursouflée et informe, n'ayant plus de visage humain. Un autre avait eu la mâchoire emportée par un éclat d'obus et le chiffon qui obturait sa plaie n'empêchait pas de voir la trachée-artère, d'où son souffle s'échappait par bulles. Une rafale de mitrailleuse avait broyé l'épaule et arraché le bras d'un troisième blessé, affublé d'un pansement de fortune qui arrêtait avec peine le sang.

L'hôpital essayait désespérément d'héberger quatre fois plus de blessés que prévu, la plupart dans un état grave. Certains avaient été transportés dans les salles du *Sielsoviet*[121] situé à proximité. Ils étaient allongés à même le sol, les plus heureux disposant de quelques brins de paille pour les isoler d'une terre glaciale.

Le chef de l'hôpital arborait un uniforme de major-médecin, qui ne l'empêchait pas d'avoir l'air totalement dépassé par les événements. Lily l'imaginait plus volontiers dans une datcha cossue de petite ville de province ou dans un cabinet étriqué d'une rue de Moscou à soigner des grippes qu'à administrer un enfer gelé de jambes amputées, de corps brûlés et de poitrines béantes.

Il installa Lily dans une chambre chauffée uniquement à la chaleur humaine. Trouvant en elle une auditrice complaisante – malgré son épuisement, elle avait tellement l'impression que sa blessure n'était qu'une égratignure à côté des souffrances qu'enduraient tous ces garçons, qu'elle était prête à tous les dévouements, y compris celui de l'écouter –, il la prenait à témoin de la situation qu'il vivait.

— L'équipe des médecins et d'infirmières que j'ai sous mes ordres est absolument impeccable et digne d'éloges, tant pour le travail professionnel que pour leurs qualités humaines. Ils travaillent tous 20 heures sur 24, se reposent quelques heures tout habillés et recommencent chaque jour. Leur épuisement est total. Pourtant, poursuivait-il, si on peut s'accommoder des blessés, comment lutter contre le froid ?

En effet. Les carreaux des fenêtres, rendus opaques par la glace intérieure et la neige à l'extérieur plongeaient les salles dans une semi-obscurité triste et poisseuse. L'air dans la pièce était bizarrement divisé en deux couches, nettement distinctes : diaphane en bas, il devenait à un mètre du sol un brouillard glacé, épais à couper au couteau. On n'entendait aucune respiration. C'était comme si les malades n'osaient souffler de crainte de laisser s'envoler le peu de chaleur qu'ils dégageaient eux-mêmes.

Les blessés graves et très graves, opérés ou à la veille de l'être, se voyaient couchés tout habillés, pêle-mêle sur le sol nu, sans matelas, sans drap, sans couverture, sans un brin de paille, dans une maison non chauffée, par – 30° à l'extérieur. Le plus insupportable, c'était le silence. Pas un mot, pas un murmure, pas une plainte, pas un gémissement. L'état de résignation, de prostration des soldats était tel qu'il ne leur venait même plus à l'idée de se plaindre ou de protester.

Malgré le froid, malgré une puanteur tenace comme de la poix, Lily, vidée de ses forces, s'endormit comme une souche.

À son réveil, Alexeï était à son chevet.

Les analgésiques manquaient – et d'autres en avait davantage besoin qu'elle, – sa jambe était douloureuse, mais sa main dans celle de Locha valait cent fois tous les autres soins. Il était tendre, attentionné, prêt à la couvrir à chaque secondes de baisers malgré la gêne qu'ils éprouvaient sous le regard des compagnons de souffrance de Lily. Encore que l'un d'eux, un officier de sapeurs au crâne scalpé par un coup de pelle qui lui avait aussi sectionné une oreille – il s'était battu au corps à corps et avait utisé l'outil quand ses munitions avaient été épuisées – se soit exclamé, au moment où Locha offrait à Lily les cadeaux qu'il lui avait apportés :

— Ne vous gênez pas pour moi, j'ai l'impression d'être au cinéma à regarder un film d'amour américain !

Du coup il avait hésité à sortir un exemplaire des *Poèmes d'amour* de Simonov, avec en page de garde « À Lily, mon amour ». Il avait eu moins de scrupules à lui offrir sa petite dague personnelle, avec son fourreau de cuir, dont il venait de graver le manche du double *LL* des initiales de son aimée.

Une ambulance du régiment était arrivée. En soutenant Lily pour l'emmener, il lui confia à l'oreille que quand Baranov lui avait annoncé, après l'appel du chirurgien, qu'elle avait été opérée, il avait failli s'évanouir.

Chapitre 87

Le retour de la fille prodigue

Novoslobskaïa, quartier nord de Moscou, fin février 1943.

Une héroïne nationale a tout de même le droit de rentrer dans ses pénates pour retrouver un peu de confort et surtout l'amour maternel.

Lily rentra donc rue Novoslobskaïa, chez elle à Moscou.

Son petit frère, Youri, qui ne loupait rien des aventures de Liliana, avait bien sûr pris soin d'avertir tout le monde dans le quartier.

« Ma sœur revient à la maison ! Ma sœur revient à la maison ! » braillait-il à qui voulait l'entendre.

Il faut dire que *la Rose de Stalingrad* était très attendue non seulement par sa famille mais aussi par les Moscovites et particulièrement les gens de son immeuble qui l'avaient vue grandir. Tous y allaient de leur commentaire. Fier de « bien connaître » l'héroïne du Peuple, l'Exemple National. Chacun persuadé qu'il avait depuis longtemps, bien avant la guerre, décelé chez cette camarade une future femme d'exception.

Plus que jamais, l'*opravdum,* la gérante de l'immeuble qui se targuait d'être une amie des Litvak, n'était pas la dernière. D'ailleurs n'avait-elle pas prédit à Anna Vasilneva le destin tragique, mais lui aussi héroïque de son mari ! Et de conclure toujours par un grandiloquent : « Décidément cette famille a le sens du devoir et du sacrifice dû à la Mère Patrie ! L'honneur dans le sang ! »

Les temps étaient durs et pourtant tous avaient apporté un petit quelque chose à Anna Vasilneva. Qui un peu de café, qui un peu de farine, en prenant toujours soin d'ajouter : « C'est pour Liliana, dites-lui bien que c'est de ma part. Elle le mérite. » Signe de reconnaissance envers la jeune femme, qui montrait à ses sales Boches que les Russes avaient de l'honneur et du courage, mais aussi, pour beaucoup, dans l'espoir que la jeune héroïne, à leurs yeux désormais proche du pouvoir, ne les oublierait pas une fois la guerre finie et saurait faire preuve de reconnaissance.

Anna Vasilneva n'était pas, du moins en apparence, aussi euphorique que ses concitoyens. Elle était bien évidemment éperdument heureuse de revoir sa petite fille chérie, elle avait bien sûr hâte de serrer très fort dans ses bras sa Lily adorée, et d'entendre son bébé lui murmurer « Mamouchka tu m'as manqué ! », mais elle redoutait de la voir transformée, fatiguée, amaigrie. Elle avait peur de ne pas la reconnaître, de ne pas savoir quoi lui dire et surtout, par-dessus tout, de la voir repartir. Elle avait déjà perdu un mari, sa fille, toute héroïne du peuple qu'elle était, n'était après tout qu'une enfant de 21 ans qui venait d'échapper par miracle à la mort. Elle ne supportait pas l'idée qu'elle puisse vouloir retourner au front sous les hourras de la foule, encouragée par le Petit Père des Peuples lui-même. Lily lui avait épargné dans ses lettres ce qui se passait vraiment là-bas, sur le front, mais elle n'était ni sourde, ni dupe. Elle savait, du moins elle imaginait, l'horreur, le sang, la mort. Et ce n'était pas là que sa fille, sa si jolie petite fille, devait être. Ce n'était pas là sa place.

Tandis que Youri collectionnait fièrement tous les articles concernant sa sœur tant admirée, elle tremblait en silence à la lecture des combats de sa fille, l'imaginant seule, là-haut dans les nuages, face aux Fritz qui ne voyaient pas qu'en face ce n'était qu'une enfant !

— Mamouchka, c'est moi !, dit Lily tout sourire sur le pas de la porte.

Tout ce qu'Anna Vasilneva avait pu imaginer n'était rien en comparaison du choc visuel qu'elle venait d'avoir. Oui, sa fille était bel et bien devant elle, en vie.

Mais où était sa petite Lily ? Face à elle, une femme, les traits tirés – oh belle toujours – mais si différente, si loin de l'enfance. Certes elle avait toujours ce petit air buté qu'elle lui connaissait bien, mais où étaient passées ses joues roses, ses pommettes que son père pinçait en riant ? Où étaient ses yeux frondeurs et moqueurs qui la faisaient chavirer, elle et son mari, quand Lily essayait de leur extorquer quelque permission de sortie ?

Anna Vasilneva se ressaisit, il fallait goûter au bonheur de la retrouver, ne pas se laisser aller à penser au passé.

Sans un mot, les larmes retenues, elle prit sa fille dans ses bras et la couva de mille baisers.

Lily, qui s'était juré de ne pas flancher, redevint immédiatement la petite fille qu'elle avait enfouie au fond d'elle parce qu'elle n'avait pas sa place dans un Yak. Elle se laissa aller presque chancelante, bercée quelques instants par la douce voix de sa mère qui lui chantait à l'oreille sa berceuse préférée faisant resurgir les souvenir d'un passé devenu étranger et pourtant pas si lointain !

Youri avait désormais douze ans, Lily le prit dans ses bras, le fit virevolter, il riait aux éclats.

— Je vole ! Je suis pilote ! Tu sais Lily, moi aussi un jour je serais comme toi, pilote de chasse !

Une lueur sombre passa dans les yeux d'Anna Vasilneva : « D'ici là j'espère, mon fils, que la guerre sera finie, pensa-t-elle, il ne peut en être autrement. Je ne le tolérerai pas. »

Youri, pendant ce temps, entraînait déjà sa sœur dans sa chambre. C'est là qu'elle découvrit, mi-amusée mi-médusée, la collection d'articles que la *Pravda* et les *Izvestia* lui avaient consacrés. Jusqu'ici elle n'avait pas songé vraiment à sa « popularité ».

— Je les ai tous Lily, tous ! Regarde ça, c'est un article sur toi dans *Le journal des forces aériennes soviétiques*. Je les colle dans ce classeur. Tous les copains m'envient. Je suis si fier de toi ! Je t'aime !

Et il riait, il l'embrassait. Seul avec sa mère depuis la mort de leur père et le départ de sa grande sœur, Lily lui avait tellement manqué. Ces quelques articles ne le quittaient jamais. C'était comme si, avec eux, elle était encore près de lui les soirs où il était triste, les soirs où son papa lui manquait, les soirs où il savait que maman pleurait en silence.

— Ma sœur, ma Lily, tu es invincible ! C'est écrit dans le journal !

Cette nuit-là, alors que Youri s'était endormi tout habillé, collé contre sa sœur sur le canapé du salon, Lily écoutait sa mère lui parler du quotidien.

— Ici c'est vraiment dur tu sais chérie. Nous n'avons plus de quoi nous chauffer, nous n'avons rien à manger. Tiens, pas plus tard qu'hier, alors que je faisais la queue devant le magasin d'alimentation, deux femmes se sont battues pour un morceau de pain. Et c'est comme ça tous les jours. Les enfants volent les pommes de terre des voisins, les tickets sont rares. Il y a bien le marché noir mais le moindre litre de lait, le moindre gramme de farine ou de blé est exorbitant... Au fait, tu as vu c'est la camarade Y qui t'a rapporté de la chicorée. Ça doit bien faire depuis la mort de papa que je n'en avais pas vue.

— Je n'en veux pas, maman. Garde-la précieusement, tu la prendras avec Youri...

Les jours passèrent ainsi tranquillement pour Lily, rythmés par les visites quotidiennes des uns et des autres venus voir celle qui avait fait la Une de la *Pravda*.

Et à chaque fois la ritournelle des plaintes recommençait : « Ah Liliana si tu savais comme ici c'est dur ! » Oui elle savait, on ne faisait que trop le lui répéter. Les temps sont durs, tu parles... moins qu'au front en tout cas ! Elle avait envie de hurler : « Foutez-moi la paix avec vos petits soucis, la guerre m'attend moi, la vraie ! » Mais elle se retenait, elle souriait, elle acquiesçait, et surtout elle était plus que tendre avec sa mère, ne voulant pas la brusquer, faisant tout pour la voir sourire. Et elle ne se lassait pas du bonheur de son petit Youri.

Depuis l'arrivée de sa fille, Anna Vasilneva se mordait les lèvres pour ne pas lui poser la question qui la taraudait. Elle finit par oser, un soir, à la tombée de la nuit :

— Tu vas repartir ?

— Oui Mamouchka... oui.

— Tu dois repartir ? Vassili Karev pourrait faire en sorte que tu restes, non ?

— Oui, peut-être. Mais je ne le lui demanderai pas.

— Tu veux repartir ?

— Oui maman.

— Mais pourquoi ?

Parce que ma place est là-bas, parce que c'est là que je sers mon pays.

« Parce que c'est là-bas qu'il y a l'homme que j'aime, avait-elle envie d'ajouter, parce qu'ici les gens sont petits et se battent pour un bout de pain alors que les pilotes se battent pour un idéal, pour la Patrie, et que là-bas quand on pleure c'est uniquement en souvenir d'un des nôtres, mort pour vous. » Mais tout cela, elle se garda bien de le dire à sa mère.

Comment lui expliquer, comment lui faire comprendre sans la heurter ? Comment lui raconter qu'entre la misère ici et celle sur le front, un monde les séparait ? Comment lui dire aussi l'exaltation dans le Yak, la sueur qui colle aux tempes, dans le dos, face à l'ennemi, et le sentiment de retour de mission, la peur et la joie mélangées ? Comment avouer à sa mère que, paradoxalement, ce n'est que là-bas qu'elle avait le sentiment de vivre ?

Anna Vasilneva aimait sa fille passionnément. C'était pourtant la première et dernière fois qu'elle lui posa la question. Elle connaissait Lily. Même si elle avait beaucoup changé, elle était restée la même sur un point. Quand elle avait décidé quelque chose elle ne changeait jamais d'avis.

Lily allait donc repartir au front. Anna Vasilneva ne comprenait pas : à 20 ans on est insouciant, on aime le printemps, les balades entre filles, les petits flirts avec les garçons, on aime séduire. Pourquoi sa fille voulait-elle retourner vers des hommes, des soldats, en guerre ? Pourquoi voulait-elle repartir vers des avions qui mènent à la mort, vers la peur, la sueur et le sang ? Entre les deux femmes, malgré l'amour, l'incompréhension revenait.

Ce soir-là Lily éprouva le besoin d'écrire à Locha :

Mon Amour,

C'est affreux, je suis à Moscou, au milieu des miens. Je devrais être heureuse et pourtant tout me paraît étranger. Tu me manques à un point que tu n'imagines pas.

Mon frère me fait la fête. Je fonds mais je sais que je vais le quitter non sans un vrai déchirement. Je n'ose pas croiser le regard de ma mère tant je sais que tout cela ne fait que la peiner. Elle s'efforce, bien sûr, de me le cacher, mais ses esquisses de sourires ne me trompent pas. Je sais que chaque fibre de son être est imprégnée de la souffrance de me voir repartir.

Pourtant rien ne peut me garder éloignée de toi, de ta peau, de tes lèvres chaudes. Je rêve chaque nuit à nos étreintes, à tes mains qui m'enlacent, qui me serrent, qui parcourent ma chair, tendue de désir.

J'ai besoin de sentir ton corps vivre et vibrer sur le mien, de deviner ton souffle court dans mes cheveux.

Non décidément rien ne me fera rester ici à Moscou.

Ta Lily.

Avant de repartir pour Rostov, Lily qui physiquement, merci les voisins, allait beaucoup mieux, apprit qu'une représentation avait lieu au Bolchoï.

Elle en avait parlé à Vassili au téléphone le matin même. Il était absent de Moscou : la *Stavka* préparait les plans de l'offensive de l'été 1943 et dépêchait des spécialistes sur le terrain. Le théâtre était complet, mais quand on s'appelle Vassili Karev et que la *Rose de Stalingrad* est annoncée, des places peuvent se libérer. Il rappela donc Lily quelques heures plus tard pour lui dire de se faire belle et lui souhaiter une bonne soirée.

Anna Vasilneva, qui comme toute bonne Russe savait faire des merveilles avec trois bouts de tissus, confectionna une robe sobre, mais qui alla à ravir à Lilly, assez contente de retrouver un brin de coquetterie vestimentaire.

Accompagnée de sa mère, Lily n'en crut pas ses yeux. Comme si le temps s'était arrêté juste avant-guerre : le théâtre était sublime, les hommes plus beaux que jamais et les femmes rivalisaient d'élégance. Mais elle n'eut pas le loisir d'admirer ce tableau bien longtemps car, assez rapidement, ce fut bel et bien elle qu'on observait. Tous les regards convergeaient vers l'aviatrice.

« Je ne rêve pas », se disait Lily. Parfois sur leur passage, les belles Moscovites et les hommes se retournaient et murmuraient « C'est elle, c'est *la Rose de Stalingrad* ». La rumeur se répandit comme une traînée de poudre. Lily, à la fois timide et fière, releva instinctivement le menton. « Pour toi maman » pensa-t-elle.

Sa mère se moqua gentiment :

— En d'autres temps on aurait dit une débutante faisant son entrée dans le grand monde !

— Tais-toi, rétorqua Lily, je savoure.

Le reste de la soirée se déroula comme dans un songe. Parfois elle croisait un regard qui la dévisageait dans la pénombre du théâtre. Lily retrouvait ses 19 ans.

Un instant elle eut une pensée pour Locha. Que faisait-il en ce moment alors qu'elle admirait le spectacle ? Que faisait son amant alors qu'elle se montrait aux bras de celui qu'elle avait aimé ? Mais elle ne voulut pas bouder son plaisir, pas ce soir.

Longtemps elle conserva dans la mémoire la soirée exceptionnelle qu'elle venait de passer, les murmures dans son sillage, les belles toilettes, la féerie du lieu, faisant briller dans les yeux de sa maman une lueur depuis longtemps éteinte. Sa mère souriait enfin. Cela lui fit plaisir.

Cette nuit-là Lily dormit très mal. Tiraillée entre, malgré tout, le désir de rester près des siens – Youri si drôle, si mignon, si fier, pas encore un homme, son petit frère qu'elle avait toujours protégé et sa mère si douce, si fragile, si seule, sa mère qu'elle avait enfin vu sourire pour la première fois depuis la guerre après cette soirée au Bolchoï – et l'envie de retrouver Alexeï, sa peau, son odeur, son sourire éclatant après une mission. Alexeï qu'elle devait surveiller dans le ciel, qui avait besoin d'elle pour rentrer sain et sauf à la base, et qu'elle épouserait c'est certain à la fin de cette foutue guerre.

À cinq heures, elle se réveilla en sueur. Son petit frère était venu la rejoindre dans son lit. Il dormait, comme toujours dès qu'il le pouvait, collé à elle. Elle alla boire un verre d'eau dans la cuisine, sa mère était déjà réveillée...

Les larmes aux yeux, Lily la prit dans ses bras :

— Je t'aime Mamouchka.

— Je sais, lui répondit Anna Vasilneva.

À sept heures, Lily embrassait son frère, qui sautait partout dans la maison.

— Sois forte grande sœur ! Continue à tuer du Boche !

À la fois triste et fier, il ne savait comment supporter le départ de son aînée si ce n'est par une sorte de joie bondissante cachant mal son sentiment mitigé.

Lily embrassa longuement sa mère qui la fixa une dernière fois, avant de murmurer un inaudible :

— Sois prudente...

Chapitre 88

Être seul

Rostov-sur-le-Don, début mars 1943.

Lily retrouva avec plaisir l'aérodrome de Rostov qu'elle avait quitté dix-neuf jours plus tôt. Cela lui avait paru fort long.

Le contrôle des gardes du NKGB semblait plus pointilleux que d'habitude. Elle dut attendre dans une file. Alors qu'elle prenait son mal en patience, elle reconnut, au loin, une silhouette familière...

On dit dans toutes les forces aériennes du monde que la spécialité d'un aviateur se lit dans son allure. Le pilote de chasse est vif, souple, possède un regard. Celui d'un bombardier cultive le calme, la solidité, la sérénité et la pipe. Plus massif physiquement, il avance lentement, les pieds posés à plat sur le sol, les jambes souvent écartées. Lily qui avait lu ça quelque part, l'avait rapporté à Vassilli. Il était parti d'un fou rire.

— Il n'y a pas que les aviateurs. Le maréchal français Murat, le beau-frère de Napoléon, disait que si on mettait cinquante cavaliers nus devant lui, il dirait, sans se tromper une seule fois, qui était chasseur à cheval, hussard ou cuirassier. Il faudra d'ailleurs que je demande à un copain de la cavalerie si, aujourd'hui, l'allure du pilote d'un blindé de reconnaissance est différente de celle d'un conducteur de char lourd.

La silhouette entrevue par Lily était, bien sûr, celle de Locha. Lily se réjouit qu'il ait pu s'échapper pour venir la retrouver. Mais elle se rembrunit. Il n'avait pas le pas vif et sa tête baissée n'affichait pas le « regard » du chasseur. Même à distance, il apparut à Lily que l'attitude de son amant trahissait davantage la fatigue et la préoccupation que le plaisir de la revoir. Elle l'attendait fou d'impatience, poussant des épaules les militaires sur son chemin, bousculant les barrages de l'aérodrome pour l'apercevoir plus vite... Elle l'imaginait lui faisant des grands signes, pourquoi pas, soyons folle, lui lançant des baisers. Mais rien. Le plat absolu. La mer d'Azov un jour de canicule.

Lui mit du temps à la découvrir, se fendit d'un vague sourire, d'un geste incertain de la main et attendit que les services de sécurité la libèrent. « Foutu amant ! » pensa Lily, hésitant entre les larmes, le « Il ne m'aime plus » et la nécessité de reprendre du poil de la bête en allant voir de plus près de quoi il retournait exactement. À titre de mesure conservatoire, elle lui tomba tout de même dans les bras et l'embrassa fougueusement.

Alexeï tempéra ce zèle avec tendresse, la prit – fermement – par le bras et la tira à l'écart.

— Excuse-moi mon amour, mais j'ai une saloperie à t'annoncer...

Lily sentit ses jambes se dérober sous elle.

— Niko a été tué !

Elle faillit pousser un ouf de soulagement – et ne se pardonna jamais cette réaction. Des semaines plus tard, encore, la nuit surtout, il lui arrivait de se réveiller, de s'asseoir sur son lit et d'attendre que son dégoût d'elle-même passe. Cette réaction viscérale de femme aimante lui apparaissait comme une monstruosité, un pic d'égoïsme, la preuve d'une immaturité insupportable et repoussante. Ce qu'elle résumait en elle-même par : « Je ne suis pas une jolie personne ». Mille fois, elle eut envie de confier sa détresse à Locha, mais jamais elle ne le fit. Un péché trop grave, même pour être confié à son confesseur, si elle en avait eu un. C'était ridicule, mais c'était comme cela. C'était surtout Lily. Elle était ainsi faite.

Nikolaï Baranov avait été pris à partie par deux Focke-Wulf. Son équipier, touché lui-même, avait été impuissant à le défendre. Moteur en flammes, l'avion du commandant du 73e Régiment de chasse avait percuté le sol sur une rive du Don.

Solomaten demanda alors à Lily l'autorisation de l'abandonner ce soir : il avait besoin d'être seul.

Lily découvrit dans sa chambre au camp une lettre de Katia qui, ne l'ayant pas trouvée à Moscou, avait été réexpédiée. « La poste aux armées s'améliore », pensa-t-elle.

Katia n'avait appris que tardivement la nouvelle de sa blessure, profitant de quelques jours de permission lorsque son amie s'était posée sur le ventre. Elle lui donnait donc des nouvelles de la base, commençant par les mauvaises : « Un nouvel officier était arrivé, le commandant Martinouk. Il fait office d'adjoint : les anciens tirent la gueule. Et Baranov n'est pas content de l'accueil que le régiment fait au nouveau... L'atmosphère s'en ressent... » Puis poursuivant par la bonne : « On commence à parler de toi comme chef d'escadrille... Un galon de plus à l'horizon, ma fille... mais seulement quand tu auras récupéré ta jambe... et fait tes preuves de chef ». « Ce n'est pas pour demain », pensa Lily.

« Ton amie Katia.

PS. Je joins à ce courrier une lettre de Katia Pabst. Lis-la : tu vas rire. »

Katia Pabst était navigatrice au 588e, devenu 46e régiment de la garde. Le ton de la lettre traduisait le degré d'excitation de l'auteur.

« Ma vieille, écrivait Katia, il est arrivé une aventure extraordinaire à Ira Kacherina, dont tu te souviens sûrement : elle semait la panique sur le pas de tir à Engels, chaque fois qu'elle se saisissait d'une arme...

Une contre-attaque allemande nous a obligées à évacuer en urgence notre aérodrome afin de nous replier sur une base moins exposée, vers l'est. Repli organisé sans hâte, pour une fois. Tous les avions décollent, sauf un, en panne, sur lequel travaillait Sonia Azerkova. Sonia dit à Berchanskaya qu'elle pense pouvoir le remettre assez vite en état de marche. Ira, qui est navigatrice, mais qui, tu t'en souviens, était bonne pilote, se propose pour rester avec Sonia. Depuis Engels, elles sont très amies. Elles ramèneront l'U-2.

Malheureusement, la panne s'avère plus difficile à réparer que prévu, et les Allemands étaient là avant que l'avion ne puisse voler. Ira et Sonia n'ont pas le choix : elles ouvrent les robinets de carburant et inondent l'appareil de toute l'essence qu'elles peuvent trouver. Puis Ira tire une balle dans le moteur, l'avion s'embrase... Elles ne demandent pas leur reste : au pas de gymnastique, direction la forêt la plus proche.

Je te passe tous les détails de leur fuite, il y aurait de quoi écrire un livre ! Elles ont été obligées de marcher dans la forêt parallèlement à la route principale. Les Allemands y grouillaient. À un moment, elles s'offrent une trouille de première grandeur : cinq camions s'arrêtent à leur hauteur. Une compagnie entière saute pour se précipiter dans la forêt. Elles n'ont eu que le temps de plonger dans les ronces. Les Fritz avaient dû faire de la route : elles n'ont jamais vu autant d'hommes pisser aussi longtemps. Remarque, c'est peut-être aussi le temps qui leur a paru long. Ira prétend qu'elle a compté au moins dix sexes de mecs tendus vers elle, qui urinaient dans sa direction. On lui a demandé si c'était excitant. Elle a répondu : "Comme des bœufs qui pissent !" Érotisme de filles de ferme. Sonia a raconté que leur vraie peur, c'était d'être prises de fou rire. Sûrement l'énervement.

Elles ont réussi à traverser la route, de nuit, entre deux passages de chars. Elles avaient repéré un village sur leur carte. Elles l'ont trouvé. Il n'y restait que des femmes et des enfants. Pas un seul homme, même âgé. Une patrouille allemande était venue, puis repartie. Ira et Sonia ont alors échangé leur uniforme contre des habits de paysannes. Sonia est certaine qu'ils n'avaient pas été lavés depuis le début de la guerre. Elles ont donné leurs derniers carrés de chocolat aux enfants qui les ont pris et les ont avalés, sans dire un mot. On voit qu'il n'y a plus de père pour les talocher. Il va falloir reprendre ça en main, après la guerre.

Les voilà reparties – avec le sentiment que les villageois n'étaient pas mécontents de les voir déguerpir.

Trop d'Allemands traînaient dans le coin, la gâchette et le peloton d'exécution faciles. Il faisait très froid. Ira et Sonia en avaient marre. Leur déguisement, pensaient-elles, leur permettait d'emprunter maintenant les chemins. Elles se forçaient à prendre la démarche des campagnardes : on avance les pieds écartés. Elle portaient même du bois sous le bras, pour faire vrai.

Au moment où elles se disaient que les lignes amies ne devaient plus être très loin, elles tombèrent nez à nez, à la sortie d'un virage, avec deux soldats allemands. Nez à nez, c'est une façon de parler parce que l'un des deux Boches trifouillait dans le moteur d'une moto apparemment en panne et que l'autre était assis sur le devant du side-car de la moto. Sur le side-car était fixée une mitrailleuse. Il paraît que d'abord, elles n'ont vu qu'elle – déformation professionnelle, je suppose...

Ira et Sonia ne peuvent rien faire d'autre que continuer à marcher. Simplement elles baissent encore plus la tête. Ça chagrine l'Allemand du side-car, qui a envie de voir les minois qui se cachent là-dessous. Il se relève. Le Fritz de luxe, équipé de pied en cap : tenue camouflée, lunettes sur son casque, mitraillette en travers de la poitrine. L'autre, accroupi, n'a jeté qu'un coup d'œil aux arrivantes et replonge le nez dans son moteur. Tout ce que remarque Sonia, c'est qu'il est blond.

Quand elles arrivent presque à leur hauteur, l'homme casqué leur barre la route, et arrête Ira en lui posant violemment la main sur la poitrine.

Il lui relève ensuite le menton pour l'obliger à lever la tête. Tu connais Ira : elle n'a pas trop aimé. Il lui enlève le foulard qu'elle avait mis et s'adresse en rigolant à son copain. Celui-ci se redresse et se rapproche à son tour. Ira laisse tomber son bois. Sonia, qui a un peu de retard à l'allumage, met un peu de temps pour comprendre ce qu'ils avaient en tête : s'offrir du bon temps ! Voir le soldat allemand prendre Ira par le bras et l'entraîner vers un trou dans la haie qui bordait la route a dû l'aider à sortir de l'innocence. Ira a dégagé son bras, indiquant à l'Allemand qu'elle préférait sauter seule du fossé. Le Boche, qui a déjà l'esprit dans sa braguette, la précède. Ira, en profite pour mettre sa main droite dans sa poche.

Elle crie soudain à Sonia : "Ton revolver, ton revolver !" Elle-même a sorti son TT 7,62 d'ordonnance. L'Allemand qui se voyait déjà au septième ciel et qui traversait le fossé, se retourne : il la voit armer son arme. Il en reste bouche bée. Pas longtemps : avant qu'il ait eu le temps de dire quoi que ce soit, il avait deux balles dans le corps. Façon de parler, car la première balle lui est rentrée dans l'œil, la seconde en pleine poitrine.

Sonia a entendu la scène plus qu'elle ne l'a vue : elle n'arrivait pas à sortir son revolver, coincé dans sa poche. "Son" Allemand, dépassé par les événements, s'emmêlait les mains dans la bretelle de sa mitraillette passée autour de son cou. Entre nous, deux drôles de fantassins, Sonia et lui.

C'est Ira qui lui a tiré deux balles dans l'estomac. Sonia, en

Arménienne qui arrive après la bataille, l'a achevé d'une balle dans la tête...

Ma vieille, tu dors six mois dans un dortoir à côté d'une amie. Et tu découvres un beau jour que c'était une tueuse ! »

Lily se dit que c'était bon de retrouver Katia.

Chapitre 89

Un visage blanc comme neige

Rostov-sur-le-Don, 11 avril 1943.

Une journée de paix. Il est des jours où, dans une guerre, à un moment précis, à un endroit donné s'arrête, pour un temps, la folie des hommes. Cela peut durer une semaine, une journée, trois heures, une heure...

Par cette belle journée d'avril, la base connaissait une de ces accalmies. Pas de mission de combat, quelques-unes, de reconnaissance, le matin. De simples vols d'entraînement, l'après-midi.

Lily, Katia et Ina étaient allongées sur l'herbe, profitant du soleil. Elles parlaient, s'interpellaient, riaient aux éclats. Ina pensa qu'en cet instant, son amie Lily était l'image même du bonheur. Envolé le teint pâle de sa convalescence, les cernes marqués, les rides de fatigue qui tiraient les yeux et la bouche vers le bas. Elle avait perdu depuis longtemps les joues de ses premières semaines à Engels et c'était un visage de femme qu'offrait maintenant cette jeune fille ayant fêté ses vingt et un ans il y a quelques mois seulement.

Lily se mit sur le coude de pour regarder le décollage de deux Yak. Celui de tête était piloté par Locha, celui qui suivait par un nouveau venu qui avait rejoint le régiment quatre jours auparavant. Le nouvel arrivant, un peu plus jeune que Locha, n'avait pas encore une longue guerre derrière lui, mais il n'était pas non plus un de ces débutants que les FAS leur envoyaient frais émoulus des académies de l'air et dont l'espérance de vie s'élevant à quelques jours, tant on les envoyait désarmés au combat : aucune expérience, une formation trop hâtive que seul le don et surtout la chance permettaient parfois de surmonter... Le même phénomène frappait d'ailleurs la Luftwaffe. Jamais les usines allemandes ne produisirent autant d'avions qu'en cette année 1943. Mais si les chaînes des usines enterrées de Bavière et de la Ruhr fabriquaient encore les appareils nécessaires aux *Luftflotte,* les pilotes de qualité susceptibles d'en tenir les commandes se faisaient nettement plus rares.

Le ballet aérien qui se jouait au-dessus de leurs têtes ne manquait pas d'agrément.

Sans s'en rendre compte, les trois jeunes femmes lui portaient une attention différente. Ina écoutait avant tout le bruit des moteurs, attentive à déceler toute imperfection dans leur chant. Katia suivait le simulacre de combat dans son ensemble, observant les adversaires dans l'enchaînement de leurs manœuvres, à sa manière, elle apprenait encore. Lily regardait, elle, d'abord et avant tout l'appareil de Solomaten.

— J'apprends toujours quelque chose à voir voler Locha, dit-elle, rêveuse, à Katia.

— Preuve que l'amour ne rend pas forcément aveugle ! l'épingla celle-ci avec ironie.

À un moment le nouveau venu se retrouva en mauvaise posture et les deux jeunes femmes l'encouragèrent de vive voix.

— Vous vous croyez au stade ? se moqua Ina. À qui s'adressaient ces cris ? Au nouveau, pour qu'il s'échappe ? Ou à « Solo » pour qu'il l'achève ?

Elle n'obtint pas de réponse : la tension, soudain, était montée d'un cran.

Les exercices de combat aérien commencent en général en altitude et se finissent couramment en rase-mottes. Combien de fois, elles-mêmes, au combat, avaient perdu un adversaire menaçant en s'en débarrassant par un piqué éperdu ou une fuite en zigzag au ras du sol, en évitant les obstacles naturels, arbres, clochers, bâtiments, forêts quelquefois, lignes électriques... quand il en restait.

À basse altitude, Alexeï imposait à son adversaire des virages de plus en plus serrés. Les deux Yak évoluaient au ras du sol, à une vitesse critique, proches du décrochage. L'objectif d'Alexeï était d'obliger le nouveau à rompre le combat. Affaire de nerfs, il céda, remit les gaz et sortit de la spirale. En combat, la manœuvre mène à la mort une fois sur deux, l'adversaire se replaçant immédiatement dans le sillage de l'avion qui a rompu le combat. Et c'est ce que fit Solomaten : il amorça le virage qui le ramènerait derrière son ennemi.

Mais sur le terrain, tout le monde vit que son avion n'avait pas la vitesse suffisante pour réussir la manœuvre.

Lily resta pétrifiée. Elle suivit la glissade qui amena l'aile de Solomaten à toucher le sol avant que le moteur ne retrouve suffisamment de puissance pour tirer appareil vers le haut.

Empennage cisaillé, le Yak s'écrasa sur le sol.

Une ambulance roulait sur le terrain en direction du point d'impact. Lily et Ina avaient sauté sur le marchepied et s'agrippaient pour ne pas tomber à chaque traversée d'ornière.

« Le visage de Lily était blanc comme neige, raconta Ina ensuite. Elle ne pleurait pas et était incapable de dire quoi que ce soit. J'ai posé mon bras sur son épaule et je lui ai dit que comme il n'y avait ni fumée ni flammes, Alexeï était peut-être sauf. Elle ne répondit pas. Elle savait aussi bien que moi qu'on ne réchappe pas à des accidents de ce genre. »

Il n'y avait pas eu d'explosion, mais l'impact avait rejeté le moteur à l'intérieur du fuselage. L'habitacle était broyé.

Lily enfouit son visage dans ses bras lorsque les hommes parvinrent enfin à retirer le corps d'Alexei.

« C'était étrange, témoigna Ina, son visage était presque intact avec ses cheveux blonds et ses traits réguliers. Il semblait ne pas avoir eu peur. Mais la partie inférieure de corps était comprimée au tiers de sa taille. Quand les sauveteurs l'enveloppèrent dans la soie de son parachute et avant qu'ils ne l'emportent, Lily s'agenouilla auprès de lui. Elle découvrit le visage de son amant de vingt-trois ans, et embrassa son front. La terrible angoisse qui l'avait saisie au moment du drame n'avait pas quitté son visage, mais à ce moment-là, elle ne pleura pas. Accrochée à sa taille, elle portait toujours la petite dague au manche gravé qu'Alexeï lui avait offerte un jour. Elle la retira et la plaça à l'intérieur du parachute ».

Puis Lily Litvak recouvrit du léger tissu gris le beau visage de l'homme qu'elle aimait.

C'est par cette belle journée de paix que prit fin la guerre du capitaine Alexeï Solomaten.

Le lendemain de sa mort, Lily fit peindre par un mécanicien une grande rose blanche sous l'habitacle de son Yak.

Il y avait huit mois, jour pour jour, qu'elle s'était posée à Stalingrad et qu'elle avait croisé pour la première fois le regard bleu d'Alexeï.

Chapitre 90

La Rose cible

AMC 7, 15 avril 1943.

Trois jours étaient passés. Un matin, Ina entreprit Lily, qui inspectait avec elle Troïka, sérieusement touché la veille. Sa réparation prendrait toute la journée. Pour les missions de l'après-midi, Lily volerait sur un autre Yak.

— Tu ne peux pas laisser cette grosse rose sur Troïka. C'est inepte.

— Pourquoi ?

— Ne me prend pas pour une imbécile : tu le sais parfaitement.

— Je ne vois pas...

— Ce que tu ne vois pas, je vais te le dire ! Cette rose énorme, c'est aller placarder toi-même sur tous les terrains de la Luftwaffe que tu mets ta propre tête à prix. L'équivalent de ces affiches que l'on voit dans les westerns américains : « WANTED ! Lily Litvak, dite la Rose de Stalingrad. Morte ou vive – de préférence morte. Récompense : une Croix de fer [122]. C'est ce que tu cherches ?

Après la mort d'Alexeï Solomaten, Lily repartit au combat avec une énergie désespérée et implacable qui inquiéta tous ses proches. Intrigué, le colonel Martinouk, qui avait succédé à Nikolaï Baranov, convoqua d'ailleurs Katia et l'interrogea sur ce comportement.

— Nous haïssons tous les Allemands, lui répondit la jeune

femme, mais dans l'intensité de cette haine, personne n'égale Lily.

— Est-ce la première fois que vous la voyez dans cet état ?

— Elle a toujours réglé un compte personnel avec les Allemands. Cela remonte à la mort de son père, tué au début de la guerre. Elle n'a jamais rechigné à aller au combat, mais aujourd'hui elle va plus loin, plus souvent. D'ailleurs, elle est épuisée. À la fin de chaque journée, elle s'abat sur son lit et s'endort comme une masse.

Ina Pasportkina, interrogée à son tour, confirma :

— Elle donne l'impression de ne pas vouloir se laisser une seule minute pour penser à la mort du capitaine Solomaten. Elle vole d'ailleurs toujours avec, sur elle, une photo de lui. Elle a été prise l'automne dernier. Ils sont assis tous les deux sur l'aile de Troïka.

— Elle vous parle parfois du capitaine ?

— Pas un mot ! Jamais.

Chaque fois qu'elle en avait l'occasion, Lily volait désormais avec Igor Korneïtchouk. Une complicité non exprimée semblait les rapprocher. Ce qui ne l'empêchait pas d'être très hostile à la rose dessinée, ce qu'il ne lui avait pas caché.

— Vous défiez les dieux ! lui dit-il en souriant. La qualité qu'ils préfèrent chez les simples mortels, c'est la modestie.

— Si c'est mon destin de les rejoindre..., avait répondu Lily, avec un geste fataliste.

Un soir, où il était passé la voir dans son bunker, elle s'ouvrit à lui :

— Quand on a vu trop de gens mourir autour de soi, quand ceux que vous aimez le plus s'en vont, vous savez que votre tour viendra. Le mien arrivera donc, tôt ou tard. Avant, je veux simplement emmener le maximum de Boches avec moi. C'est tout ! Alors, Igor, rose ou pas rose sur mon avion, cela ne change pas grand-chose. C'est simplement une façon élégante de dire adieu.

— Mieux vaut tard que tôt. Ne serait-ce que parce que cela te permettra d'envoyer davantage de Fritzs *ad patres*.

Surpris par le ton désespéré de la jeune femme, c'est tout ce qu'il avait trouvé à répondre. Probablement parce qu'il savait, au fond de lui-même, qu'elle avait raison.

Cette philosophie, Katia Boudanova ne la partageait pas. À travers les drames – et la mort de Boris Goubanov en avait été un, secret, pour elle – elle conservait non seulement l'instinct de vie et même une joie de vivre, aussi paradoxal que le mot paraisse dans des temps aussi tragiques. À Engels, on l'appelait souvent « la Chanteuse », parce qu'on la surprenait fréquemment en train de fredonner.

À sa manière, elle veillait aussi sur Lily. C'est par Katia que Lily apprit ainsi que Valentina Grijoubova s'était fait une spécialité, sur son U-2, de ravitailler de nuit en munitions, nourriture et médicaments les partisans qui opéraient derrière les lignes allemandes. L'hiver quand la neige était trop haute pour se poser, il lui arrivait même de larguer des hommes sans parachute de son U-2. La couche épaisse amortissait le choc.

Par Katia, encore, tout récemment, qu'Antonina Bouderova, qui voulait être vétérinaire, avait accueilli dans son bunker par une nuit glaciale de cet hiver, un louveteau égaré qui s'était tranquillement endormi au pied de son poêle, histoire qui avait enfin dessiné un vrai sourire sur le visage de Lily. Le premier depuis longtemps.

— Je pense que Lily et Katia se soutiennent mutuellement, avait déclaré Ina au colonel Martinouk, quand celui-ci l'avait interrogée. Lorsque l'une est particulièrement déprimée, l'autre est là pour l'aider. Sans Katia, à mon avis, Lily n'aurait pas survécu longtemps à la mort d'Alexeï Solomaten.

Katia espérait bien que ces nouvelles ou ces anecdotes contribueraient à éloigner peu à peu son amie de ses noirs fantasmes et redonneraient du goût à son existence. Mais, par prudence, quand elle apprenait la mort d'une camarade, elle préférait ne jamais lui en parler.

Chapitre 91

Laissez Moscou brailler !

AMC 7, avril-mai 1943.

Lily aimait voler avec le Sibérien. C'était une belle après-midi d'un printemps qui s'installait. Ils patrouillaient au-dessus des territoires aux mains de l'ennemi. Leur contrôleur au sol les prévint que cinq avions allemands suivaient une route parallèle à la leur, à une dizaine de kilomètres au nord. Igor accusa réception du message :

— Ici 12... On va aller jeter un coup d'œil sur nos oiseaux.

Les deux Yaks changèrent de cap. Deux minutes plus tard, ils prirent de l'altitude et manœuvrèrent pour avoir le soleil dans le dos.

Ils repérèrent assez vite les Allemands. Cinq chasseurs. Des Focke-Wulf, en formation en V.

« Vu... On rentre », pensa Lily.

— Troïka, on attaque ! Couvre-moi.

« Il est fou », pensa Lily en un éclair, mais elle bascula pour prendre son sillage.

Porté par l'effet de surprise, le Sibérien tomba sur le dernier appareil de la formation allemande, qu'il exécuta à bout portant. Le pilote mourut sans avoir compris ce qui lui arrivait.

Sans chercher à connaître le résultat de son attaque, le Sibérien encadra ensuite un second Focke-Wulf dans son collimateur et écrasa la détente. Un panache de fumée s'échappa du moteur atteint. Au même moment, le premier Focke-Wulf explosait.

Les trois autres appareils allemands s'étaient égayés. Les

contrôleurs au sol les entendirent crier « Litvak ! ». Ils reprirent immédiatement une formation de combat. « Sûrement des vétérans », jugea Lily puisqu'ils réapparaissaient en attaque frontale. Un virage serré sur l'aile : le Sibérien faisait face.

Lily se croyait revenue aux heures de ses combats avec Locha. La chef d'escadrille retrouva immédiatement ses réflexes d'équipière. Elle se rapprocha encore de l'appareil d'Igor.

Tout alla très vite. Les trois Allemands et les deux Yaks fonçaient les uns sur les autres, face à face. « On va se volatiliser, pensa Lily en rentrant instinctivement la tête dans les épaules. Dans un dixième de seconde, je plonge ! » Elle se sous-estimait. Le Sibérien ne modifia pas d'un iota sa trajectoire : à distance de tir, il ouvrit simplement le feu.

Les avions se frôlèrent à moins de trois mètres. Les turbulences les secouèrent. Le moteur d'un Allemand brûlait. Un parachute s'ouvrit.

Les deux Allemands survivants ne lâchèrent rien et revinrent à la bagarre. Le combat, acharné, dura quelques minutes. Lily ne quitta jamais la queue du Yak du Sibérien. Ni les Allemands ni eux ne trouvèrent la faille.

Le magasin de munitions du pilote russe fut vide le premier. L'essence baissait dans les réservoirs. Les Allemands ne devaient pas être mieux lotis car pendant quelques minutes les appareils tournèrent les uns autour des autres, s'observant, sans trop s'approcher.

— Des chiens qui tirent encore sur leur laisse mais qui sentent qu'ils ont perdu beaucoup de forces dans la bagarre, plaisanta Igor, à la radio.

Lily, fatiguée, se demanda s'il parlait d'eux ou des Allemands.

— Vous êtes bien l'équipière que l'on vante, lieutenant Litvak, ajouta-t-il en riant.

— Je vous rappelle que je suis chef d'escadrille, capitaine, lui répondit-elle sur le même ton.

Le soir, le Sibérien fit un saut dans le bunker de Litvak. Il s'assit sur une chaise et étendit ses longues jambes.

— C'était un beau combat, dit-il.

— Une affaire de fous furieux. Toi surtout ! Les Allemands aussi. Dans le fond, j'étais le seul pilote avec une once de bon sens, cet après-midi, dans ce coin de ciel. La prochaine fois que tu auras un coup de folie, oublie-moi ! Choisis un jour où tu voles avec quelqu'un d'autre !

— Pourquoi ? Tu ne t'es pas amusée ?

— Je ne me suis pas amusée, je t'ai suivi. Sans penser à rien d'autre. Ton attaque était suicidaire !

— Pas du tout. Surprise... On en descend deux, les autres s'enfuient.

— Eh bien, ceux-là ne m'ont pas semblé s'enfuir... Me trompé-je ?

Lily souriait.

Lui, pas tellement.

— Je vais te donner mon avis : ceux-là ont vu ta rose. Ils se sont dit : « Litvak ! C'est le jour où jamais ! » Une envie, comme ça, d'être des héros... Et ils sont revenus au combat !

— Tu fais la guerre aux Allemands ou à mes roses ?

Au même moment, le téléphone sonnait dans le bureau du commandant du régiment. Il était en grande conversation avec Kamykov, le *politruk*.

— Colonel Martinouk. Ramoudine, du 4ème Bureau, *Renseignements militaires,* à l'appareil... On nous parle encore de la rose du Lieutenant Litvak ! Nous avons un faisceau d'informations qui concordent : les Allemands veulent la peau de Litvak... Et on me dit qu'elle se ballade toujours avec cette rose sur son appareil. Bon Dieu, combien de temps cela va-t-il encore durer ? Cette fille est un héros national, on s'intéresse à elle en haut lieu, et vous l'envoyez avec un oriflamme à la boucherie.

— Litvak refuse de faire disparaître sa rose !

— C'est vous le patron, merde ! Qui commande chez vous ?

— Je n'ai pas été formé à entraîner les mules dans l'aviation russe. J'ai osé parler une fois avec un journaliste du problème que la rose de Litvak nous posait. Il a pris son parti. Il prétendait que c'était une icône et que la rose faisait partie de la décoration du tableau.

— Vous n'avez qu'à m'envoyer votre journaliste !

À Moscou, Vassili Karev félicita Ramoudine :

— Vous avez été parfait, patron !

À l'AMC 7, Kola Kamykhov dit à son colonel :

— C'est le journaliste qui a raison. Sans sa rose Litvak n'est rien ! Son symbole la dépasse. Il participe du mythe Litvak dans la population.

— Et moi, je décide quoi, là-dedans ?

— Vous laissez faire. Le destin individuel ne compte plus. Les héros de légende meurent jeunes. Litvak n'est pas Alexandre le Grand, mais désormais elle servira aussi bien sa patrie en mourant au combat qu'en tuant quelques boches de plus qui, d'ailleurs, sont condamnés. Laissez faire le destin et laissez Moscou brailler.

Dans le bunker de Lily, Igor avait pris un ton grave et parlait comme pour lui-même.

— On se bat mieux quand la mort vous est indifférente...

Personne ne pouvait mieux comprendre que l'amante d'un Locha disparu ce que lui disait le Sibérien. À elle aussi, la mort était indifférente et elle se battait bien. Même si au fond elle se disait que l'amour était plus tueur que la haine : en six mois de combat aux côtés de Locha, elle avait abattu neuf avions allemands. Depuis deux mois, mue par la seule haine, elle n'en avait ajouté que deux à son tableau de chasse.

— Dobraje ? lui demanda-t-elle, poussée par une soudaine intuition.

— Non, Dobraje, ce n'était rien. Mon frère est mort en camp. Il n'avait rien fait, sinon une méchante plaisanterie. Pendant des mois, jour après jour, en cachette, il a tissé avec chaque bout de ficelle ou d'étoffe qu'il a pu trouver la corde dont il avait besoin pour s'étrangler. Il l'a attachée au pied de l'escabeau fixe, puis s'est couché sur le sol et s'est enroulé la corde autour du cou jusqu'à ce qu'il soit étouffé. Il a mis une dizaine de minutes à mourir. Dobraje, alors à la NKVD, traînait dans le coin. Son rôle n'a pas été clair. Je l'ai éperonné la nuit des tracts, au-dessus de Stalingrad. Il a payé. C'est tout.

— Alors, pourquoi mourir ?

— Parce que je suis condamné à mort.

— Toi ?

— Oui, le destin est un secret d'État.

Lily se taisait, de crainte d'interrompre la confidence.

— Dans les tout premiers temps de l'invasion, Staline a encore cherché un accord avec Hitler, une espèce d'armistice. La percée allemande était foudroyante. Le monstre pensait qu'il fallait s'entendre à moindre frais avec l'autre monstre. Des contacts ont été amorcés par l'entremise de l'ambassade de Bulgarie. J'étais très ami avec l'attaché militaire bulgare. Il m'en a parlé...

— Et alors ?

— Alors, voilà, je suis l'homme qui sait. Pour l'instant, Staline a d'autres chats à fouetter, mais il n'oublie jamais rien. Dès que la victoire sera acquise, il effacera soigneusement toutes les traces de sa lâcheté passagère. Il n'y a pas de maréchal Pétain dans la Grande Union soviétique victorieuse. Je suis déjà mort.

Changeant de ton et d'attitude, il se redressa et dit avec un grand rire :

— Autant mourir en s'amusant que d'une balle dans la nuque – dans le meilleur des cas à la Loubianka. *Viva la Muerte*.

— Fais attention ! dit Lily en souriant et en lui posant la main sur le bras, c'est le slogan des fascistes espagnols. Si on t'entendait, tu pourrais avoir des ennuis.

Ils échangèrent un rapide baiser de camarade, et il disparut dans la nuit.

Chapitre 92

« Piloté par sa chère Ducie, le petit bombardier avait plongé dans l'enfer de la Flak... »

AMC 7, milieu du mois de mai 1943.

À la mi-mai, Lily ouvrit le *Journal des Forces armées*. Elle y apprit la mort de Ducie Nosal, une de ses meilleures amies d'Engels. Le récit de sa disparition tragique, le 22 avril, au-dessus de Novorossik, un port sur la mer Noire dans la région du Kouban, la secoua.

Sous le titre : « Un double acte d'héroïsme », le journaliste écrivait :

« (...) Piloté par Ducie Nosal, un des meilleurs pilotes du 63e régiment de la garde, un as aux 354 missions de guerre, le bombardier de nuit U-2 avait plongé dans l'enfer de la Flak qui défendait les installations portuaires occupées par les barbares fascistes. Méprisant le danger, et malgré l'obscurité, le pilote atteignit son objectif et lâcha ses bombes. L'U-2 remonta et s'apprêtait à regagner sa base pour une nouvelle mission quand il fut happé par un projecteur ennemi et se trouva immédiatement pris dans un faisceau d'autres projecteurs qui avaient convergé vers lui. Ils ne le lâchèrent plus. Quelques secondes plus tard, un chasseur de nuit nazi apparut. Malgré l'habileté du pilote, les obus de ses canons touchèrent le petit bombardier. Instantanément l'avion bascula et piqua du nez, échappant ainsi aux projecteurs.

La navigatrice de l'U-2, le lieutenant Ira Kacherina, une redoutable combattante qui, deux mois plus tôt, avait tué au pistolet deux brutes nazies, félicita par l'interphone le pilote pour la qualité de sa manœuvre, mais elle n'obtint aucune réponse, et l'avion continuait à piquer vers le sol.

L'U-2, qui était à l'origine un appareil d'entraînement, possède un système de doubles commandes. La navigatrice pensa que Ducia s'était évanouie. Membre des Jeunesses communistes, elle avait elle-même appris à piloter dans un aéro-club avant la guerre : elle entreprit de tirer sur le manche pour redresser l'appareil. Il fallait faire vite : l'altimètre indiquait 300 m seulement. Elle dut y mettre toute son énergie car la commande répondait mal. Elle parvint tout de même à redresser l'appareil à une hauteur de 150 m. Elle s'adressa de nouveau au pilote mais la camarade Nosal ne répondait toujours pas.

Remarquable navigatrice, Ira Kacherina fit rapidement le point et constata qu'elle devait virer à 90° pour reprendre la direction de sa base. Elle s'efforça de manœuvrer le palonnier. Il était totalement coincé. C'est alors qu'elle comprit que c'était le poids du pilote inconscient qui devait bloquer les commandes.

Elle n'avait pas d'autre solution que de tenter de le déplacer.

En espérant qu'aucun chasseur fasciste ne traînait dans les parages, elle se leva pour essayer d'atteindre l'habitacle du pilote.

Le merveilleux petit U-2 semblait voler de lui-même, conservant sa trajectoire droite.

Le vent menaçait d'arracher les lunettes et le casque de l'intrépide aviatrice. En tâtonnant, malgré toutes les difficultés de cette gymnastique nocturne en plein ciel, elle réussit à atteindre la tête du pilote. Horreur : le casque était percé d'un grand trou et les doigts engourdis de froid d'Ira Kacherina s'enfoncèrent dans la masse sanglante du cerveau du pilote assassiné par les balles nazies.

Horrifiée, mais ne perdant pas son sang-froid, la navigatrice put constater à la pâle lueur des instruments de bord qui fonctionnaient encore que son diagnostic était le bon. Le corps et les jambes inertes du pilote mort bloquaient le manche et les pédales du palonnier.

Avec sa main gauche, elle se saisit alors du col de la vareuse de sa camarade, et tenta de déplacer le corps. Mais seule la tête bascula sur le côté et rien ne bougea.

Ira Kacherina n'avait plus le choix : elle se mit complètement debout et agrippant des deux mains le haut de la vareuse, elle tira de toutes les forces qui lui restaient. Ducie Nosal morte se déplaça enfin.

Ira put enfin se rasseoir et manœuvrer les commandes. Mais ce fut pour constater qu'à chaque mouvement de l'appareil, à chaque turbulence, le corps du pilote mort tendait à reprendre sa position originale.

C'est penchée sur l'avant, la poitrine en torsion tenant agrippé de la main gauche le col de la vareuse de son amie pour la maintenir dans une position confortable avec son propre pilotage que l'héroïque navigatrice réussit à regagner sa base. "L'ankylose était totale et la douleur à la limite du supportable", expliqua-t-elle après avoir posé son petit U-2.

Qu'elle ait réussi à atterrir de nuit dans ces conditions sauvant son appareil tient du miracle.

Quand elle fit le compte rendu de sa mission et que ses supérieurs lui demandèrent pourquoi elle n'avait pas tenté par un virage serré sur l'aile, ou même un tonneau, de se débarrasser du corps du pilote mort, elle répondit : "C'est inconcevable. Je suis fière que l'idée ne m'en soit même pas venue à l'esprit" ».

Le journal ajoutait que pour ce fait d'armes exceptionnel, le lieutenant Ira Kacherina avait été décorée de l'ordre du Drapeau rouge. Le capitaine Ducie Nosal, pour sa part, avait été faite Héros de l'Union soviétique à titre posthume.

Chapitre 93

L'ange de la mort

AMC 7, fin mai 1943.

Lily volait seule, ce qui était rare. Elle ne volait pas sur Troïka, ce qui l'était aussi.

La première, elle aperçut l'avion allemand. Il était environ 3 heures de l'après-midi, le soleil était haut dans le ciel. Elle se faufila à travers les nuages pour se rapprocher, se plaça soleil dans le dos pour attaquer sans être vue, puis piqua... Le combat dura une bonne quinzaine de minutes. Il fut féroce. Les deux appareils furent touchés à tour de rôle.

Et puis soudain, Lily passa sur le dos, accrocha le sillage du Messerschmitt qui tenta en vain de s'en débarrasser. La vitesse des deux appareils augmenta : 650... 700... 750... km/heure.

Alignée dans la queue du Messerschmitt, qui n'arrivait plus à la décrocher, elle pressa la détente.

Ses obus atteignirent le poste de pilotage. Lily vit les impacts. Un nuage de glycol s'échappa des pots d'échappement, une traînée noire se mêla bientôt aux flots de vapeur.

Des flammes sous le fuselage grandirent et enveloppèrent l'appareil. L'habitacle s'ouvrit avec difficulté. Le Me 109 se cabra, la force centrifuge aida le pilote à s'extraire. Il sauta.

Le Messerschmitt, secoué par des explosions successives, se désagrégea dans son ultime plongée vers la terre.

La patrouille chargée de récupérer le pilote allemand le ramena trois heures plus tard. Il fut moins bousculé que d'autres prisonniers. Quelque chose en lui impressionnait les soldats chargés de le convoyer.

Sans égard particulier, mais sans rudesse, il fut introduit dans la salle de réunion où Kola Kamyhkov avait organisé une séance de travail politique. Depuis le début de l'année, le Parti communiste apportait une attention renforcée à l'élévation du niveau de son action politique dans l'armée. De nouveau, des milliers de communistes avaient été versés dans les rangs des combattants. Où ils avaient pour mission d'« élever l'esprit combatif des valeureux soldats de l'Armée soviétique ». En 1943, on comptait déjà dans les forces armées 2 700 000 membres du Parti et approximativement autant de combattants membres du Komsomol.

Tous les jeunes pilotes russes qui entouraient le *politruk* n'avaient d'yeux que pour le prisonnier. C'était un homme d'assez grande taille, surtout pour un pilote. Kola lui donna une quarantaine d'années. Maigre, se tenant très droit, sa chevelure drue mais déjà grisonnante coupée assez court, les rides de son front, son nez fort et busqué donnaient incontestablement du caractère à son visage. Le regard d'un bleu délavé qu'il portait sur les choses, le mépris ostensible qu'il affichait pour sa condition nouvelle de prisonnier, trahissaient le guerrier professionnel et le fatalisme inhérent à cette condition. La barrette impressionnante de décorations qu'il portait sur la poitrine renforçait encore cette image. Kola se dit qu'il avait dû être de tous les combats de la Luftwaffe depuis 1939 – et peut-être même d'Espagne, auparavant.

Plusieurs pilotes baragouinaient quelques mots d'allemand. L'un d'eux fit office d'interprète. Interrogé sur son nombre de victoires en combat aérien, le prisonnier laissa tomber négligemment :

— Beaucoup.

Le ton qu'il employa pour prononcer ce simple mot aurait suffi à Kola Kamyhkov pour l'envoyer immédiatement au poteau d'exécution.

Mais le colonel Martinouk entra à cet instant dans la salle et indiqua au prisonnier qu'il commandait le régiment, puis l'interrogea sur son identité.

— Weber... major, répondit celui-ci en refusant d'en dire

davantage. Il évoqua toutefois la Convention de Genève sur le traitement des prisonniers.

Le Sibérien, qui venait à son tour d'entrer dans le bunker, ne put s'empêcher de ricaner en entendant ce propos, s'attirant un regard méprisant de l'officier allemand. En réplique, Igor se contenta d'interpeller Martinouk :

— Mon colonel, vous pourriez lui demander s'il souhaite rencontrer le pilote qui l'a descendu.

Et il ajouta, parlant très vite pour ne pas être compris de l'Allemand, au cas au celui-ci aurait parlé quelques mots de russe :

— Vous allez voir que ça va lui ôter sa morgue. Faites aussi venir Brückner, le cuistot polonais, pour que nous ne perdions pas un mot de ce qui va se dire.

Interrogé sur ce souhait, l'Allemand se contenta de laisser tomber :

— Sûrement un très bon pilote !

Martinouk décida que ce commentaire valait acquiescement. Il fit chercher Lily et le cuistot interprète. On était en fin de journée et la jeune femme, qui venait de se laver les cheveux. Si bien qu'en cet instant, cheveux mouillés et sans uniforme, elle ne présentait pas l'aspect martial qu'on était en droit d'attendre d'un chef d'escadrille des FAS.

— Je vous présente l'officier qui vous a abattu, dit Martinouk, quand elle entra, étonnée par cette convocation inopinée.

Machinalement, face à Lily, le pilote allemand s'était levé et, mondain comme on l'est en Allemagne, s'était cassé, poitrine en avant. Avec, une esquisse de sourire, il déclara :

— Probablement de l'humour russe... Mais est-ce vraiment le moment ?

Tout dans son attitude traduisait clairement qu'il ne comprenait pas le sens de la scène que les Russes lui offraient, ni la présence de cette jeune femme, qu'il semblait, par ailleurs, trouver agréable. Pensa-t-il à la compagne d'un pilote, à une infirmière du régiment, peut-être à un commissaire politique ? Ne lui avait-on pas dit, sur sa base, que ces fonctions étaient parfois tenues par des femmes et qu'elles n'étaient pas les moins fanatiques ?

— Le lieutenant Litvak est le pilote qui vous a abattu, fit répéter sèchement Martinouk par l'interprète.

— Une femme ? Je n'en crois rien ! Si vous cherchez à m'humilier, vous perdez votre temps. Tout cela ne me fait pas rire.

Cela ne fit pas rire Lily non plus.

Instantanément, elle se transforma en tigresse. Visage fermé, ton vachard, elle lui demanda :

— Vous ne savez peut-être pas qu'il y a des femmes pilotes dans l'aviation soviétique ?

L'Allemand resta silencieux. Bien sûr, il le savait. Le renseignement militaire leur avait fait des conférences. L'interprète du régiment leur avait traduit des journaux et des bulletins soviétiques tombés entre des mains allemandes. On y parlait parfois de ces combattantes de l'air. Mais de là à en rencontrer une... De là à avoir été abattu par une de ces « sorcières du ciel » comme la presse, la propagande, les avaient surnommées, il y avait un pas que tout son être se refusait d'admettre.

Ce silence méprisant fit monter d'un cran la hargne de Lily [123].

Alors, froidement et avec précision, elle entreprit de détailler les différentes phases du combat, parlant lentement, portant sur l'interprète un regard attentif comme si elle voulait vérifier l'exactitude de sa traduction. Elle insista sur des détails que seul l'Allemand et elle-même pouvaient connaître. Et à chaque phrase, elle voyait son adversaire non pas se tasser sur lui-même, car il était trop fier, mais son visage perdre inconsciemment de sa morgue. Son regard n'affrontait plus celui de ses interlocuteurs, mais s'était fait fixe, accroché à un point précis du mur en refusant de le lâcher. Lily martelait les circonstances de l'hallali : les dernières rafales, l'amorce d'Immelmann stoppée par les obus de 20 millimètres frappant le Messerschmitt à la naissance des ailes, la tentative de piqué, les premières flammes, le début de vrille... Les difficultés de l'homme, coincé dans un cercueil que les flammes gagnaient, pour ouvrir la verrière du cockpit. L'ultime cabrage de l'avion, enfin, qui avait permis l'éjection du pilote de son piège mortel... La corolle du parachute qui descend... Le tour complet que le Yak de Lily avait fait autour de la fleur de soie qui glissait doucement vers la terre... Elle ne lui épargna aucun détail.

— Que ça vous plaise ou non, Herr Colonel, c'est une femme russe qui vous a abattu. Vous ne faites plus le fier. Eh bien, moi non plus, je n'en suis pas fière. J'ai simplement la satisfaction d'avoir débarrassé le ciel de mon pays d'un être nuisible qui n'avait rien à y faire. C'est le sort que nous ferons subir à chacun d'entre vous, jusqu'au dernier.

Elle répéta « jusqu'au dernier » en essayant encore une fois d'accrocher le regard de l'officier prisonnier, qui ne lui donna pas cette satisfaction.

Que pensait-il en cet instant, le major Manfred Weber, vétéran de la Luftwaffe, croix de fer avec palmes ? Eut-il le sentiment, s'il était croyant, qu'il venait de rencontrer l'ange de la mort et que, d'une certaine façon, il avait eu de la chance puisqu'il était encore vivant ?

Le récit de ce face-à-face entre la Russe et le crack de la chasse allemande fit le tour des régiments et remonta jusqu'à Moscou.

Dans les semaines qui suivirent, Lily fut touchée à trois reprises. Deux fois elle sauta en parachute ; la troisième elle réussit à poser Troïka sur le ventre. Les Allemands s'acharnaient-ils contre elle ? Sa chance l'abandonnait-elle ? Elle ne pût s'empêcher de se poser la question. Son humeur s'assombrit.

Chapitre 94

Des funérailles en plein ciel

Front d'Ukraine, juin 1943.

Le courrier venait d'être distribué. Il y avait une lettre pour Lily : Ria Boulayeva lui annonçait son mariage, célébré la semaine suivante. L'été précédent, elle avait rencontré Yevgueni, un pilote de chasse au 183e régiment qui revendiquait plus de trente victoires et ne comptait plus ses décorations. Il avait trente-cinq ans, il était commandant.

Une règle non écrite de l'aviation déconseillait fortement les mariages entre militaires au front. Ria ne l'avait jamais discutée. Elle avait même dissuadé Albina Makariev d'épouser un officier sous-marinier qu'elle avait croisé lors d'une permission passée dans sa Mourmansk natale. Mais Ria avait changé d'avis.

Lily chercha la date portée sur la lettre de Boulayeva : il y avait plus de deux mois qu'elle était mariée. Elle fut heureuse. Et se souvint de « la bulle de protection que son assurance dressait autour d'elle », image trouvée par Marina Chichneva. Ria, elle au moins, survivrait.

Lily Litvak se trompait. À la date où elle reçut la lettre, Ria Boulayeva était morte elle aussi.

Peu après son mariage, elle fut en effet blessée à la jambe en attaquant un bombardier allemand. À la radio, elle annonça son retour et signala sa blessure en précisant qu'elle perdait beaucoup de sang. Si bien qu'elle était dans un état de faiblesse avancée quand elle amorça sa prise de piste. Pilote très sûr, elle manqua son approche et dut remettre les gaz. Son avion heurta le sol cinq kilomètres plus loin. Sans exploser, il rebondit à plusieurs reprises, retomba sur le dos, glissa et s'immobilisa.

Des paysans arrivèrent après quelques minutes. Une jeune femme sauta sur une aile et s'agenouilla, se penchant pour voir à travers la verrière de l'habitacle renversé, puis poussa un cri. En face d'elle, se trouvait le pilote, corps à l'envers maintenu suspendu à son siège par le harnais de sécurité. Des mèches de cheveux blonds pendaient hors du casque de cuir, comme une plante à tige tombante déborde de son pot pour glisser dans le pied du vase. Le visage était livide : Ria Boulayeva était vidée de son sang.

Un message radio annonça la disparition de sa femme à Yevgueni, stationné sur un aérodrome de campagne voisin.

L'enterrement du lieutenant Boulayeva fut fixé le lendemain à l'aube, afin qu'il n'interfère pas sur le déroulement des missions de combat. Selon la coutume, la dépouille mortelle de Ria fut enveloppée dans la soie d'un parachute. Ses camarades y enfermèrent son casque ensanglanté, ses lunettes de vol et son alliance. Toutes les jeunes femmes du régiment s'alignèrent impeccablement derrière le cercueil construit avec quatre planches de bois, cloutées sommairement ensemble, et recouvert du drapeau du régiment. La tombe avait été creusée près de la rivière qui bordait l'aérodrome.

Le soleil se levait quand un Yak 9 survola les lieux. Pendant toute la durée de la cérémonie, il tourna à basse altitude. Quand elle fut achevée, il se posa. Yevgueni, le mari de Ria, en descendit. Arrivé près de la tombe, les yeux rougis, il prit la place d'une amie de sa femme pour porter le cercueil. Les larmes ruisselèrent sur son visage quand les pelletées de terre cachèrent peu à peu le cercueil. On l'entendit dire : « Ria, Ria », puis se diriger vers son avion. Deux semaines plus tard, il fut tué au combat.

Lily, ne sachant rien de la mort de son amie, en resta donc au souvenir de son bonheur. Mais à la fin de la lecture de la lettre de Ria, elle fut prise de tremblements. Courut s'isoler dans son isba et fut incapable de voler de la journée.

Le lendemain, quand elle repartit en mission, Ivan Borisenko, un jeune pilote qui venait d'être affecté au régiment, lui trouva une mine d'outre-tombe. Elle arborait le visage que prenait parfois chez elle sa haine de l'Allemand. Ces jours-là, rien ne rappelait la « sixième plus belle fille » de la base d'Engels. Non, ce qu'on lisait dans ses traits marqués était le reflet de sa dévastation intérieure.

Chapitre 95

Opération Citadelle

Nijni-Tagino, 17 juillet 1943.

Depuis le printemps 1943, Allemands et Soviétiques préparaient les affrontements majeurs des campagnes d'été. L'opération *Citadelle*, planifiée par les Allemands, devait leur redonner l'initiative après la déroute de Stalingrad. Mais depuis trois mois, les Soviétiques se préparaient également au même combat.

Le 5 juillet s'engagea « la plus grande bataille de chars de l'Histoire », celle du saillant de Koursk.

Stepan Kiritchenko était trop militaire dans l'âme pour ne pas vouloir y assister en témoin privilégié. Il emmena à Koursk une délégation de journalistes soviétiques et étrangers afin de « couvrir » les combats.

Le 17 juillet, il prit sa journée pour rejoindre un de ses camarades de promotion, capitaine de cavalerie, qui commandait une compagnie de chars et qui lui proposa de partager « une journée de tankiste », sans lui cacher les risques qu'il courrait nécessairement. C'était un bon sujet de reportage et on n'était pas militaire si on n'acceptait pas de courir des risques. Stepan embarqua dans un des T-34 de la compagnie. Il estima que trente à quarante blindés soviétiques étaient engagés dans l'attaque à laquelle il allait participer.

Au début tout se passa bien. Le groupement blindé russe franchit les lignes allemandes près de Nijni-Tagino en malmenant les chars et canons d'assaut qui avaient tenté de s'opposer à la percée.

Puis les chars soviétiques se regroupèrent dans une dénivellation pour se remettre en formation et reprendre leur avance.

Stepan avait sorti la poitrine de sa tourelle pour respirer un peu d'air frais quand il aperçut, sur une des crêtes qui dominait le repli de terrain où s'abritaient les T-34, la silhouette menaçante d'un énorme char Tigre allemand. Le monstre d'acier, équipé du redoutable canon de 88 mm tirant des obus au nickel et au manganèse perforant n'importe quel blindage, n'était pas seul. L'Histoire a retenu que le major Sauvant, qui commandait ce détachement de quinze Tigre, n'attendit pas l'arrivée de l'infanterie de soutien qui lui était promise. Il fonça, localisa les T-34 soviétiques, et intima à dix de ses chars de contourner le ravin et d'attaquer le groupement ennemi par l'arrière. Dès les premiers tirs d'obus, il se lança lui-même dans la bataille.

De leur position en surplomb, les Allemands tirèrent dans le tas et se livrèrent à un massacre. En moins de quinze minutes, trente-deux chars russes brûlèrent. Pas un seul n'en réchappa.

Le capitaine Kiritchenko fut porté disparu.

Chapitre 96

La mascarade de Staline

1er août 1943, saillant de Rjev, front de Kalinine.

Le 1er août 1943, Staline commença sa seconde visite sur un des fronts de la guerre. Vassili regretta que Stepan ne soit plus là. Ensemble, ils auraient mieux goûté le sel de l'événement. Comme l'avait dit Ramoudine, sarcastique, à Vassili :

— C'est pour l'Histoire que Staline se montre sur le front. Sinon, il s'en passerait fort bien. D'ailleurs, il s'en est très bien passé jusqu'ici.

De fait, Staline n'avait pas accepté ce déplacement par goût, mais s'y était senti poussé par les « récits de combattant » de Malenkov et de Beria, qui avaient récemment connu leur « baptêmes du feu » – ce qui avait fait sourire, secrètement les *commandants*. Beria, en particulier, avait touché l'amour-propre de Staline en faisant valoir ses « impressions personnelles », qui incluaient la « nullité » de certains généraux, qualifiés en outre de « suspects ». Il est vrai qu'il en voyait beaucoup et partout. C'était chez lui de la déformation et une maladie professionnelle.

Le train n'avait rien d'un cortège présidentiel. La locomotive était ancienne, les wagons délabrés, celui du Commandant suprême à peine moins que les autres, extérieurement du moins. Quelques wagons de marchandises transportaient même du bois.

— Ce n'était pas pour honorer la modestie du premier des communistes que cette mascarade avait été organisée, expliquait Ramoudine, mais pour des raisons de sécurité. Souci de sécurité *et* paranoïa. Souci de sécurité : la crainte que les Allemands ne soient informés de ce déplacement. Paranoïa : qu'ils le soient par un espion infiltré au Kremlin. Un convoi plus ou moins officiel aurait plus de chance d'attirer une attaque planifiée de l'aviation allemande ou l'attention d'une simple patrouille de Focke-Wulf en maraude qu'un anonyme train de marchandises aux wagons vétustes. Staline a donné son accord. Les photographes de presse seront tenus à l'écart du convoi...

À Gjask, à l'ouest de Moscou, Staline fut accueilli par le général Sokolovski et le membre du Conseil militaire Nikolaï Aleksandrovitch Boulganine [124]. On posa pour les photographes au milieu des cartes et d'un parterre d'officiels.

Le lendemain, Staline se trouvait à proximité de Rjev, sur le front de Kalinine.

Les combats inextricables qui s'étaient déroulés ici pendant plus de dix-huit mois avaient valu à la ville le surnom de « Verdun de la Seconde Guerre mondiale », avant que Stalingrad ne postule pour le titre. Même après la contre-attaque victorieuse de Joukov qui desserra l'étau allemand autour de Moscou, le saillant de Rjev resta encore pointé pendant quinze mois sur le cœur de la capitale.

Mais quand Staline y fit son apparition, le 2 août, les Allemands avaient évacué la ville depuis le 2 mars précédent. L'opération commencée de nuit avait d'ailleurs été un modèle du genre. La défaite de Stalingrad ayant tué tout espoir de reprise de l'offensive sur Moscou, la Wehrmacht, devenue économe de ses forces, avait décidé que le « tremplin » de Rjev ne présentait plus d'intérêt stratégique. Toute l'opération de repli fut un modèle d'organisation « à l'allemande ». Le matériel lourd fut évacué le premier, en début de nuit, les trains divisionnaires et régimentaires suivirent. La nuit d'après, enfin, les unités combattantes décrochèrent. Le tout sans un seul coup de feu. Pas un homme n'avait été perdu, pas un canon n'était resté sur place, pas une position n'avait dû être abandonnée à la sauvette. « Le petit globe du generaloberst Model », baptisé ainsi en raison de sa forme, avait été vidé de son contenu d'une manière qui serait désormais citée dans les écoles de guerre.

Cinq mois plus tard, jour pour jour, Staline ne prenait pas grand risque en se rendant donc sur le front en cet endroit glorieux.

— Pas plus qu'un voyageur français qui aurait visité l'ossuaire de Douaumont[125] dans les années 30, commenta sarcastiquement Ramoudine.

La seule victime de ce zèle combattant fut une vielle paysanne. On la pria de déguerpir, bagages compris, de sa maison durant quarante-huit heures : Beria l'avait fait réquisitionner pour le Commandant suprême[126]. L'Histoire ne dit pas si elle eut le sentiment d'être occupée pour la seconde fois.

Staline ne se priva en tout cas pas de faire savoir lui-même aux Alliés qu'il avait visité le front. Il adressa à Roosevelt et à Churchill les deux lettres suivantes :

« 8 août 1943.

Monsieur le Président,

Ce n'est que maintenant, de retour du front, que je peux répondre à votre dernier message du 16 juillet. Je ne doute pas que vous teniez compte de notre situation militaire et compreniez le retard que j'ai mis à vous répondre. Il me faut aller plus souvent, en personne, sur les divers secteurs du front et soumettre tout le reste aux intérêts du front. »

« 9 août 1943.

Monsieur le Premier ministre,

Je reviens juste du front pour prendre connaissance du message du gouvernement britannique du 7 août. Bien que ces derniers temps, nous ayons connu quelques succès, une tension des forces exceptionnelle et une vigilance particulière face aux nouvelles actions incroyables de l'adversaire sont exigées précisément en ce moment de la part des troupes et du commandement soviétiques. C'est pourquoi il me faut, plus que d'habitude, visiter les troupes sur tel ou tel secteur de notre front. »

Vassili considéra que le message en réponse, daté du 19 août 1943, signé conjointement par Roosevelt et Churchill, était un pur chef-d'œuvre d'humour diplomatique :

« Nous comprenons parfaitement les solides raisons qui vous obligent à vous trouver au plus près des fronts, où votre présence personnelle a si fortement contribué aux victoires. »

Il crut d'ailleurs y reconnaître davantage la patte de Churchill que celle de Roosevelt.

Chapitre 97

Le sursaut

1er août 1943, front d'Ukraine.

Le jour même où Staline marchait dans la campagne humide de Rjev, une mission rassembla d'importantes forces aériennes soviétiques sur différents aérodromes de campagne du bassin du Don. L'escadrille que commandait Lily y participait. Elle reçut l'ordre d'installer ses campements dès la veille sur un terrain situé à proximité de la petite ville de Krasny Luch. Le transfert de l'escadrille s'effectua dans la journée du 31 juillet et Lily, convoquée à la réunion de préparation de l'opération, rejoignit ses hommes en voiture de liaison en fin de journée. Comme chef d'escadrille, elle fut logée chez l'habitant, dans une vieille maison épargnée par la guerre, construite non loin du cœur de l'agglomération.

À 10 heures du soir, n'ayant pas sommeil, elle sortit pour se dégourdir les jambes. Elle marcha jusqu'à la place centrale. C'était une superbe nuit d'été. Le silence régnait sur la petite place, à peine troublé par le bruit d'une fontaine qui coulait. Lily s'en approcha, s'aspergea d'eau le visage en prenant soin de ne pas mouiller le pansement qui protégeait une blessure légère à la main droite. Une balle l'avait touchée superficiellement en combat. Puis elle s'assit sur le rebord de la fontaine et leva les yeux vers le ciel. Le calme l'envahit. Elle se sentait bien, comme elle ne l'avait pas été depuis longtemps.

Le trou sombre dans lequel l'avait jetée la mort de Locha se faisait moins oppressant. Ses parois, lui semblait-il, commençaient à s'écarter. Elle avait même pris, depuis quelques jours, la décision d'effacer la rose blanche peinte sur la carlingue de Troïka. Mais elle n'avait pas eu le temps de le faire faire. Troïka, qu'on avait pu réparer, devrait s'habituer bientôt de nouveau à l'anonymat. Elle ne piloterait plus le Yak à la rose.

Elle avait vingt-deux ans, sa mère, son frère, l'attendaient, elle devait vivre. Gagnée par une forme d'exaltation, elle eut bientôt le sentiment de s'enfoncer lentement dans une masse de coton sombre et moelleux. L'immense voûte noire constellée d'étoiles, qui brillait au-dessus d'elle, l'absorbait peu à peu. C'était magique.

Pour ces instants de vrai bonheur, elle se promit que le nom de Krasny Luch resterait gravé dans sa mémoire.

Le jour se levait à peine que Lily se trouvait déjà à bord de son avion. Elle aimait être en avance. Une auxiliaire féminine monta sur l'aile. Lily lui demanda de venir prendre une lettre pour sa mère, sa main droite, bandée, l'empêchant d'écrire. L'auxiliaire remarqua le petit bouquet de fleurs des champs accroché au tableau de bord, ayant entendu dire que, pendant la belle saison, Lily le changeait à chaque mission.

« Chère Maman, dicta Lily,

Je pars en mission. Il est très tôt. Le soleil n'est pas encore levé. Comme tu le vois, la vie au combat me dévore toujours complètement. Il semble que je sois devenue incapable de penser à autre chose. Je brûle plus que jamais de chasser les Allemands de chez nous, afin que nous puissions de nouveau vivre normalement.

Il est toujours difficile de trouver un moment pour écrire, mais j'ai pu sauver ces deux minutes. Ne t'étonne pas de ne pas reconnaître mon écriture : je me suis légèrement blessée à la main et suis obligée de dicter ma lettre. Mais rassure-toi, ma blessure n'est pas grave.

Je suis toujours en vie et en bonne santé.

Vous me manquez tous.

Je vous embrasse tendrement.

Lily. »

Quelques minutes plus tard, elle décollait à la tête de son escadrille. Avec le lieutenant Ivan Borisenko comme équipier...

Chapitre 98
La disparition

Lettre du lieutenant Ivan Borisenko au capitaine Vera Tikomerova, 586e Régiment féminin de chasse.

« Lily n'avait pas vu les Messerschmitt 109 qui couvraient les bombardiers allemands que nous attaquions. Quand elle les aperçut, deux d'entre eux plongeaient déjà sur elle. Elle a viré sèchement pour leur faire face. La suite du combat s'est déroulée dans les nuages... Il y avait tellement d'avions allemands que nous nous battions pour défendre notre peau ! À un moment dans une trouée, j'ai reconnu le Yak de Lily avec sa rose blanche. Il m'a semblé qu'un filet de fumée s'échappait de son moteur, mais je ne le jurerais pas. Ce dont je suis certain, c'est qu'elle était poursuivie par plusieurs chasseurs allemands. On sentait qu'ils s'acharnaient sur elle. »

Lily Litvak ne rentra pas à la base.
Elle fut portée disparue ce 1er août 1943.
Elle comptait douze victoires aériennes.
Dans son régiment, beaucoup d'hommes pleurèrent.

Quand ils apprirent la disparition de Lily, maints officiers aviateurs, proches ou moins proches, furent troublés par la coïncidence des dates avec la visite de Staline au front, célébrée par tous les journaux, la radio et les actualités cinématographiques. Certains y virent un symbole fort de la poursuite de la lutte et de l'esprit de sacrifice, nécessaires au salut de la Patrie. D'autres, au contraire, pensèrent que la mascarade de visite du front par le « Chef » était une insulte aux combattants vivants et surtout morts, en particulier à Lily Litvak.

Le 5 août 1943, au soir, Moscou salua par de multiples coups de canon le courage et le sacrifice des troupes soviétiques qui avaient réoccupé Orel et Belogorod. La bataille de Koursk, le troisième affrontement décisif de la Seconde Guerre mondiale après Moscou (Hiver 41-42), Stalingrad (Hiver 42-43), était gagnée.

Ce fut la première salve d'artillerie tirée au cours de la Grande Guerre nationale pour rendre hommage à la vaillance des troupes soviétiques.

Pendant ces cinq journées, toutes les recherches faites pour découvrir les débris de l'appareil de Lily restèrent vaines.

Jamais on ne retrouva ni le corps ni l'avion du lieutenant Liliana Litvak.

Chapitre 99

Le règne de la méfiance

Rostov-sur-le-Don, AMC, 7 août 1943.

Dans les papiers que Lily laissa derrière elle, on retrouva deux textes.

Le premier était de Heinrich Heine :

« Le christianisme a quelque peu apaisé cette ardeur belliqueuse des Germains sans parvenir à la détruire et si un jour la croix, ce talisman qui dompte les passions, venait à se briser, la sauvagerie des vieux guerriers se déchaînera de nouveau, l'extravagante fureur destructrice que les barbes nordiques ont chantée... Alors les vieilles divinités de pierre sortiront de leurs ruines, se frotteront les yeux pour en chasser la poussière millénaire et Thor, avec son marteau gigantesque, se dressera enfin et fracassera les cathédrales gothiques. Ne souriez pas, je vous conseille de vous méfier des kantiens, fichtéens et des adeptes de la philosophie de la nature, ne souriez pas du rêveur qui attend qu'éclatent dans le monde des phénomènes la révolution qui s'est déjà accomplie dans le monde des idées. L'idée précède l'action comme l'éclair précède le tonnerre. Le tonnerre allemand n'est pas très agile, en bon allemand il est long à venir avec son roulement. Mais il viendra et lorsque enfin vous l'entendrez gronder comme jamais encore il n'a grondé dans l'histoire du monde, sachez-le : le tonnerre allemand aura enfin atteint son objectif. À son fracas, les aigles, dans les airs, s'abattront raides morts, et les lions, dans les déserts les plus lointains d'Afrique, la queue basse, iront se tapir dans leurs cavernes royales. Alors sera jouée une pièce en Allemagne à côté de laquelle la révolution française paraîtra une innocente idylle. ».

Kola Kamyhkov, qui rassemblait les affaires de Lily, s'étonna de trouver en marge du texte une annotation d'Alexeï : « Prophétique ».

« Je n'imaginais pas que Solomaten puisse avoir de telles lectures », pensa-t-il.

Il ne fit pas attention à une enveloppe froissée qui glissa au sol, avec le mot qu'elle contenait.

Vassili avait écrit :

« Jeune femme,

Pour assurer la garde de l'immense plaine russe, tu monteras plus haut que les plus grands tsars et leurs plus courageux guerriers. Tu en découvriras l'infini et les vertiges qui l'accompagnent. Nous, au sol, comptons sur toi et envions ta chance. Mais nous serons devenus si minuscules que tu ne nous apercevras plus. Ne nous oublie pas. Nous te confions notre terre, notre vie, en te demandant de veiller farouchement sur la tienne. Tu sais combien elle nous – elle m'est – précieuse.

Sois convaincue, sans jamais en douter, jamais, que je t'aime davantage, mieux, quoi que tu en penses, mais autrement que tous tes amants passés, présent – au singulier ? – et à venir, pas trop !, réunis.

Vassili.
12 octobre 1941. »

Après le départ du *politruk*, Jan Brückner, le prisonnier polonais, fut chargé de nettoyer le bureau de Lily. Il ramassa avec soin l'enveloppe tombée à terre et lut :

« Lieutenant Liliana Litvak,

Poste aux armées. »

Il resta pensif quelques secondes puis lissa soigneusement l'enveloppe sur sa cuisse, la plia et la glissa dans la poche de son treillis.

Il avait désormais, lui aussi, son souvenir de Lily.

Il était sûr qu'il lui porterait bonheur.

Épilogue

Vassili suivait lentement la file des habitants, des invités et des curieux qui se dirigeaient vers le centre de Krasny Luch et le monument dont il apercevait vaguement le haut contour, deux cents mètres devant lui.

Il ralentit le pas, comme s'il cherchait à retarder le moment d'affronter le monument. Il y avait à cela de multiples raisons et il mit en avant la plus insignifiante : les artistes officiels des grandes années staliniennes qui suivaient la victoire dans la « grande guerre patriotique » ne brillaient ni par leur légèreté ni par leur doigté dans la suggestion.

Les autorités étaient au garde-à-vous. Il y avait beaucoup de militaires, et du coup, les hiérarques civils se croyaient obligés de rivaliser dans la rigueur d'un maintien martial avec les vareuses marron constellées de décorations. Les invités de marque, parqués dans une tribune, restèrent figés jusqu'à la fin de l'exécution de l'hymne national. Vassili aperçut Olga Yemchekova, première femme soviétique à piloter un avion à réaction, et reconnut d'autres visages : Larissa Rasanova et son aviateur de mari, Ina Pasportkina, qui avait pris quelques kilos, Tamara, la belle Tamara, cette aviatrice manquée, mais comédienne cotée désormais. Sa beauté était tellement rayonnante qu'il eût été dommage qu'elle se fût égarée dans la guerre...

Un élégant commandant montait à la tribune.

« Tiens, on lui a demandé d'apporter sa contribution, à celui-là ! »

Vassili ne l'aimait pas beaucoup. C'était Ivan Borisenko : l'équipier de Lily le jour de sa mort.

— ... Nous aimions tous cette jolie blonde, conclut Borisenko. En elle, tout était beau, le pilote et la femme.

Un tonnerre d'applaudissements salua la fin du témoignage.

« Nous sommes tellement entraînés que pas un pays au monde n'est capable de rivaliser avec nous en matière d'applaudissements, pensa Vassili. Les Chinois, peut-être un jour : quand il dépasseront le milliard d'habitants et que le Parti leur aura appris. Ils ont un dirigeant prometteur... »

Le voile qui masquait le monument tomba sous de nouveaux vivats, plus brefs : on célébrait moins les objets que les hommes, sauf les statues de Staline.

L'inquiétude artistique de Vassili n'était pas sans fondement : même en approchant le monument par l'arrière comme il le fit, il s'aperçut très vite que le sculpteur avait respecté à la lettre les ordres de ses commanditaires. Dans le style héroïne prolétarienne, il en avait même rajouté : le symbolisme écrasant de lourdes flèches de marbre représentait mal la grâce de l'avion mais illustrait à merveille le concept du plus lourd que l'air. L'hyperréalisme révolutionnaire du casque de vol le ramena bientôt vingt ans en arrière, quand jeune cadet à l'École de l'air de Kouibychev, il avait coiffé le sien pour la première fois devant un miroir : malgré son exaltation, il avait gardé un dernier éclair de lucidité pour s'interroger une courte seconde sur qui, de l'armée ou de la Révolution, haïssait davantage le Beau.

Il tourna lentement autour du monument, découvrant progressivement le visage. Il dut alors reconnaître que si le sculpteur péchait lourdement dans le maniement des allégories, il avait davantage de talent pour restituer la vérité d'un visage. Il n'avait pu que travailler sur documents, sur des photos, mais son travail n'était pas nul. Sa mémoire ne se révolta pas quand deux images se superposèrent, celle qu'il avait toujours portée en lui et celle qu'il découvrait. Certes, aucun artiste n'a vraiment résolu le problème de la restitution de la vivacité d'un regard par des orbites vides ; certes la sévérité du masque, imposée par le genre, ignorait totalement ce qui constituait le premier de ses charmes : un sourire inimitable, mais pour le reste...

Sans le savoir, il rejoignait ainsi l'opinion d'Ina Pasportkina. Interrogée par un journaliste de la presse locale, l'amie de Lily ne dit pas autre chose :

« La statue du Mémorial qui a été érigé en l'honneur de Lily lui donne un air très déprimé et très sérieux. Ce n'est pas le souvenir que je garde d'elle. Quand je ferme les yeux, je revois la jeune fille blonde, assise aux commandes, pleine de vie, les yeux pétillants et le sourire aux lèvres. Elle ne pouvait pas mourir ».

Et d'ajouter en souriant :

« D'ailleurs, est-elle morte ? »

Souvenirs

Extraits de l'album du Centre d'instruction des personnels féminins des Forces aériennes soviétiques (CIPF-FAS) (octobre 1941-mai 1942).

Le « Trombinogramme[127] » avait été réalisé par les élèves elles-mêmes, à l'issue de leurs six mois d'instruction. Il était composé de cinquante pages d'un format de trente centimètres de large et de vingt centimètres de haut. Chaque page contenait vingt-quatre portraits des stagiaires, photos de qualité médiocre car elles avaient été réalisées en pleine guerre, avec un matériel photographique déjà ancien trouvé sur place par des élèves.

Sous chaque portrait on trouvait un nom et, dessous, une courte sentence, généralement en forme de vacherie, choisie par les élèves, et censée dépeindre leur camarade ou un des ses principaux traits de caractères, mais correspondaient certainement à l'image – ou à une image – que chacune de ces jeunes femmes avait laissée à ses consœurs du centre d'entraînement après six mois de vie commune, c'est-à-dire d'octobre 1941 à mai 1942.

Les portraits étaient présentés par ordre alphabétique.

Par commodité de lecture, ils sont ici reclassés par ordre d'apparition dans le livre.

Lily Litvak

Ni la plus belle, ni la meilleure, mais la plus belle des meilleurs pilotes.

Pilote chasse aux douze victoires. 586e Régiment féminin de chasse, puis 73e Régiment de chasse, sur le front de Stalingrad puis sur le front d'Ukraine. Héros de l'Union soviétique.

Valentina Petrochenkova

Camarade et complice de Lily Litvak à l'aéroclub CSKA de Moscou, « Tina » ou « Petro » est moniteur de vol professionnel avant la guerre. Pilote de chasse au 586e Régiment féminin de chasse.

Bonne humeur perpétuelle et beaucoup d'humour.

Larissa Rasanova

Interdite de poupée à la guerre.

La meilleure amie de Lily au CSKA s'engage avec elle en octobre 1941. Leurs destins se séparent quand Larissa est mutée comme pilote au 588e Régiment de Bombardement de nuit, devenu 53e Régiment de la Garde après les exploits de ses aviatrices dans la région du Kouban (Caucase).

Marina Raskova

La gloire... en sautant en marche.

Une des gloires de l'aviation soviétique dès avant la guerre. Détient, un temps, le record du monde du vol à longue distance. Décorée par Staline. Grande patriote, elle est à l'origine de la création des trois régiments d'aviation féminins de la Seconde Guerre mondiale. Une icône de l'URSS.

Galia Boordina

Ne jamais se fier à l'innocence des enfants.

Malgré ses faux airs de gamine, une des meilleures pilotes de chasse du 586e Régiment.

Ina Pasportkina

Camarade Pipelette. Sait tout. Ne dit pas tout.

Ingénieur aéronautique, pilote confirmée, elle est sélectionnée au Centre d'instruction d'Engels... comme mécanicienne. Mutée avec Litvak et Boudanova au 73e Régiment de chasse à Stalingrad. Confidente et soutien des deux jeunes femmes. Son témoignage sur elles est irremplaçable.

Yevdoka Berchanskaya

Guerre et mère.

Pilote professionnel avant la guerre. Commandant du 588e Régiment de Bombardement de nuit, devenu 53e Régiment de la

Garde. Héroïne aux qualités professionnelles et humaines exceptionnelles.

Ria Boulayeva

Très mûre, trop mûre ? Très sûre, trop sûre ?

Pilote au talent exceptionnel. Camarade et rivale de Lily Litvak. 586e Régiment féminin de chasse.

Ducie Nosal

Intello, mais pas bégueule.

Pilote intrépide, la fondatrice du « Club des Belles de l'Air » à Engels devient rapidement une des meilleures amies de Lily Litvak. 588e Régiment de Bombardement de nuit, devenu 53e Régiment de la Garde. Héros de l'Union soviétique.

Albina Makariev

Sainte Albina.

Un dévouement sans limite pour les blessés. Une tueuse dans les airs. 586e Régiment féminin de chasse.

Valeria Khomiakova

Tire vite, tire juste et tire sa flemme.

Une des grandes rivales de Lily Litvak dans le classement des meilleures pilotes de chasse. Elle remporte la première victoire aérienne d'un pilote femme pendant la Grande Guerre patriotique. Allergique aux corvées. 586e Régiment féminin de chasse.

Tamara Medjerkova

Belle et rebelle.

Carrière courte dans l'aviation. Comédienne consacrée après la guerre.

Wanda Kalinkhova

Un poil dans la main, mais ses cheveux sur sa tête.

L'indolente Wanda est peut-être la plus belle des combattantes formées au centre d'Instruction d'Engels. Stepan Kiritchenko ne résistera pas à son charme.

Katia Boudanova

Méfiez-vous des jeunes garçons et des pinsons. Chante à terre et fredonne en l'air.

L'amie aux allures de garçon manqué, la sœur de Lily Litvak dans l'enfer de Stalingrad.

Ielena Zenkursk

Échangerait volontiers bon mot contre fâcherie passagère.

Belle, drôle et hargneuse à la vie comme dans le ciel. 586ᵉ Régiment féminin de chasse.

Maroussia Turjgan

Riche nature, force de la nature.

La géante kazakh pilote ses avions comme ses ancêtres leurs chevaux : en leur tenant la bride serrée. Toute dévouée à Marina Raskova, qu'elle suit au 587ᵉ Régiment féminin de bombardement, qui sera engagé à Stalingrad. La grande copine d'Ina Pasportkina.

Olga Yemchekova

Mort aux fascistes et aux souris.

Commandant adjoint du 586ᵉ Régiment féminin de chasse. Pilote exceptionnel. La première femme soviétique à piloter un avion à réaction après la guerre.

Natalia Meklin

Chantons dans la boue.

La très séduisante Natalia a fait l'objet de nombreux articles – illustrés dans la presse soviétique pendant la guerre. Elle ajoutait la musique à ses talents. Très appréciée des autres filles. 588ᵉ Régiment de Bombardement de nuit, devenu 53ᵉ Régiment de la Garde.

Ira Kacherina

La plus mauvaise tireuse de l'ouest, de l'est, bref du monde entier.

Navigatrice très confirmée, aussi courageuse physiquement que maladroite à l'usage des armes, sauf exception. Un de ses actes d'héroïsme au 587ᵉ Régiment féminin de bombardement de nuit lui vaut d'être décorée de l'ordre du Dragon rouge.

Notes

1. *Night Witches*, by Bruce Myles, Presidio Press, 1981. *Les sorcières de la nuit*, Albin Michel, 1993.

2. Pour faciliter la reconnaissance des différents personnages féminins amenés à croiser la route de Lily Litvak, voir le « Trombinogramme » en fin de livre.

3. Équivalent soviétique de ministre de la Défense.

4. Molotov est Commissaire du peuple aux affaires étrangères, Malenkov, n° 2 du Parti communiste de l'Union soviétique (PCUS), Lavrenti Beria, Commissaire du peuple aux Affaires intérieures (N.K.V.D.). Par extension, ce dernier sigle sera utilisé couramment au sens de services de sécurité, de police politique et de police secrète.

5. Ce document passera à l'histoire sous le nom de Directive n° 1.

6. Appareil de transmission conçu par l'ingénieur français Baudot et appelé familièrement *le Baudot* dans les armées qui l'utilisèrent.

7. Celle du 21 au 22 juin.

8. Le général Pavlov, commandant la Région militaire de l'Ouest. Fusillé sur ordre de Staline début juillet 1941, il fut le premier des grands boucs émissaires militaires.

9. Minsk, capitale de la Biélorussie, est située à 350 kilomètres de la frontière occidentale de l'URSS.

10. Rue d'un quartier nord de Moscou, où habite la famille Litvak.

11. Appellation familière des popes.

12. Rebaptisée Kouybichev, du nom d'un des dirigeants bolcheviks, entre 1935 et 1990.

13. Maréchal G. Joukov, *Mémoires*, tome 1, *Des années de jeunesse à la bataille de Moscou*, 1896-1942, Fayard.

14. Viatcheslav Mikhaïlovitch Skriabine, dit Molotov, (1890-1986).

Commissaire du peuple aux Affaires étrangères de 1939 à 1949 et de 1953 à 1957. Un des plus proches collaborateurs de Staline.

15. « On peut imaginer qu'au fil des minutes Staline comprit inconsciemment ce qui se passait : quelque chose de terrible et de tragique pour le sort du peuple et pour le sien, bien sûr, celui du premier homme de cet État gigantesque. Mais même lui, qui savait quelles forces militaires colossales venaient de passer la frontière, ne s'imaginait pas à quel point le début de la guerre allait être catastrophique », Dimitri Volkogonov, *Staline, Triomphe et tragédie*, Flammarion.

16. « En son for intérieur, Staline sentait qu'il avait été insolemment trompé. Pour la première fois depuis de longues années, il éprouvait désarroi et incertitude. Le "Chef" était habitué à ce que les événements se déroulent conformément à sa volonté. Il ne voulait pas que ses compagnons dociles voient ses faiblesses. Tous attendaient de lui des paroles, des instructions. » *Staline, op. cit.*

17. Poste de commandement.

18. Boris Mikhailovitch Chapochnikov, alors âgé de 60 ans, fut trois fois chef d'état-major de l'Armée rouge (1928-1931, 1937-1940, juillet 1941-mai 1942). Mort officiellement de la tuberculose en mars 1945. Son rôle reste grandement sous-estimé en Occident. Esprit puissant, remarquable théoricien et praticien de la guerre, son influence sur les grands chefs militaires soviétiques de la Seconde Guerre mondiale a été considérable. Un des rares hommes que Staline, qui avait une grande confiance en lui, n'appelait jamais par son prénom. Très présent dans ce livre.

19. Staline usait volontiers d'un vocabulaire imagé. En témoigne, entre autres exemples, l'invective fameuse lancée contre l'épouse de Lénine : « Ce n'est pas parce qu'elle chie dans la même cuvette que Vladimir Ilitch [Lénine] que cela fait d'elle une théoricienne du marxisme-léninisme ! »

20. *Opravdom* : gérante concierge d'un immeuble en Union soviétique.

21. La BBC.

22. *Raïkom* : cellule de quartier du Parti.

23. L'anecdote du chien de M. von Walter est, bien sûr, rigoureusement authentique.

24. L'absence soudaine d'ivrognes dans les rues de Moscou aux premiers jours de la guerre est un phénomène qui a frappé beaucoup de témoins.

25. Attention, attention !

26. Voir également, plus loin, l'analyse du même texte par Stepan Kiritchenko.

27. Lvov est située au sud de la frontière russo-polonaise et « couvre » la route vers Kiev, capitale de l'Ukraine.

28. Appellation familière – et péjorative – des Ukrainiens en Russie.

29. Stepan Kiritchenko est ukrainien par son père et moscovite par sa mère.

30. Marque de voitures, construites dans les Usines automobiles de Gorki (G.A.Z.).

31. Service de renseignements de l'Armée rouge. Équivalent du 2e Bureau français.

32. La date de naissance officielle de Staline est le 21 décembre 1879. Selon certains documents, son certificat de baptême en particulier, il serait né un an plus tôt, le 21 décembre 1878. Pour mémoire : Adolf Hitler est né le 20 avril 1889.

33. Allusion à la « Nuit des longs couteaux » du 30 juin 1934 au cours de laquelle, pour des raisons politiques, Hitler fit assassiner l'état-major et des centaines de membres de sa première milice, la SA (Sturmabateilung) de Roehm, par les SS de Himmler.

34. Joseph Staline est né à Gori, en Géorgie.

35. Devenue Stalingrad en 1925. Rebaptisée Volgograd, en 1961, après la déstalinisation.

36. Narkom : Commissaire du peuple (ministre).

37. Dès le lendemain de l'agression nazie, le 23 juin 1941, Moscou commence à réorganiser son dispositif de guerre. C'est la renaissance de la *Stavka du haut commandement*, organe suprême de l'État chargé de « la direction directe de la lutte armée et de l'activité des arrières du pays ». Dans un premier temps, la présidence en est assurée par le maréchal Timochenko, commissaire du peuple à la Défense. En font partie le général Joukov, chef de l'état-major général, Staline, président du Conseil des commissaires du peuple, Molotov, son premier adjoint, les maréchaux Vorochilov, Boudienny et l'amiral Koutznetzov, commissaire du peuple à la Marine de guerre. Parallèlement est établi auprès de la *Stavka* un « institut de conseillers permanents » civils et militaires, dont font partie entre autres Jdanov, Mikoyan et du côté militaire, les maréchaux Chapochnikov et Koulik, les généraux Vatoutine, Voronov et Voznenski et le chef de la Direction politique de l'armée, Mekhliss. L'état-major général est l'organe de travail de la *Stavka*. Ce n'est que le 10 juillet 1941 que Staline en prend la présidence. Étymologiquement, le terme *Stavka* désigne en vieux russe la tente abritant le commandant en chef dans les opérations militaires. Une première *Stavka* avait été créée pendant la guerre de 14-18, avec, à sa tête, le tsar Nicolas II, constitutionnellement chef des armées.

38. Le général Joukov a été nommé chef de l'état-major général le

1er février 1941. Il succédait au maréchal Chapochnikov. Il sera remplacé en juillet 1941 par... Chapochnikov.

39. En ces heures « une pensée ne cessait d'importuner le "Chef" : comment avait-il pu faire confiance à Hitler ? Comment celui-ci avait-il pu le duper à ce point ? Et Molotov lui-même n'était pas innocent dans cette affaire ! Ainsi donc, les innombrables informations données par les renseignements, celles parvenues par d'autres canaux sur l'attaque préparée par l'Allemagne et sa date concrète étaient exactes ? Ainsi donc, s'il avait donné quelques jours plus tôt l'ordre de mettre les troupes en alerte de combat, bien des choses auraient été différentes ? Staline ne pouvait se défaire de l'impression qu'aujourd'hui, dans son bureau, ses compagnons lui reprochaient peut-être en pensée ses faux calculs. Il se dit même qu'ils douteraient désormais de sa perspicacité. C'était insupportable ! L'idée que des gens (et pas seulement ici au Kremlin) puissent douter de sa sagesse, de sa sagacité, de son infaillibilité était intolérable... » Dimitri Volkogonov, *Staline, triomphe et tragédie, op. cit.*

40. Connue comme Directive n° 3.

41. Principal idéologue du Parti communiste de l'URSS.

42. OKW : Commandement suprême de la Wehrmacht. OKH : Commandement suprême de l'armée de terre allemande.

43. C'était la thèse de Staline, qui, jusqu'au dernier moment, était convaincu que la guerre n'éclaterait pas avant mai 1942, date à laquelle l'URSS serait prête pour un affrontement avec l'Allemagne hitlérienne.

44. Escadre d'aviation allemande engagée aux côtés des nationalistes de Franco pendant la guerre civile espagnole (1936-1939). Cette formation redoutable était composée d'un groupe de bombardement, d'un groupe de chasse, d'une escadrille renforcée de reconnaissance et de trois régiments de défense antiaérienne (DCA) – soit environ 3 000 hommes ; surnommée « les pompiers de Franco ».

45. Bottes en feutre.

46. Organisation paramilitaire de jeunes, les formant à des disciplines diverses, le pilotage entre autres.

47. Alexandre Souvorov (1729-1800), général russe. Il vainquit à plusieurs reprises les Turcs et réprima l'insurrection polonaise de 1794. Mikhail Koutouzov (1745-1813), maréchal russe. Un des vaincus d'Austerlitz (1804), mais victorieux de Napoléon lors de la campagne de Russie (1812).

48. État-major général.

49. Mikoyan en cite un exemple, parmi les plus révélateurs : « Malenkov, Vorochilov, Beria, Voznessenski et moi-même avions décidé de proposer à Staline de créer un comité d'État à la Défense, qui aurait concentré entre ses mains tout le pouvoir du pays et que Staline aurait présidé. Nous

nous sommes décidés à aller le voir. Il se trouvait dans sa datcha. Molotov, il est vrai, nous avait prévenus. Staline, disait-il, était tellement "prostré" qu'il ne s'intéressait à rien et avait perdu toute initiative. Alors Voznessenski, indigné par tout ce qu'il avait entendu, s'exclama : "Viatcheslav, va devant, nous te suivons". Il voulait dire par là que si Staline continuait à se comporter ainsi, Molotov devait nous diriger et que nous le suivrions. Nous étions persuadés que nous pouvions organiser la défense et nous battre efficacement. Nous, nous n'étions pas déprimés. Nous arrivâmes à la datcha de Staline. Il se trouvait dans la petite salle à manger, assis dans un fauteuil. Il nous regarda et nous demanda : "Pourquoi êtes-vous là ?" Il avait un air étrange et sa question ne l'était pas moins. Car, en fait, c'est lui qui aurait dû nous convoquer. Parlant en notre nom, Molotov déclara qu'il fallait concentrer le pouvoir pour résoudre rapidement toutes les questions, pour remettre le pays sur pied. Un tel organe devait être dirigé par Staline. Celui-ci nous regarda d'un air étonné, n'émit aucune objection. "Bien", se contenta-t-il de dire. » Mikoyan, *Mémoires.*

On peut ajouter que seul Joukov, parmi les grands témoins, limite, dans ses *Mémoires* la « dépression » de Staline à la première journée de guerre. « Joseph Staline était un homme volontaire, qui n'avait pas froid aux yeux. Une seule fois, je l'ai vu assez abattu. Ce fut à l'aube du 22 juin 1941 : sa conviction en la possibilité d'éviter la guerre venait d'être détruite. »

50. À cet instant, Karev pense aux deux éclats de Staline, la veille. « Le 29 juin, Staline qui, par moments, ne se maîtrisait plus, passant brusquement de l'apathie à l'excitation nerveuse, fit deux apparitions inattendues au commissariat du peuple à la Défense. Sans mâcher ses mots, il accusa les dirigeants militaires de tous les péchés. Les traits tirés, pâle, des poches sous les yeux rougis par le manque de sommeil, il avait enfin compris toute l'étendue du danger qui pesait sur le pays. S'il ne faisait pas quelque chose d'extraordinaire, si on ne mobilisait pas toutes les forces, les Allemands pouvaient atteindre Moscou en quelques semaines ». (*Staline, triomphe et tragédie, op.cit.)*

51. Les Allemands ne réussirent leur percée victorieuse dans le sud qu'à partir de début juillet.

52. Le comité d'État à la Défense a en fait été créé le jour même, le 30 juin.

53. Les combats en Ukraine se déroulaient alors avec une rare violence.

54. Organe national des syndicats.

55. Abréviation de Forces aériennes soviétiques.

56. Il s'agit des dates de l'ancien calendrier grégorien qui différait de 10 jours par rapport au calendrier julien qui ne sera adopté par la Russie qu'à partir de 1917.

57. Lorsque éclata le premier conflit mondial en 1914, l'aviation tsariste alignait environ 250 appareils.

58. Yagoda, l'un des prédécesseurs de Beria à la tête des services de sécurité.

59. Plus précisément Karev a retrouvé la section « Allemagne, Italie, Espagne » du 4e Bureau.

60. Première danseuse du théâtre du Bolchoï, très célèbre à la fin des années 30.

61. Premier nom des services de sécurité bolcheviks, après la révolution de 1917.

62. Dicton militaire, qui a son équivalent dans toutes les armées du monde.

63. Ferme d'état – différente du kolkhoze qui est une installation agricole collective gérée par ses membres.

64. Jeunesses communistes de 9 à 12 ans.

65. Formulation authentique.

66. Restaurant renommé de Moscou.

67. Adolf Hitler.

68. Les deux villes d'Engels et de Saratov ne sont séparées que par ce fleuve.

69. Commissariat du peuple à l'Industrie.

70. Chasseur, en russe.

71. Croquis où apparaissent toutes les pièces d'une machine.

72. Staline, en russe, signifie « homme d'acier ».

73. Vers Rjev et Viazma, et au-delà vers Solensk.

74. Dans ses *Mémoires*, Joukov écrit : « Le maréchal Chapochnikov qui, autant que je sache, n'était pas non plus partisan d'offensives partielles, se tut, hélas, pour cette fois ». Un « hélas » lourd de sens.

75. C'est Staline lui-même qui a dicté le texte du décret.

76. Résurrection militaire et politique étonnante : Staline qui, en fait, ne ménagea jamais sa confiance et son amitié à son vieux compagnon de lutte nommera Vorochilov chef du Mouvement partisan en septembre 1942 et les successeurs du dictateur le nommèrent chef de l'État en 1953.

77. Témoignage de Valentina Petrochenkova : « Ce commandant de la place était un militaire de haut rang, mais je n'ai pas hésité à lui tenir tête. Je passais le plus clair de mon temps dans son bureau. C'est moi, en désespoir de cause, qui lui ai proposé de dormir avec les hommes. Pourtant, l'idée me rendait malade... » (*Ibid.*)

78. Moscou fera savoir peu après qu'à ce compte « le retard apporté à l'offensive allemande n'est pas trop cher payé » – ce qui pourrait se concevoir si les chiffres rendus publics ne ressortaient pas davantage de la propagande que de la réalité.

79. En vol, les pilotes soviétiques s'appellent par le numéro matricule de leur avion.

80. Code de communication, les lettres indiquent les niveaux d'altitude. L'alphabet grec était souvent utilisé.

81. Commandant en chef des troupes de Stalingrad.

82. Pour la commodité de la lecture, nous utiliserons désormais – comme les militaires – l'abréviation « AMC 34 » ou « Base 34 », et même, quelquefois, le « Camp 34 », voire le « Terrain 34 ». (N.d.A.)

83. Le général Golovanov commandait les forces aériennes soviétiques à Stalingrad.

84. La discipline a été rétablie de manière draconienne. Les troupes du NKGB – nouvelle appellation du NKVD – ramenèrent les unités mutinées à Astrakan où 15 000 officiers subalternes et soldats (un homme sur trois) auraient été fusillés.

85. Latente en septembre, la crise devint aiguë en octobre 1942.

86. Petite ville au nord-ouest de Stalingrad, située sur le Don, au centre de la région d'où sera lancée, en novembre, la manœuvre d'encerclement soviétique de la VIe Armée allemande de von Paulus.

87. Combat de chiens – combat aérien entre chasseurs. Expression surtout utilisée sur le front occidental en Angleterre et en France.

88. Katia plagie le titre d'un ouvrage de Lénine : *Le Socialisme, maladie infantile du communisme.*

89. Locha : diminutif d'Alexeï.

90. Voir plus loin.

91. Ministère britannique de la Guerre.

92. Commandement de la chasse.

93. Fille, femme. Terme familier.

94. Le 9 novembre 1923, manipulés par le général Ludendorff, ancien chef d'état-major du maréchal Hindenburg, Adolf Hitler et ses partisans avaient fait une première tentative pour s'emparer du pouvoir.

95. Ce en quoi il se trompait.

96. En réalité, de la rive gauche du Don, dans la partie nord de sa boucle.

97. Peuple ancien qui, dès avant l'ère chrétienne, occupait déjà les rives de la mer Noire.

98. Bouillie de millet qui constituait l'essentiel de la nourriture pendant la guerre.

99. Vitesse cumulée des deux appareils qui se précipitent l'un vers l'autre.

100. Diminutif d'Armée aérienne.

101. Dieu des Enfers, dans la mythologie grecque. Citation de la dernière parole prêtée à Léonidas, roi de Sparte, la veille de la bataille des Thermopyles : « Ce soir, nous souperons chez Pluton ».

102. Ces chiffres sont controversés. Joukov semble sous-estimer le potentiel humain et matériel sur lequel il va s'appuyer. Depuis la fin de l'été, les Soviétiques ont spectaculairement redressé la balance. « Dès la mi-septembre, écrit un expert militaire russe, notre potentiel humain est une fois et demie supérieure à celui de l'ennemi. Nos chars sont deux fois plus nombreux. Notre artillerie a trois fois plus de canons lourds autotractés. Grâce aux munitions fournies par les usines de l'Oural et par les Alliés, dans la région de Stalingrad, notre puissance de feu est cinq fois plus forte que celle des Allemands. Ceux-ci attaquent au lieu de nous laisser attaquer, pour nous user. » Cette estimation paraît toutefois exagérée.

Toujours selon cet expert, à la mi-septembre, seule la supériorité aérienne est vraiment acquise aux Allemands. L'arrivée de Litvak et de Boudanova à Stalingrad s'inscrit dans la volonté russe de reconquérir également la supériorité dans le domaine aérien. Cf . *La Défaite allemande à l'Est, op. cit.*

103. Le commandant russe du front de Stalingrad.

104. Les Soviétiques n'ont pas inventé les kamikazes, mais il ne fait aucun doute que la méthode de l'éperonnage fut largement utilisée durant certaines phases de la guerre. Les nombreuses décorations décernées aux pilotes qui ont ainsi détruit des avions ennemis indiquaient qu'il n'était pas question de décourager cette tactique du dernier recours.

105. Témoignage d'Ina Pasportkina : « Il était inévitable qu'une jeune femme aussi attirante que Lily eût d'autres admirateurs parmi les jeunes pilotes du régiment. Tout de suite, j'avais remarqué que Boris Goubanov – qui s'était moqué gentiment de Lily après sa première sortie – était amoureux d'elle. Je ne m'étais pas trompée. Il était lieutenant, et par conséquent plus jeune que Solomaten, mais ce n'était pas la raison pour laquelle il s'était interdit d'exprimer ses sentiments pour Lily. Tout le monde, lui le premier – et peut-être avant même les intéressés directs – avait bien compris que Lily était amoureuse de l'homme avec lequel elle volait. Toujours est-il que Goubanov, le Géorgien aux cheveux noirs et à la peau mate, aimait Lily en secret. Lily en était consciente, et si elle ne faisait rien pour l'encourager, j'avais le sentiment qu'elle se ne s'offusquait pas du sentiment que lui vouait le jeune homme. Solomaten appréciait moins, mais dans le fond, ne le considérait pas comme un rival. En dépit de l'intérêt que chacun d'eux portait à Lily, les deux hommes s'entendaient bien ». *Les sorcières de la nuit, op. cit.*

106. Avion de chasse de fabrication britannique, surclassé par les chasseurs allemands dès le début de la guerre.

107. Pour cet exploit, le titre de « Héros de l'Union soviétique » fut décerné aux lieutenants-colonels Filipov et Filipenko. Les hommes du

détachement furent cités à l'ordre de l'Union soviétique et en reçurent les médailles.

108. Équivalent allemand de régiment aérien.

109. Diminutif d'Agitation/Propagande : nom familier des services d'information.

110. Camps du goulag ; étymologiquement : administration des camps.

111. Surnom de Beria.

112. Ville natale d'Alexeï Solomaten.

113. Le *von* était faux.

114. Le total des pertes humaines et matérielles de la bataille de Stalingrad est colossal. Il est admis que la résistance acharnée et héroïque des Russes entraîna encore davantage de pertes du côté soviétique que du côté allemand. Il est donc probable que le total des morts pour ces six mois de bataille (août 1942-janvier 1943) se rapproche de quatre millions. Ce chiffre inclut celui des prisonniers allemands dont très peu revirent leur patrie.

115. Le maréchal Chapochnikov est mort de phtisie en mars 1945.

116. Vice-ministre.

117. Rappel : l'U-2 est un vieux biplan costaud, maniable et utilisable en toutes circonstances. C'était l'appareil d'entraînement des filles à Engels.

118. « Disjoncté », « pété les plombs » en français moderne.

119. Camp de prisonniers pour officiers.

120. E.G. : hôpital d'évacuation.

121. Conseil de village.

122. Haute décoration de l'armée allemande.

123. « Les autres n'avaient jamais vu Lily dans un tel état. Ses yeux brillaient. Elle avait sorti ses griffes. C'était la première fois que son instinct combatif apparaissait avec autant de vigueur. L'Allemand avait commis l'erreur de manifester son mépris à la fois pour le pilote et pour la jeune femme. » (*Témoignage d'Ina Pasportkina).*

124. « L'infâme » de l'année précédente. Futur président du Conseil de l'URSS de 1955 à 1958.

125. Le fort de Douaumont fut un des hauts lieux de la bataille de Verdun en 1916. L'ossuaire abrite les restes de 300 000 soldats français tués au cours des combats.

126. Cette maison, reconnaissable à sa corniche crénelée, porte aujourd'hui une plaque célébrant les exploits guerriers de Joseph Staline.

127. Aujourd'hui, on dirait « trombinoscope ».

Remerciements

À Madame Pouyade, épouse du général Pouyade, commandant du régiment Normandie-Niémen des Forces françaises libres, engagé sur le front de l'Est, qui l'une des premières connut l'idée de ce livre, l'encouragea et nous communiqua les archives du général.

Aux conservateurs et aux collaborateurs des bibliothèques du Commandement de la doctrine et de l'enseignement militaire supérieur (CDES et CESA) pour leur compétence et leur disponibilité.

Avec toute notre gratitude.

Table

Deuxième partie – La femme cœur

Troisième partie – La femme tueur

Composition et mise en page

NORD COMPO
multimédia

CET OUVRAGE
A ÉTÉ ACHEVÉ D'IMPRIMER
SUR ROTO-PAGE
PAR L'IMPRIMERIE FLOCH
À MAYENNE EN AVRIL 2005

N° d'éd. FF886601. N° d'impr. 62945
Dépôt légal : mai 2005
Imprimé en France